UDO WIECZOREK / MANFRED BOMM

Seelenvermächtnis

AM ANFANG steht der immer gleiche Albtraum. Udo Wieczorek verdrängt, schiebt ihn weit von sich. Bis er es nicht mehr vor sich leugnen kann. Er geht auf Spurensuche, wird fündig – in sich und in einem seltsam vertrauten Tal in Südtirol. Im August 1997 bestätigen sich seine Träume in einem Fund auf einem ehemaligen Schlachtfeld. Die darin geborgene Botschaft ist ihm ein ehernes Vermächtnis, das nicht zuletzt in diesem Buch Ausdruck findet.

Diese Dokumentation berührt die Grenze unserer Vorstellungskraft. Nicht etwa, weil es reißerischer Phantasterei folgt, sondern weil es eine Geschichte aufgreift, die sich tatsächlich zugetragen hat. Es ist ein Tatsachenbericht an dessen Ende eine finale Frage steht, die so alt ist, wie die Menschheit: Ist der Tod wirklich das Ende? Die Autoren Udo Wieczorek und Manfred Bomm halten ein Beweisstück in den Händen. Ein kleines Indiz dafür, dass es jenseits all unserer Sinne noch mehr geben muss.

Udo Wieczorek verbrachte seine Kindheit in Ulm, um Ulm und um Ulm herum. Seit 2009 ist der ambitionierte Sportler nebenberuflich als freier Autor tätig. Er veranschaulicht seine Erlebnisse in Vorträgen, schreibt Artikel und verfasst Bücher. Mit »Nachthall« debütierte er 2015 in der Krimiwelt.

Manfred Bomm, geboren 1951 in Eybach (heute Stadtbezirk von Geislingen/Steige), war als Journalist unter anderem lange Zeit in Göppingen und Geislingen für Polizei- und Gerichtsreportagen zuständig. Als Autor ist er durch seine Krimis um Hauptkommissar August Häberle bekannt geworden, die sich durch genaue Schilderungen der Polizeiarbeit auszeichnen.

UDO WIECZOREK / MANFRED BOMM

Seelenvermächtnis

Udo W.: Mein zweites Leben

Bisherige Veröffentlichungen im Gmeiner-Verlag:
Udo Wieczorek: Nachthall (2015)

Manfred Bomm: Lauschkommando (2015), Machtkampf (2014), Grauzone (2013), Mundtot (2012), Blutsauger (2011), Kurzschluss (2010), Glasklar (2009), Notbremse (2008), Schattennetz (2007), Beweislast (2007), Schusslinie (2006), Mordloch (2005), Trugschluss (2005), Irrflug (2004), Himmelsfelsen (2004)

Besuchen Sie uns im Internet:
www.gmeiner-verlag.de

Im Ehnried 5, 88605 Meßkirch
Telefon 07575/2095-0
info@gmeiner-verlag.de

1. Auflage 2015

Lektorat: Claudia Senghaas, Kirchardt
Herstellung: Julia Franze
Umschlaggestaltung: U.O.R.G. Lutz Eberle, Stuttgart
unter Verwendung eines Fotos der Familie Fulvio Weiss, Centa (Porträt), sowie Udo Wieczorek (Brief)
Druck: GGP Media GmbH, Pößneck
Printed in Germany
ISBN 978-3-8392-1782-5

Dies ist kein Buch, das um jeden Preis überzeugen will.

Es ist ein Buch, das alle denkbaren und undenkbaren Ansichten toleriert.

Dies ist ein Buch, das denjenigen, der es liest, vielleicht ein klein wenig verändert.

Nachfolgendes hat sich tatsächlich zugetragen.

Dialoge stellen keine Zitate dar. Aufgrund des zeitlichen Abstands werden Gespräche im Folgenden so inhaltsgenau wie möglich wiedergegeben.

Dokumentation des Unerklärlichen.

Es gibt Geschichten, die dürfen nicht wahr sein. Sie sind viel zu fantastisch für unsere materiell eingestellte Welt. Der »moderne Mensch« verdrängt, was nicht ins gewohnte Weltbild passt. Er hat für Schilderungen des Unglaublichen und Mysteriösen allenfalls ein mitleidiges Lächeln übrig. Oder er wagt es nicht, darüber zu sprechen. Denn was sich nicht wissenschaftlich plausibel erklären lässt, wird leider allzu oft als Spinnerei oder Hirngespinst abgetan. Davon aber ist diese Geschichte, die hier dargestellt werden soll, weit entfernt. Dies, obwohl sie grenzwissenschaftliche Bereiche berührt.

Die Autoren dieses Buches, Udo Wieczorek und Manfred Bomm, sind sich der Komplexität dieses Themas bewusst. Aber sie wagen den Versuch, das Unerklärliche zu dokumentieren. Sie wollen zum Nachdenken anregen und es letztendlich dem Leser überlassen, welche Schlüsse daraus zu ziehen sind. Die Geschichte, die sich in allen Details so zugetragen hat, wie sie es aufgeschrieben haben, soll aber eines belegen: dass es jenseits unserer Vorstellungswelt noch etwas gibt, das wir nicht zu ergründen vermögen. Als Trost, Hoffnung und Zuversicht. Unabhängig davon, ob wir an Gott glauben oder nicht.

Die Autoren versichern, nach bestem Wissen und Gewissen recherchiert und dokumentiert zu haben.

Die zentralen Fragen, die sich daraus ergeben, sind so alt wie die Menschheit: Ist der Tod wirklich das Ende oder ist er etwa ein Neuanfang?

Kommen wir möglicherweise wieder – und was tragen wir dann aus der Vergangenheit in uns? Udo Wieczorek hat jahrelang nach einer Antwort gesucht und ist dabei auf viel Unerklärliches gestoßen. Es war ein weiter Weg, der mit anhaltenden Albträumen in Kindheitstagen begonnen hat und erst jetzt seinen Abschluss in einem Vermächtnis findet, dessen Bestandteil diese Dokumentation ist.

Udo Wieczorek beschreibt detailliert, wie ihn die rätselhaften und bisweilen dramatischen Träume in eine Vergangenheit zurückversetzt haben, die ihm zunächst völlig fremd erschien. Es waren immer nur einzelne Szenen, die sich wie Fragmente eines zerschnittenen Schwarz-Weiß-Films wiederholten, ergänzten und erst Jahre später ein abgerundetes Bild ergaben, das einen unglaublichen Einblick gewährt: in Wieczoreks früheres Leben als Soldat im Ersten Weltkrieg.

Wieczorek, der die Träume auf einfühlsame Weise schildert, lässt die Leser an den kurzen Szenen und deren schnellem Wechsel in *kursiv gedruckten* Abschnitten teilhaben. Die Schilderungen seiner detektivischen Spurensuche, das Eintauchen in die eigene Vergangenheit liest sich so spannend wie ein Kriminalroman. Und das Unglaubliche: Für das, was er geträumt hat, fanden sich sogar an Ort und Stelle Beweismittel.

Wieczorek weiß jetzt, dass er einmal Vinz hieß und im Ersten Weltkrieg gefallen ist. Folgt man dem Unerklärlichen, so wurde er 63 Jahre später in Ulm wiedergeboren – mit all der Last, die seine Seele aus dem vorherigen Leben mitgebracht hat. Dies mag seltsam und befremdend klingen. Doch bei ihren akribischen Nachforschungen sind die beiden Autoren immer wieder auf erstaunliche Übereinstimmungen gestoßen. Und eben dies zeichnen sie in diesem Buch nach. Udo Wieczorek, der als Betroffener nicht nur seine Geschichte erzählt, sondern auch seine Gefühle schildert – und Manfred Bomm, der als kritischer und an tiefgreifende Recherche gewohnter Journalist die Spurensuche organisiert und begleitet hat.

Was im Folgenden geschildert wird, fußt also in der Zeit um den Ersten Weltkrieg in Sexten im Südtiroler Pustertal, nahe der damaligen Grenze zu Italien. Man schreibt das Jahr 1915. Der Erste Weltkrieg erreicht die romantisch-idyllischen Dolomiten-Täler. Die Front zwischen Italien und Österreich-Ungarn verläuft quer über das Gebirge – genauer gesagt: direkt durch Sexten. Irgendwo dort oben, auf einem einsamen Gipfel, stehen sich zwei junge Männer gegenüber, die einst unzertrennliche Freunde gewesen waren. Dass sie eines Tages Feinde sein würden, ist eine Tragik, die in unserer Geschichte die entscheidende Rolle spielt. Wie wir heute wissen, kämpft einer der beiden, Vinzenz, als Kaiserjäger auf österreichisch-ungarischer Seite. Der andere, Josef, auf Seiten des Königreichs Italien.

Das Geschehen rankt sich um den im Sterben liegenden Soldaten namens Vinz, dessen Schicksal, wie wir heute wissen, nicht tragischer hätte verlaufen können. Sein Tod gibt 1915 den Anstoß für eine unglaubliche Schicksalsfügung, die den Autor Udo Wieczorek wie aus heiterem Himmel trifft und nicht mehr loslässt. Bis ins Jahr 2013 hinein, das Jahr der Wahrheit.

Die beiden Autoren haben sich seines Vermächtnisses angenommen; in aller Bescheidenheit, Demut und Ehrlichkeit.

Geschichtlicher Hintergrund:

(Autor Udo Wieczorek)

Der Krieg zwischen Österreich-Ungarn und Italien 1915 – 1918

Um verstehen zu können, wie sich die politische Situation zu Beginn des Ersten Weltkrieges im heutigen Südtirol dargestellt hat, sei ein grober Blick auf die Geschichte gestattet:

Das Königreich Italien war bis zum Kriegsausbruch im Jahr 1914 Bündnispartner der sogenannten Mittelmächte, zu denen damals das Deutsche Reich sowie Österreich-Ungarn gehörten. Nach dem Attentat von Sarajevo, bei dem der österreichische Thronfolger Erzherzog Franz Ferdinand von einer separatistischen Untergrundorganisation ermordet worden war, scherte Italien aus dem Dreibund aus, wahrte jedoch seine Neutralität bis in den Mai des Jahres 1915.

Auf Drängen von Frankreich, England und Russland, die das sogenannte »Entente-Bündnis« geschlossen hatten, gab Italien schließlich seine neutrale Haltung auf und erklärte Österreich-Ungarn den Krieg. Am 28. Mai 1915 marschierte die italienische Armee im Süden von Tirol gegen die Donaumonarchie auf, die zu diesem Zeitpunkt nahezu verteidigungslos vor der Übermacht stand. Die wehrfähigen Männer kämpften bereits seit 1914 an der weit entfernten Ostfront gegen Serbien und Russland. Es war den Standschützen* und den Kriegsfreiwilligen zu verdanken, dass das damalige Südti-

* Erste Verteidiger an der Südfront, gebildet aus Schützenformationen Tirols.

rol nicht sofort von der italienischen Armee überrannt wurde. Die schwache Front hielt bis zuletzt – vom Ortler bis zum Isonzo, quer durch die Dolomiten und eben auch in Sexten im Hochpustertal, wo sich die in diesem Buch erzählte Geschichte ereignete.

Direkt am Kreuzbergpass lag die Grenze zwischen Österreich-Ungarn und Italien und somit auch die direkte Front. Dort, wo noch heute die Sprachgrenze verläuft, wo sich das Wasser zwischen Schwarzem Meer und Mittelmeer entscheidet, wurde um jeden Quadratmeter der kargen Erde gerungen, um dabei mehr zu verlieren, als man jemals hätte gewinnen können. Es waren einzelne Gipfel, Scharten oder Grate, um die erbittert und mit allen Mitteln gekämpft wurde. Dort, am Kreuzbergpass, wo sich das Gelände etwas weniger schroff zeigt, wurden schwerste Waffen eingesetzt. Die Gemeinden Sexten und Moos lagen dabei nicht nur innerhalb der aktiven Kampfabschnitte, sondern auch in der Reichweite der feindlichen Artillerie. Bereits 1915 wurden die Orte Ziel und Opfer eines verheerenden Brandes. Die Gemeinde musste evakuiert werden. Und eben dort hat etwas stattgefunden, was seltsamerweise mit einem Menschen verbunden zu sein scheint, der diese Zeit nie erlebt hat, der dieses Tal bis zum Jahr 1994 nie besucht hatte. Einem Menschen, der über viele Jahre hinweg nicht wusste, wie ihm geschieht …

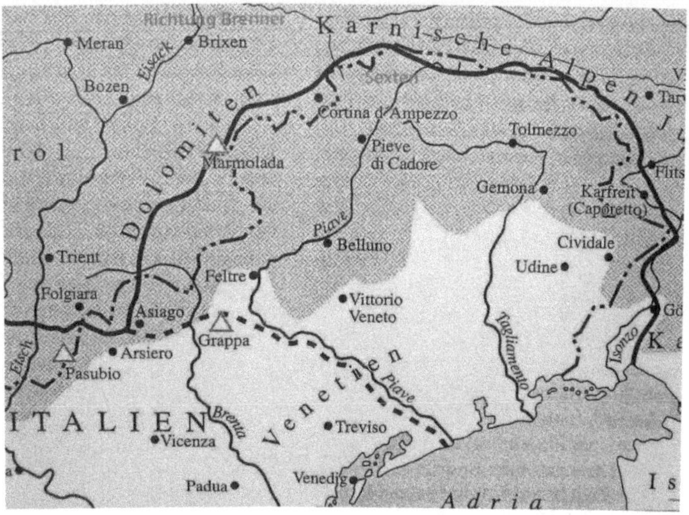

Der Frontverlauf zwischen Österreich-Ungarn und Italien zu Beginn des Krieges im Jahre 1915. (durchgezogene Linie).

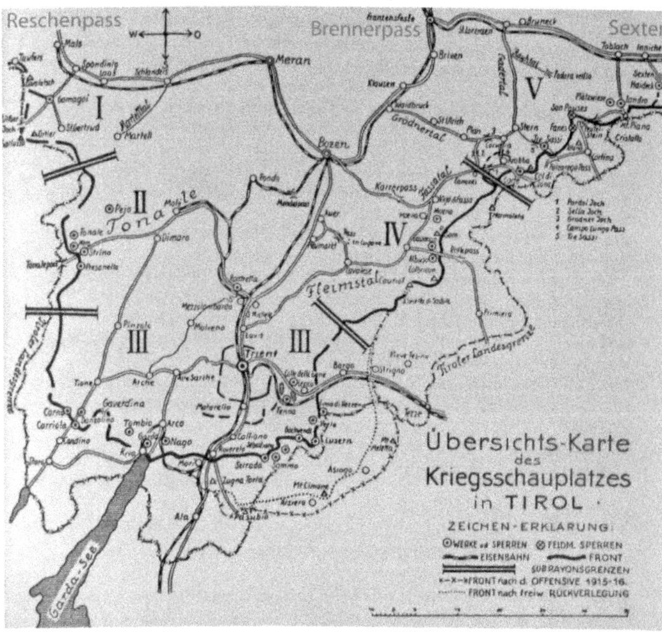

Die Front im Süden zwischen Ortler und dem Mittelmeer. (Quelle: V. Schemfil) Am rechten Bildrand, Sexten und der Kreuzbergpass.

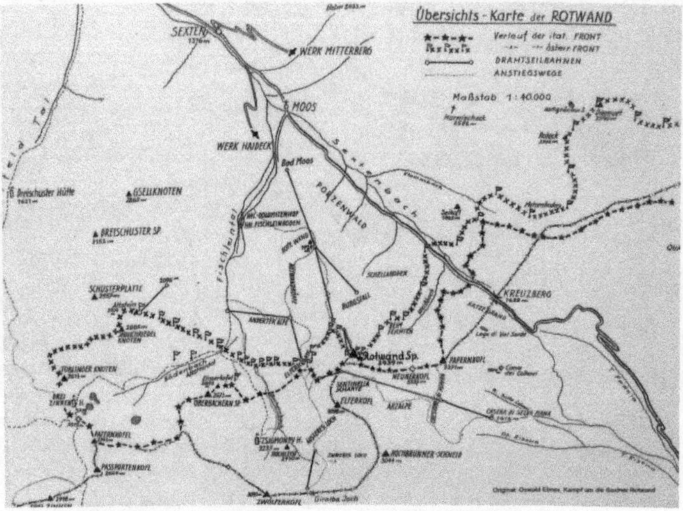

Der Frontverlauf im Abschnitt Sexten zwischen Rotwand und Kreuzberg.

Prolog (Autor Manfred Bomm)

Seit ich Udo Wieczorek zum ersten Mal begegnet bin, frage ich mich, ob alles, was danach geschah, wirklich nur zufällig passiert ist. Die Vorstellung, dass es so geschehen musste, ist beruhigend und unheimlich zugleich.

Eines Tages im Frühjahr 2009 legte mir einer meiner Redaktionskollegen ein dickes Buch auf den Schreibtisch. Ich solle es bei Gelegenheit lesen und einen kleinen Artikel im Feuilletonteil unserer Zeitung darüber veröffentlichen. Auf dem Cover ein roter Adler, dazu der Titel: »Flieg, mein roter Adler«. Der Name des Autors, ein gewisser U.W. Mercz, sagte mir nichts. Ein Pseudonym, wie ich später erfuhr.

Der kurzen Beschreibung meines Kollegen nach war dieser U.W. Mercz alias Udo Wieczorek ein bodenständiger Beamter. Er sei von Kindesbeinen an bergbegeistert und klettere in jeder freien Minute entweder in den Höhlen der Schwäbischen Alb oder im Allgäu herum.

Der Klappentext seines Romans ließ auf ein erfundenes Kriegsdrama im Gebirge schließen. Eine Geschichte zweier junger Bergsteiger, die der Krieg entzweit. Die kurze, blumige Erläuterung hat mich dabei nicht besonders eingenommen. Ich tat den Inhalt als einen ganz normalen Roman mit erfundener Handlung ab, ahnte also nicht, welche Brisanz sich zwischen den Zeilen des 700 Seiten starken Wälzers verbarg.

Abgeschreckt vom erheblichen Umfang, deponierte ich das Buch ungelesen auf dem Fenstersims neben meinem Redaktionsschreibtisch. Dort verstaubte der Roman dieses unbekannten Autors. Ich konnte nicht wissen, dass mich diese Geschichte schon bald nicht mehr loslassen würde, dass in ihr möglicherweise ein atemberaubender Beweis schlummerte. Der Beweis für das, was es schlicht nicht geben konnte, das mit unseren Sinnen nicht zu erfassen zu sein schien. Etwas, das Udo Wieczorek aus gutem Grund lange für sich behalten hatte.

Anfang Oktober 2009 fuhr ich mit meiner Partnerin für eine Woche mit dem Wohnmobil in die Dolomiten zum Wandern. Ich hatte mich wieder des »Adlers« entsonnen und ihn mit auf die Reise genommen. Zu diesem Zeitpunkt war mir noch nicht bewusst, wo genau sich die Geschichte um Vinzenz und Josef, die beiden Protagonisten in Wieczoreks Roman, tatsächlich abspielte. Ich war kein besonderer Kenner der Historie des Ersten Weltkrieges und wusste schon gar nichts vom Frontverlauf in den Alpen.

Es war um den 3. Oktober, als ich eines Abends auf dem komfortablen Campingplatz in Sexten, unweit der Drei Zinnen, zu Wieczoreks Roman griff. Die Widmung versprach Tragik: »Dieses Buch ist all jenen gewidmet, die ihr einsames Grab in den Bergen ihrer Heimat gefunden haben. In den Bergen, die wir heute so lieben, die auch sie einst geliebt haben. Diese Zeilen gehören jenen, an die sich niemand mehr erinnert«.

Worte, die genauso gut am Anfang unseres jetzigen Buches stehen könnten. Denn an viele der zahllosen Gefallenen erinnern tatsächlich kaum mehr als ihre in Stein gemeißelten Namen auf den gleichförmigen Kreuzen der Soldatenfriedhöfe. Würde man versuchen, das Schicksal eines bestimmten Gefallenen nachzuvollziehen, wäre man auf Chronisten, historische Archive oder die Erzählungen von Nachkommen angewiesen. Dass ich rund vier Jahre später genau diesen Weg beschreiten sollte – zusammen mit Wieczorek –, hätte ich nie für möglich gehalten.

Wieczoreks erstes Buch lässt die Leser darüber im Unklaren, inwieweit der Einstieg in seine Geschichte Fiktion oder Wirklichkeit ist. Es geht um einen Traum, dem er im Romanstil nachspürt – irgendwo an der Dolomiten-Front des Ersten Weltkriegs. Er entführt seine Leser in die Zeit vor dem drohenden Krieg zwischen Österreich-Ungarn und Italien 1915, als die Freundschaft der beiden jungen Männer Vinzenz und Josef zerbricht. In den Wirren der Vorkriegszeit auseinandergerissen, kämpfen sie schließlich auf verschiedenen Seiten. Der Leser ahnt, wohin die Geschichte führt: Es wird irgendwann zu einem tragischen Wiedersehen kommen.

Wieczorek berührt den Leser mit bewegend geschilderten Gefühlen und beschreibt die Schönheiten der Bergwelt so plastisch, als sei er selbst ein Teil des damaligen Geschehens gewesen. Ich staune über sein literarisches Talent. Offenbar kann er sich mühelos in eine Epoche hineinversetzen, die uns, mit dem Abstand eines Jahrhunderts, schon beinahe fremd erscheint. Erstaunlich, denke ich, wie erschreckend treffend er die Gefühlswelt der Soldaten darstellt, seine Schilderungen versetzten mich mitten in diese grausame Zeit, als rund um Sexten ein unaufhörliches Stahlgewitter niederging. Nach wenigen Seiten des Lesens aber kroch eine Gänsehaut über meinen Rücken. Konnte das sein? Spielte die Handlung dieses Buches, das ich so lange unbeachtet hatte liegen lassen, exakt dort, wo ich es nun zufällig las – direkt hier? War dies der Kriegsschauplatz gewesen, den mir dieser Autor vor Augen führte? Und mit einem Mal war es da, dieses elektrisierende Gefühl. Ich erkannte, dass das Areal des heutigen Campingplatzes exakt im damals hart umkämpften Gebiet lag. Der Kreuzbergpass, den Wieczorek mehrfach erwähnt, ist nur zwei Kilometer entfernt – und der Seikofel, ein 1.900 Meter hoher überwucherter Höhenrücken, erhebt sich gleich hinter dem bewaldeten Hang des Campinggeländes. Ich war tatsächlich da, las mich mit jeder Zeile aktiver in das Geschehen ein, das eben hier stattgefunden hatte, ziemlich genau 94 Jahre später. Ein Zufall?

Die folgenden Seiten verschlang ich richtiggehend. Und je mehr ich mich in den einnehmenden Stil Wieczoreks einlas, sah ich auch die gut zwischen den Zeilen versteckten Botschaften. Ausdrücke und Formulierungen, die erst dann unter die Haut gehen, wenn die Augen schon zwei Zeilen vorausgeeilt sind. Ich mochte gar nicht so recht glauben, dass dieses Buch von einem nüchtern und analytisch denkenden Beamten stammte. Doch irgendetwas schien ihn bestärkt zu haben, nicht einfach über sein persönliches Schicksal hinwegzugehen. Ein Schicksal, das tatsächlich eng mit seinem Buch verbunden ist, das er eben in seinem Roman zu verarbeiten versucht hat – ohne sich selbst darin zu nennen.

Als ich gegen Ende meiner Urlaubswoche beim Nachwort angelangt war, das er mit der mystischen Überschrift »Das Dahinter« beginnt, wurde ich ein weiteres Mal stutzig. Wieczorek schreibt plötzlich in der Ich-Form, macht den Leser glauben, er selbst sei ein Teil der Geschichte. Er berichtet von zahllosen Träumen, in denen er all die Schrecken seines Buches selbst durchlitten hat, erzählt von einem mysteriösen bestätigenden Fund. Hier in einem der Schützengräben. Sofort begann mich eine gewisse Ahnung zu beschleichen: War das wirklich noch Fiktion oder etwa der wahre Kern der Geschichte? Mit jeder Zeile, die ich las, wuchs meine Neugier, bis zum Schluss, bis zum letzten Wort, das mir meine Vermutung weder bestätigte noch versagte. Dennoch: Auf diesen letzten Seiten schien sich mehr zu verbergen als im ganzen Buch zuvor. Ich sah auf die Rückseite des Covers, versuchte, die unscharfen alten Lettern zu entziffern, studierte ungläubig die zwei dort abgebildeten alten Münzen. Ein geschickt arrangiertes Ensemble? Oder ein versteckter Fingerzeig darauf, dass es zwischen Himmel und Erde tatsächlich noch mehr gab, als wir uns vorstellen können? Hat Wieczorek wirklich etwas gefunden, wovon er lediglich träumte? Etwas, das seinen Ursprung in einer Zeit hatte, in der er noch gar nicht lebte? Wenn ja, wie war das möglich?

Wenn ich mit meinem heutigen Wissen Wieczoreks Nachwort »Das Dahinter« noch einmal lese, erscheint es mir in einem völlig anderen Licht. Ich weiß nun, dass er darin sein persönliches Anliegen niedergeschrieben hat; weiß, dass er mit seiner feinfühligen Ausdrucksweise jedem Leser bewusst die Möglichkeit offen lässt, sich ein eigenes Bild der Dinge zu machen. Letzten Endes kommt darin die essenzielle Frage zum Ausdruck, die uns in diesem Buch beschäftigt – ganz sachlich, ohne Sensationsgier:

Ist es möglich, dass Wieczorek schon einmal gelebt hat? Damals im Krieg – bis 1915?

Nüchtern betrachtet: Sofern diese Zeilen der Wahrheit entsprachen und diese abgebildeten Gegenstände wirklich authentisch waren, wäre ich auf etwas gestoßen, auf das ich schon ein Journalistenleben lang gewartet hatte – auf etwas, das man nicht erklären kann; auf etwas Unfassbares.

Als ich mir wieder den nötigen Freiraum verschafft hatte, ließ ich mir von meinem Kollegen Anschrift und Telefonnummer des Autors geben. Ich musste ihn kennenlernen, diesen Wieczorek, musste wissen, was das für ein Mensch ist. Und ich wurde letztendlich überrascht.

Unser erstes Telefonat verlief seinerseits zurückhaltend. Ich spürte sofort, dass Wieczorek gewisse Hemmungen im Umgang mit Journalisten hatte. Er schien verständlicherweise misstrauisch, was mir allein schon ein Indiz dafür war, dass ich mit meiner These richtig lag. Schließlich riskierte ich die direkte Frage, ob die in Vor- und Nachwort seines Romans geschilderten Träume und der mysteriöse Fund auf Tatsachen basierten – und er antwortete mit einem zögerlichen »Ja«. Er schlug ein Treffen vor, bei dem er mir auch etwas vorlegen könne – ein »Artefakt«, wie er sich ausdrückte. Ein Fundstück also – für das Unmögliche?

Ich rief mir die Münzen auf dem Cover seines Buches in Erinnerung. Sollte es in der Tat etwas Greifbares zu dieser Geschichte geben?

Es war schließlich der 26. Juni 2010, als ich mit meiner Partnerin, die gegenüber solchen Dingen überaus skeptisch eingestellt ist, Richtung Ulm zu den Wieczoreks fuhr.

Wir werden freundlich aufgenommen, obgleich eine höfliche Distanz zu spüren ist. Wie ich erkennen lasse, keiner jener Journalisten zu sein, die sich mit kaltschnäuziger Arroganz über Themen wie diese echauffieren, scheint das Eis langsam zu brechen. Wieczorek und seine Frau werden zunehmend gesprächiger.

Ich war damals sehr auf das spätere Urteil meiner Partnerin gespannt. Sie ist so etwas wie die sachlich-nüchterne Kritikerin im Hintergrund, die mich manchmal auf den Boden der Tatsachen zurückholen kann, wenn ich ein Thema allzu euphorisch angehe. Doch diesmal sollten wir uns am Ende des langen Abends einig sein: Wieczoreks emotionale Erzählungen waren authentisch. Vollends überzeugt haben uns seine »Artefakte«. Handfeste Fundstücke, unwiderlegbare Hinweise aus einer fernen Zeit, als hätten sich seine Träume in ihnen für immer vergegenständlicht.

Am Ende der langen Unterhaltung mit den Wieczoreks unternahm ich einen ersten zaghaften Versuch, Wieczorek von der Bedeutung seines Erlebnisses zu überzeugen und davon, ein weiteres Buch zu verfassen – über seine Erlebnisse. Doch er zeigte keinerlei Interesse daran. Er selbst habe nach dem Erscheinen seines Buches den inneren Frieden gefunden, sagte er. Es ginge bei der ganzen Sache auch nicht um seine Person, sondern um jenen Vinz und um sein Vermächtnis. Ich verstand sofort: Ihm war weder daran gelegen, in die Öffentlichkeit zu treten, noch aus der Geschichte irgendwie Kapital zu schlagen.

An jenem Juniabend machte er auf mich den Eindruck eines zufriedenen Mannes, der zwar wusste, dass etwas Außergewöhnliches mit ihm geschehen war, sich jedoch mit erstaunlicher Gelassenheit damit abgefunden hatte. Ich kann bis heute nicht beurteilen, ob er sich damals überhaupt der Tragweite dessen bewusst war, was ihn seit dem vierten Lebensjahr begleitet hatte und welch ungeheure Botschaft ihm indirekt zuteil geworden war. Während ich seine Artefakte ehrfürchtig in den Händen hielt, wirkte er auf mich, als sähe er darin ganz normale Gegenstände. Mitbringsel, Andenken, die wie selbstverständlich zu ihm gehörten. Nur eben aus einer anderen Zeit.

Die Zeichen, die Wieczorek von seiner Kindheit an vernommen hatte, waren nicht laut. Sie waren leise und dennoch so schonungslos eindrücklich und nachhaltig, dass er sie nicht als Einbildung abtun konnte. Hätte er geschwiegen, wäre seine eigene Geschichte, der letztendliche Auslöser für dieses Buch, verloren gegangen. Doch irgendetwas stimmte ihn um; ließ ihn anfangen zu schreiben – das Ganze noch einmal schmerzlich durchleben, um es zu Papier zu bringen. Ganz aus seiner Sicht. Woher diese Einsicht kam, vermag ich bis heute nicht zu sagen. Ich bin lediglich froh darum, dass er diesen Schritt gewagt hat. Vielleicht tat er es wegen des zeitlichen Abstandes gegenüber der erlebten Vergangenheit. Vielleicht aber auch nur aus einem Pflichtgefühl gegenüber sich selbst.

Als Wieczorek damals im Wintergarten beginnt, jene Ereignisse zu schildern, die sein Leben ein gutes Stück weit geprägt haben, herrscht andächtige Stille. Er spricht fast vier Stunden lang und schließt mit jenem ebenso subtilen wie eindringlichen Vermächtnis, das sowohl sein erstes als auch dieses Buch enthält:

»Schreib alles auf, so wie du es siehst.«

Und nichts anderes haben wir getan. Ein jeder aus seiner Sicht.

Ich widme meine nachfolgenden Zeilen
Joel, Jasmin und meine Eltern

⁂

und allen, die bisher nicht den Mut hatten, über ihr
Schicksal zu reden.

1

Die ersten Träume

(Kapitel 1 – 5: Autor Udo Wieczorek)

Die Taschenbuchausgabe meines Romans, die Manfred Bomm anlässlich unseres Treffens mitgebracht hat, ist abgegriffen. Besonders die Seiten des ersten und letzten Kapitels – natürlich jene. Alles andere hätte mich auch gewundert. Manfred Bomm ist erfolgreicher Krimiautor und Journalist. Seine Hand liegt auf meinem Schmöker, als läge vor ihm ein schlagender Beweis nach langer Recherche. Mein Beweis – für was auch immer. Ich dachte lange, ich wäre am Ziel, hätte mit diesem Buch einen guten Abschluss gefunden – für ihn und für mich. Mein innerer Zustand war »stabil«. Aber er war nicht vollkommen, war nicht rund. Insgeheim wusste ich: Dieses Buch wird dich nicht loslassen, solange du lebst. Weil es ein Teil von dir ist – weil du ein Teil von ihm bist.

Bomms Blick ist offen, klar; suggeriert ehrliches Interesse. Er versichert mehrfach: So treffend, wie ich mein gesamtes Buch geschrieben hätte, nähme er mir jedes Wort ab. Steht er etwa für einen neuen Abschnitt meiner Geschichte? Wird er, als Journalist, Klärung in die verbliebene Rätsellandschaft bringen? Ich sträube mich gegen die Hoffnung, stecke mein geistiges Terrain ab. Nicht etwa, weil ich diesem Bomm nicht traue. Vielmehr weil mich allein der Gedanke an meinen bisherigen Weg schmerzt.

So etwas denke sich niemand einfach nur aus, sagte er. Für ihn lese sich das, als wäre ich vor beinahe 100 Jahren selbst dort gewesen.

Ob er wohl weiß, wie nahe er dem Kern der Sache mit diesem Ausspruch ist? Sicher nicht. Für einen Augenblick ruht mein Blick auf einem hölzernen Bilderrahmen, der auf der Ablage steht. Wohl nur ein unscheinbares Artefakt. Und dennoch vereinigen sich für mich in dieser kleinen Reliquie das Jetzt und das Einst. Sie ist Omen und Orakel zugleich, ist die einzige Rückversicherung, nicht verrückt zu sein. Die Reise, die mich zu ihr geführt hat, war lang und kraftraubend. Und wenn ich an die vielen schmerzlichen Wegmarken darin denke, ist sie es bis zu dieser Sekunde. Ich bilde mir tatsächlich ein, eine Entscheidung treffen zu können, ob diese Reise weitergehen soll. Dabei tut sie es bereits, ungeachtet meines fehlenden Mutes. So wie immer.

Ich wundere mich über mich selbst, wie ich mich zurückversetze und ganz von vorn zu erzählen beginne.

September 1974

Nur Albträume … nichts Besonderes?

Der Anfang meiner Geschichte liegt ganze 39 Jahre zurück. Ich war noch ein Kind. Doch trotz des zeitlichen Abstands sehe ich bis heute jede Einzelheit dieses Traums erschreckend deutlich vor mir. Weshalb dies so ist, kann ich mir nicht erklären. Möglicherweise waren die Bilder in den Träumen einfach zu einschneidend, um vergessen zu werden. Vielleicht aber steht dieser Umstand Pate für all das Unerklärliche, das sich im Folgenden ereignet hat. Denn was im Laufe der Jahre danach geschah, ist ohne Umschweife unheimlich und nicht erklärbar. Zumindest nicht wissenschaftlich.

Ich war gerade vier geworden, als Albträume begannen, mich heimzusuchen. Immer wenn es passierte, herrschte schiere Panik in mir – nur für ein paar Minuten, so lange, bis der Spuk vorüber war. Es geschah zu Beginn nur gelegentlich, dann jede Nacht. Ich wachte schweißgebadet auf und flüchtete mich ins Ehebett der Eltern. Eine ganz normale Sache – zumindest fast. An den Träumen gab es jedoch gewisse Umstände, die sie aus heutiger Sicht von der Normalität abhoben: Wie etwa die Nachdrücklichkeit. So waren die Eindrücke des Geträumten derart greifbar, dass sie mich bis heute glauben machen, sie wären real gewesen. Dann diese permanenten Wiederholungen. Und zuletzt das ungewöhnliche Thema: Es ging um einen Krieg, wie ich heute weiß. Und ich war mittendrin.

Es hörte genauso abrupt auf, wie es begonnen hatte. Irgendwann blieben die Träume aus. Vergessen waren sie deshalb nicht, nur sorgsam verdrängt.

Vierzehn Jahre später, im Erwachsenenalter, begannen mich plötzlich wieder Traumszenen mit ähnlichem Muster zu plagen. Und sofort waren die Visionen aus der Kindheit wieder präsent in mir, als gäbe es zwischen ihnen und den neuerlichen Albträumen eine logische Verbindung. Ich gestand mir ein: Diese Träume kamen nicht von ungefähr. Es musste einen Auslöser geben. Und ich begann, sie vorsichtig zu deuten. Doch so wahrhaftig ich die Szenen auch vor mir sah, verstehen konnte ich weder ihren rätselhaften Inhalt noch ihren Ursprung. In den neuen Träumen ging es zudem nur um eine Freundschaft und um ein einschneidendes Bergerlebnis in einem wunderschönen Alpental. An den Szenen gab es eigentlich nichts Beängstigendes, alles ging gut aus. Und doch empfand ich diese innere Beklemmung, dieses Gefühl, als würde im nächsten Augenblick etwas Schlimmes geschehen. Im Traum wie im Jetzt.

Heute weiß ich, woher diese unterschwellige Angst kam und dass sie berechtigt war. Es geschah Schlimmes, Schreckliches, damals 1915. Und dennoch scheinen heute alle Rätsel gelöst zu sein. Alle, bis auf das eine: Weshalb ausgerechnet ich? Weshalb trage gerade ich ein Schicksal in mir, das nicht das meine ist, nicht meines sein kann? Von dem ich damals, im Jahre 1989, noch nicht das Geringste ahnte.

Gibt es einen erklärbaren Ursprung für die Träume?

Die Bilder aus den Kindheitsträumen von einst waren eindeutig. Sie ließen sich leicht einer ganz bestimmten Epoche zuordnen. Dies war selbst mir als Geschichtsunkundigem, der ich damals war, als mich die neuerlichen Träume zu plagen begannen, möglich. Es ging um die Zeit des Ersten Weltkrieges, um den Krieg zwischen hohen Bergen. Die frischen Eindrücke aus dem ersten neuen Traum im Erwachsenenalter ordnete ich schon der Kleidung der Personen wegen derselben Zeit zu. Lange Zeit war dies die einzige Erkenntnis, die ich aus den ungewollten nächtlichen Ausflügen ableiten konnte. Ihr Ursprung hingegen blieb unklar, so sehr ich auch nach naheliegenden Lösungen suchte.

In meiner frühen Kindheit und auch lange danach hatte ich keinen Zugang zu Medien, die sich mit der Zeit der großen Kriege im 20. Jahrhundert auseinandersetzten. Als die ersten Albträume einsetzten, besaßen wir noch nicht einmal einen Fernseher. Meine Großväter waren für den Ersten Weltkrieg zu jung gewesen. Der damals noch lebende Opa kannte keine makabren Soldatengeschichten, hatte keine Fotos von der Front. Schon wegen der Abscheu vor diesem Thema gab es in unserem Haushalt weder Bücher noch Postkarten dazu. Niemand in meinem Umfeld setzte sich mit dem Ersten Weltkrieg im Gebirge auseinander. Und doch gab es diese scheußlichen Bilder aus den Kindheitsträumen in meinem Kopf. Fast real, wie aus einer gelebten Erinnerung heraus, von der ich nicht wusste, woher sie kam. Es gibt bis heute keinen auch noch so vagen Ansatzpunkt, der den Ursprung der eigenartigen Träume erklären könnte. Sie schienen aus dem Nichts gekommen zu sein. Alles nur kindliche Einbildung? Nein, sagte ich mir. Etwas so Eindrückliches, das sich über Jahrzehnte hält, musste einen Sinn haben. Und es hatte einen Sinn – einen sehr tiefen.

Mir wird heute noch kalt, wenn ich daran denke, wie es begonnen hat. Nach fast 40 Jahren sind die Gedanken daran beklemmend eng wie ein zu klein gewordenes Kleidungsstück. Aber manchmal folge ich ihnen, gehe immer weiter. Bis ich da bin, wo ich eigentlich gar nicht hin will. In einer fremden, schroffen Zeit voller Entbehrung und Leid.

Der erste Albtraum aus der Kindheit … es beginnt.

Es dämmert. Langsam findet Bewegung in dem Film statt, der vor mir abläuft.

Wo bin ich? Was sind das für Leute? Warum haben alle dasselbe an? Furcht kriecht in mir hoch und mit ihr eine Eiseskälte. Meine Finger sind seltsam steif, rauer Stoff kratzt unangenehm an meinen Schultern. Irgendetwas in meiner Nähe stinkt so penetrant, dass ich nicht atmen will, nichts sehen will – ich will nur weg, nach Hause. Wo aber ist das …? Habe ich es vergessen?

Mein Blick fällt auf einen Mann. Ein anderer schiebt ihm grob einen Lumpen in den Mund. Aus seinem Gesicht schreit der Schmerz. Unaufhörlich. Aber ich höre ihn nicht. Endlich schleifen ihn schmutzige Hände in die Dunkelheit, die mich umgibt.

Einzelne Wortfetzen streifen mein Gehör. Fremde Laute, die ich nicht verstehe. Die schiere Angst zerrt an meinen Sinnen, macht sie offen für eine Erkenntnis, für die mir jeglicher Verstand fehlt.

Es ist Krieg. Ich weiß es. Und ich weiß, dass das schlimm ist, obwohl ich all das nicht wissen kann.

Wer ist es, der da für immer geht?

Eine Hand fasst mich an der Schulter. Ich drehe mich erschrocken um und sehe in ein Gesicht. Es ist kantig, ernst. Und es ist das einzige, was mir hier ein wenig vertraut scheint. Väterliche Augen blicken mir entgegen, verheißen nichts Gutes. Ein Abschied?

Ich atme schwer und schnell.

»Nimm mich mit!«, jagt es durch meinen Kopf.

Der Hagere mit der zerknitterten Schildkappe schüttelt nur den Kopf und wendet sich ab. Was bleibt, ist ein letztes gezwungenes Lächeln. Ein Versprechen, das nichts gilt. Vier Männer gehen über eine hölzerne Hängebrücke. Unter ihnen gähnt der Abgrund. Dem, der als Letzter geht, sehe ich hinterher, bis ihn die Dunkelheit ganz verschluckt hat. Irgendwann nimmt mich jemand am Arm und zieht mich in einen tunnelartigen Graben. Ein kalter Wind zieht scharf über das trockene Gras, lässt es leise rascheln. Es ist das einzige Geräusch, das in meiner Taubheit zu mir vordringt. Ein gräßliches Rauschen, angefüllt von Furcht und Angst.

Ich laufe blind irgendwo hinauf und stiere in die Dunkelheit. Immer wieder zittert der Boden unter mir. Schmutz schleudert mir aus der Nacht entgegen, trifft mein Gesicht wie mit Nadeln. Ich lege die Hände davor, spähe vorsichtig durch die Zwischenräume meiner klammen Finger. Gespenstisches Licht fackelt in die Berge, macht die Nacht zum Tag. Für Sekunden sehe ich Fontänen aus Dreck und Stein in den Himmel schießen. Immer mehr, immer schneller. Dann nimmt mich ein eiskalter Gedanke ein: Was ist mit jenem Mann, in dem ich den Vater sehe?

Szenenwechsel: »Maschin … engewehr!«, dringt es wie zerstückelt von fern an meine fast tauben Ohren. Meine Augen erfassen eine Waffe, die an ihrem Schützen zu zerren scheint.

Es macht mir entsetzliche Angst. Ich kann nicht mehr atmen, will mich abwenden. Doch das erdrückende Bild bleibt. Was führt mich aus dieser Hölle? Ich kann die Tür nicht finden …

Endlich erlöst, ich wache auf …

Ich realisiere noch nicht, dass die Tränen auf meinen Wangen real sind. Die treuen Augen, die mich ansehen, nehme ich nicht wahr. Ich sehe die Realität nicht, bin noch immer dort, wo der Schrecken regiert. Erst als ich eine warme Hand an meiner Wange spüre, flieht endlich der kalte Wind aus meinem Gesicht.

Wie mich meine Mutter in die Mitte des Ehebettes legt, taste ich nach rechts. Meine kleinen Finger sind kalt, kraulen das Haar meines Vaters. Er ist da – Gott sei Dank ist er da.

Der Auslöser der Träume bleibt unbekannt …

Bis zum heutigen Tag wundere ich mich noch immer selbst, wie viel Nachdruck damals in diesen Träumen im Kindesalter wohnte. So viel, dass ich noch immer eine Gänsehaut bekomme, wenn ich an sie denke. Ohne jemals Fantasie darauf verwendet zu haben, liegt jede einzelne Szene unverändert in meinem Geist. Wo war der Ursprung? Was löste sie aus? Fragen, auf die es bis heute keine Antwort gibt.

Als Vierjähriger konnte ich diesen Traum in keiner Weise logisch verarbeiten. Ich wusste nicht, was ein Maschinengewehr war, konnte nicht nachvollziehen, weshalb alle Menschen im Traum Uniformen trugen. Alles, was ich spürte, war der Ernst der Situation und tiefe Furcht. Und eben das hielt ich meinen Eltern in meinen kindlichen Worten immerzu vor. Niemand wäre imstande gewesen, daraus eine geträumte Kriegsszene abzuleiten.

Aus heutiger Sicht kann ich die immer noch existierenden Eindrücke aus der Kindheit für mich deuten und einordnen. Und eben so stelle ich sie hier dar, ohne sie in eine bestimmte Richtung auszulegen, ohne die Lücken der Träume mit wilder Fantasterei zu füllen. Dabei bleibt eine Frage immer gleich: Wie ist es überhaupt möglich, Träume so lange behalten zu können? Sind diese Träume wirklich nur Zufall?

Die Antwort, die ich mir irgendwann im Jahre 1989 nach Beginn der zweiten Albtraumphase selbst gab, war ebenso minimalistisch wie unbefriedigend. Vor allem aber war sie unehrlich: Zufall, nichts weiter, redete ich mir ein und stemmte mich weiter gegen das, was sich nicht verdrängen ließ. Von der Erkenntnis, dass uns Menschen manchmal Dinge widerfahren, die wir mit unseren bescheidenen Sinnen noch nicht erfassen können, war ich noch weit entfernt. Und zugegeben: Es gibt immer noch Tage, an denen ich nach rationalen Erklärungen suche. Doch diese Momente sind sehr rar geworden. Immer dann, wenn ich beginne, mich um mich selbst zu drehen, mache ich mir klar, dass das Unerklärliche nicht schon deshalb inexistent ist, weil es uns keine Antwort liefert.

Einen Zusammenhang zwischen den Träumen und meinem wohlgehüteten Exponat im schlichten Holzrahmen, eines der sogenannten Artefakte, stelle ich mittlerweile außer Frage. Dafür liegt es allein schon mit seiner puren Existenz und besonders mit dem, was es aussagt, viel zu nah an der Geschichte. Und trotzdem gab es mir weitere Rätsel auf, die ich erst im Jahre 2013, gemeinsam mit Manfred Bomm, lösen konnte. Mein Fund aus dem Jahre 1997 war zu Beginn unserer Nachforschungen die einzige greifbare Brücke vom Jetzt ins Einst. Er stammt von dort, wo ich in meinen Träumen gelitten habe. So viel ist nunmehr sicher. Er stammt von dort, wo alles zu Ende schien – wo alles erst begann.

16. August 1989
Die Träume kehren zurück ... es geht weiter.

Ganze 15 Jahre schlummerten die Träume gut verborgen in meinem Unterbewusstsein. Ich schlief gut, verschwendete keinen Gedanken mehr daran. Bis zu der Nacht vom 15. auf den 16. August 1989. Diese Nacht war der eigentliche Beginn, der Startschuss für eine Reise, die nicht außergewöhnlicher hätte verlaufen können.

Ich schreckte auf, hatte alle Mühe, ins Jetzt zu finden. Es dauerte eine Weile, bis ich realisierte, was dieser Traum in mir wachgerufen hatte. Das, was da penetrant in meinem Unterbewusstsein hing, war zunächst neu. Doch hatte es etwas im Schlepptau, das ich längst verdrängt hatte. Jetzt war es wieder da, mit all seinem Schrecken, so deutlich wie eh und je. Irgendetwas versuchte, mir all das Verdrängte aus den Kindertagen mit Gewalt wieder ins Bewusstsein zu pressen. Mein Geist wiederkäute längst verdrängte Bilder des Grauens: der Verwundete mit dem Knebel im Mund, das väterliche Gesicht, das Maschinengewehr. Und was den neuerlichen Traum selbst anging, war es genauso wie damals: Ich sah, ich roch, ich fühlte, spürte. Nur zwei meiner Sinne schienen sich gegen dieses gedankliche Echo aus einer undefinierten Zeit zu sträuben. Ich konnte kaum etwas hören. Und wenn einmal, dann so leise und tonal verzerrt, dass ich nichts verstand. Daneben lag alles farblos, in Grautönen vor mir. So, wie in einem alten Schwarz-Weiß-Stummfilm voller Lücken und Risse. Einzelne scharfe Details stachen wie Schlaglichter aus dem Strom der Eindrücke heraus, als wären sie besonders wichtig. Andere Stellen schienen völlig zusammenhanglos und verwaschen. Nach dem Aufwachen versuchte ich mir die eindrücklichen Szenen aus dem Kopf zu reden. Alles nur geträumt! Nichts davon ist wirklich passiert! Aber woher kamen dann diese greifbaren Bilder, diese ... Erinnerungen?

Das Soldatengesicht. Ein erster Zusammenhang?

Die Szenen und Bilder blieben – beharrlich. Ich wusste sofort, dass auch die neu geträumten Eindrücke von der Sorte waren, die sich mit keinem Mittel der Welt aus meinem Hirn löschen ließen. Sie waren viel zu stark für einen lapidaren Traum. Dabei spielte in ihnen der Krieg aus den Kindheitsträumen zunächst gar keine Rolle. Bis auf dieses letzte trübe Bild in ihnen, dieses Soldatengesicht. Die Albträume meiner Kindheit von 1974 und das Neue – passte das wirklich zueinander? Etwas Unbestimmtes in mir war sich seltsam sicher: Es passte. Und zwar nicht aneinander, sondern vielmehr ineinander. Dieses letzte Bild im neuen Traum war nur ein Porträt. Das unscheinbare Gesicht eines Soldaten. Und eben dieses unscheinbare Konterfei ordnete den neuen Traum unweigerlich in dieselbe Epoche ein, in der sich auch die Kindheitsträume abgespielt hatten. Die Uniformen waren identisch.

Immer wenn ich an diesen ersten Traum im Erwachsenenalter denke, packt mich die Vergangenheit kalt im Genick. Fragmente ferner Tage fliegen durch mich hindurch. Es drängt sich mir etwas auf, das ich nicht kennen kann. Und doch ist es mir so nah, als wäre es ein Teil meines Lebens. Die wenigen Geräusche klingen blechern, gedämpft. Es sind unverständliche Stimmen in Dialekt. Es kostet mich Überwindung, die letzten Taue ins Jetzt zu kappen und hinüberzugehen. Das Jetzt scheint mir ferner als das, was ich dann sehe:

Ein erster Blick ... Finde ich zurück?

Ich gehe auf eine offen stehende Tür zu. Im Türrahmen hadere ich mit mir, bleibe stehen und sehe mich um. Ich will mich vergewissern, dass ich den Weg zurück finde. Doch hinter mir ist nichts mehr; nichts außer diesem sanften Tal, den Bauernhäusern und den Bergen. Wieso eigentlich Berge? Noch kann ich mir keinen Reim darauf machen. Das Nächste, was ich sehe, sind zwei Hände. Eine davon ist meine eigene.

Die Hand, die ich wie in Zeitlupe schüttle, gehört dem Josele. Sein Name liegt wie selbstverständlich in meinem Geist; das einzige Wissensfragment, das dennoch keine weiterführende Information für mich bereithält. Die Frage, wer ich in dieser Szene bin, stellt sich mir nicht. Ich fühle mich real, atme, sehe, rieche. Ich bin ich, wer sonst? Nur offenbar in einer anderen Zeit.

Josele sieht direkt in mich hinein, nimmt mir mit einem einzigen Blick die Angst vor dem nächsten Schritt. In seinem Gesichtsausdruck liegt so etwas wie Vergebung. Ein Verzeihen für etwas, das dort, wo wir jetzt sind, kein Gewicht mehr hat. Weshalb mich dieser Eindruck beschleicht, weiß ich nicht. Noch nicht. Der tiefen Geborgenheit, die mich einnimmt, kann ich mich nicht entziehen; und ich will es auch nicht – weil ich sie kenne und, weiß Gott, vermisst habe. Alles ist warm und gut. Ich weiß, dass es gut ist. Ich denke nicht an Krieg, Schmerz und Leid.

Josele zieht mich mit seiner Hand ruckartig in den Laufschritt. Ich spüre die Schwielen an seinen Händen, rieche den Duft von abgetragener Kleidung und Schweiß. Dann sehe ich durch den lichten Wald einen schroffen Berg. Ist er das Ziel? Warum befällt mich bei seinem Anblick diese Unruhe? Habe ich Angst?

Die Traumbilder werden rasend schnell – nur noch Schlaglichter. Ein Zeitsprung?

Plötzlich beginnt meine Umgebung zu verschwimmen. Ich falle durch einen steilen Korridor, will mich halten, will dort bleiben. Doch meine Hände greifen ins Leere, alles um mich sinkt unhaltbar weg. Wache ich auf? Meine Wahrnehmung scheint mit mir durch die Zeit zu rasen, sofern sie dort, wo ich bin, überhaupt existiert. Die Bilder und Szenen ziehen mich in einen rasenden Strudel. Als spule man ein Videoband vor, mischen sich die Eindrücke zu einem unverständlichen Brei. Wie Blitzlichter jagen Bilder durch meinen Kopf, zerplatzen in derselben Hundertstelsekunde, in der sie entstehen. Dabei sehe ich einen gespaltenen, verkohlten Baum vor einer Wiese; eine Sense, wie sie durch das hohe Gras zieht. Einen Heuschober, davor ein tiefer, mit Steinen verfestigter Graben. Ein Wegmarterl mit Kruzifix; der Christus hängt klagend schief. Eine tote Gämse glotzt mich mit starren Augen an, einen Zweig im offenen Maul – dunkelrot, die einzige Farbe im Grau.

Dann entschleunigen sich die Szenen wieder. Ich atme angestrengt, schwitze, halte mich an kühlem Fels fest. Die Kalksteinwand fußt tief unter mir in einem Geröllfeld. Ich klettere, ohne Furcht. Und ich habe keinen Zweifel, dass es der Berg ist, den ich vorhin gesehen habe. Ich spüre das grobe Hanfseil in meinen Händen, sehe Josele am anderen Ende. Alles um mich ist wieder gut und stark. Aber wie lange kann ich mich darauf verlassen?

Traum oder Wirklichkeit? Träume ich überhaupt noch?

Eine schwarze Silhouette gleitet in meinen Augenwinkel. Gefieder raschelt im Wind, messerscharfe Klauen fahren in meine Schulter. Der Greifvogel erscheint mir riesig, hat immense Kraft. Er lässt plötzlich von mir ab, verschwindet im dichten Nebel. War das ein Adler? Wo soll ich hin, wenn er wiederkommt?

Ich greife hektisch in schmale Ritzen, ziehe mich über glatte Platten hinüber zu einem nahen Grat. Mein Puls hämmert an meinen feuchten Kragen. Angst nimmt mich ein. Aber es ist nicht etwa jene Art von Furcht, hinter der diese gewisse Sicherheit ruht, die es nur im Traum gibt: Die Sicherheit, nicht sterben zu können. Die Angst ist echt. So echt wie der Schmerz meiner wunden Finger. Doch wer sagt mir das? Etwa ich selbst? Träume ich überhaupt noch?Oder passiert das alles wirklich? Ich sehe das Seil, spüre sein raues Geflecht in den Händen. Und meine Hände greifen zu, ganz bestimmt. Ich fühle den kühlen Fels, den warmen Schweiß. Nein, das kann kein Traum sein! Ich bin hier am Berg, ganz real!

Dann springt die Zeit wieder mit mir davon.

In meiner Erinnerung fehlt ein Stück. Aber ich bin noch auf diesem Berg. Nur die Angst ist verflogen, die Sicht wieder frei. Ich erhasche einen Blick hinunter ins Tal, sehe den gerodeten Wald über den Höfen, die Straße und die Häusergruppe am Ende des Dorfes. Ist das meine Heimat? Das Gefühl ist undeutlich und zu kurz, um sich daran zu gewöhnen. Irgendetwas jagt mich weiter, schickt mich durch einen neuerlichen Bilderhagel, in welchem sich alles ganz schnell dreht. In Bruchteilen von Sekunden schlagen wieder einzelne Bilder in mir ein. Bilder wie der Adler am Gipfel, in dessen Schwingen sich das Abendrot fängt; ein starker, beschwörender Händedruck, der mehr als nur grüßt. Drei raue, eng aneinanderstehende Baumstämme mit einer schmalen Höhlung in den verschränkten Wurzeln. Der Baumdrilling aus Tannen steht mitten im Wald. Schließlich noch eine alte Münze. Sie glänzt rötlich und irgendetwas an ihr sagt mir, dass sie wichtig ist. Danach ist es lange schwarz um mich. So lange, dass ich nicht weiß, ob ich noch dort in meinem Tal bin. Aber ich bin es, gefangen von dieser fernen Zeit, die mich berührungslos umklammert.

Die Stimmung verändert sich: Unheil kündigt sich an.

Es dauert lange, bis das Schwarz weicht und wieder ein klares Bild freigibt. Es schneit. Diesmal ist die Zeit weit mit mir gegangen. Einen Monat, ein Jahr?

Eine Spur wird im frischen Schnee sichtbar. Sie stammt von einer Kutsche, die langsam aus dem Dorf fährt. Die Pferde schnauben Wolken in die kalte Luft. Aus dem rechten Fenster lehnt jemand. Es ist Josele. Er winkt, ruft etwas, das nicht zu mir vordringt. Ich fühle, dass das tiefe Brennen in meiner Seele den Anspruch von Ewigkeit hat. Wie ein unheilvoller Vorbote legt es sich auf alles, was mich umgibt. Plötzlich ist die heile Welt am Untergehen. Ein Hauch von Tod liegt in der Luft. Woher kommen diese bitteren Ahnungen in mir?

Ich schließe meine Augen, kneife sie mit aller Kraft zu. Ich will nicht sehen, was dort im Dunkeln der Geschichte lauert. Doch das Bild bleibt. So lange, bis ich die Kutsche nicht mehr sehen kann.

Der namenlose Soldat. Ist er der Schlüssel zu allem?

Ich erschrecke, will ein Stück zurückweichen. Doch das schmutzige, ausgezehrte Soldatengesicht, das vor mir auftaucht, bleibt. Ich kenne den Uniformierten nicht, der mich mit seinen dunklen Augen so durchdringend ansieht; und dennoch ist mir irgendetwas an ihm seltsam vertraut. Gelähmt ergebe ich mich seinem stummen Flehen, das ihm im Gesicht steht. Es vergehen Sekunden, bis er mir sachte zunickt. Er scheint einverstanden zu sein mit dem, was er sieht. Aber was sieht er? Etwa mich?

Der Soldat streckt die Hand flach vor sich aus. So als läge etwas darauf, als wolle er es mir anvertrauen. Ich suche vergebens. Seine Hand ist leer. Und wie ich aufsehe, ist das Gesicht nicht mehr da.

So unverfänglich und heiter der erste triviale Ausflug auch begann, so unheimlich und offen endete er. Ungeachtet der Bilder, die zusammenhanglos nur für einen Augenblick Bestand hatten, ließ sich das Geträumte dennoch auf ein paar Dinge reduzieren, die nicht ungewöhnlicher waren als jede andere seichte Berggeschichte: eine halsbrecherische Klettertour mit einem guten Freund, ein Freundschaftsschwur. Dann eine unerwartete Trennung und ein offenes Ende. Und wäre es dabei geblieben, hätte ich den Traum, für sich betrachtet, sicherlich nicht ernst genommen. Ein Zufallsprodukt meines Unterbewusstseins, nichts weiter. Nur blieb es nicht dabei. Und es gab diese vage Verbindung zu den Kindheitsträumen wie etwa die Uniform des namenlosen Soldaten.

Nachdem sich die geträumten Eindrücke auch nach Tagen nicht abschwächten, begann ich, nach Parallelen in meinem Leben zu suchen. Da sich das Geträumte derart real angefühlt hatte und noch immer anfühlte, versuchte ich, die einzelnen Erlebnisse von den Traumbildern zu lösen. Es musste ja irgendeinen Auslöser im Jetzt geben. Doch meine Suche war erfolglos. Es gab nichts, was mit den Träumen auch nur annähernd vereinbar gewesen wäre. Das war nicht ich, der dort im Traum auf den schroffen Gipfel kletterte, hielt ich mir vor. Es war jemand ganz anderer. Eigentlich genug der Einsicht, um sich davon zu distanzieren. Doch etwas in mir weigerte sich loszulassen. Da war dieses unterschwellige Gefühl, das mir sagte, dass es sehr wohl einen Zusammenhang mit meiner Person gäbe. Schon allein deshalb, weil ich davon träumte. Aber was sollte ich mit diesem undefinierten Gefühl anfangen? Ich, der überzeugte Realist, der sich immer auf seine funktionierenden Sinne verlassen hatte. Sollten die Mauern meines Lebensgebäudes gar nicht so fest sein, wie ich immer glaubte? Waren sie am Ende zu eng bemessen? Ich war gerade einmal 18 Jahre alt. Ein Alter, in dem ich etwas Handfestes, etwas Gegenständliches brauchte, um das Unerklärliche zu kompensieren. Doch was die Träumerei anging, gab es nichts dergleichen. Nichts außer der fadenscheinigen Selbstlüge.

Ich rettete mich in den Zufall, in ein erklärbares Phänomen. Alles ist irgendwie irgendwann erklärbar, sagte ich mir vor. Doch später, als ich es nach den ersten Wiederholungen nicht mehr vor mir leugnen konnte, war ich auch nicht länger imstande, es zu verdrängen. Etwas an dieser Geschichte schien wichtig zu sein. So viel war ich irgendwann bereit, mir einzugestehen. Es war dieses letzte Bild, dieses Soldatengesicht, in dem sich meine Gedanken immer wieder verfingen.

Auf Neugier folgt Ernüchterung – die Träume lassen sich nicht erzwingen.

Zwischen dem ersten und dem zweiten Traum in der Jugendzeit lagen mehrere Monate. Ich erinnere mich, dass ich das Rollo hochgezogen hatte, als ich nach dem zweiten Traum aufgestanden war. Ich blickte hinaus in den nächtlichen Garten, gierte nach der vertrauten Realität. Sozusagen der letzte Sprung heraus aus der Vergangenheit ins Jetzt. Ich fuhr mir mit den Händen über das Gesicht, spürte meine kalten Finger. Es geschah wirklich. In der Sekunde, in der ich es tat. Aber wo lag der Unterschied zum Traum? Nur in der Zeit und dem Ort? Beide Eindrücke fühlten sich gleichermaßen echt an. Meine anerzogene Vernunft ließ mich über mich selbst den Kopf schütteln. Es konnte nicht sein, was da passierte. Ich wusste sicher: Ich war nie in diesem Tal gewesen, war nie auf diesen Berg geklettert. Ich kannte weder einen Josef noch jemanden namens Josele. Kein Foto in den Familienalben ging mit den nächtlichen Bildern konform. Auch mein ungefähres Alter im Traum hätte in keines der Alben gepasst, die an Wanderurlaube im Allgäu erinnerten, in welchen ich noch ein Kind gewesen war. Und geklettert habe ich schon gar nicht. Trotzdem schüttelte ich dort, in der grauen Szenerie meines Traums, spürbar eine Hand, stieg über brüchige Felsen einem bekannten Gipfel entgegen und sah diesen Adler im Abendrot.

Im dritten Traum nahmen die Deutlichkeit und die Informationsdichte mit einem Mal zu. Die Geschichte ergänzte sich hier und da wie von selbst. An manchen Stellen nur um eine winzige Sequenz, an anderen aber um ein ganz neues, bleibendes Bild. Es zeichnete sich langsam der Beginn einer Handlung ab. Eine Abfolge von Ereignissen, auf deren Grundlage ich Jahre später mein erstes Buch verfassen konnte, in dem ich etliche Kapitel vermeintlich erfunden hatte. Ohne zu wissen, wie nahe ich damit unterbewusst an der Wahrheit lag. Der Umstand, nicht zu wissen, wann mich der nächste Traum heimsuchen würde, geschweige denn zu erahnen, was in ihm an Neuem hinzukommen würde, verlieh dem nächtlichen Geschehen eine unerhörte Spannung. Nach dem dritten Traum lag ich in den Nächten darauf im Bett und wünschte mich wieder hinüber in diese andere Zeit, die sich über weite Strecken harmonisch und glücklich ausnahm. Ich wollte mehr wissen, mehr erfahren; trotz oder vielleicht sogar gerade wegen der bösen Ahnung, die in diesem finalen Gesicht ruhte. Langsam begann ich mich hinter dieser imaginären Tür stark und sicher zu fühlen. Hatte mir da jemand einen süßen Köder ausgelegt? Doch wie und aus welchem Grund?

Die Träume ließen sich jedoch nicht erzwingen. Es gab kein Muster, auf das ich hätte reagieren können. Später, als mich die traurigen Szenen heimsuchten, wünschte ich mir genau das Gegenteil. Es sollte aufhören. Doch die Träume blieben. Und mit ihnen eine immer tragischer verlaufende Geschichte. Was sich dabei nie veränderte, war das seltsam treue Finale: dieses Soldatengesicht, die ausgestreckte leere Hand und – aus. Ein mahnender Nachhall, Traum für Traum.

Rationale Erklärungen scheiden langsam aus.

In der Zeit dieser ersten Träume sann ich über die Möglichkeit nach, ob nicht vielleicht doch das Fernsehen einen gewissen Beitrag zu so realitätsnahen Träumen geleistet haben könnte. Josele, die Bauernhäuser, die Berge, die gesamte Landschaft – nur ein surreales Fantasiegebilde? Doch dieses Tal, diese

Berge und auch die Kriegsszenen aus den Träumen der Kindertage ließen sich nicht passend reden. Es gab kein auch noch so entferntes Pendant dazu.

Mir war schnell klar: Für eine fundierte Recherche brauchte ich mehr als nur ein paar graue Traumbilder. Gewiss, die Szenen vom Gipfelerfolg waren emotionaler, deutlicher geworden. Auch dieses eindrucksvolle Bild, in dem der Adler vom Gipfel in die Luft steigt und ins Abendrot schwebt, hatte sich förmlich in meine Erinnerung gebrannt. Doch so schön die Schwingen auch orangerot glänzten, sie erzählten mir nicht, weshalb ich von ihnen träumte. Auch der hitzige Abstieg von diesem markanten Gipfel wurde inhaltsreicher. Es gab eine kurze Rast im Wald unter der Wand. Zu der ersten Münze gesellte sich eine zweite – sie wurden im letzten Büchsenlicht getauscht. Dann der starke Händedruck. Ein Freundschaftsschwur fürs Leben, wie es schien. Alles komplettierte sich zu einer netten Geschichte, die sogar eine weit hergeholte Assoziation zuließ: Die Münzen waren »Kupfergeld«, aus der Not heraus und gleichermaßen absichtlich. Die fast wertlosen Heller-Münzen, deren rückseitige Prägung den Doppeladler Österreich-Ungarns zeigten, schimmerten ebenso rötlich wie die Schwingen des Adlers auf dem Gipfel in der sinkenden Sonne. Die einzigen Farbelemente in diesem Traum. Doch einen klaren Hinweis darauf, wo genau sich die Szenen abspielten, gab es nicht für mich. Auch im dritten Traum beschwören die geschundenen Hände eine innige, vergängliche Freundschaft. Almen, Wald, geschlagene Bäume huschen an mir vorüber. Alles ist wie bei den vorherigen Träumen. Dann aber wendet sich das Blatt: Plötzlich findet ein hoffnungsvoller Wechsel im imaginären Bühnenbild statt. Eine ganz neue Szene kommt hinzu:

Ein Parkgelände taucht vor mir auf. Darin steht ein Pavillon, dahinter erhebt sich ein großes herrschaftliches Gebäude, schlossähnlich. Ich sehe Josele in vornehmen Kleidern, die zwar zu diesem Haus, weniger aber zu ihm selbst passen. Sein Gehabe wirkt aufgesetzt. Er ist mir fremd.

Mit einem Mal mischt sich ein anderes Gesicht in die Szenen. Es ist gütig, gehört einer jungen Frau, einem Mädchen. Ich empfinde Glück und dennoch spüre ich einen fernen Schmerz in mir. Das Mädchen, dem ich nicht folgen kann, hat lange dunkle Zöpfe. Mein Unterbewusstsein kann keinen Namen für sie finden. Ich weiß weder, wer sie ist, noch, welche Rolle sie einnimmt. Doch wäre sie unwichtig, träumte ich nicht von ihr.

Das Nächste, was ich sehe, sind meine Hände, die mit einem Messer etwas in eine Holzlatte schnitzen. Es ist eine Blume, eine Rose. Mir wird wehmütig zumute, wie ich sie betrachte.

Zwischen diesem hölzernen Ornament und dem bisherigen Ende des Traums klaffte noch eine große Lücke im Geflecht. Und das Ende bestand bis dahin immer in der Sequenz, in welcher die Kutsche mit Josele aus dem Dorf fährt. Doch eben in dieser Szene ergab sich ebenfalls eine weitere Kleinigkeit, die sich später noch als wichtig erweisen sollte:

Das Bild ist identisch. Ich sehe wieder Josele, wie er sich aus dem Fenster lehnt. Dann blicke ich auf seine Hand. Er hält etwas fest, eine Halskette. Ich erkenne sie am kleinen runden Anhänger. Es ist eine der getauschten Münzen vom Drillingsbaum. Ich weiß es, obwohl ich sie der Distanz wegen nicht genau ausmachen kann. In mir brennen Hoffnung und Schmerz zugleich. Die Zeichen stehen auf Sturm. Ich fühle es, weiß nur nicht, weshalb. Meine Freundschaft scheint zerrissen. Lebt sie weiter?

Es drängte sich auf, dass dies nicht das Ende der Geschichte sein konnte. Von diesem Zeitpunkt an beschlich mich eine leise Ahnung, dass diese letzte Szene erst den Anfang einer Tragödie darstellen könnte. Nur ließ ich diesem Gefühl zunächst keinen Raum, sich im Jetzt zu entfalten.

Beistand – Daniela tritt auf den Plan.

Ein besonderer Umstand gab mir ab Herbst 1989 den Mut weiterzudenken.

Ich hatte Daniela, meine jetzige Ehefrau, bei einem Schulkonzert im Schulzentrum Pfuhl bei Neu-Ulm kennengelernt. Es war die sprichwörtliche Liebe auf den ersten Blick und, wer weiß, vielleicht noch nicht einmal Zufall.

Es hatte viel Überwindung gekostet, sich ihr zu öffnen. Doch Daniela nahm es nicht nur offen auf, ab einem gewissen Zeitpunkt nahm sie sich der Geschichte an. So als wäre sie mir etwas schuldig. Dabei war und bin ich es, der ihr zu tiefem Dank verpflichtet ist.

Ich bin immer wieder erstaunt, wie treffend Daniela den ersten Traum schildert, den sie als Außenstehende bewusst mitbekommen hatte. Und ich bin froh, dass sie es tut – weil ich es aus der Sicht des Betrachters heraus schlicht nicht kann.

24. Februar 1990

Traum vier. Daniela erinnert sich …

Es war mitten in der Nacht. Stockdunkel. Nur dieser winzige Lichtschalter am anderen Ende des voll belegten Lagers der Alpenvereinshütte im Tannheimer Tal flimmerte unregelmäßig gegen den Stützbalken. Ich war stinksauer. Es grenzt fast an ein Wunder, in einem 30er-Lager zu schlafen, wenn

20 Leute rund um die Hütte in Schattwald den Wald absägen. Ich hatte es gerade halbwegs geschafft – und dann das:

Ich merkte, dass mit Udo etwas nicht stimmte. Er atmete kurz und schwer; war völlig nassgeschwitzt. Ich lag am Fenster und richtete mich in meinem Schlafsack auf, um die kleine rote Karogardine etwas zur Seite zu schieben. Das spärliche Mondlicht fiel auf das Kopfende der ersten Pritschen und somit auch auf sein Gesicht. Seine Augen waren offen. Aber er war nicht wach, war irgendwie nicht bei sich. Sein Mund zitterte und zuckte, als wollte er etwas sagen. Ich rüttelte an seinen Schultern und redete im Flüsterton auf ihn ein. Ich sagte ihm, dass er träumte. Es dauerte eine Weile, bis er sich zu mir hindrehte und mich anstarrte. Was sage ich – durch mich hindurchstarrte. Er hatte mich nicht erkannt. Stattdessen schob er mich weg, als verdeckte ich sein Sichtfeld. Und er sagte etwas, was ich nicht verstehen konnte. Jedenfalls streichelte ich seinen Kopf, bis sein Puls wieder einigermaßen normal war. Kurz danach wachte er dann auf, sah mich verständnislos an und drehte sich um, als wäre nichts geschehen.

Dann schnarchte im Lager einer mehr und ich war den Rest der Nacht wach.

Im Leben begleitet – im Traum allein.

Ich selbst konnte mich an nichts erinnern. An nichts, bis auf das, was ich geträumt hatte. Danach war nichts mehr, wie es vorher war. Daniela sprach mich am nächsten Morgen darauf an. Ich war froh darüber, dass sie es nicht am Frühstückstisch getan hatte, sondern während der ersten Bergfahrt mit dem langen Schlepplift. Sie sagte, ich hätte in der Nacht geträumt. Und sie sprach es so lapidar aus, als wäre es nicht schlimm gewesen, als hätte sie mich gerne beruhigt. In ihren Augen aber lag ein Hauch von Angst.

Ich war mir inzwischen sicher, dass weitere Träume folgen würden. So wie vergangene Nacht. Fakt war: Es ließ sich nicht länger verbergen; nicht mit aller Macht der Welt. An diesem Morgen war mir klar geworden, dass ich während der Träume nicht nur einfach schlief, sondern hyperventilierte, transpirierte und sprach, wenn auch unverständlich.

Daniela gegenüber stellte sich bei mir unweigerlich ein schlechtes Gewissen ein. Es war mir peinlich, unendlich peinlich. Ich war gewiss nicht derjenige, der mit seinen Albträumen hausieren ging, und ich wusste: Je länger ich mit diesen Träumen hinterm Berg hielt, desto schlechter würde das für unsere junge Beziehung sein. Ich redete mir im Geiste unaufhörlich ein: Du sagst nichts. Kein Wort. Du darfst sie damit nicht belasten. Dabei wusste ich genau, dass ich es bereits getan hatte.

Die lange Bergfahrt mit dem Lift war eine echte Chance. Daniela konnte nicht davonlaufen, und ich glaube, sie hätte es auch nicht getan, hätte die Möglichkeit bestanden. Also überwand ich mich und fing an zu erzählen. Von dem Adler, den Münzen und der Trennung der beiden Freunde. Dabei sah ich Daniela immerzu forschend in die Augen, suchte nach Ablehnung, Unverständnis, dem typischen Belächeln eines jungen Mädchens. Doch ich erkannte nichts dergleichen. Viel später erst wurde mir klar, dass mich eben dort jemand an die Hand genommen hatte und willens war, niemals loszulassen.

Von nun an war ich zwar im Leben begleitet, im Traum aber blieb ich allein.

Die Wende – der Traum wird zum Albtraum.

In den wichtigen Träumen, wie etwa dem, der mich in der Alpenvereinshütte einnahm, erkannte ich so etwas wie Wegweiser. Unbeschriftete Wegmarken, die zwar da waren, aber keine bestimmte Richtung anzeigten. Ich erahnte nicht im Ansatz, was sich Jahre später anschließen sollte.

Irgendwann hatte ich den Träumen ohne besonderen Grund Nummern gegeben, ohne die Reihung danach konsequent fortgesetzt zu haben. Vielleicht war dies der erste Versuch, etwas festzuhalten. Möglicherweise begann ich durch diese Ordnung, mit den Eindrücken umzugehen. Ein zarter Beginn, es zu verarbeiten? Oder ein untrügliches Anzeichen dafür, dass es langsam ernst wurde?

Die Träume zwei und drei hatten sich gegenüber dem ersten relativ unauffällig ausgenommen. Bis auf die geschilderten Neuszenen war es mehr oder minder immer dasselbe. Aber wahrscheinlich war eben dieser gemächliche Fortgang zu diesem Zeitpunkt auch gut für mich und meine innere Einstellung zu dem, was da mit mir geschah.

Traum vier hingegen war ganz anders. Er war tiefer und auf eine erschreckend negative Art gehaltvoller als alle anderen zuvor. In ihm brannte etwas, das ich noch nicht einmal tagsüber löschen konnte. Er war der erste, der nicht dort im Nebel versank, wo alle anderen bisher aufgehört hatten. In ihm entfernte ich mich weiter von meinem realen Leben als je zuvor. Dieser Traum in der Hütte des Alpenvereins war eine Wende im Geschehen. Er bestätigte meine unterschwellige Ahnung, dass diese Geschichte nicht etwa heiter enden würde. Erstmals überwog das Ungute. Es läutete eine dunkle Phase ein. Und mit ihr eine von diesem Zeitpunkt an nicht enden wollende Abfolge von Bildern, die ich eigentlich gar nicht sehen wollte. Mein Traum wurde zum Albtraum.

Schicksalhaftes Wiedersehen – Josele kehrt zurück.

Ich warte auf das Ende des Traums, auf das Gesicht des Soldaten – es ist immer da. Doch dieses Mal bleibt es aus. Eine Weile ist es dunkel, als wechsle man hinter dem Horizont meiner Wahrnehmung die Filmrolle. Dann nimmt das Geschehen zu einer anderen Jahreszeit wieder Fahrt auf. Es liegt kein

Schnee mehr im Tal. Ein schwarzes Auto rollt langsam auf mich zu. Und mit ihm fliegt von irgendwoher Hoffnung durch meinen Traum: Kommt Josele zurück? An den Gedanken heften sich brachiale Bilder, die brennende Wunden in meine Seele reißen. Meine Gefühle bluten. Ich kann mich nicht wehren, wie sich wieder diese rasenden Bilder vor mein geistiges Auge schieben. Wohin eilt die Zeit diesmal mit mir? Welche Schlaglichter gesteht sie mir zu?

... Ich sehe eine leere, zerborstene Kirchenbank. Eine Axt, die tief in einen Baumstamm fährt. Eine schwielige Hand schließt sich, droht, die in ihr liegende Münze zu zerquetschen. Ist es Joseles Heller? Schwingende Glocken, deren Ton ich nicht hören kann. Ein Plakat an einer Tür mit einer unheilvollen Überschrift:

›An Meine Völker!‹

Und eine verkrampfte Hand. Sie ist blutrot. Dann endlich wird es wieder langsamer um mich und es geht in der Geschichte dort weiter, wo sie unterbrochen wurde.

Der Wagen hält vor einem Gasthof. Dem Gasthof »Zur Post«. Ich kann es deutlich an der Fassade lesen. Aber warum bin ich hier? Habe ich auf dieses Auto gewartet? Ein Soldat steigt aus. Seine Uniform ist edel, sieht anders aus als die des namenlosen Soldaten. Aber er lacht mir zu. Ich kenne ihn – es ist Josele. Ich spüre seine Schulter an der meinen. Doch das Gefühl der Freude ist trüb. Etwas stimmt nicht.

Eine Mädchengestalt findet in meinen Blickwinkel. Sie steht neben mir. Ihre Haare sind zu Zöpfen geflochten. Es ist wieder diese anziehende Person, die ich nicht einordnen kann. Diesmal darf ich ihren Blicken folgen. Sie streifen mich, kehren zurück und bleiben. Sie gelten mir.

Josele wird zu Josef ...

Josele schreitet auf den Gasthof zu wie ein General. Ein kalter Gedanke flieht durch meinen Geist: Das Josele von einst – das gibt es nicht mehr. In meinem Kopf entsteht ein anderer Name, hart und unsentimental: Josef. Und er bringt Leere mit sich.

Für einen Moment ist alles finster. Nicht ein Bild dringt zu mir vor, als würde ich schlafen – noch tiefer, als ich es eh schon tue.

Ich erwache in meinem Traum in einer vollen Gaststube, rieche den Qualm von schlechtem Tabak. Ich sehe die offenen Münder, die Gesten, kann das Stimmengewirr und den Wortsalat förmlich spüren. Nur hören kann ich nichts. Nichts, außer diesem stereotypen Rauschen. Ich bin taub, wie immer.

Josef reicht mir die Hand, zieht mich vom Holzstuhl auf den Tisch. Er beschwört etwas, führt ein Erlebnis aus, das lange zurückliegt. Ein Erlebnis, das einst nur uns gehörte. Das Schweigen der Menge bohrt sich durch mich hindurch. Ich fühle mich unwohl. Meine Blicke suchen nach dem Mädchen. Aber sie sieht mich nicht. Sie starrt auf Josef.

In mir zerbricht etwas. Ein erster Riss, der das Ende ankündigt?

Das fratzenhafte Gesicht eines Betrunkenen taucht vor mir auf. Er lacht, dass sich seine Nase krümmt. Lacht er mich aus? Dann eine Hand, die an einer Halskette zerrt und sie nicht zu zerreißen vermag. An ihr baumelt eine Münze. Es ist meine. Ich fühle es – in mir und an meinem Hals.

Ein Name, der alles verändert …

Ich gehe einen steilen Pfad entlang. Hohe Fichten säumen den Weg. Vor mir geht Josef – diesmal elegant in Zivil. Ein alter Hof taucht auf einer Lichtung auf. Frischer Reif haftet auf seiner Tür. Josef streicht mit seinen Fingern über die verwitterten Latten. Stille Andacht an vertrauten Orten?

»Heimat«, dringt es verzerrt zu mir vor. Wer es sagt, weiß ich nicht. Josefs Lippen beben nur, bleiben geschlossen. Er passt nicht in diese ärmliche Umgebung.

Mein ungewollter Fokus beschränkt sich für einen Augenblick auf drei einzelne, losgelöste Szenen: Ich erkenne einen verrosteten Schlüssel, eine einsame Träne aus einem geschlossenen Auge und eine Feuerstelle mit einem Häuflein Asche. Dann spüre ich die Sonne im Gesicht. Ich sitze auf einem liegenden Baumstamm. Tief unter mir ruht das Dorf in den Wiesen. Ich kenne den Platz, wo wir sitzen. Der Ausblick ist voller Frieden – nur heute nicht. Ich spüre, wie sich eine teuflische Unruhe der Szene bemächtigt, sehe Josefs energische Mimik. Er gebraucht Gesten, die mir fremd sind. Seine Hände drohen in die Luft. Seine Finger weisen auf den Wald vor dem nächsten Bergkamm, er zählt etwas ab. Ist es Zeit? Sind es Möglichkeiten? Varianten von Ereignissen, die geschehen werden? Was will er von mir? Ich kann nicht hören, in was er sich hineinsteigert. Erst als seine schmalen Lippen schon ruhen, jagen mir ein paar Wortfetzen entgegen:

»Hunderttausend … Schutt … Asche!« Dann ein harter Ruf: »Vinz!«

Josef schreit mir fordernd etwas ins Gesicht. Ich wende mich ab, das erste Mal. Er packt mich an den Schultern, dreht mich zu sich hin. Seine Augen funkeln schwarz, er schwitzt. Ich streife seine Hände ab, weiche ein Stück zurück. Als Josef geht, kriecht Kälte in mir hoch. Der Wald, auf dem mein Blick ruht, ist schwarz und bedrohlich geworden. Das Tal liegt im grauen Schatten.

Für einen Augenblick wird es finster in mir. Ich falle – endlos, in die Tiefe meiner selbst. Nur ein einziges Wort kreist noch bedrohlich in mir: »Krieg …«

Dann sehe ich einen schwarzen Wagen aus dem Dorf fahren. Niemand lehnt aus dem Fenster. Josef blickt nicht mehr zurück – nie wieder.

Zurück kehrt nur das unbekannte Soldatengesicht mit seiner leeren Hand. Als es im Nebel meines Unterbewusstseins verschwindet, ist mir so kalt, dass die warme Hand an meiner Wange zu glühen scheint. Ich öffne die Augen und sehe schemenhaft ein Mädchengesicht. Seine Locken schimmern blond. Warum blond? Es ist nicht das Mädchen aus der Gaststube, obwohl mich etwas an dieses erinnert. Ich will das, was nicht offensichtlich ist, vergleichen, will herausfinden, was es ist, doch etwas zieht mich immer weiter aus diesem Leben, weg aus meinem Tal. Es dauert eine Weile, bis ich realisiere, wo ich bin – wer ich bin – wann ich bin.

Ich bin in Schattwald, im Lager der Alpenvereinshütte bei Daniela. Ich bin wieder da, wo ich hingehöre. Eine Stimme in mir relativiert gehässig: Und wohin gehörst du?

Wer ist Vinz?

In diesem Traum verbarg sich das wichtigste Detail all meiner bisherigen Träume. Ich erkannte es erst, als ich die Eindrücke am nächsten Morgen noch einmal Revue passieren ließ. Es war nur ein winziger Fakt, ein einziges Wort. Und doch war es die erste spärliche Antwort auf meine unzähligen Fragen. Ein erstes Puzzleteil im riesigen Gefüge.

Josef rief einen Namen, undeutlich verzerrt, aber verständlich. Er rief: »*Vinz!*« Und er sah mich dabei an. Wer aber war Vinz? Etwa der, aus dessen Sicht ich träumte? Nur, wer sollte das sein, außer … ich selbst?

Meine Gedanken fuhren Achterbahn, gerieten für ein paar Minuten gänzlich durcheinander. Nun gab es endlich einen kleinen Anhaltspunkt. Doch nahm sich dieser so dürftig aus, dass ich wiederum kaum etwas damit anzufangen wusste. Nachdem ich weder den Ort kannte, wo sich all dies im Traum abspielte, noch ganz exakt bestimmen konnte, in welcher Zeit ich mich dort befand, hielt ich es aufs Neue für ausgeschlossen, überhaupt jemals weitere Antworten zu erhalten. Der Hoffnung, herauszufinden, ob es diesen Vinz tatsächlich einmal gegeben hatte, gab ich mich gar nicht erst hin.

2

Aufbruch

Die Lücken in den Träumen füllen sich.

Das nächste einschneidende Erlebnis ereignete sich nach einer langen Durststrecke. Erst dreieinhalb Jahre nach dem vierten Traum – im Oktober 1993 – ausgelöst durch eine Notoperation. Ich realisierte weder davor noch direkt danach, dass es das wichtigste Erlebnis in meinem Leben war. Das Verständnis dafür kam spät. Und es kam langsam.

Während dieser dreieinhalb Jahre zwischen Traum vier und fünf vervollständigte sich meine Geschichte allerdings durch viele einzelne Träume, die im Geschehen aber nicht weiterführten. Es ging nie über die zweite Abreise von Josef hinaus. Nur die Lücken, wie ich sie für mich definierte, wurden schon von der Logik her weniger und kleiner. Dafür fügten sich aber auch Teile in die Geschichte ein, die von einer ganz anderen Aura umgeben waren. Immer dann, wenn sich dieses Mädchen mit den Zöpfen in meine Träume schlich. Ihr Gesicht war anfangs immer von Bewegung verzerrt. Doch irgendwann hatte ich sie so scharf gezeichnet vor mir, als würden wir uns für eine Sekunde gegenüberstehen. Waren wir mehr als nur Bekannte? Wenn ja, wo und wann?

Ich wusste inzwischen auch, dass Josef und ich bei der Kletterei auf den markanten Gipfel fast abgestürzt wären. Es war bei der Flucht vor dem Adler geschehen: Einen Moment lang sah ich uns beide fallen. Dann gingen ein Ruck und ein stechender Schmerz durch mein Bein. Es hatte sich in einer schmalen Scharte verklemmt und bewahrte uns vor dem sicheren Absturz. Zum übermütigen Abstieg und der kurzen Rast gesellten sich immer mehr Bilder von bestimmten Wegabschnitten und besonderen Felsformationen. Ich sah niedrigere Nebengipfel, ein weites Geröllkar. Die Vorstellung von meiner direkten Umgebung verfestigte sich. Zudem tauchte immer öfter ein besonderer Platz mitten im Fichtenwald auf. Es waren die drei niederen Tannen, die wie Baumdrillinge aus einer Wurzel zu sprießen schienen, darunter eine kleine Höhle zwischen Fels und Wurzelgeflecht. An dieser Stelle wurden auch die Münzen getauscht. Und innerhalb dieser Szene tauchten plötzlich weitere Details auf. Wie etwa ein speckiger Lederbeutel, den Josele hervorkramt. Oder die Münze selbst: Sie schimmert rötlich, wird von Josele in den Himmel gehalten. Sein Zeigefinger weist auf den Doppeladler auf der Rückseite. Mein Gegenstück ist etwas größer. Joseles Blick ist dabei immer ernst. Schweiß brennt in den Wunden meiner Hände. Die Freundschaft ist beschworen, zum, ich weiß nicht, wievielten Mal – bevor sie wieder zerbricht.

Im Dorf selbst erkannte ich immer mehr Fassaden, Höfe und Häuser, die mir gegenwärtig schienen. Ein Kramladen, ein weiterer Gasthof und besonders ein gedrungenes größeres Bauernhaus. Da gab es zwei Kirchen, eine kleine ohne Turm im Tal und eine größere am Hang. Ich sah Menschen an mir vorübergehen, die mich flüchtig grüßten. Nicht etwa so als würden sie mich kennen, mehr aus Höflichkeit. Ich schritt für Sekunden durch eine enge Gasse Stufen hinauf, vorbei an niedrigen Hauseingängen.

Und dann waren da immer wieder diese losgelösten Abschnitte, in welchen sich zusammenhanglose Bilder in das Geschehen mischten. So wie etwa das einer laufenden Säge. Oder ein dunkler Taleinschnitt, in dem sich eine Mühle an die andere reihte. Und dieser noble Gebäudekomplex mitten im Wald an diesem kleinen Teich.

Die Auseinandersetzung mit Josef blieb dabei immer gleich dominant.

Letzte Chance im Wald – war das Mädchen Schuld am Streit?

Bis heute bin ich mir im Unklaren darüber, was diesen offensichtlichen Streit wirklich ausgelöst hatte. War es das Buhlen um die Gunst des Mädchens mit den Zöpfen? Ein simpler Liebesstreit? Sicher eine einfache Erklärung, die zum Alter gepasst hätte. Jedoch dies als Grund meiner Träumerei anzuerkennen, fiel mir schwer. Es musste mehr dahinterstecken, dessen war ich mir sicher: Es ging um den Krieg und um unsere offensichtlich unterschiedliche Stellung darin. Josef wollte mich für etwas gewinnen, gegen das sich in mir alles sträubte. So sehr, dass ich sogar noch Wut empfand, als ich längst aufgewacht war. Was es war, konnte ich nicht ergründen.

Eine dieser neuen Sequenzen wirkte dabei am deutlichsten in mir nach:

In den Wald, in dem ich stehe, fällt nur ein einziger Sonnenstrahl. Er beleuchtet ein zufälliges Baumensemble. Die drei Fichtenstämmchen stehen eng beieinander, als würden sie sich gegenseitig stützen. Das Licht auf ihnen wärmt nicht; es ist silbern kalt. Es klagt an, indem es auf einem Zeugnis einstigen Friedens ruht. Der Wald ist leer. Und dennoch schwebt menschliche Präsenz in ihm, die ich spüren kann – an meinem Puls, meinem stoßartigen Atem. Plötzlich sehe ich ihn zwischen den Stämmen gehen. Josefs Gang ist vorsichtig. Bei jedem Schritt auf dem morschen Geäst zuckt die Angst durch ihn hindurch. Eine Furcht, die ich nicht hören kann, die dennoch in mir sitzt wie ein langsam wirkendes Gift.

Jäh jagen harte Silben durch den Wald. Als hätte jemand den Ton angestellt, prallen sie von den Stämmen ab, fallen mir vor die Füße, als wären sie gegenständlich. Josefs Augen suchen; er dreht sich mit auffordernden Armen im Kreis. Ich spüre meinen rasenden Herzschlag, vervollständige die Worte, ohne dass ich es will.

»... Chance! ... Tal ... untergehen!«

Ich krümme mich hinter einen dicken Stamm und schließe die Augen. Es will einfach nicht finster werden. Aber es wird still in mir. Als ich aufstehe und mich umblicke, ist Josef nicht mehr da. Ich bin allein, fühle, wie die Münze an der Kette an meiner verschwitzten Brust klebt. Sie lässt mich wissen, dass soeben etwas in mir gestorben ist. Mit einem Mal wühlt mich Hass auf. Blinder, kraftraubender Hass.

Das Ende war identisch mit all den Träumen zuvor. Es folgte das finale Soldatengesicht, und ich wachte in einer Zeit auf, in der alles in Ordnung war. Nichts deutete darauf hin, dass sich schon bald etwas verändern würde. Mit mir und in mir.

25. Oktober 1993

Ein einsamer Lauf mit dramatischen Folgen ...

Ich laufe allein durch den Wald am Ammersee. In der Dämmerung kündigt meine Uhr bei Kilometer fünf einen guten Schnitt an. Ich bin schneller als sonst. Der Ehrgeiz packt mich, und ich beschließe, die übliche Runde auszudehnen – in unbekanntes Terrain, weit weg von der Hochschule. Der Feldweg führt auf einen Wald zu, den ich nicht kenne, durch den ich noch nie gelaufen bin. Es ist mir egal. Der Reiz des Unbekannten lockt mich unter den ersten finsteren Tannenästen hindurch. Trotz der hereinbrechenden Nacht. Rasch ist es finster. Hier, im dicht bewaldeten Hinterland des Ammersees, gibt es über etliche Kilometer nichts. Keinen Hof, kein Dorf, noch nicht einmal eine asphaltierte Straße. Ich versuche, mich zu konzentrieren, rede mir den Weg mehr ein, als ich ihn noch erahnen kann. Dichtes Gestrüpp peitscht mir ins Gesicht. Als der Boden immer weicher und unebener wird, halte ich schließlich an. Anfangs gebe ich nicht viel auf das Seitenstechen. Doch nach einer Weile werde ich skeptisch. Es sticht nicht im Zwerchfell. Und es schwächt sich auch nicht ab. Im Gegenteil, es nimmt zu, je mehr sich mein Atem beruhigt. Ich presse die flache Hand auf meinen Unterbauch, krümme mich und schleiche weiter. Wohin, das weiß ich zu diesem Zeitpunkt längst nicht mehr.

26. Oktober 1993, 7:30 Uhr

Böses Erwachen ...

Die nächste Erinnerung klebt an der offen stehenden Tür meiner Bude. Die eben aufgehende Sonne beleuchtet matschige Schuhabdrücke auf dem Fußboden. Ich sehe an mir hinab auf das Bett. Es ist schmutzig. Ich liege mit angezogenen Knien auf der Decke. So wie ich mich irgendwann vor Stunden daraufgelegt hatte. Von irgendwoher nimmt mich ein Schwindel ein. Alles beginnt, in einem Rauschen zu versinken. Ich stemme mich affektiv dagegen, will mich aufsetzen. Doch bei der kleinsten Bewegung jagen rasende Schmerzen durch meinen Bauch. Ich presse die Kiefer aufeinander. Hechle wie ein Hund Luft in meine Lungen. Wieder kämpfe ich gegen den flirrenden Nebel vor meinen Augen. Ich weiß, dass dies kein Traum ist. Es passiert wirklich, live und in Farbe, zumindest noch. Nichts passt mehr zueinander, der Ton ist verzerrt. Van Gogh in meinem Hirn, kurz bevor es schwarz wird.

26. Oktober 1993, abends

Alles ist gut … zunächst.

Schon wieder aufwachen? Ich bin doch gerade erst eingeschlafen …, lalle ich in meinem Geist, als die ersten Schlieren von Bewusstsein durch mein Gehirn fliegen. Eine unbekannte Männerstimme schwebt über mir, faselt etwas von einem Schwein und der Eisenbahn. An meiner Schulter wird gerüttelt. Es geht mir auf die betäubten Nerven. Ich will es abstreifen; bewege meine Hand dorthin – glaube ich.

»Na also! Da ist er ja wieder!«, echot es um mich herum. Es wird plötzlich scheußlich hell.

»Nein, nein! Hiergeblieben, junger Mann!«

Als könnte ich weglaufen. So ein Blödsinn. Weshalb redet man mit mir wie mit einem Idioten?

»Jaja. Da haben Sie aber mal richtig Schwein gehabt. Das war allerhöchste Eisenbahn, Herr Wi…, wie spricht man denn das aus?«

»Wi-tscho-reck, Herr Doktor«, souffliert eine Frauenstimme. Ein Gesicht taucht über mir auf. Weiblich, um die 35, brünett – nicht mein Fall.

Die Männerstimme wird eindringlich laut.

»Herr Wieczorek! Können Sie mich verstehen?«

Wie könnte man dich überhören?, höre ich mich sagen. Doch mein Mund scheint zugeklebt zu sein. Ich nicke sachte, bin froh, dass wenigstens das funktioniert.

»Gut. Wir mussten Sie notoperieren. Sie hatten einen akuten Appendix.«

Was soll das denn sein?

Der Arzt setzt erklärend nach: »Der Blinddarm. Es ist alles gut verlaufen. Sie sind in den besten Händen hier bei uns in Seefeld.«

Mein Geist schlägt Kapriolen, ohne zu einem logischen Ergebnis zu finden: Seefeld, Österreich? Moment. Wie komme ich ausgerechnet hierher? Das ist doch wieder so ein Traum … oder?

»Ruhen Sie sich erst mal aus«, sagt der Doktor. »Die Schwester bleibt bei Ihnen. Ich bin Ihr behandelnder Arzt und werde nachher wieder nach Ihnen sehen. «

»Als ob mich das jetzt interessiert«, höre ich mich viel zu spät selbst sprechen.

Er hält kurz inne, die Schwester verkneift sich ein Lachen. Mir hingegen war schlagartig klar, dass dies kein Traum sein konnte. Ich hörte mich selbst, laut und deutlich.

Es ging mir rasch besser. Ich fühlte mich gut. Doch nach ein paar Tagen traten plötzlich ernste Komplikationen auf. Man diagnostizierte einen Darmverschluss – viel zu spät, an einem Feiertag. An Allerheiligen.

2. November 1993
Wo bin ich? Geht es zu Ende?

Die Chirurgie ist schwach besetzt. Man wartet auf einen Operateur, Stunde um Stunde. Immer wieder falle ich vor Schmerzen in Ohnmacht. Die Mittel schlagen nicht mehr an. Das letzte Mal komme ich in der OP-Schleuse zu mir. Die Stimmen, die zu mir vordringen, hallen leicht nach. Es wird an etwas gezerrt, das unter mir liegt.

»Himmelsakrament!«, flucht jemand auf bayerisch.

Ich erinnere mich schwerfällig, dass ich in Bayern bin. In Seefeld am Ammersee, nicht in Österreich. Dann folgt ein unmissverständlicher Anschiss:

»Ja, jetzt hilf doch a bissl mit, in drei Herrgottsnamen!«

Ich reiße die Augen auf und versuche, mich selbst über die Schleusenbarriere zu hieven, so gut ich es kann.

Ein Schrei.

»Zefix! Der ist ja noch da!«

Ich quäle mich weiter.

»Nein! Nicht Sie. Bleiben S' nur ruhig liegen. Wir machen des schon.«

Ich merke, wie sich die Person an die andere wendet. Man redet wieder einmal über eine Sache, den Patienten, das Opfer, nicht über mich.

Ich merke, wie mich vier Hände auf eine warme Liege betten; bin zufrieden, aber immer noch wach.

Plötzlich jagt ein stechender Schmerz durch meine Fußsohle.

»Spürn S' des?«

»Ja! Verdammt!«, lalle ich.

Die Stimme wird verhaltener. »Ah so. Dann zählen S' doch amol bis zehn.«

»Eins, zwei, drei ... zwölf, dreizehn ...«

Die zwei hellblau vermummten Personen an meiner Bahre werden unruhig.

»Gibt's net. Jetzt holst' den Giftmischer.«

»Neundehn, wanisg, eiunwansi, seiusasi, drssss ...« Dann verschwimmt das Bild vor mir. Ich gleite weg in die Dunkelheit. Um mich ist es finster. So finster wie noch nie in meinem Leben, von dem ich nicht weiß, ob ich es noch habe. Ich weiß noch nicht einmal mehr, ob ich träume.

Offenbarung unter Narkose – mit einem Mal weiß ich, wo ich bin.

Die Finsternis um mich ist nicht greifbar. Und doch liegt eine tiefe Geborgenheit in ihr. Frieden durchströmt mich. Ich schwebe dimensionslos, fern der Gegenwart, jenseits der Zukunft. Ich fühle weder Schmerz noch Berührung. Ich fühle nicht einmal mich selbst; falle schwerelos in die Unendlichkeit meines Seins. Um mich ist nur noch Glück und Seligkeit. Und es ist ruhig, unsagbar still – totenstill? Sterbe ich?

Meine Augen sind geöffnet, starren unentwegt ins Dunkel.

So lange, bis sie einen winzigen weißen Punkt erfassen. Sie halten ihn fest wie einen Fixstern im All. Der Punkt wird größer. Einzelne Tentakel einer sonderbaren Luminanz verirren sich zu mir, bescheinen meinen Weg wie einen langen, geraden Tunnel. Ich will hinaus, strecke meine Hände aus, lasse das warme Licht über sie wandern. Es zieht mich an, durchflutet mich magisch, legt sich heilend in meine Seele.

Der Tunnel strahlt. An den Wänden sehe ich Gesichter, die ich kenne. Sie verblassen, sobald ich sie ansehe. Und doch weiß ich, dass sie da sind. Vor mir, neben mir – in mir. Ich bin bei ihnen. Ich bin fast da.

Doch dann verebbt das warmweiße Strahlen im Tunnel, versickert in meiner löcherigen Wahrnehmung, die keine ist. Störende Schritte dringen an mein Ohr. Es sind harte Aufschläge auf einem ebenso harten Boden. Stiefel von zig Leuten, von Hunderten. Sie marschieren. Militärischer Gleichschritt?

Ein Trupp Soldaten huscht an mir vorüber, reißt ein Stück des Lichts mit sich in das Grau der Vergangenheit. Auf der Bahre, die sie mit sich tragen, liegt ein sich windender Körper. Die Flüssigkeit, die auf den Boden trieft, ist rot und mischt sich mit dem grauen Schlamm des Weges zu einer scheußlichen Farbe des Todes. Es ist die einzige Farbe in diesem Bild. Und ich weiß mit einem Mal, wo ich bin.

Ich träume meine Geschichte – wieder einmal. Und wie immer will mich etwas, das tief in mir wohnt, beruhigen. Es ist nicht real …, haucht es von irgendwoher durch meine wattierten Hirnwindungen. Aber weshalb fühlt es sich dann so an?

Das Tal, das ich sehe, kenne ich aus sonnigen Friedenszeiten. Heute ist es düster und fahl. Und vor allem namenlos.

Ich gehe durch eine Barackenstadt. Es riecht nach frisch geschlagenen Lärchen und schalem Urin. Der Bach, der einst klar zwischen den Wiesen floss, ist unergründlich dunkel. Der gallige Saft des Krieges. Nun ist er da, der Krieg; mit all seiner Grausamkeit.

Plötzlich dringt ein martialisches Bersten zu mir vor. Fels bricht, magere Erde schießt in den bleigrauen Himmel. Der Boden zittert.

Bilderhagel und Zeitsprung – selbst im Krieg bleibt das Traummuster gleich.

Ich bin in einer Baracke, es ist eng darin. Der beißende Qualm des kleinen Kanonenofens steht an der niedrigen Decke, mischt sich mit dem säuerlichen Geruch von Schweiß. Unbemerkt kriecht die Angst durch den stickigen Raum, angelt gierig nach schwachen Seelen. Bin ich heute ihre Beute? Sind wir es alle?

Ich will nur fort, hinaus aus diesem Pferch, raus aus diesem … Traum? Ich schließe die Augen. Doch die Bilder bleiben – wie immer. So lange, bis die Zeit mit mir ein Einsehen hat und ins Ungewisse rast. Mittlerweile weiß ich, dass sich daran diese hochfrequenten Bilder anschließen. Wieder spult jemand den Film vor, lässt nur Fragmente an mir vorüberfliegen. Bruchstücke, die sich kurz und schmerzhaft in meinen Geist brennen:

Ein Mädchen lächelt mir Zuneigung entgegen. Schwarze Zöpfe glänzen in der Sonne. Dann stehen plötzlich dunkle Wolken über ihr, verdrängen, was ich gerne festgehalten hätte. Die Abfolge der Bilder wird unerträglich schnell: Ein einsames Muli mit abgerissenem Zaumzeug galoppiert an mir vorbei. Soldaten stehen auf einer unberührten friedvollen Blumenwiese. Ihre Gesichter sind ausdruckslos, die Augen geschlossen. Hinter ihnen gähnen offene Särge. Schwärze steigt aus ihnen auf. Eine Hand drischt auf einen Metallstift in der Felswand, verfängt sich in einem Geflecht aus Drähten. Jemand sieht mir flehend in die Augen, fällt langsam rückwärts ins Nichts. Ich kenne ihn nicht. Beladene Gestalten in Lumpen trotten steile Serpentinen hinauf. Sie haben Pelzmützen auf und lange dicke Mäntel an. Schließlich trägt ein klappriges

Flugzeug, das über mir durch den bleigrauen Himmel pflügt, die Eile der Bilder mit sich davon. Die Abfolge wird langsamer; gesteht mir intakte Szenen zu. Aber ich weiß weder, wann ich bin, noch, wo ich bin. Alles sieht anders aus.

Ein erschreckender Ausblick: Gehe ich bewusst in den Tod?

Es ist dämmrig. Ich gehe in einem niedrigen Laufgraben bergan durch einen lichten Wald, ohne mich hinter die schützenden Wände zu bücken. Das Gelände gleicht einem Acker nach dem Winter, auf dem das Ganglabyrinth der Mäuse wie ein zufälliges Muster eingeprägt ist. Überall sind Gräben und Kampfstellungen angelegt. Plötzlich jagt etwas durch die Luft, schlägt vernichtend eine Bresche in das Geschehen. Bäume knicken wie Strohhalme, Dreck und Fels sprühen durch den kaputten Wald und dazwischen etwas, was nicht Holz oder Erde ist. Etwas, das gerade noch von Leben erfüllt war. Einmal, zweimal. Unaufhörlich jagen die Druckwellen über mich hinweg. Ich gehe auf eine kleine Kuppe zu, lehne mich mit der Brust an die Wand und spähe in das kochende Niemandsland zwischen den Fronten. Einzelne zerschundene Tannen ragen aus dem kahlgeschossenen Terrain; erinnern an sattes Grün und Vogelstimmen. Der Wald ist gestorben. Mein Blick wird auf einen bestimmten Punkt gezogen. Es ist derselbe, auf den Josef bei unserem Streit gedeutet hatte. Vor einer Ewigkeit. Direkt vor mir liegt die unmittelbare Front.*

Auf der Anhöhe schimmert der Fels dunkelrot. Wieder einmal das einzig farbige Element. Es ist die Farbe von Porphyr. Ich stehe auf, steige aus dem Graben. Warum tue ich das? Ich kann mich nicht wehren, gehe todesverachtend hinaus zwischen die Fronten ins düstere Vorfeld, immer weiter, bis

* meist breiterer Verbindungsgraben zwischen einzelnen Stellungen

mich etwas anstößt und umwirft. Plötzlich wankt alles um mich. Unmittelbar vor mir bäumt sich die Erde auf, faucht mir eine schmutzige Fontäne entgegen. Ich bin noch tauber, als ich es zuvor schon war. Bin ich getroffen? Habe ich eben das gewollt?

In der Kürze des Moments sehe ich einen toten, verkrampften Arm im Morast, rieche das penetrant süßliche Gemisch aus Verwesung und Explosionsgas. Dann wird das Schreckensgemälde vor mir blass. Wie in einem überbelichteten Diapositiv weichen die Schattierungen, glätten sich die Silhouetten, bis schließlich alles in strahlendem Weiß erlischt.

Weiß? Weshalb nicht Schwarz?, hallt es lange in mir nach, als wäre es in diesem Moment die wichtigste Frage der Welt. Danach ist es vollkommen still in mir.

Aus dem Traum zurück in die Narkose – aber wo ist das Soldatengesicht?

Ich schwebe wieder in diesem Lichttunnel, bin dem Schrecken der Vergangenheit entflohen. Doch wohin? Hierher, in diesen narkotisierten Korridor, in dem ich doch nicht real und wach bin? Wo ist der Unterschied? Ist nicht auch das ein Traum? Irgendwie nicht. Es fühlt sich anders an.

Das Licht in der Zwischenwelt hat angehalten, steht vor mir, als würde es auf mich warten, als fordere es mich auf, selbst einen Schritt zu tun. Den finalen, der alles beendet – mit dem alles beginnt?

Etwas in mir sagt: Geh. Es ist Zeit.

Und ich will gehen, hinüber in das ewige Heil, das mir das Licht wortlos und ehrlich verspricht. Gehen, um aufzuwachen oder einzuschlafen?

Es ist ein einziger Gedanke, der noch an mir festhält. Er ist beinahe frevelhaft banal, passt mitnichten in das erhabene Geschehen. Aber er ist da; rettend wie ein hoffnungs-

voll zugeworfenes Tau aus einer anderen Welt, die grundlos um mich kämpft:

Wo war das Soldatengesicht? Repetiert mein schwacher Geist immerzu vor sich hin. Wo ist dieses Gesicht … Es kann nicht fehlen … war bisher immer da.

Die Bilder an den Wänden beginnen zu weichen. Nebulöse Gestalten lachen mir hinterher. Ein Mann mit weißem Haar winkt mir zu. Sein Gesicht ist gütig, der Blick beruhigt, versichert, dass alles gut wird. Es ist das Gesicht meines verstorbenen Großvaters, der mir als Kind stets Stütze und Halt war. Wehmut zieht an mir, als er sich entfernt.

Dialog der Seelen – ein Kopfschütteln weist die Richtung.

Das Licht ist noch immer hell und stark, aber es lädt mich nicht mehr ein. Eine Silhouette löst sich aus dem Lichtspiegel, bis es sich weich davor abzeichnet. Als hätte ich danach gerufen, ist es plötzlich da und vervollständigt das unwirkliche Geschehen – das Gesicht, das mich aufwühlt und gleichzeitig tief beruhigt. Diesmal steht es nicht am Ende eines Traums. Diesmal steht es frei in einer Sphäre, die ich nicht deuten kann. Obwohl ich es schon so oft gesehen habe, kann ich es noch immer nicht zuordnen. Es gibt in den Träumen weder einen Namen noch ein Gespräch, keine Begegnung und kein Erlebnis, das zu dem jungen, ernsten Konterfei passen will. Ein weißer Fleck in meiner surrealen Geschichte. Und dennoch weiß ich, dass uns etwas verbindet. Etwas, das ich nicht sehen kann, das nicht in meinem Leben begründet liegt.

Sein Ausdruck ist anders als sonst. Nicht mehr bittend und eindringlich. Vielmehr mahnend, als wolle es sagen: Untersteh dich! Der Soldat schüttelt sacht den Kopf. Er hält die Hand abwehrend vor sich. Seine Blicke sind unmissverständ-

lich, treffen mich mit unerhörter Energie. Mir scheint, als würden wir uns zum ersten Mal bewusst und direkt ansehen, als könnte ich stumm antworten. Ein wortloser Dialog der Seelen – eine Geistestransfusion?

Ich nicke ihm zu, ohne dass ich es wirklich tue, und weiß, dass ich noch nicht gehen darf. Ohne mir über den Grund im Klaren zu sein, spüre ich, wie sich mir eine Aufgabe auferlegt. Was immer es auch ist: Ich habe noch etwas zu erledigen – im Diesseits. Dann gehe ich in die andere Richtung, reiße mich los. Ich gehe zurück, nach Hause ins Leben. Nur in welches?

Ich war mir nicht sofort darüber im Klaren, wovor mich dieses Soldatengesicht bewahrt hatte. Doch irgendwann in den nachfolgenden Tagen begriff ich, dass es mich im allerletzten Augenblick zurück ins Leben gezogen hatte – ins reale Leben. Woher ich die Kraft zu dieser Umkehr nahm, kann ich bis heute nicht sagen. Meine eigene war es nicht.

Ich wache auf – aber wo bin ich?

Das Licht ist gänzlich aus mir geflohen. Von weit her dringen hektische Stimmen zu mir vor. Ich kenne sie nicht. Doch um was immer es geht, es scheint Eile geboten zu sein.

Atmen! Sollte ich nicht atmen? Irgendetwas zwingt mich dazu. Die Luft, die in meine Lungen strömt, riecht steril und scharf. Ich erwidere einen Rhythmus, unstet und kraftlos. Es ist ein Takt, der dumpf in mir nachhallt, der Gutes verheißt.

»Wir haben ihn. Er ist wieder da!«, sagt jemand, der weiter entfernt stehen muss.

Als die ersten Konturen auf meine Netzhaut treffen, bin ich lange noch nicht angekommen, schwebe irgendwo zwischen Traum und Wirklichkeit. Mein Gehirn kann sich noch nicht entscheiden, wo ich wirklich bin. Ich sehe wieder ein Gesicht vor mir. Es ist verschwommen, wird nur langsam klarer. Es gehört einem älteren Mann, der mir betroffen entgegensieht. Seine Lippen sind schmal aufeinandergepresst, seine Mimik steinern. Nur in seinen Augen sehe ich Erleichterung. Der Schweiß zeichnet einen dunklen Streifen auf die hellblaue Haube. Er ist Arzt. Und er spricht hochdeutsch.

Weshalb hochdeutsch? Haben wir Verstärkung von den Deutschen bekommen?, denke ich.

»Gut gemacht. Ab heute haben Sie zwei Mal im Jahr Geburtstag.«

Mein vernebelter Blick gleitet ahnungsvoll an mir hinab bis zum Bettende. Es strengt mich unsäglich an. Erleichtert lasse ich den Kopf wieder zurück auf das Kissen fallen. Kein Blut, zwei gleichmäßige Erhebungen an der Stelle, wo meine Beine sind. Es ist noch alles da. Meine rechte Hand zittert ein Kreuz zwischen Brust und Stirn – ganz automatisch.

Ein merkwürdiger Dialekt – kann ich mir trauen?

»Was will er?«, fragt der Arzt. Eine Frauenstimme antwortet aus dem Nichts. Ihr Dialekt ist meinem ähnlich. Aber er ist es nicht.

»Er bekreuzigt sich; dankt dem Herrn.«

Ich öffne meinen Mund, glaube, etwas zu sagen.

»Was sagt er da?«, fragt der Arzt wieder.

In meinem Kopf ist alles noch milchig und stumpf.

Die Daitschen. Sprechen allweil in dr drittn Berson *(Die Deutschen. Sprechen immer in der »dritten Person«)*, sage ich im Geist zu mir selbst. Ich merke, wie mein Gehirn funktionieren will, dabei aber noch gegen Windmühlen kämpft. Die Erinnerung kehrt langsam zurück. Ich halte sie für real. Aber ist sie es auch? Der zerschossene Wald, der Graben und die Granateinschläge, alles steht deutlich vor mir ... Ich glaube sogar, dass ich denke, bin mir aber noch nicht ganz sicher. Kann ich mir trauen?

»Bi i im Lazarett? Wos ischt mit mir? Konn i gean?« *(Bin ich im Lazarett? Was ist mit mir? Kann ich gehen?)* Ich bin mir in keiner Weise bewusst, dass ich im Dialekt spreche. Es hallt ganz normal in mir nach. Dass ich es tue, erfahre ich erst später.

Der Arzt sieht mich fragend an. Dann gleitet sein Blick hinüber zur Schwester, die ratlos den Kopf schüttelt.

»Das ist irgendein Dialekt. Österreichisch oder so was.«

Der Arzt kneift die Augen zusammen, während ich wieder laut vor mich hin denke:

»I muass do ausser. Die Kamerodn brauchen mi. Ma Uniform, ma Karabiner*. Wo sein meine Sochen? I muass in d Stellung zruck. Ma fehlt nix!« *(Ich muss da raus. Die Kameraden brauchen mich. Meine Uniform, mein Karabiner. Wo sind meine Sachen? Ich muss in die Stellung zurück. Mir fehlt nichts!)*

Der besorgte Ausdruck will nicht aus dem Gesicht des Arztes weichen.

»Uniform, Karabiner? Was macht er überhaupt bei uns, wenn er bei der Bundeswehr ist?«

Die Schwester verneint:

»Er kommt von der Fachhochschule. Er ist nicht beim Kommiss.«

Empörung erobert meine pelzigen Gedanken. Und damit wird meine Wahrnehmung etwas klarer. Immerhin höre ich jetzt deutlicher, was ich sage. Im Jetzt bin ich aber noch immer nicht, wie ich rufe: »Doch! Sel bin i! Und aui muas i zuan Komerodn! Dia welschn Hund kemmen a sunschd iabrn Boss umme! Izt hear mit main' Sochn! Auf dr Schdelln!« *(Doch, der bin ich! Und ich muss hinauf zu den Kameraden. Die italienischen Hunde kommen sonst über den Pass! Jetzt her mit meinen Sachen! Auf der Stelle!)*

---

* Gewehr

Der Arzt packt meine verkrampften Hände und zerrt sie vom Kragen seines OP-Kittels.

»Beruhigen Sie sich, Herr Wieczorek! Sie sind in Sicherheit. Es ist alles gut!«

Ich kann nicht an mich halten, störe mich an diesem fremden Namen, ohne auch nur zu erahnen, wie ich heiße.

»On Schaiß isch as! Do obm verreckns'! Und I strack do niedr, wonns' Tool zun Taifl geat!« *(Einen Scheiß ist es! Da oben verrecken sie! Und ich liege hier, wenn das Tal zum Teufel geht!)*

Die Schwester nickt dem Doktor wissend zu.

»Der ist noch nicht ganz da. Wo immer er gerade ist, holen wir ihn da raus!«

Es klatscht neben meinem Ohr. Etwas kneift mich. Dann beginnt meine Wange zu prickeln, wird langsam warm. Und entlang dieser Wärme taste ich mich mit allen Sinnen ins Jetzt zurück. Dies ist die Gegenwart, definiere ich stumm und vorsichtig in mich hinein. Bin ich wach?

»Wie heißen Sie?«

Ich sehe in zwei Gesichter, in denen der Vorbehalt regiert. Es scheint, als erwarte man von mir eine Antwort, die über etwas ganz Wichtiges entscheidet.

»Wieczorek. Udo.«

Die beiden atmen gleichzeitig auf. Ich hingegen noch nicht, strenge mein Gehirn an, versuche zu verstehen, was passiert ist. Ich starre hinab auf meinen Unterleib.

»Ist es …?«

Der Arzt nickt gütig.

»Es ist gerade noch einmal gut gegangen. Sie sind wieder wohlbehalten bei uns.«

Ich fühle mich schwach, ausgezehrt; bin kaum imstande, etwas zu sagen. Und doch stelle ich eine Frage, die nur der spontanen Logik folgt:

»Bei Ihnen? Wo war ich denn davor?«

Die Mediziner wechseln undeutbare Blicke.

»Weit weg. Sehr weit weg«, flüstert der Arzt. »Die Schwester wird Ihnen das erzählen, wenn Sie wieder ganz der Alte sind.«

In mir beginnt es zu dämmern. Der zerschossene Wald, der Graben, die Einschläge und dieses Krankenhaus, der Arzt ... Ich war hier und dort zugleich. Ich schließe wieder meine Augen – das ist zu viel für meinen gegenwärtigen Zustand. Als ich später erfuhr, dass ich beim Reden offenbar österreichisch geklungen hatte, konnte ich mir das nicht erklären. Aber es schien zur bergigen Umgebung in meinen Träumen zu passen. Ein Jahr danach sollte ich erfahren, was für ein Dialekt mir vertraut war – nämlich Südtirolerisch.

Die Hoffnung auf ein Ende und erste Recherchen – fängt es damit erst an?

Ich denke oft an den Tag zurück, an dem ich aufgewacht bin, an diese Minuten, in denen ich nicht ich selbst war, sondern ein namenloser Soldat aus einer anderen Zeit.

Damals versuchte ich vergeblich einzuordnen, in welche Lücke dieses Traumfragment vom Alleingang ins Niemandsland hinter den Gräben passen könnte. Es stand völlig isoliert von den bisherigen Szenen. Wie sollte ich auch wissen, dass es zu diesem Zeitpunkt noch gar keine Lücke für diese Bilder gab. Ich konnte mir in diesen Tagen noch nicht einmal vorstellen, dass es mit der Träumerei noch weiterging. Vielmehr hatte ich die Hoffnung, es wäre nun mit diesem einschneidenden Traum Nummer fünf endlich vorbei. Heute weiß ich, dass es mit dieser abwehrenden Geste des Soldaten etwas Besonderes auf sich hatte. Dieser Traum war nicht etwa das Ende, es war erst der Anfang.

Wenige Tage nach der Operation begann ich, alle Begebenheiten in Stichworten zu notieren. Gleichzeitig wollte ich den Ort finden, an dem sich diese Geschichte ereignet hatte, sofern er denn überhaupt existierte. Ich wollte Gewissheit. Weniger um meines Friedens willen, sondern um es zu Ende zu bringen.

Immer wieder rote Einfärbungen – imaginäre Wegpunkte?

Dabei stand die Frage, was es mit diesem roten Farbelement in den Träumen auf sich hatte, ebenso am Anfang meiner Suche wie dieses namenlose Gesicht. Die Färbungen zogen sich wie der sprichwörtliche rote Faden durch die gesamte Geschichte, als wären sie bildliche Ausrufezeichen. Es gab sie in den bewegten Szenen wie auch in den Schlaglichtern, den schnellen Abfolgen, in denen mir mein Geist vorauseilte. Und diese Highlights kehrten immer wieder, wurden nach und nach mit Sinn und Zweck erfüllt. Manche davon erst nach Jahren. Alle aber hatten im Konsens denselben Nenner, und zwar nicht nur in der Farbgebung. Sie verkörperten den Tod. So wie etwa das Blut der Gämse, das Gestein in den Schützengräben oder das Blut des Verwundeten auf der Bahre. Nur eine der roten Färbungen beschrieb das Gegenteil: Die des Adlers. Sie stand für Hoffnung und Frieden.

Was das Soldatengesicht anging, versuchte ich, mich so genau wie möglich daran zu erinnern, um es irgendwie auf Papier zu bringen. Es ist mir nicht einmal annähernd gelungen. Zudem fragte ich mich, was das gebracht hätte. Selbst ein gelungenes Porträt wäre nur sehr eingeschränkt hilfreich gewesen. Womit hätte ich es abgleichen sollen? Mit welchem der hunderttausend Soldaten, die im Krieg gekämpft hatten? Zumindest konnte ich das am nächsten liegende Szenario ausschließen: Es war mit Sicherheit niemand aus meiner Verwandtschaft. Auch nicht aus den entfernteren Kreisen unserer Ahnen, von denen ich möglicherweise einmal ein Bild gesehen hätte.

Meine Hoffnung, es wäre vorüber, wurde herb enttäuscht. Kurz nach der Operation setzten die Träume wieder ein. Und ich träumte häufiger als zuvor. Dabei wurde dieser undefinierbare Ruf in mir, ich hätte etwas zu erledigen, immer stärker. Ich räumte ihm einen Platz in meinem gedanklichen Chaos ein. Eine ganz bestimmte Stelle, die einer wachsenden Basis würdig war. Es sollte sich bald erweisen, dass die Entscheidung, nicht nur auf die Träume zu hoffen, sondern aktiv zu werden, die richtige war. Ich konnte nur aus eigenen Stücken weiterkommen, wenn ich mit den in meinen Träumen enthaltenen Informationen arbeitete. Ich begann zu suchen. Dabei hatte ich zu Beginn meiner bescheidenen Recherche im Jahre 1994 nicht die leiseste Ahnung, wo ich anfangen sollte. Ich suchte dieses ganz bestimmte Bild, diese eine Bergsilhouette, die es nur einmal geben konnte. Die Frage war nur: Gab es sie lediglich in mir oder war sie tatsächlich existent? Und wie sah es heute dort aus?

1994 war es schwierig, eine Gegend nur anhand eines überalterten Bildes ausfindig zu machen. Es gab kein Internet, kein Google Earth. Und meine Anhaltspunkte waren mehr als dürftig. Das Einzige, was ich relativ klar vor Augen hatte, waren die Berge und die Epoche. Ich kramte alle Bücher aus unseren Regalen, die nur im Entferntesten mit Bergen zu tun hatten, suchte in zig Geschichtslexika die wenigen Zeilen, die Informationen über den Gebirgskrieg enthielten. Doch es gab nichts, was mich auch nur einen Gedanken weiterbrachte. Das, was ich las, war viel zu oberflächlich, enthielt keinerlei präzise Angaben über den Frontverlauf, keine Nennung von kleineren Ortschaften und so gut wie kein Bild aus dieser Zeit. Aber ich gab nicht auf. Irgendwann fand ich mich in einer großen Ulmer Buchhandlung wieder. Auf meine Frage, ob es etwas über den Gebirgskrieg gäbe, erhielt ich eine ernüchternde Gegenfrage: vor Christus oder nach Christus. Selbst nach genauerer Beschreibung erntete ich nur ein bedauerndes Kopfschütteln und den Verweis auf die allgemeine Rubrik über Südtirol. Die aufkommende Hoffnung, zwischen den gängigen Bildbänden prominenter Bergsteiger unserer Zeit und den einschlägigen Reiseführern fündig zu werden, schwand rasch. Mein Bild dieser Zeit wollte in keines der Hochglanzwerke passen.

3

Die erste Reise

Januar 1994
Wer ist Innerkofler?

Was mache ich hier nur?, hallt es in mir nach. Ich bin schon im Begriff, den letzten Reiseführer zuzuklappen, als ich plötzlich innehalte. Es war mehr ein Schatten als ein Bild, das mir mein Daumenkino zugestanden hatte. Ich blättere zurück und wundere mich über mich selbst. Das schwarz-weiße Foto ist weder scharf noch zeigt es eine Landschaft. Zudem ist es klein und in einen kurzen Text eingearbeitet. Ein stolzer Bergsteiger in altertümlicher Montur. »Innerkofler« steht fettgedruckt darunter. Ich lese den Namen einmal, zweimal, sehe mir das Bild erneut an. Kenne ich diesen Namen? Oder bilde ich mir nur ein Gefühl ein, das ich gerne hätte? Ich überfliege den kurzen, trockenen Text. Er liest sich wie eine jener Gefallenenmitteilungen vom Obersten Heereskommando:

»Hat sich im Krieg in den Bergen seiner Heimat besonders hervorgetan und bezahlte am Ende mit seinem Leben: Der Sextener Bergführer Innerkofler. Auch im Hochpustertal begegnet man hier und da noch den letzten Spuren eines großen Krieges. Verschlungene Felspfade leiten durch schaurige Tunnels und Galerien.«

Ich blättere weiter in dem besagten Buch, finde ähnlich knappe Berichte über andere Bergdörfer, die leider nie ins Detail gehen. Was mir fehlt, ist ein klarer Bezugspunkt. Und wäre es nur eine Bergspitze, die sich in das Bild in meinem

Kopf einfügt. Doch die scheint es nicht ansatzweise zu geben. Das Einzige, was ein wenig in meinem Geist haftete, war dieser Name und der Ort: Innerkofler, Sexten.

Gewisse Zeit danach hielt ich mir vor, dass es spätestens in diesem Augenblick bei mir hätte klick machen müssen. Gleichzeitig aber wusste ich, wie unendlich schwach die Hinweise im Diesseits zu Beginn auf mich gewirkt hatten. Worte wie Sexten und Pustertal lasen sich zwar angenehm, gefällig; ließen aber mitnichten erkennen, dass ich auf dem richtigen Weg war. Ich hoffte auf einen neuerlichen Traum, auf einen Paukenschlag, der alles klarmachen würde. Doch der blieb aus.

Ich hatte mir diesen Namen und ein paar Ortschaften aufgeschrieben, um mir jeweils eine Touristeninformation zuschicken lassen zu können. Aber selbst als ich nach Wochen die Prospekte in Händen hielt, war ich mir noch immer nicht sicher. Die geschönten Bilder mit ihren überzeichneten Farben waren mir allesamt fremd. Ich fragte Daniela um Rat. Ihr war aufgefallen, dass ich über den Prospekten von Sexten und Wolkenstein bedeutend länger gebrütet hatte als über den anderen. Und so war die Entscheidung gefallen: zwei Wochen Wolkenstein im Grödner Tal bei Bozen und zwei Wochen Sexten im Hochpustertal.

Wir redeten uns tatsächlich ein, dass es eine ganz normale Reise in die Berge werden sollte. Und vielleicht war sie es auch in den ersten zwei Wochen. Aber der Zeitpunkt kam, als wir realisierten, dass unser Aufenthalt in den Dolomiten eine einzige Suche war. Dabei wusste ich weder, wonach ich suchte, noch, was passieren würde, wenn ich es wirklich fände. In Tirol kannte ich mich nicht aus, war noch nie zuvor dort gewesen.

6. Juli 1994
Wolkenstein – oder – auf dem Holzweg.

Wir haben beide Respekt vor dem hochalpinen Gelände, sind zuvor weder geklettert noch haben wir Klettersteige dieser Schwierigkeit begangen. Wir sind ambitionierte Wanderer, mehr nicht. Dass wir uns schon bald und notgedrungen mit steilem Fels auseinandersetzen würden, ahnen wir zu diesem Zeitpunkt nicht.

Die Straße windet sich ewig am Berg entlang, bevor sie den ersten Blick freigibt. Eine kurze, von fliehenden Tannen verwischte Sicht auf die berühmten Grödner Berge. Wir fahren ins Herz der Dolomiten, dorthin, wo seit der Jahrhundertwende, seit Trenker, Kletter- und Bergfilmgeschichte geschrieben wurde.

An jedem meiner Blicke klebt ein winziges Stückchen Hoffnung; wie ein Puzzleteilchen, das auf die richtige Lücke wartet. Aber mit jedem Meter, mit dem wir uns unserem Ziel nähern, wird es deutlicher: Die Landschaft ist mir völlig fremd.

Ich spüre, wie Daniela mich aus dem Augenwinkel beobachtet, kaum Zeit findet, die Landschaft zu genießen. Ich sehe nicht zu ihr hinüber. Ich bin nur auf mich konzentriert, lote mich aus, horche in mich hinein. Ich warte auf ein Zeichen, eine Veränderung. Aber nichts passiert. Alles ist wie immer.

Während des Aufenthalts provoziere ich immer wieder mein Schicksal, grabe verbissen nach Fragmenten eines Lebens, das ich hier nicht finden kann. Nicht eine der alten Mauern, kein einziger Berg, noch nicht einmal der Dialekt will in die Schablone passen, die sich wie von selbst in meinem Kopf geformt hat. Die Träume bleiben aus, ich schlafe durch, schrecke kein einziges Mal auf. Ein Umstand, der mich aufatmen lassen müsste. Doch ich kann es nicht genießen, sehe Gespenster, wo keine sind. Denke ich zu viel darüber nach? Interpretiere ich eine Botschaft in die Normalität, die es gar nicht gibt? Träume ich nicht, weil wir am falschen Fleck sind?

Am Ende der ersten zwei Wochen bin ich seltsamerweise erleichtert. Das Kapitel Wolkenstein ist erledigt, erfolglos abgehandelt. Und wenn diese zwei Wochen überhaupt etwas in mir geweckt hatten, dann war es dieses Faible für Felsen und hohe Berge. Ich sah darin allerdings mehr einen Entwicklungsprozess im reellen Leben als eine unterschwellige Verbindung zu dieser Klettertour in meinen Träumen. Würde sich dies im Pustertal fortsetzen?

17. Juli 1994

Ein Hauch von Heimat?

Wir fahren weiter, einer neuen Hoffnung entgegen. Ich denke nach vorn, mache meinen Geist frei, um mich auf ein neues Spiel mit den Erinnerungen einzulassen. Und merkwürdigerweise schießt immerzu dieser Name aus dem Reiseführer, den ich doch nicht gekauft hatte, durch meinen Kopf: Innerkofler – dieser Held vom Pustertal. Sollte dort, gut 80 Kilometer nordöstlich, der Schlüssel zur Tür der Erkenntnis liegen?

Wir unterhalten uns angeregt auf der kurzweiligen Fahrt. Doch nachdem wir Cortina d'Ampezzo hinter uns gelassen haben, werde ich zunehmend nachdenklich und stiller. Als wir schließlich ein altehrwürdiges Hotel nahe der Drei Zinnen passieren, ist es inzwischen penetrant ruhig im Auto. Keiner von uns sagt mehr ein Wort. Von irgendwoher hat sich ein lähmender Ernst über die heitere Fahrt gelegt. Ich bin mir noch nicht sicher, ob ich mir eingestehen darf, was ich empfinde. Es ist eine kaum wahrnehmbare ungute Ahnung, die in mir aufsteigen will. Ein düsterer Vorbote?

Es geht bergab, am Dürrensee vorüber. Die Felswände rücken enger zueinander. Ein alter, ruinenhafter Gebäudekomplex kommt in Sicht. Ich atme ruckartig ein, ohne dass ich es gewollt hätte.

»Sperre Landro*?«, kommt es ungläubig von Daniela.

Ich sehe sie fragend an.

»Was?«

»Sperre Landro. Das hast du eben gesagt.«

»Quatsch. Ich habe gar nichts gesagt.«

Mir läuft es kalt den Rücken hinab. Das Hinweisschild, das nun an uns vorbeihuscht, zwingt uns ein eisiges Schweigen auf. »LANDRO, ex. Forte«, stand auf ihm zu lesen.

Zwei kleine rote Flitzer überholen uns, hupen aufgeregt. Meine Tachonadel hängt auf 30 Kilometer pro Stunde.

Daniela spricht mir mein Fahrkönnen liebevoll ab. Ob sie übernehmen soll, haucht sie mir vorsichtig entgegen.

»Nein!«, erwidere ich gereizt. Ich kann jetzt nicht liebevoll sein und will noch nicht einmal wissen, weshalb. Ich will nur endlich ankommen und in Ruhe über alles nachdenken. Alles?, hallt es in mir nach. Was alles? Etwa, was noch kommt? Unsinn! Alles Einbildung! Reiß dich zusammen, Mensch!

Ich versuche, mich zu beruhigen, horche wieder in mich hinein, halte den Atem an. Doch je mehr ich darauf eingehe, desto unruhiger werde ich. Mein Puls beschleunigt sich ohne mein Zutun, als meine Augen zuerst nach rechts auf den dunkel aufragenden Fels sehen, dann auf die andere Straßenseite in den niederen Fichtenwald fliehen.

»Nasswand«, jagt es durch meinen Geist, als die Reihen der Kreuze vom Soldatenfriedhof in meinen linken Augenwinkel stechen. Das grüne Schild vor der Ruhestätte gibt meinen vorauseilenden Gedanken recht. Ich erschrecke vor mir selbst, sehe nur noch stur auf die Straße. Es kostet mich einige Mühe, den Unbeschwerten zu mimen und in Danielas Richtung zu lächeln. Ich weiß nicht, dass ich blass geworden bin, merke nicht, wie meine Hände das Lenkrad förmlich zu zerquetschen versuchen. Das Einzige, was ich spüre, ist der kalte Schweiß auf meiner Stirn.

---

* Landro, ehemalige Sperre – Festungsgebäude aus dem 1. Weltkrieg

Das Tal öffnet sich, geht sanft in ein größeres über. Wir fahren aus dem Schatten in die helle Sonne. In mir ist es noch immer eng und kalt. Ich ertappe mich, wie meine rechte Hand zum Heizungsregler greifen will. Im letzten Moment biege ich zum Brillenfach ab und fingere nach dem jämmerlich zerkratzten Nasenfahrrad. Heizung, bei 26 Grad …, halte ich mir vor.

Einen Moment lang bin ich froh um die altmodische Sichtblende. Ein winziges Stückchen Anonymität, hinter der ich mich verstecken kann. Aber wozu? In mir entbrennt ein einseitiges Wortgefecht: »Fehlt es mir etwa an Mut, das zu akzeptieren, was ich mir mit dieser Reise erhofft hatte? Weshalb bin ich dann hier?«

Als wir durch Toblach fahren, wird mir immer unwohler. Ich atme merkwürdig schwer; meine Lunge brennt. Merkwürdigerweise weicht dann und wann die Farbe aus dem, was ich vor mir sehe. Es klingt entrückt, wie ich Daniela erkläre, dass dort auf der flachen Wiese rechts der Straße einst ein Flugfeld war. Woher kommt dieses Wissen? Woher stammen diese Bilder, diese Flut von uralten Informationen? Wer spricht da aus mir?

In Innichen folge ich nur noch den Straßenschildern, die unser Ziel beschreiben, ohne sie wirklich wahrzunehmen. Ich will sie nicht lesen, nicht aussprechen, nicht einmal in Gedanken. Ich negiere alles, was vor mir auftaucht, lasse es haltlos durch mich hindurchfliegen. Ich will es nicht. Nicht jetzt. Ich brauche Zeit.

Ein Zebrastreifen taucht vor mir auf. Ich bremse hart, halte eine Handbreit vor einem älteren Ehepaar. Böse Blicke jagen mir entgegen. Die nonverbale Botschaft ist unmissverständlich: »Diese blöden deutschen Touristen …!« Man zeigt mir vom Straßenrand aus einen Vogel – völlig zu Recht.

Danielas Hand schleicht sich von hinten in meinen Nacken; krault, fühlt.

»Soll nicht besser ich …«

»Nein! Es geht.« Ich schubse ihre Hand grob aus meinem Genick und hasse mich dafür. Am liebsten würde ich jetzt allein sein, Vollgas geben und davonrasen. Aber ich bin nicht allein. Und meine Vernunft dankt der Frau, die ich liebe, dass sie mich geduldig erträgt.

Die Straße führt über eine kleine Brücke wieder in ein engeres Tal; das Hochpustertal. Links neben mir plätschert ein klarer Bach. Durch die lichten Lärchenkronen schimmert grauer Fels in der Ferne. Ist dies etwa die Silhouette, die ich …?

»Das müssen die berühmten Drei Zinnen sein«, schneidet Daniela in meine Gedanken. Ich wittere den Versuch, mich aus meinem trüben Tal zu locken, an der Tonlage ihrer Stimme.

»Na, d' Rotwand«, korrigiere ich wie automatisch auf Südtirolerisch. Woher ich die Selbstverständlichkeit nehme, die in meinen knappen Worten liegt, weiß ich nicht. Ich war noch nie hier.

»Rotwand? Woher kennst du …?

»Ich weiß es nicht. Und ich weiß es doch. Es war plötzlich da.« Daniela nickt nur.

Ich spüre, wie sie in mir liest und zu verstehen versucht, was gerade mit mir passiert. Sie hat diesen siebten Sinn für meine Ängste und Nöte. Woher auch immer. Spielt sie am Ende eine logische Rolle in dieser Geschichte, ohne es zu wissen?

Ich sehe geradeaus in den Wald, fahre wie ferngesteuert weiter. Mein inneres Chaos schweigt für ein paar Augenblicke. Dann packt mich wieder die Wirklichkeit oder das, was sie mir glaubhaft machen will zu sein.

Ich habe längst aufgegeben, mir einzureden, es wäre alles in Butter. Die aufkommende Übelkeit, das Zittern, das Herzklopfen und die Kurzatmigkeit. Ich kann all das nicht länger verdrängen. Es übersteigt meine Kräfte. Zuletzt rette ich mich nur noch in die Hoffnung, dass es wohl kaum noch schlimmer kommen könnte. Ein fataler Irrtum.

Bestätigende Rückblende in Schwarz-Weiß: Es passt.

Ein Gebäude liegt trutzig in einer Linkskurve. Das schmale Sträßchen, das davor abzweigt, windet sich durch den lichten Lärchenwald. Vertraute Namen schießen wie von selbst durch meinen Kopf: Die Säge, das Innerfeld, die Schusterhütte, Zirbenboden*, Morgenkofel … Ein Geflecht von unscharfen Bildern zieht an mir vorüber. Wieder bestätigt kurz darauf ein Hinweisschild die Eingebungen. Noch so ein »Zufall«? Mir wird mulmig.

Dann weitet sich das Tal mit einem Mal. Der weichende Wald gibt den Blick auf ein Bild frei, das mich erschlägt. Für ein paar Sekunden sehe ich die schwarz-weiße Szenerie aus meinen Träumen vor mir und kann es kaum glauben. Es ist da, es passt.

Dann verblasst die Rückblende. Die Farben der Realität kehren zurück. Ich sehe eine unasphaltierte Parkbucht rechts vor mir, steuere hinein und schalte den Motor ab. Mein Magen krampft. Ich kämpfe gegen den aufkommenden Würgereiz. Ich kann nicht mehr.

Danielas Hand wagt einen neuen Versuch.

»Ganz ruhig. Es geht vorüber.«

Ich lehne mich an, schließe die Augen und glaube ihrer Prophezeiung. Nicht aus Überzeugung, vielmehr weil ich mich nur allzu gern diesem Glauben hingeben will. Ich denke nicht darüber nach, woher sie die Gewissheit über die Vergänglichkeit meines Zustands nimmt.

Es dauert, bis sich mein Puls normalisiert. Ich lege den Kopf in die Kuhle der Kopfstütze zurück, will meine Augen nicht öffnen. Zeit – ich brauche Zeit, um mich vorzubereiten, um aufzuwachen, um anzukommen. Um die letzten Meter nach Hause zu gehen. Ist das dort meine Heimat?

»Du bist jetzt da, nicht wahr?«, fragt Daniela leise.

Ich flüchte sinnloserweise in eine Art Rechtfertigung,

---

* Flurbezeichnung einer Geländeterrasse im Innerfeldtal

obwohl sie die Wahrheit eben ausgesprochen hat: »Ich kenne das! Alles! Die Kirche, die Berge ...«

Daniela nickt mir wissend entgegen. Ich frage mich, wie sie noch so ruhig sein kann.

»Dann ist doch alles gut. Du hast es gefunden.«

Es vergeht eine Weile, bis ich es wirklich begreife. Dann öffne ich die Augen und lasse das Bild wieder auf mich wirken. Es ist vollkommen und bedrohlich zugleich. Es gesteht mir keine Ruhepause zu, zwingt mich zu denken, zu zweifeln. Die Frage, die sich mir aufdrängt, wiegt schwer:

Wie ist das nur möglich?

Es mutet wie Hochverrat an der eigenen Seele an, wie ich mir eingestehe, meine Träume bis zum heutigen Tag nicht vorbehaltlos akzeptiert zu haben. Doch bis zu dieser Minute hätten es tatsächlich nur triviale Ausflüge meines Unterbewusstseins gewesen sein können. Ich spreche wortlos mit mir selbst: Tief in dir hast du die ganze Zeit über nach einer rationalen Erklärung gesucht. Einer Erklärung, die ebenso wenig beweisbar war wie der Inhalt deiner Träume. Aber das, was soeben geschieht, ist weder erklärbar noch ein Traum. Es ist real und es verändert alles.

Dieser zeitlose Moment auf dem Parkplatz verbannt jegliches Hirngespinst in die hinterste Schublade meines Kopfes. Dorthin, wo die Irrtümer wohnen, über die es sich nicht mehr lohnt, auch nur eine Sekunde nachzudenken.

Wie ich mich wieder gerade setze und tief durchatme, sehe ich ein Tal voller Rätsel vor mir. Ich bin mir sicher, dass meine Reise just in diesem Augenblick beginnt. Hier, in diesem Tal, liegt der Anfang; hier ruhen die greifbaren Reste eines traurigen Schicksals. Und eben hier will es zu Ende gebracht werden.

Die Frage, ob ich dazu bereit bin, stellt sich mir nicht. Ich muss es sein und ich bin es, obgleich ich mir noch nicht im Ansatz vorstellen kann, wofür. Etwas Unbestimmbares in mir ruft laut nach Frieden. Was auch geschieht, ich muss mich dessen annehmen. Schon um meiner selbst willen.

Ich starte den Motor und fahre weiter – in ein Meer der vergessenen Eindrücke und Emotionen.

Ehrfurcht und Demut überkommen mich, als ich auf dem Parkplatz der Unterkunft aussteige. Ich sehe hinauf zu einem ganz bestimmten Berg, kann nicht anders. Hoch und spitz ragt die Rotwand auf, durchsiebt mit ihren Felstürmen die weißen Wolken. Ich brauche nicht darüber zu grübeln, wo die alten Wege auf den Gipfel verlaufen. Ich weiß es. Es ist in mir, wartet nur darauf, abgerufen zu werden. Wohin ich mich auch wende, filtern meine Augen Bekanntes aus den Eindrücken. Es drängt sich auf, füllt ohne Zutun die eine oder andere Lücke in meinem erträumten Geflecht. Und mit einem Mal ist es mir klar: Es sind eben diese kurzen, beängstigenden Déjàvus*, die irgendwann das Rätsel lösen werden. Jene Momente, in der die Vergangenheit wie der Verschluss einer Spiegelreflexkamera herunterklappt und mich in Schwarz-Weiß glauben macht: Du warst schon einmal hier. – Fremdvertraute Augenblicke. Im Moment sind es nur undeutliche Fragmente, an die keine weiterführenden Erinnerungen geknüpft sind – gedankliche Sackgassen. So wie die alten, zusammengesunkenen Heuhütten oder bestimmte Fassaden von historischen Höfen. Aber ich fühle, dass es mehr werden wird: Ich spüre die Präsenz der ereignisreichen Begegnungen, nehme ihren Anspruch wahr, sich in mir festzusetzen. Ein gewisser Respekt nimmt mich ein, den ich gar nicht deuten will.

Es ist nichts anderes als Furcht. Die unterschwellige Angst vor dem, was mit mir auf diesem unbekannten Weg geschehen wird.

Als ich mich der Pension zuwende, fällt die Suche nach Bekanntem von mir ab. Es ist ein neueres Haus, ohne Wurzel in die Vergangenheit; frei von jeglichen Erinnerungen. Ich bin froh darum.

---

* Gefühl, etwas schon einmal gesehen oder erlebt zu haben. Erinnerung ohne eigenes Zutun, ohne Bezug ins Jetzt

Wir unterhalten uns eine Weile mit der Vermieterin. Belangloses über den Reiseverlauf, das Wetter, Einkehrmöglichkeiten und gängige Wanderziele. Nach einer Weile sieht mich die resolute Frau skeptisch von der Seite an.

»Sie sain net von Daitschlond drauß'n. Sain Sie aus Nordtirol?« *(Sie sind nicht von Deutschland draußen. Sind Sie aus Nordtirol?)*

Ich schüttle den Kopf; weiß, weshalb sie das fragt. Ich bin wie automatisch in einen gewissen Dialekt verfallen, muss mich überwinden, schwäbisch zu sprechen. Etwas daran erinnert mich fern an die Notoperation vor einem dreiviertel Jahr.

»Nein. Ich bin gebürtiger Ulmer. Ein waschechter Schwabe«, gebe ich zurück.

Die Vermieterin scheint nicht ganz überzeugt zu sein.

»So, woll« antwortet sie kühl. Die Skepsis will nur zögerlich aus ihrem Gesicht weichen. »I hon lei gedenkt, sell isch inserer Dialekt gwesn.« (*Ich habe eben gedacht, das sei unser Dialekt gewesen.)*

Ich sehe, wie sie meinen Namen vom Ausweis abliest und dabei scheitert, ihn stumm in sich hineinzusprechen. Schließlich entlässt sie uns in die blassgelbe Atmosphäre des Doppelzimmers.

Daniela zieht die Brauen nach oben.

»Das geht ja gut los. Du hast nie vorher einen Tiroler von hier sprechen hören …«

Ich zucke mit den Schultern und lasse mich rücklings auf das Bett fallen. Die Sprache ist mir geläufig, als hätte ich sie irgendwann gelernt. Nicht vollständig, doch zum großen Teil.

Daniela öffnet die Tür zum Balkon und tritt ins Freie. Warme Luft strömt ins Innere, schickt den würzigen Duft von Heu durch den Raum. Ich sehe die beladenen Heuharfen (überdachte Gestelle zur Trocknung von Heu) und Schupfn (Heuhütten) vor mir, obwohl ich meine Augen geschlossen habe. Ich fühle mich wohl – solange ich nicht an den Grund der Reise denke. Und ich bin müde, unsagbar müde.

»Du warst also schon einmal hier«, reißt mich Daniela noch einmal kurz aus dem Halbschlaf.

Für einen Moment höre ich in ihrer Feststellung einen leisen Zweifel. »Ich meine, nicht in diesem Leben«, relativiert sie. »Davor, wie auch immer.«

»Es fühlt sich zumindest so an.« Gebe ich zurück. Dann gleite ich weg.

Der Anfang spult sich vor mir ab. Bekanntes führt mich wieder sanft in eine andere Zeit, dorthin, wo es tragisch zu werden beginnt, wo der Krieg schon vor dem Tal ist. Für einen Augenblick scheint das Rad der Vergangenheit stillzustehen. Dann nimmt es wieder Fahrt auf. Es geht ins Neuland.

Todesboten – die Kindheitsträume reihen sich ein …

Eisiges Dunkel löst sich in der schwachen Dämmerung auf. Ich erahne Holzstege und Seile vor mir. Die Balken wanken. Jemand sieht mir eindringlich in die Augen und geht über die Brücke, verschwindet im Schwarz der Nacht. Ich kenne ihn, nur woher? Alles zittert und wankt. Ein Maschinengewehr reißt verbissen an der Schulter seines Schützen. Tonlos, bis die Munition verschossen ist. Ich fühle den Wind, höre ein Rascheln im strohigen Gras. Warum ich es als grässlich empfinde, weshalb es mich so beunruhigt, weiß ich nicht. Ich atme nur im Takt meines rasenden Herzschlags, zähle die Sekunden – winzige Ewigkeiten. Ich kenne diese Szenen nur zu gut. Sie sind älter als die anderen und wiegen schwer. Es sollte mit der Szene des MG-Schützen aufhören. Doch das tut es nicht. Nach fast 20 Jahren setzt sich der Traum aus der Kindheit fort:

Wieder liegt diese dröhnende Stille in meinen Ohren. Lichtblitze zucken über die Berge, beleuchten für Sekunden felsgraue Silhouetten. Ein Gewitter?

Nein. Das Zittern, das Sekunden später durch den Boden fährt, passt nicht dazu. Ein heißer Regen aus Fels und Stahl geht nieder. Leuchtgeschosse jagen über das Terrain hinweg, tauchen die Felstürme in ein geisterhaftes Licht. Ich höre die schweren Detonationen nicht, spüre sie nur. Eine Stimme sucht sich ihren Weg in meinen Gehörgang. Die zwei Worte klingen panisch verzerrt: »Alarm! Alarm!« Alles ist auf den Beinen, hastet im fahlen Licht der Leuchtkugeln in die Laufgräben und stürzt sich in die Feldwachen.*

Jemand packt mich an der Schulter und drückt mir eine schwere Tasche und eine Drahtrolle in die Hand. Er dreht mich zu sich hin, schreit mir etwas ins Gesicht und weist nach unten, Richtung Tal. Ich verstehe ihn, obwohl ich nicht höre, was er sagt.

*Ich beginne zu laufen; stolpere ihm blind über ein Schuttkar** hinterher, bis es wieder gänzlich Nacht um mich ist. Vor mir, hinter mir, überall. Ich bin allein. Und doch laufe ich unentwegt bergab, spüre die Tasche und meinen Karabiner, wie er mir bei jedem Schritt hart an die Schulter schlägt. So lange, bis alles taub in mir wird. Ich gleite wieder in diesen Bilderstrudel, in dem alles blitzschnell geht, springe durch die Zeit. Schwach belichtete Bilder fliegen mir zu, schweben für Bruchteile von Sekunden vor meinem geistigen Auge. Eine scheinbar zusammenhanglose Bildergeschichte, die sich selbst in atemberaubendem Tempo erzählt:*

Zwei Hände in einem Verhau aus Drähten – meine Hände. Ein zerschlagener Fotoapparat auf einem Stativ, ein Feld von frischen Holzkreuzen, durch das ich taumle. Das nachfolgende Bild steht länger vor mir als die vorherigen. Es ist deutlich und hell. So als wäre es Tag, als schiene die Sonne auf das graue Dach der Hütte, vor der

---

* Kampfstellung für eine kleine Gruppe von Soldaten in der vordersten Frontlinie

** steiles Geröllfeld in den Bergen

ich stehe. Sie hat einen kleinen Balkon unter dem Giebel und zwei Treppenaufgänge. Ich kenne das Haus. Hinter der Hütte liegt ein großes Geröllfeld, darüber ragen steile Wände auf. Ein einprägsamer Grat leitet in den schwarzen Himmel, der alles verschlingt. Alles, bis auf ein zerreißendes Seil, das in eine Quelle peitscht. Ihr finster sprudelndes Wasser schimmert in fahlem Rot. Blutrot. Wieder die einzige Farbe im Bild.

Dann stehe ich plötzlich in einer Schlucht. Ich sehe nur meine Hände, wie sie versuchen, ein Drahtknäuel zu entwirren. Ich schlage einen geschmiedeten Eisenstift in eine Felsspalte und wickle eines der verbogenen Drahtenden um einen Keramikisolator. Warum tue ich das?

Meine Lunge brennt, ich huste, fühle mich schwach. Der Geschmack von Eisen legt sich in meinen Gaumen. Ein markdurchdringendes Zittern geht durch meinen Körper. Der Schmerz, der meine Nerven quält, ist mir fremd, lähmt mich. Ist das Strom? Ich lasse los. Irgendetwas sagt mir: Geh weiter! Du musst weiter! Dann raubt mir ein gewaltiger Schlag von der Seite das Bewusstsein, sofern ich es dort, wo ich gerade bin, überhaupt schon einmal erlangt habe.

Mehr Neues in der Geschichte wird mir nicht zugestanden. In meiner geträumten Ohnmacht wechsle ich schwerelos die Zeit, tauche in ein anderes Traumfragment ein, das ich wiedererkenne:

Exakt so, wie während der Operation, gehe ich in das Niemandsland zwischen den Fronten hinaus. Ich sehe das Netz der Laufgräben, die dunkelrote Felskuppe und die sich aufbäumende Erde direkt vor mir. Ich kippe nach hinten, spüre nichts. Weder Schmerz noch den aufgewühlten Boden. Alles um mich ist tot. Und ich selbst?

Eine Silhouette zeichnet sich ab. Der Hauch eines Lächelns wohnt in dem Gesicht des Soldaten. Er nickt kaum merklich, scheint trotz der Situation zufrieden. Wie kann er nur lächeln?

Diesmal ist seine Hand zur Faust geschlossen. So als hielte er ein Pfand für mich zurück.

Kardinalfrage: Wann bin ich real?

Ich spüre eine warme Hand auf meiner Stirn.

»Du träumst. Wach auf!«

Langsam löse ich mich von den surrealen Eindrücken. Ich sehe Daniela an. Wir verstehen uns ohne Worte. Mir kommt eines der Schilder von der Herfahrt in den Sinn. *Dreischusterhütte* stand darauf, unter dem Schriftzug ein hübsches Bild des Gebäudes. Und mit einem Mal weiß ich, wohin ich am folgenden Tag gehen muss. Doch wo dieses herrenlose Traumfragment in der bisherigen Geschichte seinen Platz finden soll, weiß ich noch nicht. Es mutet schon fast wie eine kleine Entschädigung an, dass ich mir nun zumindest sicher sein darf, dass das, was ich als Kind geträumt hatte, in den schrecklichen Reigen der Vergangenheit passt. Die Hängebrücke, wo immer sie auch angelegt war, der treue väterliche Blick des Alten und das Maschinengewehr. Bis hin zu den eigentümlich einschüchternden Windgeräuschen – alles stammte aus dieser einen Epoche, die einst die meine war.

Ebenso wie schon die Ursache der Träume, waren mir auch diese spontanen und beängstigenden Déjà-vus ein Rätsel. Ich suchte fieberhaft nach einem Auslöser, nach einem geistigen Druckknopf, der diese Rückblenden auslöste. Aber es gab keinen. Der Schlüsselreiz offenbarte sich mir immer erst unmittelbar dann, wenn es geschah.

Noch während des Urlaubs wurde ich mir in Gedanken darüber klar, dass alles, was mit den Träumen und den Schwarz-Weiß-Rückblicken zusammenhing, am Faktor Zeit aufgehängt sein musste. Die Kardinalfrage, welche sich mir dabei immer öfter aufdrängte, lautete: Wann bin ich real? Nur in dem winzigen Moment, in dem die Gegenwart passiert?

18. Juli 1994, 9.00 Uhr

Ein vergessener Steig – die erste Brücke ...

Der erste Urlaubstag in Sexten zeigt sich trüb und grau. Exakt die Situation, die Jahre später Pate für das Vorwort meines Romans stehen sollte.

Es zieht mich trotzdem hinaus. Ich kann nicht still in diesem kleinen Zimmer sitzen und nichts tun. Nicht nach diesem ersten Traum vor Ort, der eindrücklicher war als alles Bisherige. Mein innerer Kompass weist in eine ganz bestimmte Richtung. Er schickt mich dorthin, wo ich glaube, richtig zu sein; in dieses Hochtal, das man nur über das schmale Sträßchen erreichen kann. Und es ist tatsächlich im Innerfeldtal, wo mich die Vergangenheit einholt:

Es ist mir nicht entgangen, wie Daniela unruhiger geworden war. Ihr ist sichtlich unwohl, seit wir den markierten Wanderweg verlassen haben. Dennoch. Ich bin mir sicher. Nicht nur einmal hatte ich mich dem Talgrund zugewandt und nach der Schusterhütte Ausschau gehalten. Jenem Berghaus, welches zwar modernisiert worden, aber noch immer von dieser eindeutigen Kulisse umgeben war. Es ist dieser eindrucksvoll steile Berggrat hinter ihr, der mir die Gewissheit verschafft: Ich bin, wo ich sein will. Mittlerweile ist Nebel aufgezogen. Ich versuche Daniela gar nicht erst zu erklären, dass die verwitterten Balken, die unscheinbaren Vertiefungen zwischen den Latschenkiefern und die wie zufällig aufeinandergeschichteten Felsbrocken eine tiefe Bedeutung für mich haben. Ich sage nur immerzu: »Vertrau mir.« Zu wenig für jemanden, der keine Gedanken lesen kann.

Ich wisse doch gar nicht, ob es dort oben tatsächlich weitergehe, rügt sie mich. Wir hätten noch nicht einmal eine Wanderkarte. Und das bei diesem Nebel.

Meine Antwort klingt naiv, lässt ihre wahre Bedeutung nicht erkennen.

»Ich brauche keine Karte. Im Nebel würde die sowieso nichts bringen.«

»Quatsch!«, kommt es gereizt zurück. »Du hast dich verlaufen und kannst es nur nicht zugeben. Wir gehen jetzt zurück. Hinaus aus diesem Nirgendwo.«

Danielas Wangen sind blass. Ich sehe die Angst in ihren Augen, spüre den Unglauben an mich. Daniela weiß nicht, dass ich gerade an einer inneren Grenze stehe; dass dieser Nebel nicht nur um uns ist. Ich stiere stumm in die verwaschene Umgebung, will jetzt nicht viel Worte machen. Der Strang, an dem ich mich entlanghangle, ist zu filigran, um ihn mit unnützen Worten zu belasten. Ich fühle die Nähe des Vergangenen, sehe verblichene Geschehnisse, Örtlichkeiten, wittere eine unendlich schwache Fährte. Die Zeit verfängt sich für einen ewigen Moment zwischen der Vergangenheit und dem Jetzt. In mir steht sie still, fügt zusammen, was zusammenzugehören scheint. Ich bin weder hier noch dort.

Ohne es zu wollen, klingt meine Stimme entrückt und dialektisch angehaucht: »Nirgendwo isch überoll.« Ich wende mich bergwärts und gehe weiter. Die Schritte hinter mir klingen hart und unwillig. Irgendwie habe ich das Bedürfnis, mich zu rechtfertigen, und sage laut vor mich hin: »Hinter den Latschenkiefern kommen wir zum Zirbenboden. Dort liegen die Baracken der Reserve.« Die Euphorie in meiner Stimme klingt unpassend, ist für keinen außer mir nachvollziehbar. Ich mache es mir bewusst und relativiere: »Ich meine, das, was noch davon übrig ist.« Erst als wir unmittelbar vor einer unnatürlich eingeebneten Fläche stehen, aus der verwitterte Balkenstümpfe ragen, weicht die Skepsis aus Danielas Gesicht. Ich verspreche eine schräge Rampe hinter der nächsten Felsnase, offeriere einen einfachen Übergang in ein einsames Seitental. Sie hadert mit sich und mit mir. Dann geht sie voran, verschwindet kurz darauf hinter der besagten Felsrippe. Es ist still. Und ich warte. So lange, bis sie 20 Meter über mir aus dem Nebel auftaucht.

»Ich weiß nicht, wie du das machst. Aber die Rampe ist da und es führt ein Pfad in ein Hochtal weiter.« Sie hat die Arme in die Hüften gestemmt. Ich genieße das Bild. Sie ist wieder bei mir.

Ein gutes Wegstück danach halten wir an einem großen Felsen an. Ein kaum noch erkennbarer Steig zweigt von dort ab. Er führt in eine schluchtartige Rinne hinauf. Sie ist erdig braun. Als mein Blick eine Weile darauf ruht, klappt wieder der Spiegel vor mein geistiges Auge: Zwei Drahtstränge verbinden in flachen Parabeln drei windschiefe Masten der Kabelverbindung und führen ins grelle Nichts des Himmels. Am oberen Rand trotzen Stacheldrahtgewirr und Spanische Reiter* dem Feind. Das letzte Hindernis einer unbesetzten Widerstandslinie. Es bedarf nicht viel, um die Erinnerung an den vergangenen Traum wachzurufen: Die Rinne – die Drähte – die Finsternis. Mir wird schlagartig kalt.

Daniela breitet die Regenjacke auf dem flachen Felsen aus und legt sich darauf. Blauer Himmel schimmert durch den letzten Dunst des Morgens.

Mich hält es nicht an ihrer Seite. Ich schlendere rastlos durch das niedere, zufällige Labyrinth aus Felsbrocken, hänge unreifen Gedanken nach. Hier und da stoße ich auf Relikte des Krieges. Ich bücke mich nach willkürlich gezackten Granatsplittern, verrosteten Drahtstückchen und zerbeulten Konservendosen. Aus einer seltsamen Furcht heraus sehe ich mich permanent um, höre auf jedes Geräusch. Doch das bin nicht wirklich ich, der das tut. Es ist dieser fast vergessene Habitus einer schrecklichen Zeit, der mich dazu drängt.

---

* Gedrillte Befestigungsstangen für Stacheldrahthindernisse

»Rindfleisch«, lese ich mühsam aus dem Rost einer Dose. Für ein paar Sekunden gleitet das korrodierte Metall durch meine Finger. Es hinterlässt einen rostroten Hauch darauf, bevor es klimpernd zurück in die Ritzen der Steine rutscht. Als hätte ich es gestern gegessen, dieses Rindfleisch, entsteht in meinem Gaumen das Phantom eines eigenwillig faden Geschmacks. Es erschreckt mich, wie viele Erinnerungen an ein so unscheinbares Relikt geknüpft sind. Ich will gar nicht wissen, was im Laufe der Zeit noch alles auf mich einströmen wird. Noch nicht.

Irgendwann frisst sich mein Blick an einer bestimmten Stelle fest. Etwas ragt aus dem Geröll. Es passt nicht zum Üblichen. Wie ein schlankes, leicht gebogenes Stück Holz scheint es anklagend in den Himmel zu zeigen. Wieder bücke ich mich, halte inne, erschaudere – will es nicht berühren. Es ist ein Knochen, eine Rippe. Und um sie herum liegen Reste von Stoff, drei weißlich angelaufene Aluminiumknöpfe. Etwas entfernt eine Schuhsohle, ein ausgedörrter Lederriemen – ein Zahn. Ein eisiger Schauer jagt mir über meinen Rücken.

»Es ist nichts. Nur ein zufälliges Ensemble aus Unrat und einer verendeten Gämse«, rede ich mir laut ein. Der Versuch, mich zu beruhigen, ist kläglich. Ich weiß, dass es das ist, für was es mein Unterbewusstsein hält. Und das ist noch nie so ehrlich zu mir gewesen wie in diesem Moment. Das, was dort im Geröll liegt, ist eindeutig. Es ist 80 Jahre alt und jenseits jeder Identifikation. Meine Hand schlägt ein Kreuz auf meiner Brust. Die letzte Ehre, bevor ich ein paar Steine darüberlege; alles ganz automatisch. Ich murmle etwas, das selbst ich nicht mehr recht deuten kann. Ein Gebet; ein paar andächtig genuschelte Verse voller Respekt und Angst.

Währenddessen nimmt das Karussell in meinem Gehirn Fahrt auf. Ich kann es nicht stoppen, renne hinterher und springe schließlich auf: Du warst hier; hier in dieser Rinne. Die Detonationen, die Drähte, die Stromschläge und – die Ohnmacht … Ohnmacht? Ich kann die Frage nicht abwehren, die sich mir mit aller Macht aufdrängt: Wo liegt der empfundene Unterschied zwischen Ohnmacht und … Tod? Kann man im Traum sterben? Gehört diese Rippe … mir?

Ich taste wie automatisch an meinen Brustkorb, zerre meinen Verstand zurück aus dem Wahnsinn. Ich finde etwas Erholung in der rettenden Einsicht, die ich mir vorhalte: Nein! Es kann nicht sein! Sonst wäre der Traum hier zu Ende; genau an dieser Stelle. Und das ist er nicht – definitiv nicht. Diese Kreuze, die Schusterhütte. Und der Traum danach, mit diesem Granateinschlag direkt vor mir!

In meinen Ohren saust es, als ich hinunter zum großen Felsblock blicke. Ich erschrecke. So weit bin ich in meiner stillen Andacht gegangen? Und – wo ist Daniela? Sie ist nicht mehr da! Keine Regenjacke, keine Rucksäcke! Ich sehe panisch die Rinne hinauf, suche nach Zeichen der Zeit.

Wo bin ich? Nein – *wann* bin ich?

Gejagt richte ich mich auf. Das Rauschen im Trommelfell lässt nach. Ich höre Schritte hinter mir; drehe mich schreckhaft um.

Daniela lässt die Rucksäcke ins Geröll fallen und hebt unschuldig die Hände halb in die Höhe.

»Bin bloß ich.«

Ich bin unfähig, etwas zu sagen, nicke nur abwesend vor mich hin.

»Ich habe gerufen. Hast du mich nicht gehört?«

Mehr als ein krächziges »Nein« bekomme ich nicht heraus.

»Du kniest seit einer Viertelstunde an dieser Stelle. Du hast etwas entdeckt, nicht wahr?« Sie blickt zuerst neugierig an mir vorbei, dann auf mich.

Ich weiche ihren Blicken aus, schüttle den Kopf.

In ihrer Stimme schwingt ein Hauch von nüchterner Trauer. »Du warst in der Vergangenheit.«

Mein Geständnis klingt unehrlich:

»Ein wenig.« Ich greife nach meinem Rucksack und drücke Daniela kurz an mich. Sie fühlt sich störrisch an, lässt mich spüren, dass sie mit meiner Halbherzigkeit nicht zufrieden ist. Aber ich kann nicht anders. Es ist nicht die Zeit für Intimitäten.

Sie folgt meinem Blick zum oberen Rand der Rinne.

»Da hoch? Und wo kommen wir dann hin?«

»Zu einem Sattel. Der Ausblick ist überwältigend. Zur Hütte ist es dann nicht mehr weit.«

Sie nickt. Ich hoffe nur, dass ich damit recht behalte.

Die Rinne wird enger. Der Steig hat sich verloren. Wir hangeln uns an den angrenzenden Felsen dem Absatz entgegen, der flacheres Gelände verspricht. Ich weiß, dass dort oben eine grasige Hochfläche anschließt und hier und da Edelweiß wächst. Als Daniela irgendwann flucht und sich ein metallisches Singen daruntermischt, werde ich hellhörig. Das Geräusch geht mir durch Mark und Bein. Ich sehe für Sekunden auf das grünlich erodierte Drahtknäuel; bin wie erstarrt.

Daniela müht sich redlich mit ihrer Fußfessel ab und verheddert sich dabei immer mehr darin. Sie winkt mir zu, versucht, mich visuell zu erreichen. Aber ich nehme sie nicht wahr; bin weit weg, unerreichbar. Daniela kann nicht erahnen, was ich soeben vor mir sehe. Als hätten sich zwei gleichpolige Magnete angezogen, vereinigt sich in mir ein Szenenpaar; gibt plötzlich einen erschreckend logischen Sinn. Das eine ist gegenständlich, passiert gerade jetzt. Das andere ist lange passé; legt sich in dem Moment darüber, als ich endlich in das Knäuel greife. Ich spüre die Stromschläge auf meinen nassen Händen, ziehe und reiße, stöhne auf. Bis sich die graue Vergangenheit endlich dem Hier und Jetzt ergibt. Dann bin ich wieder frei. Ich sehe um mich, als wäre ich gerade eben aus heiterem Himmel in diese Steilrinne gefallen. Wo ist die Hängebrücke? Oder besser: Wo war sie einst? Ich kann nichts finden, was auch nur andeutungsweise darauf hinweisen könnte. Aber wen wundert das; nach all der Zeit …

Daniela sieht mich besorgt an und nimmt mir mit ihrer freien Hand den Draht aus der Hand. Sie blickt kurz darauf, sucht nach einer Erklärung für meine Reaktion.

»Nur ein Draht. Da kann doch nichts explodieren, oder?«

Ich schlucke leer.

»Nein, nein.« Ich drehe mich um, will weitersteigen. Doch Daniela hält mich an der Schulter zurück. Ich lese in ihrem Gesicht, was sie gerade denkt. Ihre Worte klingen tiefsinnig, als sie mir das Drahtknäuel entgegenreicht:

»Wenn du es mitnehmen willst, solltest du es tragen.«

Ich schäme mich, ohne genau zu wissen, wofür. Dann greife ich nach dem alten Metallstrang.

Kurz vor dem Ausstieg steigt schließlich die Ernüchterung in mir auf. Ein weißes Keramikstück ragt aus der dünnen, lehmigen Erdschicht. Ich stoße es mit der Fußspitze an, löse es aus seinem Grab. Das unversehrte Isolatorenhütchen wiegt schwer in meiner Hand. Ich sehe mich um, taste die Felswand ab und entdecke einen hakenförmigen Eisenstift in einer Spalte. Es liegt Behutsamkeit in meinen Bewegungen, wie ich die drei Teile zusammenfüge; so wie einst. Einfache, kraftarme Vorgänge – ein Streicheln der Vergangenheit – eine stumme Hommage an das, was niemand mehr weiß, niemand mehr wissen kann. Außer mir.

Daniela überholt mich. Sie sieht mir für einen Augenblick anerkennend zu, obwohl das, was ich tue, einem Außenstehenden völlig sinnentleert vorkommen muss. Aber Daniela ist keine Außenstehende. Die Angst verfliegt. Diesmal bin ich stärker, schließe dieses winzige Kapitel ab, das mir meinen weiteren Weg aufzeigt. So unbedeutend es auch ist, stellt es dennoch die erste tatsächliche Verbindung zwischen dem Damals und dem Jetzt her. Ich spreche es in mich hinein. So ehrlich, wie ich mir gegenüber nur sein kann: Ja, es ist ein Beweis, eine erste Brücke – nur für mich.

In bin voller Ehrfurcht, als ich aus der Rinne auf den Magerrasen steige. Wie ich auf Daniela zugehe, verlangsame ich meinen Schritt, lasse das Gefühl zu, das in mir aufsteigt. Es ist mächtig und gibt Hoffnung. Die Hoffnung auf ein Ende. Irgendwann.

Vor uns taucht die Drei-Zinnen-Hütte auf. Und dahinter das einprägsame Dreigestirn der Zinnen. Daniela steht die Begeisterung ins Gesicht geschrieben. Doch ihre Stimme klingt ernüchtert. »Du warst genau hier; vor 80 Jahren. Stimmt's? Für dich gibt es hier nichts mehr zu entdecken.«

Ich nicke wortlos, ernte ein reuiges Lächeln, hinter dem sie etwas in mir sucht.

Ich empfinde einen von Demut geprägten Respekt vor der eben durchlebten Situation, weiß nicht, ob sie ihn hinter meiner Fassade findet.

Ein kühner Gedanke: Sind wir eins?

Dieses erste einschneidende Erlebnis fühlte sich an wie der erste Sprung als Kind vom Drei-Meter-Brett im Freibad. Den ersten, verkrampften Sprung hatte ich jetzt hinter mir. Die folgenden konnten kaum schlimmer sein. Mit dieser simplen Vorstellung machte ich mir Mut. In dieser Stunde, an diesem Tag und über den ganzen Urlaub hinweg. Denn spätestens jetzt musste klar sein, dass wir am richtigen Fleck waren. Ich zweifelte nicht daran, dass es weitergehen würde.

Die Knochen in der Rinne haben mich lange nicht losgelassen. Ich ging nicht nur einmal tief in mich, um auszuschließen, dass sie der Auslöser meiner Träume gewesen waren.

Die Tatsache aber, dass ich damals schon von nachgelagerten Szenen geträumt hatte, gab mir schließlich eine gewisse Sicherheit: Die Träume waren nicht etwa ungeordnet, sie waren nur lückenhaft. Lediglich die rasenden Bilder lagen außerhalb der sich abzeichnenden Chronologie. Das Erlebnis in dieser Rinne war keinesfalls das Ende. Dahinter verbarg sich beharrlich etwas Größeres. Nur weshalb verbarg es sich, wenn ich nun schon einmal hier war? Etwa, weil ich es noch nicht ertragen konnte? War es am Ende gar nicht ich selbst, der bestimmte, wann ich bereit dazu war? In mir stapelten sich die Fragen, und jedes Aha-Erlebnis hatte weitere Rätsel im Schlepptau. Etwa: Wie kann es sein, dass ich ohne Karte und bei dichtem Nebel einen unmarkierten, verfallenen Kriegssteig in einem Gebiet von zig Quadratkilometern zielsicher ansteuere, obwohl ich noch nie dort gewesen war? Wie ist es möglich, dass ich ohne Orientierungshilfen den genauen Wegverlauf präzise vorhersagen kann? Wie kann ich diesen Dialekt, der wahrlich nicht zu den verständlichsten des deutschen Sprachraums gehört, offenbar mühelos verstehen und zumindest ähnlich wiedergeben? Wie, wenn ich nicht schon einmal dort gelebt habe? Es hielt sich in mir die Waage, ob diese unheimliche Erkenntnis, schon einmal gelebt zu haben, nun Fluch oder Segen für mich war. Dabei spielte es ja noch nicht einmal eine Rolle, wo ich stand. Auf Seiten dieses blassen Soldaten oder auf Seiten dessen, der durch einen irrwitzigen Zufall fast ein Jahrhundert später ungewollt zum Medium wird. Egal wie tief ich mich in die Seele des Soldaten hineinversetzte, sie war gleichermaßen endlos weit von mir entfernt, wie sie auch unentwegt in mir zu arbeiten schien. Aber gab es diese beiden Seiten überhaupt? Oder waren wir eins – nur vom Strom der Zeit getrennt? Ich schüttle vor mir selbst den Kopf. Die Vorstellung ist zu trivial für mich. Noch.

18. Juli 1994, 19.30 Uhr

Ein unscheinbares Ornament …

Am selben Abend nach der Wanderung hatte ich bereits ein weiteres Bild vor Augen. Ein Bild aus Holz. Daneben spielten zwei Geschichten, die unmittelbar miteinander verknüpft waren. Eine davon ereignete sich vor mehr als 80 Jahren. Die andere begann in dem Moment, in welchem wir an diesem alten Heuschober im Ortsteil Moos vorüberliefen.

Aus dem grauen Himmel nieselt leichter Regen. Ein paar hundert Meter die Straße runter, dann kommt rechts eine Pizzeria. Gut, viel und günstig, hatte uns die Vermieterin erklärt, als kenne sie den Inhalt unseres Geldbeutels auf die Lira genau.

Ich sehe auf den türkisblau schimmernden Rücken von Danielas Regenjacke, trotte ihr gedankenlos hinterher. Als ich später über die Situation nachdachte, machte ich mir glauben, die Vergangenheit lauerte geradezu auf solch leere Momente, um sich in meinen wehrlosen Geist zu legen. Und sie tat es wohl auch.

Ich halte mit einem Mal an, sehe, wie Daniela weitergeht. Dann fällt plötzlich wieder dieser Vorhang in mir. Daniela ist wie ausradiert aus dem schwarz-weißen Bild.

Ich sehe ein altes Geländer, eine unbefestigte Straße, Giebel und Fassaden, die nicht mehr existieren. Und das Mädchen mit den Zöpfen. Diesmal sind ihre Haare nach hinten geflochten. Ich sehe sie zum ersten Mal aus der Distanz, wie sie vor einer verwitterten Holzwand eines Stadels lehnt. Sie trägt einen langen Rock und eine Bluse, die an den Ärmeln eng gefasst ist. Um den spitzenbesetzten Kragen hängt eine Kette mit einem ovalen Anhänger. Ihr Lächeln ist nicht das eines Mädchens. Es ist das einer jungen Frau – und es ist warm und einnehmend. Dann wird es wieder farbig in meiner Welt. Der Rückblick ist vorüber, wirft mich wieder in das Jetzt zurück.

Ich starre auf den Stadel. Er ist das einzige Element, das es sowohl im Davor als auch im Jetzt gibt. Verwittert, gezeichnet, aber existent. Mein Geist hat sich festgefressen – wieder einmal. Auf einer ganz bestimmten Stelle. Es ist dasselbe Schnitzwerk, das auch in den Träumen vorkam.

Daniela steht etwa zehn Meter entfernt von mir, hebt fragend die Arme.

Ich will nicht rufen, zeige nur verhalten auf die alte Bretterwand und das kleine Ornament auf ihr. Daniela kommt zurück, nimmt mich fest an der Hand, als wolle sie mich im Diesseits halten. Spricht sie mit mir?

»Eine eingeschnitzte Rose. Sie ist … wunderschön.« Ihre Stimme zittert unmerklich, als sie fragt:

»Wer hat sie wohl dort …«

»Ich!«, bricht es rau aus mir hervor. »Für sie.«

Schweigen – nur der Händedruck von ihr wird stärker.

Ein eisiger Hauch geht durch meine Seele. Mir ist, als wäre in dieser Sekunde etwas in mir zerbrochen. Ich spüre, wie das Adrenalin in mir aufsteigt. Was ist damals passiert? »Träume ich …?« Ich sage es, ohne es selbst wahrzunehmen.

»Nein. Du bist hier. Hier bei mir!«, beruhigt Daniela.

Mein Kopf fliegt herum. Meine Augen hasten über ihr liebevolles Gesicht. Ich bin wehrlos gegen den Drang zu vergleichen; suche Ähnlichkeiten, Grübchen und … finde Gewohntes. Und es stammt aus diesem Leben.

Ich lasse die Erleichterung, die in mir aufkommt, zu, hake mich bei Daniela unter und ziehe sie weg von der Rose. Weg von diesem Fenster zur Tragödie, von der ich schon erahne, wen sie betrifft.

»Schluzer*«, »Schanni« und ein Bild, alles alt Bekanntes?

Danielas Schweigen ist unergründlich. Ich weiß nicht, was sie denkt. Von dieser Rose, diesem Urlaub oder auch von mir. Aber ich danke dem Herrn für das Glück, es gefunden zu haben, das Tal, Daniela und … Ich suche tief in mir nach einem Namen für dieses Mädchen, aber es legt sich nicht ein einziger Buchstabe zu der abflauenden Trauer, von der ich nicht weiß, woher sie kommt.

---

* Einfaches südtiroler Traditionsgericht. Gefüllte Teigtaschen.

Wir ignorieren die überfüllte Pizzeria. Stattdessen steuern wir auf ein gemütlich aussehendes Lokal zu und treten ein. Ich hänge meinen Gedanken nach, bin unsagbar müde. Erst als die Bedienung fragt, ob sie später wiederkommen solle, sehe ich auf die noch immer geschlossen vor mir liegende Speisekarte.

»Nein. Bringen Sie mir nur eine Portion Schluzer und ein Viertel Roten.« Die junge Kellnerin notiert es schmunzelnd und eilt Richtung Küche.

Daniela legt die Stirn in Falten.

»Was hast du da bestellt?«

»Schluzkrapfen. Gefüllte Teigtaschen. So etwas Ähnliches wie Maultaschen«, erkläre ich ihr.

Sie wird liebevoll sarkastisch: »Schluzer. Natürlich. Wie konnte ich nur denken, das irgendwo auf der Karte zu finden.« Sie beugt sich zu mir vor, sieht mir sorgenvoll in die Augen.

»Was, um Himmels willen, passiert hier?«

Meine Antwort klingt geschauspielert, auswendig gelernt. Aber sie ist wahr:

»Wenn ich es wüsste, wären wir nicht hier.«

»Bleib bei mir«, haucht sie mir entgegen.

Meine Kehle wird eng und trocken.

»Solange wir leben«, gebe ich zurück. Den Nachsatz, der mein Versprechen in einem gänzlich anderen Licht zeigen würde, spreche ich stumm in mich hinein: Diesmal; wenn es die Zeit gut mit uns meint.

Daniela blickt eine Sekunde zu lange über meinen Kopf hinweg an die Wand hinter mir, um es unauffällig aussehen zu lassen. Ich drehe mich um und sehe ein paar vergilbte Fotos in einem alten Bilderrahmen.

Daniela sieht mich auffordernd an.

»Und?«

»Was und?«

Daniela nickt dem Bild in der Mitte zu, auf dem drei Soldaten abgelichtet wurden.

»Wer ist das?«

Ich sehe mir das Foto genauer an. Der Soldat in der Mitte lächelt, sitzt auf einem Stuhl. Ich kenne ihn. Ein seltsam klingender Name fliegt wie von selbst durch mein Hirn. Ist dies da nicht das Gesicht aus meinen Kindheitsträumen? Jenes, das sich von mir verabschiedet und über die Brücke geht und nicht wiederkommt? Mit Bestimmtheit kann ich es nicht sagen. Aber beim Namen bin ich mir sicher. Man sagte *Schanni* zu ihm. Sofort denke ich an die leere Hand und das dazugehörige Soldatengesicht, das immer am Ende eines jeden Traums vor mir steht. Und dieses Mädchen im Traum – weshalb kann ich mich nicht ebenso spontan an ihre beiden Namen erinnern? Nur weil ich kein reales Bild von ihnen vor mir habe?

»Der in der Mitte heißt Schanni«, sage ich leise. »Die beiden anderen sind Brüder. Innerkofler möglicherweise.«

Daniela lehnt sich in ihren Stuhl zurück, während ich mich an den Namen in diesem Reiseführer erinnere. Habe ich gerade Innerkofler gesagt?

Die Bedienung schwebt an den Tisch und platziert sanft die Getränke. Sie ist schon am Gehen, als Daniela sie zurückruft.

»Sagen Sie, dieser Soldat in der Mitte des Bildes dort, wissen Sie, wer das ist?«

Das zaghafte Kopfschütteln verrät nicht, ob es vom Nachdenken oder eher von Vorbehalten herrührt. Letzteres wäre ja nur allzu verständlich.

Die Bedienung verfällt in den unverwechselbaren Dialekt des Tales:

»Na. Sell isch z' lang her. Duat mr laid.« *(Nein. Das ist zu lange her. Tut mir leid.)*

Wir sind wieder allein. Doch nach einer Weile kommt die junge Kellnerin überraschend mit einer älteren Frau zurück.

»So. Sell isch die Oma. Sie kennt's lei no wissn.« *(So. Das ist die Oma. Sie könnte es möglicherweise noch wissen.)*

Die Frau kramt eine riesige Lesebrille aus ihrem Hauskleid und setzt sie umständlich auf die Nase. Es folgt ein zittriges Nicken.

»Follt's d'r uan, gell.«*(Fällt es dir ein, nicht wahr?)*

Die Stimme der Oma ist überraschend klar und stark.

»Jo. Sell isch d'r Forcher Sepp.« *(Ja. Das ist der Forcher Sepp.)*

Daniela zieht die Brauen hoch, während sich die Frau mit beiden Händen auf den Tisch stützt und uns freundlich ansieht. Ihre Worte klingen ebenso tiefsinnig wie entrückt. Wir wissen nicht, wie wahr sie sind.

»Sain horte Zaitn gwen … und sie sains no.« *(Sind harte Zeiten gewesen … und sie sind es noch.)* Die Alte sieht noch einmal auf das Porträt der drei Soldaten und verweilt dort ein wenig.

»Mit 'n Innerkofler worar olwail auf'n Schbitz'n obm. Bärgfiarer sains gwesen. Ah no im Kriag. Gott hob s' selig. Schanni hobms eam olle gruafn.«*(Mit dem Innerkofler war er immer auf den Spitzen oben. Bergführer sind sie gewesen. Auch noch im Krieg. Gott hab sie selig. Schanni haben sie ihn immer gerufen.)*

»Schanni!«,entfährt es Daniela unpassend laut.

»Woll«, gibt die alte Dame zurück, stemmt sich vom Tisch auf und schleicht davon, bevor wir uns bedanken können. Das Essen ist mit einem Mal nebensächlich geworden. Dennoch, die Schluzer schmecken gut. Aber sie schmecken nicht nach damals. Und irgendwie bin ich dessen froh.

Es hat aufgehört zu regnen, als wir zurück zur Pension schlendern. Nebel steigt aus den feuchten Wiesen, wabert den verhüllten Bergen zu.

Ich laufe einfach an dem Stadel mit der geschnitzten Rose vorüber, sehe nicht hin. Dabei weiß ich wohl, dass sie noch da ist, auf mich wartet, mit all ihrem bleischweren Ballast eines anderen Lebens. Längst ist mir klar: Sie prangt nicht nur an dieser alten Lärchenlatte. Sie ist in mir; in meiner Seele – allgegenwärtig, wie so vieles hier.

Intuitive Orientierung allerorts – ferngesteuert ...?

Ich bildete mir tatsächlich ein, es würde sich mir für den nächsten Tag kein bestimmter Berg aufzwingen. Vielleicht, so hoffte ich insgeheim, würde einmal eine Weile lang nichts passieren. Die Hoffnung blieb unerfüllt. Natürlich passierte etwas. Es geschah permanent etwas. Mit mir und in mir. Die Déjà-vus wurden zum ständigen Begleiter auf unseren Wanderungen. Zudem zog es mich wie von selbst an die Stätten, die ich aus den Träumen vor unserem Aufenthalt im Sextental her kannte. Ein Gegensteuern schien mir unmöglich. So sehr ich in mir auch darauf bestand, etwas ganz spontan und aus eigener Überzeugung zu tun.

Unzählige Einzelheiten machten aus meinem unvollständigen Traumpuzzle langsam etwas Greifbares. Etwas, das ich anfassen, riechen, erleben konnte. Ich erklärte Daniela Flurnamen, führte etwa aus, dass das Fischleintal nichts mit Fischen zu tun habe oder dass das Negerdörfl nie von Farbigen bewohnt worden war. Die Nutzung von unmarkierten, verfallenen Wegen wurde dabei zur Gewohnheit. Kein einziger davon endete im Nichts. Das Gefühl von Heimat in mir wuchs. Mir war, als treffe ich unverhofft auf eine Wurzel, die vor langer Zeit grausam durchtrennt worden war. Ich war daheim, so dachte ich zumindest. Nicht ahnend, dass dies nur eine meiner alten Wurzeln und noch nicht einmal die stärkste davon war. Sie war nur diejenige, die das Eindrücklichste in sich trug. Die Frage hingegen, weshalb ich all dies träumte und sah, blieb weiter unbeantwortet. Erst am vierten Tag sollte sich wieder eine weitere Tür für mich öffnen.

22. Juli 1994

Gipfelzauber …

Wir entsteigen einer der kleinen silbernen Umlaufgondeln der Rotwandbahn. Ich sehe unserem Gefährt hinterher, wie es sich langsam wieder auf den Weg ins Tal macht. Für den Bruchteil einer Sekunde glüht ein paradoxer Gedanke in mir auf: Am liebsten würde ich wieder mit hinunterfahren. Hinunterfahren? Woher kommt dieser abstruse Wunsch plötzlich? Ich nestle an meinem Rucksack herum, verschaffe mir Zeit, in der ich nachdenke. Doch meine innere Stimme gibt mir keine Antwort. Und trotzdem fühle ich, dass etwas in mir angestoßen worden ist. Es ist wahr. Es zieht mich nicht hinauf zum Gipfel. Nicht heute – und nicht auf diesen. Obwohl das Wetter traumhaft ist, stößt mich diese felsige Flanke mit ihren eingelagerten Schuttkaren mit einem Mal ab wie ein gegenpoliger Magnet. Weshalb aber habe ich diese Tour dann vorgeschlagen? Warum war sie mir gestern Abend noch so wichtig gewesen? Habe ich Angst vor einer neuerlichen Begegnung mit der Vergangenheit? Ich horche in mich hinein, will dem unbestimmbaren Gefühl folgen. Aber ich verliere die Spur, tappe im Dunkeln an diesem strahlenden Morgen.

Die Bahn hat uns ins Grün einer atemberaubenden Bergkulisse ausgespuckt. Ich denke an das immerwährende Erlebnis, wenn ich in meinen Träumen plötzlich hier bin, auf dieser Hochebene, die hinter den stolzen Lärchen liegt. Ebenso ausgeworfen; nur in eine andere Zeit. Dann warte ich auf die übliche Rückblende, von der ich glaube, dass sie sich jeden Moment grau über die satten Wiesen legen wird. Aber es kommt nicht. Ich bin irritiert, verunsichert; fühle mich seltsam allein. Ist es tatsächlich schon so, dass mir ohne diese Rückblende etwas fehlt? Ich erinnere mich an einen der ersten Träume: Da waren diese Mahd – die niedere Heuhütte – der verkohlte Baumstumpf – das Wegmarterl … Ich breche ab, schüttle über mich selbst den Kopf. Es ist ähnlich. Aber es ist nicht dasselbe: Der Graben fehlt, das Gelände ist zu flach. Und der Ausblick ist ein anderer. Aber der Berg, der über uns thront, stimmt mit jenem Gipfel von dieser anfänglichen Kletterpartie überein. Ich schweife ab, denke an den Adler.

»Und wohin?«, reißt mich Daniela aus meiner Apathie.

In ihrer Mimik hat sich in den letzten Tagen ein ganz bestimmter Ausdruck eingeschlichen. Ich mag diese liebevoll gemeinte Aufforderung zur Wahrsagerei nicht, wenn ich auch weiß, dass ich sie selbst ausgelöst habe. Zumindest zu einem gewissen Teil. Dennoch muss ich den kleinen Ballast tragen; wie ein Unterpfand auf meinem Weg, von dem ich nicht weiß, wohin er mich führt.

»Gehen wir zuerst einmal über die Wiese zu den Schildern.« Sie geht vorweg und hebt kokett den Zeigefinger.

»Du willst damit aber nicht etwa sagen, dass du die Wegweiser wirklich lesen willst?«

Kurz darauf trotte ich an dem Schilderbaum vorbei, ohne ihn eines Blickes zu würdigen. Daniela bleibt stehen, liest eifrig und rezitiert wahllos Ziele und deren Gehzeiten.

»Aber da steht …«

»Da steht viel. Komm einfach mit.«

»Warum?«

»Bessere Deckung.«

Ich stutze vor mir selbst, drehe mich um und versuche zu relativieren: »Nein, Quatsch. Es ist einfach der schönere Aufstieg.«

Daniela zieht die Brauen nach oben und sagt nichts darauf. Ich lasse sie wieder überholen. Der Weg ist ausnahmsweise einmal markiert und beschildert. Eine Wanderkarte haben wir hingegen noch immer nicht.

In den direkt am Grat verlaufenden Wegpassagen gehe ich unterbewusst schneller. Und als Daniela an einem dieser herrlichen Aussichtspunkte anhält, um ein Foto zu machen, stellen sich mir unweigerlich die Nackenhaare auf. Mir ist klar, dass ich instinktiv einem tiefsitzenden Verhaltensmuster folge. Einem Habitus, der einst überlebenswichtig war; den ich nicht ausschalten kann. Nicht hier an diesem Berg. Ich würde Daniela am liebsten hinter die schützenden Felsen ziehen, obwohl ich weiß, wie idiotisch das wäre. Meine innere Stimme ist laut geworden. Ich kann sie nicht überhören. Sie sagt: *Lauf endlich weiter!* Ich höre Projektile pfeifen; höre sie dumpf in den mageren Boden schlagen. Ich sehe hinauf zum Gipfel, nehme die enorme Distanz wahr und flehe mich nur bis zum nächsten Postenstand. Stück für Stück hinauf. Meter für Meter am Leben bleiben und dem Herrn dafür danken. Wie ein ewiger Kreuzweg, der kein Ende nehmen will. Für Kaiser, Gott und …

»Was für ein herrlicher Tag! Gehen wir weiter?«, rettet mich Daniela aus dem verspäteten Rückblick. Der Himmel wird wieder blau, die Zirben grün. Und dennoch sehe ich mich nach allen Seiten um, als ich aufstehe.

Ich blicke verstohlen hinauf ins Grau der Felsen. Ich will mich überwinden, nicht sofort wieder nach Spuren der Vergangenheit zu suchen. Doch schon von unserem jetzigen Standort aus heben sich die dunklen Holzreste der zusammengefallenen Baracken vom hellen Gestein ab. Der Krieg ist selbst nach 80 Jahren noch allgegenwärtig. Zumindest für denjenigen, der die Spuren der Geschichte lesen kann. Für mich ist es keine Frage des Wollens. Ich kann mich seiner knöchernen Präsenz nicht entziehen, weil ich ihn fühle; weil er in mir steckt. Tief vergraben unter einem Berg von Erinnerungen, die nie meine eigenen hätten sein dürfen.

Ich wende mich ab, starre nur noch auf den Boden vor mir. Und selbst dort packt mich die Vergangenheit. Bei jeder verrosteten Patronenhülse, jedem Granatsplitter und jedem aufgeschichteten Felsbrocken dringt sie durch mich hindurch, weckt, was offenbar geweckt werden muss. Die Relikte, die ich wahrnehme, sind fast 80 Jahre alt. Ich weiß es, weil ich sie in ihrer Art und Beschaffenheit genau kenne. Das Beängstigende daran ist, dass meine Kenntnis nicht aus diesem Leben stammen kann. Sie stammt aus meinen Träumen und dem, was ganz offenbar noch in meinem Unterbewusstsein schlummert. Je weiter wir dem Gipfel entgegensteigen, desto unbehaglicher wird mir zumute. Das Gefühl, welches in mir wächst, will mich zerreißen. Wie automatisch vergleiche ich es mit jenen Eindrücken vor ein paar Tagen in dieser Schlucht im Innerfeldtal. Aber es ist anders, intensiver – mächtiger. Habe ich Angst?

Ja. Diesmal habe ich Angst. Vor was auch immer. Und dennoch gehe ich weiter, flüchte hinauf, in die falsche Richtung, wie mir mein Unterbewusstsein souffliert; mitten durch den Hagel dieser unscharfen Bilder, die aus den Tagen stammen, in denen die Berge bluteten.

Ich keuche, als ich an den ersten Barackenresten der ehemaligen Hochstellung anlange. Das Gelände heißt *Prater*. Ich weiß es ebenso, wie mir auch klar ist, dass ich nicht davor wegrennen kann, dass es keine Flucht vor der Vergangenheit für mich gibt. Ich sehe auf das modrige Holz der Unterstände, erkenne zwischen den Balken und Brettern Keramikscherben, Dachpappe, Blechreste und ein Brillengestell. Es ist glaslos, leer. Und doch erzählt es mit seiner schlichten Existenz eine traurige Kriegsgeschichte. Ich schließe die Augen, will nicht mehr sehen, was sich hinter den Fragmenten verbirgt. Aber das Bild bleibt, schonungslos. Ebenso, wie dieses gedankliche Paradoxon, nicht zu wissen, was es hier für mich zu tun gibt, und gleichzeitig sicher zu sein, dass ich hier genau richtig bin. All die stummen Zeugen am Wegesrand klagen diesen sinnlosen Gebirgskrieg an. Einen Krieg, wie es ihn nur einmal gab. Hier oben liegt das Grab einer ganzen Epoche offen, die scheinbar nicht beerdigt werden soll.

Es ist mein anfangs leerer Blick ins Tal, auf die Häuser des Ortsteils Moos, der mir eine eigenartige Sicherheit verschafft. Die Aussicht ist nahezu identisch mit jener vom Gipfel im Traum. Es war zweifellos die Rotwand, auf die ich einst mit

Josele geklettert war. Und eben in einem der letzten Häuser, der Ortschaft, die ich damals schon so stark wahrgenommen hatte, liegt unser Quartier und der alte Stadel mit der geschnitzten Rose. Ohne irgendeine Absicht wandere ich auf meinen alten Spuren. Wer aber führt mich?

Daniela setzt den Rucksack ab und blickt sich um. Sie fragt, weshalb all das vergammelte Holz hier liege. Ob das auch vom Krieg stamme. Ich nicke bitter.

»Ja. Das waren die Unterkünfte für die Rotwandbesatzung.«

Daniela schüttelt den Kopf.

»Die haben hier um den nackten Fels dieses einen Berges gekämpft? Was für ein Wahnsinn!«

Ich sage nicht, was ich denke, reduziere die Komplexität des Themas auf ein Minimum: »Das verstehen nur die, die dabei waren.«

»Es geht dir heute nicht besonders, oder?«, haucht sie mir entgegen.

Meine halbherzige Geste verunglückt zu einem nonverbalen Geständnis. »Irgendetwas ist hier im Krieg passiert. Und ich habe Angst davor herauszufinden, was es war.«

»Woher weißt du, dass hier etwas mit dir passiert ist?«

Ich schüttle den Kopf zum Zeichen, dass ich es mir selbst nicht erklären kann. »Bauchgefühl.«

»Und vor was hast du Angst? Es kann dir doch nichts passieren. Ich meine, hier, im Jetzt.«

Ich sehe es in Danielas Augen, dass sie es nicht verstehen kann, und gebe zurück:

»Doch. Ich muss *jetzt* damit leben.«

Eine Gestalt im Nebel – wirklich nur ein Déjà-vu?

Mein Blick ist immer noch voller Vorbehalte, wie ich mich dem nahen Gipfelgrat zuwende. Doch diesmal sehe ich ihn nicht. Die ersten Wolken kondensieren und hüllen das unheimliche Ziel in Hochnebel. Irgendwie bin ich froh darum. Das scheußliche Gefühl aber kratzt weiter an meiner Seele.

Kurz darauf tauchen wir in den Nebel ein, sehen nur noch ein paar Meter weit. Mein Puls rast, obwohl die Bewegungen langsam sind. Ich bin auf der Hut, achte auf jedes Geräusch, jede Regung. Meine Sinne sind geschärft, die Nerven gespannt. Was wird jetzt geschehen? Was verrät mir das Déjà-vu, das unweigerlich gleich folgen muss? Kommt der Adler wieder aus dem Nichts? War es genau hier, an dieser Stelle? Ich warte, dass die Farbe aus dem Bild weicht, dass sich ein grausiger Anblick über die Szenerie legt. Aber welche Farbe soll hier noch weichen? Alles ist grau – hier, im Jetzt.

Ich warte, lote mich aus, sitze wie versteinert am einsamen Gipfel der Rotwand. Ich lasse nichts zu mir vor. Nicht einmal Daniela. Aber es geschieht nichts. Gar nichts. Ich blicke leer in den ziehenden Nebel und prüfe, ob sich dieses unterschwellige Gefühl verändert. Die innere Unruhe bleibt konstant. Dann gibt ein winziges Wolkenloch für eine Sekunde den Blick auf einen der benachbarten Gipfeltürme frei. Und mir stockt der Atem. Ich taste nach Daniela, ziehe am Ärmel ihrer Windjacke.

»Da!«

»Was?«

»Diese Gestalt.«

Sie hält sich die Hand an die Stirn und kneift die Augen zusammen.

»Wo?«

Ich deute auf den verschleierten Grat, an dem der Nebel zerrt. Wieder ein Wolkenloch. Die Sonne wirft in einem Wimpernschlag einen Schatten auf die Felsen.

»Siehst du ihn jetzt?«

Das Zögern verrät ihre Unschlüssigkeit.

»Ich habe etwas gesehen. Aber …«

Ich höre sie nicht mehr, bin aufgestanden und steige zum Abbruch hin, der den Hauptgipfel vom nächsten Turm trennt. Wenn es einen tieferen Sinn geben sollte, hier heraufzukommen, dann kann er nur in dieser Begegnung liegen, rede ich mir ein. Ein Bergsteiger mit Lodenjacke, Alpenstange und einer Mütze – ist es das, was ich gesehen habe? Oder nur das, was ich sehen wollte? Eine optische Täuschung? Oder doch ein Rückblick, den nur ich sehen konnte?

Ich wende mich einer engen Schlucht zu, aus der der Nebel heraufquillt, stochere nach zufälligen Silhouetten. Liegt dort unten etwas Dunkles auf einem Absatz? Ist das ein …? Mir wird von einer Sekunde zur anderen eiskalt.

Nein. Es ist nichts, sage ich mir vor. Und doch kann ich mich nicht abwenden, klammere mich an ein Trugbild. Suche ich tatsächlich nach einer Gewissheit, von der ich nicht einmal weiß, in welchem Zusammenhang sie mit diesem Gipfel steht? Irgendetwas zerrt an mir; zieht mich in die steile Geröllreiße; will, dass ich dort hinuntersteige. Und ich setze meine Sohle in den losen Schutt. Sofort bricht eine kleine Gerölllawine los, rauscht laut in die unsichtbare Tiefe. Ich ziehe meinen Fuß zurück, rufe in die Schlucht hinab – im Dialekt. Obwohl ich weiß, dass dort nie jemand freiwillig auf- oder absteigen würde.

»He! Wer do? Isch do untn wer?« (He, wer da? Ist da unten jemand?) – Keine Antwort. Der Nebel scheint mich mit seinen Gespenstern zum Narren zu halten.

Ich gebe nicht auf, klettere hinüber zum nächsten Gratturm. Es ist offensichtlich, dass sich nur wenige hier herüberverirren. Überall liegt Kriegsschrott. Konserven, Magazine, Blech, geteerte Dachpappefetzen. An der Stelle, an der ich glaube, die Gestalt gesehen zu haben, rufe ich wieder. Einmal, zweimal. Es kommt nichts zurück. Nicht einmal ein Echo. Ich schüttle über mich selbst den Kopf. Was machst du da? Wer soll denn hier sein außer dir? Einbildung, Wunschdenken – Vollidiot!

Ich lehne mich an einen niederen Felsturm und fahre mir mit der kalten Hand über das warme Gesicht. Ich suche Ernüchterung, zwinge mich zur Rückkehr in die Normalität, die mir in diesem Moment schier unerreichbar scheint. Ich sollte wieder zurücksteigen, hinüber zu Daniela. Aber ich kann nicht, bin wie festgewachsen; muss meine rasenden Gedanken ausschwingen lassen. Aber mein Unterbewusstsein geißelt mich weiter. Das Unbehagen wird unerträglich. Ich fühle mich beobachtet. Ein siebter Sinn in mir sagt: Es ist jemand da. Und ich kann ihn spüren, hinter mir, über mir. Es muss jemand da sein!

Etwas raschelt. Ich zucke zusammen, wage nicht, mich zu bewegen. Hat mich eben etwas an der Schulter berührt? Panisch fauche ich meine Angst in die feuchte Luft.

»Isch do wer? *(Ist da jemand?)*«, presse ich hervor.

Dann drehe ich mich ruckartig um. Nichts. Noch nicht einmal eine Bergdohle. Ich bin allein. Allein mit mir.

Ich atme tief durch, will umkehren. Doch mein Blick bleibt auf einem kleinen staubigen Flecken haften. In ihm liegt ein schwacher Stiefelabdruck. Der einzige an dieser Stelle. Er stammt nicht von mir – ganz sicher. Das Profil ist anders. Es hat gestern geregnet. Es kann heute kaum jemand vor uns …, fliegt es durch meinen Geist.

Ich will gehen, zögere aber. Aus irgendeinem Grund bücke ich mich und lege neben dem Schuhabdruck gedankenlos ein paar Steine zur Seite. Es beruhigt mich ein wenig. Zwischen dem Geröll klimpert dünnes Metall. Ich fische das Plättchen aus den Steinen, bin überrascht. Es ist eine mit grüner Patina überzogene Münze. Ein Heller – aus dem Jahre 1911. In der Mitte eine spitze Vertiefung, als wäre etwas mit großer Wucht daraufgefallen. Der Einschuss einer Kugel? Habe ich gefunden, was ich suchen sollte?

Daniela steht am Abbruch in die Schlucht und hält die Hände an den Mund. Ihr Gesichtsausdruck ist besorgt.

»Komm wieder zurück!«

Ich nicke ihr zu und löse mich von der Stelle. Mein Puls hingegen beruhigt sich nicht. Das merkwürdige Gefühl der Angst heftet sich beharrlich an meine gedanklichen Fersen.

Ein paar Minuten später stehe ich wieder bei Daniela am Gipfel.

»Und? Was hast du so lange da drüben gemacht?«, fragt sie.

Ich wende beschämt den Blick ab. »So lange – nun übertreib mal nicht. Die paar Minuten.«

Daniela hält mir die Armbanduhr vor die Nase. Ich erschrecke. Es ist kurz vor eins. Über eine halbe Stunde ist inzwischen vergangen.

Ich lasse die Münze nachdenklich durch meine Finger gleiten. Danielas Blick verfängt sich in meinem Spiel.

»Was ist das?«

»Nur eine Münze. Sie lag zwischen den Steinen.« Ich lege den hellgrün angelaufenen Heller in ihre hohle Hand.

»Hast du nicht immer von Münzen geträumt?«

Ich nicke zaghaft, sage nichts.

»War das nicht hier?«

Ich atme mühsam aus.

»Es war unten, irgendwo im Wald. Das muss nichts bedeuten.« Ich weiß nicht, weshalb ich die einzige Möglichkeit, dieses scheußliche Gefühl loszuwerden, in den Wind schlage und ablenke. Will ich diejenige schützen, die die Stärkere von uns beiden ist?

Daniela gibt sich kämpferisch, verleiht dem wertlosen Geldstück einen spirituellen Sinn: »Seit wir hier sind, hat alles etwas zu bedeuten. Die Art, wie du sprichst, deine übersinnliche Wegfindung, wie du die Dinge betrachtest; selbst was und wie du isst.« Sie drückt den Heller fest in meine Hand und schließt sie. »Also erzähle mir nicht, dass diese Münze nichts zu bedeuten hat.«

»Du interpretierst …«, gebe ich angespannt zurück.

»Nein! Du willst es nicht sehen! Und es passt wie die Faust aufs Auge in deine Geschichte.« Sie sieht mich vorwurfsvoll an. »Wir sollten diese Suche an allem festmachen, was wir finden können; je gegenständlicher, umso besser. Und das ist doch eine Suche, oder täusche ich mich?«

Ich bin perplex, sehe ihr ruhig zu, wie sie das Gipfelbuch zuschlägt und in den Blechbehälter steckt.

»Lass uns absteigen. Es wird mir hier langsam mulmig auf diesem Geistergipfel.«

Diesmal ist die Person, die im Nebel verschwindet, real. Ich kenne ihre Bewegungen, ihre Art, wie sie sich am Fels verhält. Sie ist mir vertraut. Eigentlich sollte es mir nach ihrer liebevollen Standpauke besser gehen – tut es aber nicht. Noch immer schleicht etwas um mich herum. Es zerrt an meiner Geistesgegenwart und verschafft mir dieses Unbehagen. Ich fliehe.

Kurz bevor sich der erste Absatz zwischen mich und den Gipfel schiebt, halte ich ein letztes Mal inne. Als hätte jemand nach mir gerufen, drehe ich mich noch einmal um und schaue zurück in das Nebelgrau. Der Wind spielt mit den verrosteten Drahtresten der ehemaligen Gipfelstellung. Metall und Fels reiben sich, kreieren eine raue, mahnende Stimme, formen beinahe verständliche Worte. Ich will sie nicht hören, nicht verstehen. Ich will nur hinunter von diesem Berg und dieses scheußliche Gefühl loswerden, das mir permanent im Nacken sitzt. Unterbewusst greife ich nach einem kleinen Stein und stecke ihn in die Seitentasche meiner Hose. Ich weiß nicht, was mich antreibt, ihn mitzunehmen. Ich weiß nur, dass ich ihn hinuntertragen werde, dass er irgendwann zu Hause auf dem Fensterbrett liegen wird.

Das Tragseil der Umlaufgondel schickt sein lautes Summen in den stickigen Resonanzkörper der Kabine. Ich bin froh, dass es sich für ein paar Minuten zwischen uns legt. Genug der Unterhaltung; Platz für stille Monologe, Vorwürfe und keimende Hoffnungen.

Als wir bei Einbruch der Dunkelheit zusammen auf unserem Balkon stehen und zur Rotwand hinaufsehen, ziehen noch immer Dunstfahnen über den Grat. Ich fasse mir ein Herz und frage:

»Was ist eigentlich bei dir geschehen, als ich auf dem Nebengipfel war?«

Daniela lässt sich Zeit, zerkaut unreife Gedanken auf ihrer Unterlippe.

»Du warst auf einmal weg. Und … diese Gestalt. Das war einfach unheimlich.«

Ich sehe sie nachdenklich von der Seite an. Sie reagiert nicht.

»Du hast nichts gesehen, oder?«

Daniela sieht an mir vorbei in die finstere Flanke des Karnischen Kamms. In ihrem Blick liegt ein Hauch Verzweiflung. »Bin mir nicht ganz sicher.«

Ich nicke eher mir selbst zu, als sie anfügt: »Aber ich habe etwas gespürt.«

Sie kann mich nicht ansehen, als sie zurück ins Zimmer geht und sagt: »Wir waren da oben nicht allein, obwohl niemand außer uns da war. Und das macht mir Angst.«

Ich liege noch lange wach in dieser Nacht, starre unentwegt an die Zimmerdecke. Woher die Schlaflosigkeit rührt, drängt sich auf: Es sind die Nachwehen des Tages; die geistigen Totgeburten, die sich mit keiner Logik der Welt zu einem weiterführenden Fingerzeig reanimieren lassen. Ich frage mich unablässig, was ich mit diesem befremdenden Gipfelerlebnis anfangen soll. Kein entscheidendes Déjà-vu – kein Traum, wie auch, wenn ich nicht schlafen kann. Wo liegt die Botschaft? Kommt sie noch? Wohin muss ich gehen?

Als ich die Münze auf den Nachttisch lege, ist sie handwarm, die Prägung nahezu poliert. Wenigstens hat sich dieses scheußliche Gefühl abgeschwächt, das mich am Gipfel eingenommen hatte. Ich versuche mich in einen unruhigen Schlaf zu hangeln. Und ich hoffe in meiner Einfalt tatsächlich, dass diese unterschwellige Ahnung mich nie wieder befallen würde. Dabei weiß ich genau, dass ich mich damit nur für den Moment beruhige. Mit einer gedanklichen Pille, deren Wirkung nicht über den Schlaf hinausgeht.

Ich habe mir in den Jahren nach dem ersten Urlaub häufig die Frage gestellt, weshalb mich das Schicksal so lange hingehalten hat. Manchmal erschien es mir wie eine Art Prüfung oder ein langsames, schonendes Hinführen. Damals, 1994, glaubte ich in meiner Ungeduld, es gäbe nichts, was mich umwerfen könnte. Ich war davon überzeugt, des Rätsels Lösung von heute auf morgen finden zu können. Und ich dachte tatsächlich, dass dies noch in diesem Urlaub geschehen würde. Heute bin ich dankbar dafür, dass es so abgelaufen ist, wie es offenbar vorherbestimmt war. Ich brauchte Zeit, ohne mir dessen bewusst zu sein.

Wir verbrachten drei Urlaube in Sexten, in denen ich mich langsam an etwas annäherte, was, schlicht ausgedrückt, der Zeit bedurfte, die es brauchte – viel Zeit. Dieser innere Prozess, diese Wandlung, die ich durchlief, war mir 1994 nicht bewussst. Erst als ich im Jahre 1997 eine außergewöhnliche Entdeckung machte, die alles veränderte, schloss sich in mir letztlich ein Kreis.

Doch damals nach den ersten Vorfällen in Sexten nahmen wir uns lediglich vor, eine Karte und ein paar geschichtliche Bücher der Region zu kaufen, sofern es sie gab. Der 23. Juli sollte erstmals die Möglichkeit schaffen, meine Eindrücke zu festigen.

23. Juli 1994
Seikofel – intuitiv zurück ins Grauen …

Der Seikofel ist im Vergleich zur Rotwand eine unscheinbare, bewaldete Bergkuppe. Ein Wandergipfel, mittlerweile kein richtiggehendes Ziel mehr für uns. Und doch gehen wir an diesem Morgen gerade dort hinauf. Es ist anders als tags zuvor bei der Rotwand, die mich zu Beginn nahezu abgestoßen hatte. Heute zieht es mich förmlich in diese ganz bestimmte Richtung, hinauf in das hügelige Gebiet am Kreuzbergpass. Dabei habe ich noch nicht einmal ein orografisches Ziel vor Augen, weiß noch nicht einmal den Namen eines Gipfels. Eine Art innerer Magnet zieht mich vom Parkplatz am Pass durch den dichten Wald Richtung Nordosten. Ich habe Witterung aufgenommen, ohne direkte Motivation durch einen Traum oder einen Rückblick.

Der Wald ist dicht, die Bäume sind allesamt nicht älter als 80 Jahre. Ich versuche mir auszumalen, wie es hier zu Kriegszeiten ausgesehen haben muss. Es fällt mir schwer. Es will sich kein passendes Bild der Vergangenheit über die Realität schieben. Warum, sollte mir kurz darauf klar werden.

Kleine Fundstücke rufen das Kriegsgeschehen in mir wach.

Ich bücke mich ab und an, lese korrodiertes Metall vom Weg auf und lasse es durch meine Finger wandern. Patronenhülsen, verbogene Projektile, Granatsplitter. Ein verfallener Graben zweigt vom schmalen Pfad ab und verliert sich im Fichtenwald. Ich halte einen Augenblick an, hoffe auf die Rückblende. Er bleibt aus, aus gutem Grund.

»Sind das die österreichischen Frontstellungen?«, weckt mich Daniela auf.

»Nein. Das müssen die welschen sein.«

»Die was?«

»Also, die italienischen Stellungen«, verbessere ich mich und öffne meine Hand, um ihr meine kleinen Fundstücke zu zeigen.

»Hier. Das sind italienische Patronenhülsen und österreichische Kugeln. Ergo haben die Italiener von hier aus geschossen, während die österreichischen Kugeln ihnen galten.«

Daniela nickt nur. Ich sehe das Entsetzen über den Krieg in ihren Augen. Mir hingegen ist längst klar: Von diesem Gebiet kann keine Erinnerung in mir sein, zumindest nicht aus Kriegszeiten, weil es die italienische Front war.

Ein gutes Wegstück weiter lichtet sich der Wald. Der Bewuchs wird spärlicher. Ein steiler, schmaler Pfad leitet zu einem Hochplateau. Die Fläche ist weitgehend sumpfig und von Moos überzogen. Und der Fels, der mancherorts durch die Grasnarbe spitzt, ist rötlich. Sandig zermahlener Porphyr – ich muss mich gar nicht anstrengen, um mir die rötliche Kuppe aus dem Traum in Erinnerung zu rufen, an der ich nach hinten kippe. Ein Indiz?

Ich spüre mittlerweile auch körperlich, dass ich langsam in bekanntes Terrain wechsle; wieder auf gewohnten Spuren wandle. Flurnamen schießen durch meinen Kopf. Altherberg, Matzenboden, Dechant – und Seikofel; besonders Seikofel. Er liegt links vor uns, von Bäumen verdeckt. Ich weiß es.

Die wenigen Fichten stehen schief und unförmig in der stumpfen Landschaft. Mir ist, als würden sie mit ihrem Krüppelwuchs noch immer die Wunden des Krieges zur Schau stellen. Und wer weiß, vielleicht tun sie es auch.

Wir steigen weiter sanft bergan, kommen an unzähligen kreisrunden Mulden vorüber. Granattrichter reihen sich nahtlos aneinander – für den, der die geschundene Landschaft lesen kann. Für ein freundliches italienisches Ehepaar, das uns entgegenkommt, ist die Geschichte nicht präsent. Sie fragen nach dem Weg zur bewirtschafteten Alpe Nemes und deuten in den mittlerweile strahlend blauen Himmel. Sie hätten Durst und nichts zu trinken dabei. Ich krame meine minimalen Italienischkenntnisse zusammen und beschreibe einen Weg, den ich nicht kenne, wie auswendig, hoffe, dass es ihn noch gibt. Daniela sieht mich fragend an, sagt nichts.

Als ich den Zeitbedarf mit »mezzo ora« *(halbe Stunde)* angebe, schüttelt die Frau den Kopf und klagt irgendetwas auf italienisch. Sie geht ein paar Schritte zurück an eine längliche Vertiefung im Boden und kniet nieder. In dem zusammengesunkenen Schützengraben* steht beinahe klares Sumpfwasser. Sie formt die Hand zu einer Schale.

Ich hatte nicht mehr mit einem Déjà-vu gerechnet. Es nimmt mich hart ein, lähmt mich für zwei, drei Sekunden. Ich bin heilfroh, dass die Eingebung so kurz ist: Vor mir breitet sich eine vollkommen kahlgeschossene Bergkuppe aus. Die Trichter sind mit Schlamm gefüllt. Zwei entsetzlich verdrehte Leichen liegen darin. Ein penetranter Geruch liegt in der Luft. Ich stoße den Atem ruckartig aus der Nase und reiße mich selbst aus der grässlichen Szenerie. Das Bild der knienden Italienerin füllt sich mit Farbe. Ohne zu überlegen, stürze ich zu ihr und halte ihre Hände fest, die sie gerade zum Mund führen will. Meine Stimme überschlägt sich:

»No, Signora!«

Ein misstrauischer Blick jagt mir entgegen. Ich weiß, dass ich mich jetzt erklären muss, zeige auf den alten Schützengraben und radebreche drauflos. Ein paar Brocken der italienischen Sprache, die ich einst beruflich erlernen musste, sind mir noch geblieben.

»No bere! E Guerra grande mondiale. Tuto soldati e morte a qui.« *(Nicht trinken! Der Weltkrieg. Viele Soldaten sind hier gestorben.)*

Die Worte kommen überraschend flüssig und schnell. Stammen sie von mir oder sage ich sie nur?

Die Frau steht auf, wischt sich mit angewiderter Betroffenheit die Hand an der Hose ab. »Madonna! Grazie mille!« *(Madonna! Vielen Dank!)*

Das Angebot, von unserer Flasche zu trinken, lehnt sie ab. Die beiden gehen weiter und tuscheln aufgeregt.

Nach ein paar Metern grunzt Daniela vor sich hin.

»Auf die beiden hast du aber mächtigen Eindruck gemacht.«

Ich ringe mir nur ein Lächeln ab. Das Bild vom vorheri-

---

* Manntiefer Graben der vordersten Frontlinie

gen Rückblick will mir nicht aus dem Kopf gehen. Die Kraterlandschaft, die Toten, das Brackwasser … Der süßliche Gestank der Verwesung ist immer noch da, obwohl ich genau weiß, dass es ihn nicht gibt. Nicht hier und nicht jetzt. Aber es gab ihn, damals, als die Gefallenen vor dieser Kuppe lagen.

Hatte es hier tatsächlich ein größeres Gefecht gegeben? Hier, in diesem beinahe deckungslosen Gelände?, irrt es bohrend durch meinen Kopf. Ich staune über mich selbst. Es ist das erste Mal, dass ich ein Erlebnis bewusst hinterfrage, dass ich wissen will, ob es tatsächlich so war.

»Heute Mittag gehen wir ins Fremdenverkehrsamt oder in die Bibliothek«, bricht es überzeugt aus mir hervor.

Daniela sieht mich zweifelnd an, zwingt mich zu einer Erklärung.

»Ich brauche Literatur über dieses Gebiet. Dringend.«

Daniela setzt den Rucksack ab und mustert mich. »Das wird auch Zeit. Wir müssen nachforschen!«

Ich sehe sie ein paar Sekunden wortlos an.

»Aber wonach und womit? Was willst du mit einem abgerissenen Vornamen und einer alten Münze von der Rotwand anfangen? Wir haben sonst nichts Greifbares in der Hand. Und von den Veteranen lebt keiner mehr.«

Daniela kontert: »Und was willst du dann mit Büchern? Nur Bilder ansehen?«

Ich zucke ratlos mit den Achseln. »Hmm. Vielleicht ergibt sich etwas. Es hat sich ja bisher immer etwas ergeben.«

Wir setzen uns an den Rand der einzigen kleinen Fläche ohne Bewuchs und schweigen uns an. Ich lasse meinen Blick vom gegenüberliegenden Rotwandmassiv einfangen. Meine stumme Frage nach dem Geheimnis, das sie in sich trägt, birgt keine Hoffnung auf eine Antwort. Noch nicht. Die Tür, die im Diesseits vor mir liegt, scheint verschlossen. Und ich habe nicht den Hauch einer Ahnung, wo ich nach dem Schlüssel suchen soll. Gibt es ihn überhaupt?

Ich tröste mich mit dem unbefriedigenden Vorsatz, ich

müsse nur Geduld haben. Aber viel Zeit verbleibt nicht mehr, so denke ich. In ein paar Tagen fahren wir wieder nach Hause. Nach Hause – wie sich das anhört. Als hätte man das Wort in dieser Sekunde neu definiert, wirkt alles, was es umgibt, mit einem Mal kühler, undeutlicher auf mich. Die Freude, wieder heimzukehren, der grüne Garten, die Familie; alles scheint plötzlich ein Quäntchen weiter entfernt als noch vor wenigen Tagen.

War das vorher, bei anderen Reisen, auch so? Hat mich dieser Aufenthalt verändert? Hat er meine Lebenswurzel geteilt?

Ich muss mir nicht erst klarmachen, dass dies nicht der letzte Urlaub im Sextental gewesen ist. Ich bin mir dessen sicher. Aber noch bin ich hier. Hier, an dieser Stelle, an der es so ruhig ist, dass man den eigenen Pulsschlag in den Ohren hören kann.

»Hier. Iss endlich etwas«, weckt mich Daniela aus meiner Apathie. Ich hebe ablehnend die Hand. Mir ist nicht nach herber italienischer Eselsalami. Ich bin viel zu sehr in Gedanken, deren Strom ich nicht durchtrennen will; forsche in den zurückliegenden Ereignissen nach Zusammenhängen. Das Puzzle in meinem Gehirn ist riesig und entmutigend lückenhaft. Ich versinke in mir, blicke starr immerzu auf eine bestimmte Stelle im dichten Latschengewirr. Es dauert eine Weile, bis mir wieder bewusst wird, dass nahezu nichts, was hier geschieht, aus dem puren Zufall geboren wird. Gibt es in meinem Leben überhaupt Zufälligkeiten?

Ein Ziehen im Bein, Brennen in der Lunge – Phantomschmerzen?

Ich muss aufstehen; der imaginären Spur folgen. Zögernd gehe ich über den feuchten Boden, tarne mein Ziel mit belangloser Gestik, als hätte ich vor Daniela etwas zu verbergen. Was für ein Unsinn.

Ich zucke zusammen, als sie mich von hinten anruft: »Soll ich mitkommen?«

Ich überlege kurz; weiß nicht, weshalb ich das Gegenteil von dem sage, was ich denke.

»Ja, gern.«

Die Latschenkiefern stellen sich wie ein Bollwerk gegen meinen Körper. Schon nach ein paar Metern kleben meine Hände vom Harz. Ich biege weitere Äste beiseite und erhasche einen Blick auf eine felsige Vertiefung. Ich spüre den leichten Adrenalinschub in meinen Venen; weiß sofort, dass hier etwas auf mich wartet. Der nächste Rückblick?

Daniela ist dicht hinter mir, als ich aus der grünen Latschenwand in einen mannshohen Graben hinunterklettere.

»Wo sind wir …«

Ich unterbreche sie mit einer energischen Handbewegung, als würden wir vom Feind belauscht.

Es ist still um uns. Totenstill.

Meine Sinne schärfen sich ohne mein Zutun. Ich nehme nur noch das Wesentliche wahr. Das, was einst das Überleben sicherte. Einen Moment lang bin ich allein in dieser Zwischenwelt; obwohl ich Danielas Atemzüge hinter mir hören kann.

Der Graben wirkt erdrückend auf mich, als wolle er mich mit seinem düsteren Licht und den überhängenden Ästen einverleiben. Ich spüre, wie sich mein Puls steigert. Und das tut er nicht von der Anstrengung. Es ist die schiere Furcht in mir, die ihn rasen lässt. Was lauert hier auf mich? Ich wage kaum, einen Schritt zu tun; warte auf die pure Intuition. Und sie kommt – für einen winzigen Augenblick. Der Spiegel zur Vergangenheit klappt wieder vor mir auf:

Schwaches Licht fällt auf die dunkle Szenerie. Vor mir liegt ein zufälliges Arrangement aus Stacheldraht, frisch aufgeworfener Erde, Holzsplittern und verbogenem Metall. Inmitten dessen die Silhouette einer verkrampften, leblosen Hand. Etwas birst neben mir, sprüht mir Schmutz entgegen. Dann kippt das Bild, bleibt verdreht stehen, bis es von der Gegenwart aufgefressen wird. Und ich bin wieder da, keuche, presse ein »Ich muss hier raus!« hervor. Meine Hand schiebt Daniela rücksichtslos beiseite. Ich sehe sie nicht, beginne zu laufen. Nur heraus aus dem Halbdunkel des alten Kampfgrabens. Irgendwo muss er ja in offenes Gelände übergehen. Es dauert lange. Die Windungen der ehemaligen Stellung verwirren mich. Ich achte nicht auf das Brennen und Ziehen in meinem Oberschenkel und dem Unterbauch, frage nicht, woher das Brennen in der Lunge auf einmal kommt.

Darum kannst du dich nachher kümmern. Jetzt musst du hier weg!, schreie ich mich in Gedanken an. Dann, nach einer kleinen Ewigkeit, stürze ich in die Helle des Tages. Wie einen bleiernen Mantel streife ich die letzten Sekunden von mir ab, lasse sie in diesem Graben liegen. In diesem engen Steingrab mit seinen finsteren Nischen und Löchern, aus denen mich meine eigene Urangst anglotzt und nach meinem Verstand angelt.

Ich sinke auf einen kleinen Steinhügel. Die Felsen sind warm. Neben mir nickt mir hochstielige Arnika in der leichten Brise Anteilnahme entgegen. Alles ist friedlich und beruhigend grün. Ich könnte aufatmen, traue mich aber nicht.

Nach ein paar Sekunden kommt Daniela aus dem Graben gestiegen. In ihrem Blick liegt Sorge, wie sie mich auf dem Hügel entdeckt. Sie geht mit einem Mal schneller.

»Was ist mit dir? Dein Bein?«

Ich sehe sie fragend an, bevor ich wahrnehme, dass ich meinen rechten Oberschenkel mit beiden Händen fest umklammert halte. Grundlos, wie es scheint. Es dauert eine Weile, bis ich mich erinnere und an eine bestimmte Stelle an meinem Rippenbogen taste. Das Ziehen, dieses Brennen – es ist nicht mehr da. War es jemals da?

»Es geht mir gut«, lüge ich in die flimmernde Mittagshitze.

Daniela klingt zynisch, als sie entgegnet: »Natürlich! Ich sehe es ganz deutlich.«

»Entschuldige. Aber ich musste da weg.«

»Sagtest du bereits. Was war da eben los?«

Es kostet mich Überwindung zu antworten.

»Ein Rückblick, scheußlich. Tote, zwei oder mehr. Es war Nacht, ich konnte wenig erkennen. Aber es war hier. Genau hier. Und diese Enge, dieser Modergeruch …« Ich merke, wie sich mein Atem wieder beschleunigt. Ich stehe auf und ziehe die Luft tief in meine Lunge.

Daniela sieht mich von unten an.

»In den Höhlen zu Hause macht dir das doch auch nichts aus.«

»Das ist was anderes«, bricht es aus mir hervor. »Diese Beklemmung kam aus einer anderen Richtung.«

»So wie auf der Rotwand?«

Ich sehe voller Respekt hinauf zum gegenüberliegenden Rotwandgipfel.

»Intensiver.«

Daniela steht ebenfalls auf und biegt die Latschenzweige hinter dem Steinhügel beiseite. Ich bin irritiert.

»Wohin gehst du? Das ist der falsche Weg.«

»Nein. Dieses Mal gehe ich voraus.« Sie deutet mit dem Kopf auf den Graben, aus dem wir gekommen waren. »Oder willst du da noch mal rein?«

Ich laufe ihr widerspruchslos hinterher.

Zwei Bücher – gibt es erste Beweise für meine Rückblenden?

Als wir wieder an unserem Rastplatz ankommen, ist mir eines klar: Die Wunden der Vergangenheit sind tiefer, als ich jemals dachte. Es wird lange brauchen, bis sie heilen. Ihre Narben werden bleiben, für immer.

Drei Stunden danach lege ich zwei Bücher und eine Wanderkarte auf den Tresen im Tourismusbüro. Ich zahle mit einem zerfledderten 100.000-Lire-Schein und wende mich an die freundliche Dame.

Ob es über die beiden Bücher hinaus noch weitere Literatur vom Krieg in Sexten gebe, will ich wissen.

Ihr selbstverständliches Kopfschütteln sagt mir, dass ich nicht der Erste bin, der erfolglos danach fragt.

Ich gehe hinaus auf den belebten Vorplatz. In der Plastiktüte, die ich bei mir trage, wohnt ein Funken Hoffnung.

Am Abend sitze ich auf der Bettkante und halte eines der Bücher in meinen Händen. Das Cover ist einprägsam, fast hypnotisierend in den Farben Rot und Schwarz gehalten. Es fehlt nur noch der Adler, dann wäre es perfekt; wie ein Bild aus meinen Träumen. Ich bin unfähig, das Werk »Krieg um Sexten« aufzuschlagen. Warte, ohne zu wissen, worauf. Was werden die Bilder in mir auslösen?

Ist es wahr, was ich träume und sehe? Lässt sich das, was sich vor mir so unverhofft aus dem Nichts aufbaut, möglicherweise mit alten Bildern vergleichen oder ... nachweisen? Mir ist klar: Egal, wie die Antwort ausfällt, sie wird immer gleich schockierend für mich sein. Es wird immer eine Frage hinter der Antwort geben.

Irgendwann beginne ich zu blättern, ohne etwas zu lesen. Meine Augen überfliegen die Seiten, suchen ausschließlich nach Bildern, Skizzen. Zum Lesen bin ich einfach zu müde. Es ist die Seite 70, die mich plötzlich innehalten lässt. Daniela setzt sich neben mich, späht auf das aufgeschlagene Buch und deutet auf das Bild eines Schlachtfeldes. Sie sieht mich mit hochgezogenen Brauen an.

»Passt das?«

Ich nicke nur und überfliege die Bildunterschrift: Standschützen in den Schützengräben des Seikofels.

Dann muss ich das Buch weglegen, trotz des Soges, der an mir zieht. Oder eben gerade deshalb. Ich kenne dieses Gefühl der Wehrlosigkeit aus meinen Träumen. Will ich mich dem nun auch noch in der Gegenwart aussetzen? Mir ist mulmig geworden, mich fröstelt und mein Magen knurrt. Genug Gründe für eine Flucht vor der anklagenden Literatur. Schluzer, das wäre jetzt genau das Richtige …

Es ist bereits lange nach Mitternacht, als ich das Licht lösche. Das erste Buch habe ich nicht mehr angerührt, habe eine merkwürdige Aversion dagegen. Es ist nur eine leise Ahnung. Doch mein Gefühl sagt mir, dass etwas darin schlummert. Ich bin noch nicht bereit für das, was sich meiner bemächtigen will.

Das andere der beiden Bücher habe ich bereits komplett gelesen. Nicht, weil es etwa spannender gewesen wäre. Vielmehr, weil mir weder die Bilder noch die Beschreibungen das Gefühl jenes Unbehagens bescherten, wie ich es beim ersten schon bei der Betrachtung eines einzigen Bildes empfunden hatte. »Kampf um die Drei Zinnen« ist anders. Es wirkt auf eine sonderbare Weise unbedrohlich auf mich, dringt nicht so tief zu mir vor wie etwa ein losgelöstes Bild vom Seikofel, obwohl es von denselben Autoren stammt. Mein Geist ist wundgedacht. Es kreist in mir. Die Fragmente der Erinnerung und die Erlebnisse der Gegenwart beginnen sich zu vermischen. Ich versinke in unausgegorenem Halbwissen, falle in einen Halbschlaf der fliehenden Bilder. Hemmungslos, ohne Gegenwehr. Ich kann nicht mehr.

Es ist Fakt: Die Träume sind keine Fantasie.

Und wieder ein neues Traumfragment… Um mich ist Nebel, alles ist trüb. Form- und farblos. Ich laufe, so schnell ich kann – bin von etwas getrieben, das ich nicht deuten kann. Komme ich vorwärts? Bleibe ich auf der Stelle? Es gibt keine Anhaltspunkte. Meine Augen brennen. Ich spüre Tränen auf meinen

Wangen. Dann fliehen dunkle Schwaden durch das Grau. Ein unrhythmisches Flackern haucht dem Bild eine schreckliche Botschaft ein: Was mich umgibt, ist Rauch, dichter Qualm! Es brennt! Steht das Dorf in Flammen? Mir ist, als erwache ich in meinem Traum. Alles fühlt sich real an, ist wirklich, geschieht gerade jetzt.

Soldaten stürzen aus einem Hauseingang, tragen surreal anmutende Dinge ins Freie. Eine Standuhr, ein gerahmtes großes Bild, ein Kruzifix und eine glänzende Tuba. Ich erschrecke, als mich einer mit verzerrtem Gesicht anschreit. Seine Stimme klingt blechern, weit entfernt. Ich verstehe ein wenig davon.

»Hilf! … olls zum Deifl geaht!« (Hilf! … alles zum Teufel geht!)

Die Szene bricht jäh ab, weicht einzelnen Bildern, die wie Maschinengewehrkugeln in mir einschlagen. Die Eindrücklichkeit schmerzt in meinem Kopf: Ein galoppierendes schäumendes Pferd, verbogene Grabkreuze, Knochen und zerborstenes Sargholz. Dann brennt sich eine Sequenz für immer in meine Seele: Ich sehe die beschädigte Fassade eines Hofs. Ich kenne dieses Haus. Die Wunde im Mauerwerk hingegen passt nicht ins Bild. Sie ist frisch – ein Granateinschlag. Zwei entfernt bekannte Frauengesichter tauchen auf. In ihnen wohnt noch der Schrecken. Ich spüre, wie mich eine grässliche Ahnung überkommt. Etwas in mir sucht nach einem anderen Gesicht, das noch fehlt. Jenes des Mädchens mit den Zöpfen. Ich kann es nicht finden. Panik wallt in mir auf. Ich will laufen, doch jemand hält mich zurück. So lange, bis ich mich losreißen kann und in das Haus stürze. Hin zu dem verhüllten Körper am Boden. Mein Geist will nicht zulassen, was meine Augen sehen. Angefüllt von Schmerz, starre ich auf das Einzige, was das helle Tischlaken mit den dunklen Flecken nicht bedeckt.

Der dunkle Haarzopf zerreißt mir Herz und Seele. Ich weiß, wer ihn stolz getragen hat, weiß, wie er riecht, wie er sich anfühlt. Ich will mich an ihn schmiegen, ihn mit meiner

Liebe zurücktragen. Zurück in eine Zeit des Friedens. Doch es gelingt mir noch nicht einmal eine letzte Berührung.

Man packt mich an den Schultern und zerrt mich weg. Ich bin wehrlos gegen die vielen Hände, spüre, wie ich einen Namen schreie, der ein einziges Mal verstümmelt in mir nachhallt: Maiiii...aii...ai...! Ich gehe und bleibe dennoch bei ihr, im Geist, bis sich die dunklen Flecken des Lakens rot färben. Das Bild erstirbt in einer kleinen Prozession, die sich langsam durch das Dorf dem Friedhof an der Kirche zuschiebt. Ich sehe schwarze Schultern, hängende Fahnen – direkt vor mir. An einem gedrungenen Hof hält der Trauerzug an. Steine liegen im Garten. Die Fassade ist zerrissen. Dann trübt sich langsam alles ein, ebnet den Weg für das immer wiederkehrende Finale:

Eine einsame Träne beschreibt einen sauberen, schmalen Pfad der Trauer im schmutzigen Soldatengesicht. Sein Ausdruck ist steinern, unbewegt. Und doch schreit der Schmerz aus ihm, dass ich mich abwenden will. Aber ich kann es nicht. Es ist die Wut über das, was er mich sehen macht; über das, was er in mir wachruft, die mich ihn anschreien lässt:

»Warum ich? Wer bist du? Wer bist du!«

Das Konterfei antwortet nicht. Stattdessen schiebt sich für einen Moment eine nächtliche Kraterlandschaft über das transparente Porträt. Eine Landschaft, die ich kenne, in der ich mich wiederfinde. Ich laufe über aufgeworfene Erde, vorbei an Leichen, sehe grelle Blitze am finsteren Horizont. Dann wirft mich etwas zur Seite und löscht das spärliche Licht um mich. Was bleibt, ist das sich entfernende Gesicht. Es nickt, bevor es ganz verschwindet. Mein letzter Ruf hallt verzweifelt in mir nach:

»Komm zurück! Hilf mir!«

»Ich bin ja hier.«

Ich fahre erschrocken hoch, suche nach dem Soldaten, den Trichtern, der zerwühlten Landschaft. Doch ich finde weder das eine noch das andere. Vorsichtig atme ich die saubere Luft ein, lege meinen Kopf an Danielas Schulter. Schon allein der Duft ihres Haares beruhigt mich. Sie trägt es offen.

Nach ein paar Sekunden lässt auch das grässliche Stechen und Brennen, das durch mein rechtes Bein und den Rippenbogen fährt, nach.

»Alles wieder in Ordnung?«, flüstert mir Daniela nach einer Weile zu.

Ich bin geneigt zu verneinen. Stattdessen sage ich nur: »Ich bin wieder da.«

Gleichsam wandert mein Blick voller Argwohn auf den Nachttisch. Ich greife zum zweiten Buch, das die Kriegsereignisse in Sexten beschreibt. Jetzt muss ich es aufschlagen, lesen, Gewissheit haben.

Wieder suche ich nach Bildern, Ähnlichkeiten, bis ich plötzlich erstarre.

Brandruinen, Häuserskelette, der zusammengebrochene Glockenturm der Kirche. Ich haste durch den Text, kann kaum glauben, was dort steht.

Es ist die Rede von einem ersten Artilleriebeschuss. Ein Augenzeuge spricht von einem Volltreffer in den Gasthof »zur Post«. Und er berichtet von einem tödlich verwundeten Mädchen. Sie sei erst 19 Jahre alt gewesen. Ich fliehe vor dem erschreckend nüchternen Text, überblättere ein paar Seiten, lese Begriffe wie »Altherberge«, »Matzenboden«, »Dechant«. Alte Flurbezeichnungen, die ich seit heute morgen kenne, ohne sie jemals zuvor irgendwo verinnerlicht zu haben.

Dann beobachte ich nur mehr meine Hände, wie sie zu zittern anfangen. Abrupt schlage ich das Buch zu und werfe es auf den Tisch zurück. Es ist wahr. Es ist passiert …, repetiere ich unaufhörlich in mich hinein. Keine Fantasie, kein Zufall. Jetzt ist es Fakt.

Daniela versucht mich zu beruhigen, schläft irgendwann selbst dabei ein. Es ist Viertel nach drei, als ich wieder den Mut fasse, an Schlaf zu denken. Ich knete meinen rechten Oberschenkel, reibe meinen linken Rippenbogen; fahre mehrfach über eine ganz bestimmte Stelle. Sie fühlt sich noch immer seltsam taub an. Wie kann das sein? Frage ich mich. Es war doch nur ein Traum – nur ein Traum? Irgendwann ergebe ich mich der Endlosschleife dieser Abwägung und dämmere in einen leichten, ängstlichen Schlaf hinüber. Erholung finde ich nicht.

30. Juli 1994

Abreise – genug fürs Erste.

Abreisetag. Ich sehe so lange in den Rückspiegel, bis sich endgültig die hohen Lärchen vor den Talschluss schieben. Es ist der letzte Funken Hoffnung auf eine Offenbarung im letzten Moment, der meine Augen auf das seitenverkehrte Bild im Spiegel bannt. Als würde sich im letzten Blick alles auflösen, alles erklären. Wunschdenken! Ich weiß, dass es viel zu einfach wäre, und bleibe weiter ahnungslos über Auslöser, Sinn und Ende meiner Geschichte. Zumindest in diesen Tagen. Erst als wir die Grenze am Brenner passieren, kann ich mich von all dem, was mich während der zwei Wochen in Sexten eingenommen und bestimmt hatte, gedanklich ein wenig lösen. Die Urlaubszeit davor in Wolkenstein ist dagegen verblasst, als läge sie Jahre zurück.

Der Tag ist heiter. Wir fahren nach Hause. Wo immer das jetzt auch sein mag.

26. September 1994

Ein einsamer Abend mit Folgen …

Spätestens nach dem Urlaub in Sexten wusste ich: Gäbe es irgendwann ein Happy End in dieser Geschichte, wären die Träume gewissermaßen sinnlos gewesen. Schon der Tod dieses Mädchens war mir Zeichen genug, dass es schlimm ausgehen musste. Wie schlimm tatsächlich, konnte ich mir in diesen Tagen noch nicht annähernd ausmalen. Dass bestimmte Dinge aus meinen Träumen auch so stattgefunden hatten, legte dem Geschehen einen unerhörten Ernst auf. Die Literatur log nicht. Von nun an gab es keine Belanglosigkeiten mehr. Alles war von grausamer Wichtigkeit. Und ich musste dort gewesen sein. Damals, 1915. Die Frage, wer ich damals war, schien mir dabei ebenso zweitrangig, wie sie noch lange Zeit unbeantwortet bleiben sollte. Viel elementarer war die Frage nach dem Warum. Weshalb träumte gerade ich von diesen Dingen und dem Soldaten, der immer am Ende eines jeden Traums stand? Wo war die Brücke zwischen uns? Gab es überhaupt eine?

Vor der Reise hatte es zumindest noch Tage gegeben, an denen ich keine Sekunde an die Träume verschwendete. Damit war es jetzt vorbei. In den ruhigeren Momenten holte mich stets die Vergangenheit ein. Ich wanderte alle Touren gedanklich noch einmal ab, suchte nach versteckten Hinweisen, nach winzigen Details, die mir vielleicht entgangen waren. Zuletzt legte ich mir einen Notizblock und einen Bleistift auf den Nachttisch. Es war so etwas wie eine Offerte an das Schicksal, dass ich bereit für mehr war.

Als die Träume dann kurz nach dem Urlaub wiederkehrten, wusste ich nicht, ob ich den Geistern, die ich gerufen hatte, wirklich dankbar sein sollte. Allein die Häufigkeit der Träume und die sich darin aufdrängende Fortsetzung verliehen der Geschichte mehr Nachdruck als jemals zuvor. Es war weit schlimmer geworden.

Daniela war mit ihren Kolleginnen ausgegangen. Ich hatte beschlossen, nicht auf sie zu warten, und schnitt Ottfried Fischer in seinem Schlachthof mit einem Knopfdruck auf der Fernbedienung das Wort mitten im Satz ab. Mir war nicht nach kühlem bayerischem Humor im Stakkato.

Als ich kurz darauf an unserer verglasten Vitrine im Flur vorübergehe, bleibe ich stehen und sehe hinein. Ich war nach dem Urlaub wer weiß wie oft schon daran vorbeigegangen; in Gedanken, ohne die Fundstücke zu betrachten. Heute Abend aber nehme ich mir Zeit für die eigenartigen Mitbringsel aus Sexten. Für jeden anderen wären sie sicher nur sinn- und wertlose Steinchen, rostiges Metall. Für mich sind sie ein Gral. Gedankenstützen aus einer fernen Zeit. Eine verrostete Patronenhülse, ein geschmolzener Glasklumpen, die Münze und der Stein von der Rotwand. Ich öffne die Vitrine, greife nach dem glitzernden Kalkbrocken, den ich im Abstieg aufgelesen hatte.

Ich hatte ihn damals nicht bewusst ausgesucht. Er lag nur zufällig in Reichweite. Jetzt, über einen Monat nach dem Urlaub, fällt mir auf, wie schön mein Tourensouvenir eigentlich ist. Über und über mit Kalzitkristallen bedeckt, schillert er wie ein Edelstein in allen Farben, die ihm der Deckenstrahler einhaucht. Ich denke an den Nebel, an die surreale Gestalt. Wie weit war all das schon wieder weg?, frage ich mich stumm. Die Antwort schleicht sich wie von selbst in meinen inneren Dialog: Weiter als die Träume. Jedenfalls fühlt es sich so an.

Ich lege mein Juwel wieder auf das Glaszwischenfach, schließe die Vitrine und gehe ins Schlafzimmer. Kurz bevor ich das Licht lösche, ziehe ich die Schublade am Nachttisch auf, wie ich es seit ein paar Nächten immer mache. Die anfängliche Hoffnung hatte mein Tun zum erfolglosen Ritual werden lassen. Das jungfräuliche A-5-Blatt strahlt mir sein Weiß entgegen. Daneben liegt der angenagte Städtler-Bleistift. Alles ist wie immer. Zumindest bis zu der Sekunde, in der sich der Traum wieder in die Realität frisst …

Ein voreiliger Schuss … und mit einem Mal ist alles klar. … Alles?

Ich zittere, presse die Lippen aufeinander. Es ist dunkel und kalt. Es gibt kaum etwas um mich herum, woran ich mich orientieren kann. Das Einzige, was ich spüre, sind die Felsen, die mir hart gegen die Rippen drücken. Ich taste nach dem eiskalten Lauf meines Karabiners, rücke die Mütze zurecht und hauche meinen Atem nach unten in die Grabensohle. Ein zufälliger Habitus ohne Sinn?

Plötzlich aber reiße ich die Augen weit auf, suche vergebens nach Bewegung in der Nacht. Aber nichts geschieht. Spielen mir meine Sinne einen makabren Streich? Ich überlege träge: Warum bin ich allein hier mitten im Nichts? Wo bin ich überhaupt?

Ich flüstere einen leisen Ruf ins Finster, ohne dass sich meine Lippen bewegen:

»Hobs enk sell gheart?« (Habt ihr das gehört?)

Alles bleibt still. Ich umgreife den Karabiner fester. Der leichte Wind treibt Nebelfetzen auf mich zu. Mein Gesicht wird feucht, wie ich mich über den Felsriegel vor mir beuge. Für einen kurzen Augenblick funkeln mir winzige, schwache Lichtpunkte entgegen. Die Silhouette eines Gebirgskamms dämmert am Horizont, bevor der Dunst wieder alles verschluckt. Sofort formt sich ein Bild vor meinem geistigen Auge. Ich bin auf einer erhöhten Position, einem Gipfel, halte Wache. Was ich sehe, ist das Land hinter der Front. Ich greife an meine Brusttasche, ertaste die kleine elektrische Lampe und leuchte hinter vorgehaltener Hand den Laufgraben entlang.

Aufgeschichtete Steine, Holzbohlen und taufeuchter Stacheldraht an Spanischen Reitern. Daran eine leere Konservendose. Ein »Verräter«, der durch sein Scheppern beim Eindringen des Feindes in die Stellung die Wache alarmieren soll.

Bleierne Müdigkeit überfällt mich. Ich schalte meine Lampe aus und lege meinen linken Zeigefinger an den Draht. Er fühlt sich rau und kalt an, leitet kaum merkliche Schwingungen des Windes in meine Hand. Plötzlich zuckt er.

Der Feind?

Sofort ducke ich mich tief hinter die Barriere aus Fels, taste mich ein paar Meter die Deckung entlang, bis sie endet. Gebannt stiere ich durch das Guckloch hinaus in die abfallende Felslandschaft. Ein zarter Morgenschein verleiht den Felsen erste Konturen. Dennoch kann ich nichts erkennen. Keine Bewegung, keine Veränderung. Der Draht liegt wieder still in der kalten Luft. Und trotzdem wollen sich die aufgestellten Nackenhaare nicht legen. Dort draußen passiert etwas. Ich erschrecke bis in mein Innerstes, als sich eine Hand auf meine Schulter legt.

Meine Augen sind an die Dunkelheit gewöhnt, werden kurz vom schwachen Lampenlicht geblendet, bevor sie nach unten gehalten wird. Ich erkenne den Kragenspiegel, die Form der Mütze, atme auf. Es ist einer von uns. Sein Gesicht ist von der Lampe diabolisch von unten bestrahlt. Sein Gesicht …, woher nur kenne ich … Schanni? Die Eile im Geschehen lässt mir keine Zeit, meine Gedanken zu ordnen. Der Alte schüttelt den Kopf, deutet bergab. Dann winkt er ab und verschwindet in der Nacht. Ich soll hinunter? Weg von der Front?

Es ist eine Weile ganz dunkel um mich, bis wieder schwaches Licht in meine Wahrnehmung kriecht. Bin ich geblieben, wo ich war? Ich kann es nicht sagen. Was jedoch geblieben ist, ist mein Zustand. Ich fühle, dass es jetzt gilt. Seltsamerweise treibt mich etwas an, das ich nicht kenne. Ein fremdes Bewusstsein, nichts mehr verlieren zu können, steigt in mir auf. Ich empfinde Trauer, Schmerz, sehe hinunter ins schwarze Tal. Grausame Bilder rasen durch mein Hirn, während ich in mir nach Gefühlen suche. Es sind wieder jene Bilder von den Ruinen, von einem verhüllten weiblichen Leichnam. Es ist der pure Hass, der mich schließlich aufstehen lässt. Ich sehe nur noch Schuldige jenseits der Stellung und weiß mit einem Mal, was das Wort Feind bedeutet.

Doch wie sich mein Zeigefinger um den Abzug legt, beginnt sich alles, was gerade vom seichten Licht des werdenden Tages erfasst wird, zu drehen.

Wieder so ein Zeitsprung? Nein, nicht jetzt! Ich will dort bleiben! Rufe ich in mich hinein. Aber ich bin wie immer machtlos. Stacheldraht hakt sich in lodenen Uniformstoff, reißt ein kleines dreieckiges Loch in meine Brusttasche. Eine Münze fällt in Zeitlupe heraus, spiegelt mir bei jeder Drehung mattes Sonnenlicht entgegen, bis sie haltlos ins Geröll klimpert. Ist es plötzlich Tag geworden? Dann wechselt abrupt meine Umgebung wie das Bühnenbild eines Theaters. Es ist wieder dunkel. Die folgenden Szenen reißen tiefe Narben in meine Seele. Tiefere als diejenigen, die noch zu frisch zum Verheilen sind: Der Kolben meines Karabiners schmiegt sich kalt an meine Wange. Ich lege an, ziele in der Finsternis auf einen Umriss, der sich seit ein paar Pulsschlägen am Horizont abzeichnet. Etwas Leichtes, Weiches fliegt durch die Luft. Ich erschrecke. Mein dumpfer Schrei überlagert hektische Worte, die gedämpft aus der jenseitigen Richtung kommen. Ich kann sie kaum verstehen: »Überläuf …, …icht …« Im selben Moment bebt mein Gewehr. Aus seinem Lauf sprüht der Tod. Ich fingere nach meiner Lampe. Dann sucht sich das flehende Gesicht eines Sterbenden in meinen Blickwinkel. Aus seinem Mund sickert Blut. Josele!, geht es brennend durch meinen Kopf. Dann wird der Schein meiner Lampe vermeintlich schwächer. Etwas zieht mich weg. Das Letzte, was ich klar sehe, ist eine Halskette, die einsam im kalten Wind baumelt. Ein Heller – es ist meine eigene Kette. Dann ertrinkt das gewohnte Soldatenporträt im blutroten Sonnenaufgang. Einem Sonnenaufgang, in den ich erwache, hinter dem nur noch die Nacht des Diesseits liegt.

Ich keuche, schwitze; im Jetzt wie in der Vergangenheit, als träfe alles in diesem winzigen Augenblick zusammen. Dann wache ich langsam auf.

Schockzustand – habe *ich* das getan, damals, vor 80 Jahren?

Mir ist noch immer kalt. Vor mir schärfen sich die Maschen eines cremefarbenen Teppichbodens. Ich löse mich schlaftrunken aus meiner gänzlich verkrampften Haltung und setze mich auf. Es dauert ein paar Sekunden, bis ich zu mir komme und ruhig atmen kann. Ich bin daheim. Rechts von mir steht das Telefontischchen, links spiegelt die Glasvitrine spärliches Licht in den Flur. Ihre Tür steht auf. Wie komme ich hierher? Was ist passiert?, frage ich mich taub. Ich sehe auf meine rechte Hand und das, was ich mit ihr so fest umklammere. Es schmerzt, als ich den Stein aus meiner blutigen Handinnenfläche löse. Diesmal ist er stumpf und schwer. So schwer wie mein Gemüt.

Ich lasse zu, was sich mir brachial aufdrängt. Wehre mich nicht. Es ist da, überschwemmt mich wie eine kalte Woge. Das Dämmern in mir schmerzt, macht keinen Halt vor meinen Gefühlen. Ich bin nackt, habe ihm nichts entgegenzusetzen. Wie von selbst sucht sich das neue Traumfragment die passende Lücke im Geflecht und macht alles mit einem Mal logisch. Die Antwort, die mir das Schicksal aus der Vergangenheit entgegenschleudert, wirft mich um, schlägt mich beinahe bewusstlos: Ja, du hast Josele erschossen! So sehr ich auch um eine Lösung des Rätsels gefleht hatte, es ist zu viel für mich. Ich bin im Schockzustand.

Eine nicht zu unterdrückende Übelkeit kommt in mir auf. Ich übergebe mich in die Toilette, blicke danach keuchend in den Spiegel und schüttle vor mir selbst den Kopf. Ich kann nicht begreifen, was geschehen ist. Mit mir, mit Vinz und Josele. Dennoch: Ich zweifle nicht eine Sekunde mehr daran, dass mein Traum einst Realität war. So, wie sich auch der Tod des Mädchens bewahrheitet hatte. Ich weiß, dass es passiert ist, spüre die Last, die auf meiner Seele liegt. Die Last, die ich mit Vinz teile; die uns über die Zeit hinweg verbindet. Ich drehe den Wasserhahn auf, lasse kaltes Wasser in meine hohlen Hände laufen und tauche mein Gesicht hinein. Ich gehe geschlagen durch den Flur zurück. Mein Blick fällt auf einen kreisrunden, metallisch schimmernden Fleck am Boden. Ich bücke mich; weiß, was es ist, bevor ich danach greife. Es ist die türkisfarben korrodierte Ein-Heller-Münze von der Rotwand. Wie sie dort hinkam, weiß ich nicht. Mein Daumen spürt die Einkerbung, als er darüberreibt. In meinen Bewegungen wohnt Andacht, als ich sie in die Vitrine zurücklege. Sie stammt vom Rotwandgipfel, so viel weiß ich sicher. Ist es dieselbe, die mir im Traum aus der Brusttasche gefallen war? Füge ich im Diesseits zusammen, was ich damals verloren habe?

Die Uhr zeigt vier Minuten vor zwölf. Ich fühle mich erschöpft, bin unsäglich müde. Und trotzdem frage ich mich für einen kurzen Augenblick, welche Meinung wohl ein Psychologe zu meinen Träumen hätte, würde ich sie ihm anvertrauen. Könnte er sie »wegzaubern«? Wenn ja, würde ich das überhaupt wollen, ohne den Grund dafür zu kennen? Irgendwo auf einem Ledersofa für teures Geld zerreden, was sich gerade langsam zu entzerren versucht? Nein. Ich muss weitermachen, muss den Weg weitergehen, sage ich mir im Halbschlaf vor. Und irgendetwas macht mich stark und sicher, dass ich auf dem richtigen Weg bin.

Ich schlafe bereits, als Daniela nach Hause kommt.

Ende in Sicht? Ein später Opfergang?

Ich konnte gar nicht anders, als diesen Vorfall für den Grund meiner Träume zu halten. Und ich war froh, es endlich zu wissen, so schrecklich es auch war. Würde es nun bald zu Ende sein?

Keineswegs.

Meine Rolle in diesem tragischen Szenario ruhte noch

immer im Dunkel der Vergangenheit. Was war meine Aufgabe? War ich nur ein wahlloser Empfänger dieses tragischen Wissens? Worin aber lag da der Sinn?

Wer oder was auch immer diese Träume in mir auslöste, mir schien, als wäre der Zeitpunkt für diesen ernüchternden Traum bewusst ausgewählt worden. Wusste dieser Soldat, wann ich bereit dafür wäre, obwohl ich es gar nicht so empfand? Doch wann ist man bereit für etwas Derartiges? Eigentlich nie.

Und wer war dieser namenlose Soldat? Ein stummer Zeuge mit unbekannter Motivation? Josele war es jedenfalls nicht. Ihre Gesichter waren sich noch nicht einmal ähnlich.

Dieser Gewehrschuss kam nun in jedem der nachfolgenden Träume vor. Und ich fühlte mich ein jedes Mal zutiefst schuldig und matt, wenn ich aufwachte. Obwohl ich im Diesseits nicht das Geringste dafür konnte. Daneben aber schlich sich ein weiterer Gedankengang in meinen Kopf: Bisher kam ich aus meinen Träumen wieder heil zurück in die Realität. Was aber, wenn ich eines Nachts an der Front fallen würde? Wo bliebe mein Geist, meine Seele? Gäbe es dann noch ein Erwachen, ein Zurück? Oder bestand eben in dieser späten Sühne der Sinn meiner Misere? Ein Opfergang im ewigen Schlaf?

Die unaufhörlichen Fragen veranlassten mich, schon sehr bald an eine zweite Reise zu denken. Ich musste zurück. Zurück, um die Stelle zu suchen, welche die bisher wichtigste Antwort auf meine Fragen gebracht hatte. Und ich war sicher, dass ich sie finden würde. Dort, so glaubte ich, ruhte seit Jahrzehnten ein wie auch immer geartetes Vermächtnis für mich. Eine Art Anweisung, die zugleich Offenbarung sein musste.

4

Die zweite Reise

27. Juli 1995

**Zurück in die Vergangenheit …
halte ich der Erkenntnis stand?**

Wir fahren durch den dichten Wald kurz vor Sexten. Rechts am Straßenrand huschen die typischen Wegweiser an der regennassen Seitenscheibe vorüber. Mein Blick folgt ihnen nicht. Ich weiß, was darauf geschrieben steht. Diesmal überkommt mich keine Gänsehaut, wird der Puls nicht schneller. Ich warte auch nicht darauf. Es ist anders als vor einem Jahr. Ich wende mich ab. Als wir die alte Säge passieren, flüchten mein Augen in die abgegriffene Straßenkarte. Die Lanzinger Säge und das, was sie umgab, löst eine besondere Melancholie in mir aus. Vielleicht deshalb, weil es für diesen Ort ausschließlich Bilder des Friedens in mir zu geben scheint. Birgt dieser Ort noch ein Geheimnis?

Ich blättere im Atlas vor und zurück, lese Kilometerangaben, Ortsnamen; entziehe mich dem Jetzt. Seit Bruneck sitzt Daniela am Steuer. Ich wollte es so.

»Du bist so ruhig. Geht es?«, fragt sie.

»Geht.« Ich nicke in die aufgeschlagene Karte und relativiere mit einem halblauten »bis jetzt«. Mein Lächeln muss gezwungen wirken. Ich fühle mich unsicher, weiß nicht, was folgt, wann der erste Rückblick kommt. Es herrscht Durcheinander in meinen auferstehenden Erinnerungen vom letzten Jahr und den Fragmenten der neuen Träume.

Jener Träume, die noch nicht präzise sind. Ich fühle, dass sie sich ohne mein Zutun schärfen werden – hier, wo es geschehen ist. So wie alles andere bisher auch. Für eine Hundertstelsekunde stiehlt sich das nächtliche Bild von Josele in mein Bewusstsein, wie er sterbend vor mir liegt. Es schmerzt, mehr als je zuvor. Weil ich dort bin, weil ich dem Schrecken der Vergangenheit wieder ins fahle Gesicht sehen muss und will. Was werde ich dieses Mal sehen? Was liegt noch im Verborgenen meiner ererbten Seele? Halte ich dem stand? Urlaub – nein, mit Erholung hat das bereits jetzt nichts mehr zu tun.

Mein erster Blick von unserem Balkon schweift in Richtung Fischleintal. Es ist nebelverhangen, grau, lässt nichts von der gewaltigen Kulisse an seinem Talschluss vermuten. Die hohe Rotwand hüllt sich ebenso in Wolken wie der Kreuzberg. Aus seinem Wald steigen mystische Nebelschwaden. Späte Schleier einer friedlosen Zeit, wie ich sie interpretiere. In Gedanken bin ich schon wieder fern der Gegenwart, forsche nach Möglichkeiten, suche die Logik. Dabei weiß ich genau, dass alles, was bisher geschehen ist, nicht annähernd logisch war. Dennoch, ich bin richtig eingestellt für eine zweite Begegnung mit meiner Vergangenheit. Und dabei ist es für mich nicht ungewöhnlich, dass nach und nach ein Gefühl in meine Emotionslandschaft drängt, das stärker ist als Vorbehalte und Selbstzweifel. Ich mag das Wohlbefinden, das mich schon beim ersten konkreten Traum eingenommen hatte, als ich diese imaginäre Tür durchschritten hatte. Ich überwinde mich zu einem erlösenden Atemzug; ziehe die würzige Luft tief in meine Lungen. Es duftet nach abgelagertem Lärchenholz, nach frischem Grasschnitt und Blumenwiesen. Es riecht nach Heimat. Und es ist kein Traum. Ich bin wieder in meinem Tal. Endlich.

Ich meide die Rotwand. Furcht oder Ehrfurcht?

Es ist der zweite Tag, der 28. Juli, als wir kurz vor Mittag auf der Gipfelkuppe des Innergsell, einem niedrigen bewaldeten Berg über Sexten, im warmen Gras sitzen. Ich spüre, wie mich Daniela lange von der Seite ansieht, fragend, nachdenklich. Sie wartet, bis ich ihren Blick erwidere. Ihre Stimme klingt seltsam enttäuscht.

»Du meidest die andere Seite.«

Für einen Moment frage ich mich, ob sie das nur orografisch oder eher emotional meint. Dann wird mir klar, dass bereits die Frage danach ein Eingeständnis ist. Daniela hat recht. Meine Augen fliehen scheu hinüber zur Gipfelkrone der Rotwand, streifen den Seikofel und den Karnischen Kamm mit seinem dunkel schimmernden Gestein. Ich weiß nicht, ob es Furcht oder Ehrfurcht ist, die mich den Kopf senken und auf das Gras zwischen meinen angewinkelten Beinen stieren lässt. Die Unbeschwertheit jedenfalls ist verflogen. Ich traure ihr hinterher, auch wenn sie unecht war. Hatte ich wirklich die Hoffnung, den Ballast auf diesem niederen Berg loswerden zu können? Zugegeben; dieser Tag war bisher erholsam. Aber er war nicht heilsam. Und das Wetter wäre perfekt für eine erneute Rotwandpartie gewesen. Warum sitze ich hier im Gras? Grundlos!, schelte ich mich im Geist. … grundlos?

»Morgen gehen wir's an«, gebe ich leise zurück.

Daniela schweigt eine Weile. »Was gehen wir an?«

Ich nicke wortlos der Rotwand zu, ohne ihr wirklich einen Blick zu schenken. Weshalb ich es nicht kann, ist mir klar: Es ist der Platz, der am ehesten in den Traum passt. Dort gibt es eine verfallene Gipfelstellung, einen Grat und … ein ganz bestimmtes Erlebnis, das ein Jahr zurückliegt. Ich bin mir sicher, dass sich dort nicht nur diese eine Szene aus meinen Träumen abgespielt hat. Das Aufeinandertreffen mit dem Adler, die einsame Wache, der Gewehrschuss auf Josele. Alles muss sich dort ereignet haben. Eine Rückkehr dorthin, zum Grab meiner Seele, wird schwer. Mit der neuen Erkenntis über den »Brudermord« wird es vielleicht der schwerste Gang meines Lebens. Ersparen kann ich ihn mir nicht.

Daniela atmet angestrengt aus.

»Wir gehen die Rotwand an? Alpinistisch oder … historisch?«

Ich stehe auf, will ein paar Schritte gehen. Doch Daniela hält mich am Arm fest, zwingt mich, sie anzusehen. Ihre stumme Aufforderung schmerzt mehr als das, was sie sagt.

»Lauf nicht weg.«

Ich schüttle vor mir selbst den Kopf; breche durch das dünne Eis, über welches ich mich über den Tag hinweg retten wollte, in eiskalte Gedanken ein. Sie schnüren mir die Luft ab. Ich bringe kein Wort über die Lippen.

Daniela gibt nicht auf.

»Hinter diesem Traum von der Tragödie mit Josele steckt mehr. Das ist nicht nur eine einfache Information. Dieser Vinz fordert eine Reaktion. Von dir.«

»Ich weiß! Aber welche?«, presse ich verzweifelt hervor. »Was soll ich tun?« Ich reiße mich los, sehe voller Wut hinüber auf die dominante Berggestalt; bemerke nicht wirklich, dass ich schreie. »Was willst du von mir? Ich bin hier! Wenn du etwas zu sagen hast, dann tu es jetzt!« Nicht, dass ich mir etwas von dieser Brüllerei erhofft hätte, dennoch empfand ich es einen Moment lang als befreiend. Die drei Wanderer, die soeben an uns vorübergehen, drehen sich erschrocken zu mir um. Es ist mir gleich. Ich zähle meine Prioritäten gegenüber Daniela an drei Fingern ab: »Rotwand, Kreuzberg, Seikofel. Wenn es dann keinen Ruck macht, ist es für mich ein für alle Mal erledigt.«

»Dann gehen wir es an«, kommt es überzeugt von Daniela. Ich sehe ihr an, wie sie sich sagt, dass keineswegs ich derjenige sein werde, der vorgibt, wann es zu Ende sein wird. Und ich schäme mich dafür, dies durch sie verinnerlicht zu haben.

Träume, Rückblicke und Realität fügen sich – es beginnt wieder …

Als wir über die hochgelegenen Mähder* absteigen, quere ich eine längliche Vertiefung im Gelände. Ich sehe es sofort am Verlauf, dass auch dies ein ehemaliger Laufgraben vom Krieg war. Nichts Besonderes in dieser Gegend. Und doch erinnert er mich an etwas. Es dauert eine Weile, bis ich das passende Puzzleteil aus meiner Erinnerung krame. Ich werde fündig – in einem der frühen Träume aus dem Jahr 1989. Wie unwichtig die kurze Sequenz mittlerweile geworden ist, denke ich mir. Aber ist sie das wirklich? Ich gehe an einer uralten Heuhütte vorbei. Ihr Holz ist beinahe schwarz. Ich streiche mit den Fingern über das raue Holz, bleibe stehen. Dann kommt der Rückblick: Die Farben weichen wieder für eine Sekunde. Vor mir steht dasselbe Bild, das im Traum so rasend an mir vorübergeflogen war. Die Wiese, der verkohlte Baum, der Heuschober mit dem Graben davor. Dann das Wegmarterl mit dem schiefen Jesus und die tote Gämse. Aber dabei bleibt es nicht. Nach einer kurzen Pause schließt sich etwas an, das mich schwach macht, weil es in der Seele schmerzt. Ich sehe dieses namenlose Mädchen mit den Zöpfen – nur ihr Gesicht. In ihrem Lächeln wohnt mehr als nur Freude. Dann fließen wieder Farben in das Bild vor mir. Ich bin wieder da, und das Einzige, was noch von der Vergangenheit zeugt, sind der Heuschober und die Vertiefung in der Wiese. Nicht viel der Bestätigung. Für mich ist es genug, um zu wissen, dass es wieder beginnt.

Ich kann nicht sofort weitergehen, setze den Rucksack ab und tue so als würde ich die Trinkflasche herausholen. Der erlogene Durst macht mich wütend. Daniela schlendert langsam von mir weg. Sie hat nichts bemerkt.

---

* Landwirtschaftliche Nutzwiesen auf Hochalmen

29. Juli 1995

Rotwand, die zweite.

Daniela hatte darauf bestanden, im Klettersteig vor mir zu steigen. Sie sieht auffallend oft zu mir zurück. Immer dann, wenn sie ihre Sicherungskarabiner über die nächste Klemme des dünnen Stahlseils fädelt. Es ist dieser zweigeteilte Blick, mit dem sie mich einerseits fragt, wie es mir geht, und sich andererseits rückversichert, ob alles um uns herum passt – vor allem das Wetter. Wir kommen zügig voran. Und was mich anbelangt – es geht mir gut. Ich bin entspannt, fast frei von der Hoffnung, es müsse doch endlich etwas passieren. Woher diese Gelassenheit an diesem Tag kommt, kann ich mir nicht erklären. Vielleicht liegt es schlicht an der Wegwahl. Wir steigen von der italienischen Seite zum Rotwandgipfel auf. Nichts ist mir bekannt, zumindest nicht offensichtlich und auch nicht aus der Zeit im Krieg. Es ist wieder verdächtig erholsam. Und eben das wollte ich eigentlich gar nicht. Ich hatte mich auf eine harte Konfrontation mit der Vergangenheit eingestellt. Doch die scheint nicht stattzufinden. Die ersten Wolkenfetzen ziehen über den Gipfelgrat hinweg, spenden in der südostwärts ausgerichteten Route angenehmen Schatten. Der Fels ist warm und griffig. Wie ich mich über einen Absatz auf ein schmales Band ziehe, fällt mein Blick auf ein betoniertes Fundament. Metallreste und Dachpappe liegen umher. Das ausgedörrte Fichtenholz darunter weint zähe, schwarzglänzende Teertränen. Wir sind an der letzten Hochstellung der Italiener angelangt. Von hier sind es nur noch wenige Meter bis zum Grat; bis dorthin, wo sich vor mehr als 80 Jahren möglicherweise eine Tragödie ereignet hatte. Dabei ist es längst keine Frage mehr nach dem Ob; es ist lediglich noch eine Frage nach dem Wo.

Die Stimmung um uns ist diffus. Der Himmel hat sich rasch zugezogen. Das restliche Blau scheint hinter den Horizont zu sinken. Über uns drückt eine graue Wolke in die

Scharten des zerfurchten Berges. Kurz darauf hüllt sie uns vollkommen ein – wieder einmal. Und mit dem feuchten Grau kommt auch neuerlich das flaue Gefühl in mir auf. Mein Puls beschleunigt sich, obwohl ich bewegungslos auf der Stelle stehe. Werde ich erkennen, wo es einst passiert ist, wo Josele getroffen wurde?

Wir stehen am Gipfelkreuz. Daniela hält mir ein halbiertes belegtes Vinschgerl* entgegen. Ich wehre mit der Hand ab. Dann mache ich ein paar langsame Schritte vom Kreuz weg, höre, wie Daniela ihr Vesper hektisch in den Rucksack knüllt.

»Warte!«, stößt sie laut aus. Es liegt ein Hauch von Panik in ihrer Stimme.

»Worauf?«

Sie sieht mich mit hochgezogenen Brauen an, fast anklagend.

»Diesmal gehe ich mit.«

Wir steigen über Blöcke und Absätze, bis wir unweit vor dem Eingang einer Kaverne stehen. Holzbohlen ragen aus dem brüchigen Fels, ein aufgesplissenes Stahlseil gondelt im Wind über dem Abgrund, kratzt am Fels.

»Kennst du dieses Loch?«, reißt mich Daniela aus meinem angestrengten Versuch, etwas in meinen Erinnerungen zu finden.

»*Loch* …«, gebe ich betont zurück, »das trifft es recht gut. Ich müsste hineinklettern, um vielleicht etwas wiederzufinden.«

Ich gehe allein. Im Inneren der düsteren Kaverne liegt loser Schutt. Es ist niedrig. Am anderen Ende klafft eine Schießscharte und schickt diffuses Licht in den modrigen Raum. Meine Augen gewöhnen sich nur langsam an die Dunkelheit, erkennen altes Blech, morsches Holz, Nägel und ein Arrangement dreier Kerzen aus neuerer Zeit. Gibt es außer mir etwa noch jemanden, dem die Vergangenheit näher ist als die

---

* Südtiroler Traditionsbrötchen mit besonderer Würze

Gegenwart? Oder interpretiere ich zu viel in das Überbleibsel eines Biwaks? Ich setze mich auf den trockenen Schutt, starre zuerst eine Weile an die dunkle Decke, dann schließe ich die Augen. Es ist still. In diesem Raum und in mir. Ein nichtssagender Einklang mitten im Fels. Ich zwinge mich, an den Traum zu denken, an die Nacht, in der es geschah. Doch das Schicksal will sich nicht provozieren lassen. Alles, was ich vor meinem geistigen Auge sehe, sind schattenhafte Gegebenheiten aus dem Traum, die nicht neu für mich sind. Eine Brustwehr*, ein kurzes Stück Laufgraben und Stacheldrahtverhau**. Es geschieht rein gar nichts. Weder in mir noch um mich herum. Ernüchtert öffne ich die Augen und gehe gebückt dem Ausgang zu. Ich weiß nicht, ob ich enttäuscht oder froh sein soll.

»Und?«, kommt es vorsichtig von Daniela.

»Nichts.« Sie nickt nur und presst die Lippen kurz aufeinander. Wir klettern in der entgegengesetzten Richtung den Grat entlang, bis dieser jäh in die Steilwand übergeht und uns den Weiterweg versagt. Wir sind jetzt exakt an der Stelle, die mich schon vor einem Jahr zur Umkehr gezwungen hatte. Und auch hier finde ich nichts, was in den Traum passt. Nur Stacheldraht krallt sich selbst nach 80 Jahren noch beharrlich in die Felsritzen, denen er seinen rostroten Schleier anoxidiert.

»Diese Kampfstellung muss weggebrochen oder gänzlich zusammengefallen sein«, sage ich ernüchtert und winke in einer Geste der Aussichtslosigkeit ab. »Hier ist nichts.« Trotzig gehe ich zum Gipfelfelsen zurück, setze mich und widme mich dem Gipfelbuch. Daniela schlendert in die andere Richtung, etwas bergab.

»Wohin gehst du?«, frage ich ihr halblaut hinterher.

»Toilette«, kommt es knapp zurück. Sie dreht sich nicht um. Ich widme mich wieder dem Buch, lese gedankenlos

---

* Mannshoher Wall gegen Gewehrfeuer

** Sperre für Angreifer aus mehrfach verlegtem Stacheldraht vor den Stellungen ein paar der Kritzeleien. Nach einer Weile lege ich das Buch auf den Boden. Mich fröstelt. Das schweißnasse Shirt klebt klamm auf meinem Rücken. Rasch streife ich meinen blauen Fleecepulli über, reibe mir die Oberarme. Wärmer wird mir nicht dabei. Eine Windböe jagt über den Grat, blättert aufgeregt im Buch. Ich nehme es wieder auf, sehe kurz auf eine hübsche Zeichnung und blättere mehrere Seiten um, bis zum letzten Eintrag, um uns zu verewigen. Ich schreibe das Übliche, male ein kleines Edelweiß aufs Blatt, verliere mich ein paar Sekunden in meinem unbedeutenden Kunstwerk. Dann schreibe ich noch einen Satz dazu; aus einem tiefen Bedürfnis heraus; beinahe automatisch:

»*Im Gedenken an die gefallenen Kameraden. Gott sei eurer Seele gnädig.*«

Und als wäre dieser subtile Satz der Auslöser gewesen, stellen sich mir plötzlich die Nackenhaare auf.

Was geschieht mit mir?

Mit einem Schlag ist es wieder da, dieses ungute Gefühl. Es befällt mich rücksichtslos, lässt mich das Buch im Zeitlupentempo aufgeschlagen zwischen die Felsen legen. Ist es das, worauf ich gewartet hatte? Geschieht es jetzt? Aber was soll geschehen? – Geistige Hektik, Chaos in mir. So wie vor einem Jahr habe ich das Gefühl, als starre mir jemand auf den Rücken. Hinter mir ist etwas – jemand, was auch immer; ich bin mir sicher. Meine Ohren suchen nach Geräuschen, nach einem Atemzug, dem Reiben von Stoff. Daniela kann es nicht sein. Sie würde sich keinen so makabren Spaß erlauben. Das, was mein siebter Sinn ortet, ist nicht hörbar, ist nicht lebendig. Ich bin allein … allein? Ist etwa das der Schlüssel zur Vergangenheit? Es waren immer einsame Momente, in denen dieses Gefühl kam! In der Schlucht im Innerfeldtal, hier oben, vor einem Jahr im Nebel am zweiten Gipfelturm. Ich drehe mich mit einem beherzten Ruck um, starre wie ein Irrsinniger ins Nichts. Niemand ist da. Werde ich verrückt?

Was hast du erwartet?, schelte ich mich innerlich. Einen Geist? Ich stiere den Grat entlang, suche nach einer Begegnung, die ein ganzes Jahr zurückliegt. Ist diese Gestalt wieder da?

Ich stehe auf und gehe ein Stück, zumindest glaube ich das. Meine Augen sind weit aufgerissen, alles um mich ist wie in Watte gepackt. Nein. Da ist nichts. Nichts außer Felsen und abgrundtiefen Bergflanken. Oder doch? Drüben am übernächsten Felsturm ragt etwas auf, das nicht zu den Steinen passt. So etwas wie ein kleines Kreuz. Ich klettere, schwerelos. Das Gefühl, das mich überkommt, ist dasselbe wie im ersten Traum. Was jetzt noch fehlt, ist der Adler und … Josele. Träume ich etwa? Das Kreuz wird deutlicher. Es ist halb umgestürzt. Darunter glotzt mir eine schwarze Kavernenöffnung entgegen. Holz hängt schief an der Wand, stützt sich auf eine winzige Plattform vor dem Unterstand*. Eine Handbreit vor mir gähnt eine Scharte, zeigt mir meine Grenzen auf. »Bis hierher und nicht weiter«, höhnt mir der hellgraue Kalk entgegen. Ich schlage mit der Faust auf einen Block, dass mir die Handwurzel schmerzt.

»Verdammter Schaiß!«, bricht es aus meiner Kehle, während meine Augen weiter nach dem nächtlichen Bild suchen. Wo ist die Brustwehr? Die Schießscharte? Der Drahtverhau? Ich schüttle vor Ungeduld den Kopf. Die Bilder von einst und jetzt stimmen nicht überein. Und dennoch klebt dieses eisige Gefühl in meinem Nacken, das ich nicht abschütteln kann. Ich sage mir hoffnungsvoll vor, dass dies hier wohl so eine Art Auslöser ist. Ich muss Geduld haben, nur Geduld, Geduld … So bete ich mich zurück in Richtung Gipfel. In der Nacht werde ich sicher träu-

* Gedeckter Graben oder unterirdisch angelegter Raum für Truppen

men. … träumen? Und was ist das hier gerade? Ich spüre, wie mein Puls rast. Alles um mich herum scheint zu knistern. Es fühlt sich an, als würde irgendetwas durch mich hindurchdringen, mir meinen klaren Blick rauben. Ich versuche mir die vermeintliche Einbildung von den Augenlidern zu blinzeln, erreiche nichts damit. Mein Taumeln ist nicht aufzuhalten. Ich greife nach dem kühlen Fels, suche Halt, atme wild. … tue ich das? Oder denke ich das nur? Ein Traum, eine Rückblende … oder ist es mehr? Plötzlich sehe ich alles aus einer anderen Perspektive, sehe jemanden gekrümmt an einem Gipfel kauern. Die Person hält sich krampfhaft an den Felsen fest, wankt. Ich höre deutlich ihren Atem. Die Gestalt trägt ein blaues Oberteil und eine schwarze Schildmütze … Mein Gott! Was passiert mit mir! Ich sehe mich selbst! Ich sträube mich, wehre mich, wo immer meine Gedanken augenblicklich wohnen. Und dennoch fühle ich, wie nah ich mir gerade komme. Ich strecke die Hand aus, obwohl ich es nicht will. Ist es überhaupt meine? Aber wer tut das außer mir? Wo, um Himmels willen, steckt mein Geist, mein Denken?

Einen winzigen Moment lang verschmelzen beide erlebten Zeiten zu einem gleichmäßig kraftvollen Strom, dem ich mich nicht entziehen kann. Alles scheint mit einem Mal überbelichtet, strahlt gleißend in meine Augen, in mein Gehirn. Ein aufgeschlagenes Buch glüht weiß, verschlingt einzelne Buchstaben und Zahlen, ohne Sinn und Zusammenhang. 1, 9, 9, und 5 – eine Jahreszahl? Es ist das Einzige, was ich erkennen kann, bevor sich blauer Stoff davorschiebt. Alles wird unscharf, das Strahlen verblasst. Ich erwache in einem gedankenleeren Moment. Mir ist schlecht. Ich spüre einen unangenehmen Schwindel. Mein Körper fühlt sich taub an. Und dennoch drehe ich mich erschrocken um.

Flucht in jederlei Hinsicht.

»Was ist das?«, reißt mich Daniela zurück in die Realität. Sie weist in den Himmel, streicht sich durch die Haare, die ihr wie ein Heiligenschein zu Berge stehen. Statik in der Luft! Ein Gewitter!

Damit bin ich sofort hellwach, denke keine Sekunde lang darüber nach, was eben mit mir passiert ist. Für Deutungen der eben erlebten Situation ist keine Zeit. Jetzt zählt die Gegenwart, das Leben in der fühlbaren Dimension.

»Weg! Wir müssen vom Gipfel runter!« Ich greife nach dem Gipfelbuch, erhasche beim Zuschlagen eine letzte Zeile, eine Jahreszahl – 1995. Irgendetwas sagt mir, dass die wiederholte Ziffernfolge wichtig ist. Mir bleibt keine Zeit mehr. Überhastet werfe ich das Buch in seinen kleinen Verschlag, schließe die Klappe und schnappe beide Rucksäcke. Ich bin entsetzt, wie wackelig meine Knie sind.

»Strom! Das ist ein Gewitter!«, rufe ich Daniela entgegen.

Sie begreift sofort, wird blass und hetzt hinter mir den mit roten Punkten markierten Normalweg vom Gipfel hinab. Ein dumpfes Grollen wallt uns um die Ohren. Kaum haben wir das schrofige Gelände unter dem Gipfelaufbau erreicht, zuckt der erste Blitz durch den Himmel. Wir laufen, so schnell es das Gelände zulässt, hinunter zum ersten Absatz am sogenannten Prater. Ich weiß, dass es dort eine kleine Kaverne* gibt. Indessen geht ein Schauer über die Bergflanke. Ein Regenbogen zaubert für Sekunden schillernde Farben in die triste Landschaft, als wir unter dem niedrigen Eingang der Kaverne hindurchschlüpfen. Wir kauern uns auf eine alte Holzplanke und wischen uns den Schweiß von der glühenden Stirn. Keiner von uns sagt etwas, beide stieren wir nur auf das Stollenloch wie auf einen Fernseher. Ich wage nicht aufzuatmen, bin ob dem Erlebnis am Gipfel und der gegen-

* Aus dem Fels gesprengter Raum/Unterstand für Truppen

wärtigen Situation wie gelähmt. Doch der Donner bleibt aus. Kein ohrenbetäubender Einschlag eines weiteren Blitzes und auch kein Bersten von Gestein, so wie damals ... Der Himmel hat ein Einsehen. Alles bleibt ruhig. Das Licht, welches durch den Eingang fällt, wird bald gleichmäßig heller, wirft freundliche Schatten auf das Geröll. Sollen wir weitergehen? Vorsichtig stecke ich den Kopf aus dem Loch und begutachte den Himmel. Zerrissenes Grau in allen Abstufungen. Wir hetzen weiter.

Unser Tempo ist halsbrecherisch, eigentlich unverantwortlich in diesem steilen Gelände. Dennoch, unsere Schritte sind seit letztem Jahr sicherer geworden. Ganz im Gegensatz zu den losen Gedanken, die unsortiert durch meinen Kopf fliegen. Ich kann nicht nachdenken, nicht klar werden. Ein Teil von mir ist noch oben am Gipfel, während wir einem Vorgipfel unter der Rotwand zueilen, dem nur noch 2.100 Meter hohen Burgstall. Dort, so sage ich mir immerzu vor, machen wir eine Pause. Ich muss eine Pause machen, weniger körperlich als vielmehr geistig.

Als wir auf dem schmalen Sattel ankommen, ist der Himmel wieder nahezu frei von Gefahr. Wie zum Hohn öffnen sich blaue Fenster in der grauen Wolkendecke. Daniela sinkt neben mir auf einen Grasfleck und sieht mich erschöpft an.

Wie weit es noch wäre, will sie wissen. »Noch eine Stunde im sicheren Wald. Wir haben es fast geschafft«, gebe ich beruhigend zurück, ohne es selbst zu sein.

Nur eine rostige Konserve – oder steckt mehr dahinter?

Ich bin erstaunt, als Daniela ohne ein weiteres Wort, ohne einen Schluck zu trinken aufsteht und weiter bergab geht. Ich folge ihr gedankenversunken. Der unschwierige Weg lässt die erhoffte gedankliche Pause endlich zu. Sofort jagt eine

Armee von Fragen durch meinen Geist: Worin lag der Sinn dieser Tour und diesem übereilten Notabstieg? Gab es diesen Beweggrund überhaupt, dem ich auf der Spur war und den ich doch nicht gefunden hatte? Und am Gipfel – waren es nur die unheimlichen Vorboten des Gewitters, die Sekunden vor der statischen Entladung? War das ein Traum? Und welche Bedeutung lag in ihm und diesem merkwürdigen Blick auf mich selbst? Ich finde zu keiner befriedigenden Antwort. Alles, was ich weiß und um was sich nun meine Gedanken drehen, ist der Umstand, dass man sich nur dann aus einer anderen Perspektive sehen kann, wenn man in einen doppelten Spiegel blickt oder … stirbt. Und dieser Gedanke macht mir schon deshalb Angst, weil es dort oben keinen Spiegel gab.

Irgendwann sind sie dann wieder da, die Bilder, nach denen ich eigentlich den ganzen Tag über Ausschau gehalten habe. Eine Brustwehr, eine Schießscharte und das Stacheldrahtgewirr … Als suchten sich meine Gedanken ihre mögliche reale Entsprechung im Gelände selbst, dauert es nicht lange, bis ich plötzlich stehen bleibe. Ich sehe auf eine ganz bestimmte Stelle neben dem Steig im steilen Fels. Etwas in mir will dieses aufkommende Elektrisieren unterdrücken. Nicht noch einmal. Es ist genug für heute. Mein Geist ist müde, rede ich stumm gegen eine unsichtbare Erkenntnis an. Ich wende mich ab, gehe weiter und sehe doch wieder hin. Als ich auf der gleichen Höhe stehe, schaue ich mich nach allen Seiten um. Der Blick ist umfassend, reicht bis hinter den Kreuzbergpass. Ich ziehe Vergleiche zum Dämmerbild aus meinem Traum. Kann es hier gewesen sein? So weit unten? Dieser ältere Soldat im Traum deutete bergab. Hat er mich hierhergeschickt? Weshalb?

Ich sehe mir den zusammengefallenen Steinhaufen genauer an. Blech steckt zwischen den einst mühsam aufgeschichteten Steinen. Holzreste ragen aus dem Geröllboden. Aus einem Grasbüschel schaut eine verrostete Konservenbüchse hervor. Ihr korrodierter Rand zerbröselt zwischen meinen

Fingern, als ich den Rest von ihr herausziehe und vom sandigen Humus befreie. Der Blechboden aber ist stabil, gibt einen gekrümmten Schriftzug frei, wie ich mit dem Daumen darüberreibe. »Rindfleisch« und eine Zahl prägt gerade noch erkennbar den Rost. Ein sogenannter »Verräter« vom ehemaligen Drahtverhau? Aber der zugehörige Draht ist nicht da. Die Schießscharte … vielleicht zusammengefallen? Ich ärgere mich, dass die Bilder aus dem Traum so dunkel sind. Und während ich das tue, fröstelt es mich. Ein kalter Hauch streicht mir über das verschwitzte Genick, obwohl die Sonne nun wieder auf die Felsen brennt. Könnte der finale Schuss hier gefallen sein? Ich spüre eine aufkommende Dominanz. Wieder scheint etwas bei mir zu sein. Aber ich lasse es nicht zu; atme mir das Mysteriöse des Augenblicks mit einem tiefen Atemzug von der Seele. »Sieh keine Gespenster, Mensch«, sage ich mir laut vor. »Bilde dir nichts ein, bleib objektiv. Es ist zu tief am Berg und damit fertig. Der Traum hat sich am Gipfel abgespielt. Die Münze hast du dort oben im Geröll gefunden, basta.« Basta? Hallt es seltsam in mir nach. Aber das Bild im Traum, als der Heller ins Geröll fiel …, es war Tag, wenn auch nur für einen Augenblick. Der Schuss hingegen fiel in der Dämmerung. Frühmorgens oder abends …

Daniela wartet am Fuß der Felsen des letzten Geröllfeldes, das der Weg leicht fallend quert. Sie lächelt, zum ersten Mal seit dem Gipfel.

»Was war?«

»Nichts.«

Ihre Augen sind unzufrieden, fixieren meine rechte Hand.»Und das?«

Ich sehe auf das braune Dosenblech. Habe ich es mitgenommen? Ich versuche, es unbedeutend aussehen zu lassen.

»Kriegsschrott. Man kann die Prägung noch lesen. Deshalb …«

Daniela zeigt auf eine Stelle im Geröllfeld.

»Da hast du noch mehr davon. Wie aufgefädelt.«

Ich fühle mich ertappt, sehe zuerst auf das Knäuel Stacheldraht mit den zerbeulten »Verrätern«, dann zu den Felsen zurück. Weit weg ist es nicht. Es könnte im Laufe der Zeit herabgefallen sein. Ein unheimlicher Schauer rinnt meinen Rücken hinab. Und dennoch verneine ich.

»Nein. Es liegt zu tief.« Es schnürt mir fast die Kehle zu, als ich noch einmal wiederhole: »Viel zu tief.« Aus irgendeinem Grund kann und will ich nicht auf mein Unterbewusstsein hören. Ich muss hier weg. Und schon dieser Wunsch ist ein ungewolltes Eingeständnis, dass hier etwas begraben liegt. Aber liegt es genau hier? Oder oben, irgendwo in einer nicht einsehbaren Scharte? Es ist die schiere Angst vor der schrecklichen Bestätigung, die mich eilig weitergehen lässt. Sie ist menschlich, aber unehrlich inkonsequent. Ich hüpfe über die Blöcke in den losen Schutt, steige eine ganz bestimmte Linie hinab, ohne nachzudenken.

»He! Wo willst du denn hin? Der Weg führt hier lang!«,ruft mir Daniela hinterher.

Ich winke ab, ohne zurückzusehen.

»Ich kenne einen schöneren Weg. Komm einfach mit.«

Daniela ist sauer. Ein halblautes Fluchen verliert sich im Rieseln des Gerölls. Kurz darauf lege ich auf der Wiese vor dem Wald den Rucksack ab und gehe in die Knie. Ich schöpfe mir mit der hohlen Hand kühles Wasser aus einer glasklaren Quelle. Es rinnt mir eiskalt über den Nasenrücken. Ich trinke, schmecke den Kalk im Wasser und schließe die Augen. *Heimat*, geistert es durch mein Hirn. Von irgendwoher nimmt mich eine Woge der Geborgenheit ein. Ich bin froh darum. Der winzige Kosmos um mich fühlt sich zutiefst vertraut und friedlich an. Was immer mich in den letzten Stunden festgehalten hatte, es lässt mich für Sekunden los. Meine Seele atmet auf. Die gedankliche Freiheit aber ist trügerisch. Ich weiß, dass sich nur die unmittelbare Fessel gelockert hat. Der imaginäre Käfig, in dem ich sitze, bleibt geschlossen. Der Rückblick, der sich anschließt, ist einer der kürzesten überhaupt:

Als ich aufsehe, ist für einen Moment wieder alles schwarzweiß. Ich erschrecke. Josele geht auf mich zu, lacht und wirft seinen Rucksack überschwänglich ins hohe Gras. Die Hochweide ist grün, der Rucksack gelb, sein Gesicht … weiblich, hübsch?

Es ist Daniela, die sich mir gegenüber hinkniet. Und es ist seltsamerweise Enttäuschung, die mir das Lächeln aus dem Gesicht raubt.

Ich sehe auf den nahen Wald. Es muss etwas Suchendes in meinem Blick liegen. Ich spüre, wie mir Danielas Augen folgen.

»Wo geht es weiter?«

Ich stehe kommentarlos auf und greife nach meinem Rucksack. Es dauert eine Weile, bis ich sage:

»Dort unten haben sie irgendwo gestanden.«

»Wer denn?«

Ich atme krampfhaft aus.

»Diese drei Tannen – oder Fichten.«

Ein kaum auszumachender Pfad führt in den lichten Fichtenwald, schlängelt sich gemächlich bergab. Ich bleibe stehen, sehe mich um, suche akribisch nach einer ganz bestimmten Baumgruppe, nach drei dicht aneinanderstehenden Wipfeln, die aus einer Wurzel wachsen. Es dauert nicht lange, bis mir die Sinnlosigkeit meiner Suche klar wird. Es war Krieg. Es ist über 80 Jahre her, überall sind gesägte Baumstümpfe zu sehen. Und um mich herum stehen abertausende Fichten, Tannen, Lärchen. Nein. Diese drei Stämme, an welchen damals symbolisch diese Kupfermünzen getauscht worden waren, sind sicher nicht erhalten geblieben. Selbst wenn, wäre ich niemals in der Lage, sie zu lokalisieren. Drei Nadeln im sprichwörtlichen Heuhaufen – wie schon so oft. Ich schüttle den Kopf. Vor mir selbst und vor dem Schicksal, das sich mir wieder einmal nicht offenbart hat. Ich bin erstaunt, dass ich mir anklagend selbstkritische Fragen zugestehen kann: Kann es sein, dass es nur an dir liegt; dass du es einfach nicht zulassen willst? Oder kannst du es einfach nicht sehen? Wovor hast du Angst? Halte ich mir vor. Wovor?

Als wir im Auto sitzen und ins Tal rollen, weiß jeder von uns, was der andere denkt. Es ist dieses Mysterium, das uns immer dann umgibt, wenn wir hier in diesem Tal sind. Es schreit nach Taten, mahnt zu ungeteilter Aufmerksamkeit, fordert absolute Identifikation mit einem Schicksal, das nach 80 Jahren noch immer zwischen Raum und Zeit gefangen scheint. *Seelenheil*, ist alles, was mir dazu einfällt. Und tatsächlich konzentriert sich alles Erlebte, Geträumte und Erahnte in diesem einen Wort wie eine segenvolle Offenbarung. Wenn nur der Weg zu ihrer wahren Bedeutung nicht so verschlungen wäre.

Die Münze vom Rotwandgipfel – ein unbedeutendes Utensil?

Als ich in unserem Zimmer den Rucksack ausräume, kommt mir der Dosenboden wieder in die Finger. Ich reinige ihn im Waschbecken vom dunklen Humus und reibe den groben Rost ab. Das Toilettenpapier, das ich zum Trocknen verwende, färbt sich ockerfarben. Ich drehe und wende den Blechscherben und lege ihn auf den Fenstersims. Ich weiß nicht, was ich mit dem Fragment anfangen soll. Es sagt nichts aus, kann kaum in direkter Verbindung zum Traum stehen. Dass es eben genau dieser eine primitive »Bewegungsmelder« aus Kriegstagen gewesen sein soll, den ich im Traum im Dämmerlicht vor Augen hatte, wäre zu weit hergeholt. Doch wegwerfen kann ich das zerbrechliche Blechartefakt nicht. Irgendetwas in mir will es behalten. So wie den Keramikisolator aus der Scharte am Zinnenplateau; so wie die Münze von der Rotwand, von der ich nun weiß, dass es nicht jene ist, die Vinz mit Josele an den drei Tannen getauscht hatte. Diese nämlich müsste in einem Drahtkörbchen gefasst sein. Was aber hat dieser Heller dann für eine Bedeutung? Dennoch habe ich irgendwie den Eindruck, als würde sich mein »Schatz« langsam vervollständigen.

Den ganzen Abend über wünsche ich mir nichts sehnlicher als eine erholsame Nacht. Die Tour war anstrengend, die Umstände kraftraubend in jeder Hinsicht. Ich bin müde, physisch und im Geist. Aber das Schicksal will nicht gnädig mit mir sein, gönnt mir keine Pause. Und insgeheim habe ich erwartet, was hinter meinem leichten Schlaf lauert, um mich wieder wegzuziehen. Zurück in eine Zeit, die mich mit jedem Traum mehr Kraft kostet als alles, was über den Tag hinweg geschehen war. Mein Unterbewusstsein fackelt nicht lange. Die Traumsequenz setzt ohne die Vorgeschichte inmitten der Situation ein, die zum heutigen Erlebnis passt. Ein Novum im Ablauf.

Rindfleisch SK 27 ... Ein weiteres Fundstück fügt sich in die Geschichte.

Um mich herum geistert diffuses Licht. Unendlich schwach zeichnet sich die Silhouette der Berge am Horizont ab. Ich bin ein weiteres Mal taub, kann nichts hören. Feuchtschwerer Uniformstoff hängt an meinen Schultern. Mit meiner rechten Hand umklammere ich etwas. Mein Karabiner, sickert es träge zu mir durch und löst eine Lawine der Erinnerungen in mir aus. Der Lauf der Waffe ist noch warm. Warm vom letzten Schuss. Dem Schuss auf ... Josele! Binnen Millisekunden wird mir alles wieder klar. Ich erschrecke mehr vor meinen Gedanken als vor dem leblosen Körper zwischen den Steinen. Ich fühle eine Schuld in mir, die nicht vergänglich ist. Ich sehe mich nach allen Seiten um. Keine Lichter, keine Umrisse von Kameraden, nichts außer der Dunkelheit. Ich drücke den kleinen Knopf auf der winzigen Handlampe, bescheine mit ihrem spärlichen Lichtkegel den Leichnam. Neben ihm liegen zwei abgerissene Abzeichen. Ein Stern prangt auf ihnen. Ein Stern, der für immer untergegangen ist. Überläufer, hallt es anklagend in mir nach. Ich falle ins tiefste Schwarz meiner Seele; hasse mich selbst; hasse Gott und Kaiser. In meinem Hirn ist kein Platz mehr für rationale Gedanken. Ich bin dem Wahnsinn nahe ... ich will nicht mehr ... nur erlöst sein, alles vergessen. Sterben? Ich halte Josele in den Armen, wiege ihn wie ein kleines Kind hin und her. Ich spüre, wie ein Schrei an meinen Stimmbändern zerrt, hören kann ich ihn nicht. Ich huste und weine zugleich. In meiner Lunge brennt es. Dann nimmt mich ein kalter Hauch ein, trägt mich ein Stück weit in eine Art Lethargie. Nun schließt sich an, was immer während der schicksalhaften Szenen kommt: Der Zeitsprung. Wieder beginnt sich der düstere Zylinder um mich herum zu drehen, zerrt einzelne Szenen aus meiner geliehenen Erinnerung: Um mich sind Felsen, ein Abgrund. Ich sehe einen leblosen Körper an einem Seil in finstere Tiefe schweben, bis sich der geflochtene Hanfstrick entspannt und ins Nichts hinterherfällt. Es ist Joseles Leichnam. Handlampen flackern aufgeregt auf mich zu, blenden in meine Augen, bescheinen den niedergedrückten Drahtverhau. Eine der daran aufgehängten Konserven liegt am Boden, blinkt mir im Schein der Lampen grell ihre gebogene Prägung entgegen. »Rindfleisch SK 27«. Dann glotzen mich ein paar Gesichter an, fragend und besorgt. Ein Zeigefinger deutet zuerst auf meine Wangen, danach auf meine Hände. Sie sind rot. Blutrot. Und mit dem Rot schrecke ich auf; in eine Zeit, die mir fremd ist. Das Soldatengesicht, das zum Schluss immer auftaucht, weicht diesmal rasch, es ist steinern.

Erst als das Blut von meinen Händen weicht und das Licht der Nachttischlampe meine Pupillen erreicht, weichen auch die nachtkalten Felsen vor meinem geistigen Auge. Ich sehe, wo ich bin, wo ich erschöpft und keuchend liege. In den

Armen von Daniela. Wie schön wäre es gewesen, einfach nur wieder einzuschlafen. Ich kann es nicht, stehe auf und gehe, ohne zu überlegen, zum Fensterbrett hinüber. Wieder lese ich die Rostbuchstaben des alten Dosenblechs und wieder krümme ich mich innerlich vor Seelenschmerz: Rindfleisch SK 27!

Daniela tapst zu mir, sieht zuerst auf das Blech, dann sucht sie meinen Blick, der sich auf dem braunen Rost festgefressen hat. »Es war doch da oben kurz vor dem Wald, nicht wahr?«

Ich reibe mir die Augen. »Es ist zum Verrücktwerden.«

Daniela nickt dem Dosenblech zu. »Du hast sie im Traum gesehen?«

Ich bejahe. »Jetzt stellt sich nur die Frage, ob der Traum den Fund oder der Fund den Traum ausgelöst hat.«

Sie sieht mich nachdenklich an. »Spielt das eine Rolle?«

Ich suche einen Augenblick nach der Logik in ihrem Satz. Dann verneine ich wortlos.

»Siehst du. Es geht weiter. Ob du willst oder nicht.« Sie macht eine Pause und führt mich zurück ins Bett. »Geduld. Du brauchst nur Geduld, auch wenn dir das so gar nicht liegt.«

30. Juli 1995

Neue Spur oder gedankliche Sackgasse? Wer war Guido Malfer?

Es ist früh, als wir auf der östlichen Talseite unsere Tour beginnen. Ich fühle mich wie gerädert, antriebslos. Und dennoch steigen wir in strammem Tempo bergan. Wir haben uns für eine Wanderung auf der anderen Talseite entschieden. Der Gratweg schafft die nötige Distanz zur schroffen Rotwand, ohne sie aus dem Blickwinkel zu schieben. Das Thema ist präsent, aber nicht erdrückend.

Mittlerweile bin ich auf alles gefasst. So sehr ich mir auch das Gegenteil einrede, alles, was ich hier im Hochpustertal unternehme, geschieht offenbar nicht ohne unterbewusste Motivation. Selbst bei dieser Tour, die Daniela allein am Abend ausgearbeitet hatte. Irgendetwas scheint uns zu leiten, zu führen. Immer einem ganz bestimmten Ziel zu, das keiner von uns genau kennt. Es ist wie ein Kreuzweg mit unendlich vielen Stationen; eine ganz persönliche Wallfahrt. Was wird heute passieren, mit uns, um uns?

Nach ein paar Stunden taucht unter uns ein leicht geneigtes Kar mit dem tiefblauen Obstanser See auf. Dahinter die gleichnamige Berghütte, die bereits jenseits des Bergkamms auf Osttiroler Gebiet liegt. Eigentlich ein Bild der Ruhe, ein Anblick zum Seele baumeln lassen. Doch so wohl es auch tut, reicht es offenbar aus, um angreifbar zu werden, um der schrecklichen Historie Raum zu verschaffen, die leider auch in dieser bezaubernden Gegend schlummert.

Der Rückblick fällt mich unerwartet an, packt mich in diesem friedlichen Augenblick, als habe es nur darauf gewartet. Weshalb? Weil die Zeit, die ich sehe, nicht friedlich war.

Die Alm ist grau. Von der Hütte aus schlängeln sich vier Wege zum Grat hin, verästeln sich in den schiefrigen Felsen. Unterstände kleben in den Flanken; dunkle Granattrichter* klaffen im weichen Grasfell der Hochalm. Ein paar Tragtiere stehen am See. Hinter ihnen türmen sich Holzbalken, Kisten, Fässer und pralle Säcke. Zwei Kolonnen wuchten schweres Gerät in die Gratstellungen. Das ganze Gelände strotzt vor Kriegstreiben.

Das Bild wird wieder friedlich. Die Farbe kehrt zurück. Ich bin wieder im Jetzt und laufe Daniela in Richtung Hütte hinterher. Sie hat meine kleine Pause nicht bemerkt.

Kurz darauf sitzen wir bei einem kühlen Radler auf der

---

* Durch die Explosion einer Granate verursachte Vertiefung im Gelände

Terrasse des Berghauses. Mein Blick findet immerzu einen Punkt im Gelände, von dem ich mich nur schwer lösen kann.

»Was ist da oben?«, fragt Daniela.

Ich sehe sie vorwurfsvoll an. »Stehe ich unter Beobachtung?«

»Ich kenne diesen Blick«, stellt Daniela abgeklärt fest.

Ich weiß nicht, ob ich lachen oder grummeln soll, sehe wieder hinauf auf diese Stelle kurz unterhalb der Felsen. Muss ich dort hinauf? Warum?

Den Rest des Kaiserschmarrns schlinge ich hinunter, als käme es auf jede Sekunde an. Ich fühle, dass gleich etwas geschehen wird.

Es dauert nicht lange, bis wir wieder in unseren Tritt gefunden haben. An einem Felsriegel liegen Relikte im Geröll. Das Übliche: Stacheldraht, zerfasertes Holz und Wellblech. Ich sehe nach oben in graues Gestein, bemerke kaum, wie ich für Sekundenbruchteile wieder abgleite. Dann sage ich zu Daniela: »Ein Friedhof – es ist ein Friedhof.«

Sie bleibt stehen, sieht sich um. »Wo?«

»Dort, hinter der Kuppe.«

Daniela schüttelt ungläubig den Kopf. »Hier oben, auf 2.300 Meter?«

Ich sehe stoisch auf den Boden, gebe eine knappe Anweisung: »Geh nach den Schrofen ein Stück links über das Gras. Ich warte hier.«

Es dauert keine zwei Minuten, bis sie stehen bleibt und mir mit einem Nicken Recht gibt.

Grabkreuze stehen mitten auf einem kleinen Absatz, wirken fast verloren in der Weite des Kessels. Geistesabwesend murmle ich einen Namen vor mich hin, als wir uns dem umzäunten Areal nähern. Ich bleibe zurück, kann nicht weitergehen. Daniela schreitet die erste Reihe ab, verharrt wie versteinert vor einem der geschmiedeten Kreuze.

»Was hast du da eben genuschelt?«

Ich wiederhole den Namen. Laut und ahnungsvoll.

»Malfer.«

Danielas Blick misst die Distanz, sieht, dass ich aus diesem Winkel nicht einen einzigen Buchstaben auf den verwitterten Täfelchen ablesen kann.

»Das gibt's nicht. Der ist hier begraben. Vielleicht noch der Vorname?«

Ich schließe kurz die Augen. »Das ist kein Spiel.«

»Natürlich nicht! Aber es ist ein Beweis!«

Ich kehre mich von der Ruhestätte ab. »Für was?«

»Für uns! Suche in dir!«

»Gildo oder Guido! Zufrieden?« Ich bin wütend, gehe weiter. Die dunkle Wolke, die sich gerade über den Grat schiebt, kommt mir gerade recht. Mein Schritt wird schneller. Und plötzlich wird aus der Wanderung eine Flucht. Ich will nicht schon wieder in mir nach dem Einst kramen. Ich brauche geistige Erholung. Aber kann es die jetzt noch geben?

Wieder am Seikofel …

Nach etwas weniger als zwei Stunden nähern wir uns einer Weggabelung. 110 Minuten des Schweigens, wieder einmal auf kaum noch erkennbaren Wegen, die in keiner Karte mehr verzeichnet sind. An einem Wegweiser halte ich an. Es ist das erste Mal seit diesem Friedhof, dass ich mich zu Daniela umdrehe. Ihr Blick ist müde. Sie sagt kein Wort. Nachdem wir unseren letzten Körnerriegel geteilt und den kläglichen Rest unserer Wasserflasche geleert haben, setzt sie den Rucksack auf und geht weiter, geradewegs über den Bohlenweg durch das kleine Hochmoor in eine völlig falsche Richtung.

Ich weise links talabwärts. »Das Auto steht in dieser Richtung.« Daniela dreht sich nicht einmal um und geht weiter, als wisse sie genau, was sie tut. Ihre Antwort mahnt mich. Diesmal dringt sie weiter zu mir vor: »Weshalb bis du dann nicht schon auf dem Kamm abgebogen? Das wäre viel kürzer gewesen.«

Im Weitergehen fliehen meine Augen kurz zu dem Schild hin, das auf ein ganz bestimmtes Ziel hinweist. Ich kenne es, mag den unscheinbaren Berg mit seinen Krüppelsträuchern nicht besonders. Etwas in mir sträubt sich. Gleichermaßen, wie ich mir eingestehen muss, dass mich mein Eilmarsch herab vom Grat genau dorthin geführt hat – unterbewusst, ohne aufdringliche Intension wie sonst.

Daniela ist mir weit voraus; in jederlei Hinsicht, denke ich vor mich hin, als sie hinter den ersten niederen Fichten verschwindet. Wir gehen wieder sacht bergauf. Das zweite verwitterte Schild lese ich nicht mehr. Mir reicht die Gänsehaut, die mich überkommt, wie ich auf das rötliche Gestein des Seikofels trete.

Wir können die Stelle, an der es mir vor einem Jahr so schlecht ging, nicht mehr genau ausmachen. Und trotzdem kriecht wieder dieses Seelenbrennen in mir hoch. Ich bin mir nicht sicher, ob es neu ist oder nur von den letztjährigen Eindrücken herrührt. Der Seikofel wirkt immer gleich unheimlich auf mich, ganz unabhängig vom Wetter. Ich fühle mich zu ihm hingezogen und gleichermaßen abgestoßen. Mir ist, als zerrten zwei unterschiedliche Pole an mir – Vernunft gegen Eingebung. Wen muss ich gewinnen lassen?

Daniela wartet an einer der vegetationsfreien Steinplatten kurz unterhalb des letzten Aufschwungs. Sie hat sich umgedreht und geht langsam rückwärts weiter, als ich zu ihr aufgelaufen bin. Sie sieht mir forschend ins Gesicht.

»Was ist?«, frage ich genervt.

»Nichts. Diesmal will ich nur von Anfang an bei dir sein. Zumindest so lange, bis es geschieht.«

Sie geht neben mir. Sieht mich ohne Unterlass an. Wir bleiben kurz unterhalb des Gipfels an der Einmündung eines zugewachsenen Schützengrabens stehen. Wir tun es beide, gleichzeitig. Daniela sagt nichts, wartet ein paar Sekunden auf eine Reaktion meinerseits. Dann geht sie langsam weiter, lässt mich allein.

Ich schließe die Augen, halte den Atem an, will den schrecklichen Bildern trotzen, die gleich über mich hereinbrechen. Irgendwann fange ich an, die Sekunden zu zählen. Aber es passiert nichts. Im Gegenteil. Das scheußliche Gefühl, gleich von der tristen Umgebung aufgesogen zu werden, ist weg. Ist dieser Ort abgearbeitet? Ist die Gleichgültigkeit meines Unterbewusstseins auf eine derartige Provokation hin etwa das Zeichen, das ich sehen sollte? Stehe ich hier im Auge meines Seelensturms?

Ich atme tief ein und schließe wieder zu Daniela auf. Sie sieht mich nicht einmal an, kehrt schweigend um und geht bergab. Ich bin irritiert von ihrer Art, dränge mich betont auf. »Es war nichts.«

»Ich weiß«, gibt sie knapp zurück.

»Aha.«

Sie dreht sich kurz um und sieht auf ihre Uhr. »Für gewöhnlich dauert es länger.«

Malfer ist nicht der Soldat im Traum.

Es ist schon spät, als ich auf der winzigen Terrasse unseres hinteren Zimmers stehe und mich auf das Geländer stütze. Irgendwo hinter dem Pass grollt ein nächtliches Gewitter vor sich hin. Aus dem Zimmer dringt schwaches Licht. Ich halte einen Kugelschreiber in der Hand, sehe auf den kleinen Zettel vor mir, als stünde darauf die Generallösung für all die Rätsel, die mir diese Gegend entgegenstellt. Irgendwann schreibe ich ihn auf, den Namen vom Friedhof über dem Obstanser See. Malfer, Guido, 1915. Daniela reibt ihre Schulter an der meinen, liest, was ich geschrieben habe.

»Er hieß Ermengildo«, verbessert sie mich liebevoll. »Woher kam dieser Name da oben?«

Ich schüttle verzagt den Kopf. »Ich weiß es nicht. Ich wünschte, ich könnte ihn zuordnen.«

» Könnte ihm das Soldatengesicht am Ende der Träume gehören?«, fragt Daniela unsicher.

»Nein. Zudem ist da ein anderer Name. Er ist dominanter, wichtiger. Vinz ...« Ich zucke nur mit den Schultern und spreche nicht zu Ende, was ich denke.

Daniela schweigt mich mit einer Feststellung an, die ich nur aus ihren Augen lese: »Josele hat dich im Traum mit Vinz angesprochen. Das heißt, du siehst am Ende eines jeden Traums in einen Spiegel, ohne dich zu erkennen.« Es ist das erste Mal, dass sie mich gezielt danach fragt, wie genau sie sich denn diese Rückblenden vorstellen muss. Ich überlege ein paar Sekunden, suche nach dem passenden Vergleich. Schließlich weise ich auf das Glas der Balkontür.

»Wenn man in der Nacht auf eine Glasscheibe in einem beleuchteten Raum blickt, sieht man in sein eigenes Spiegelbild. Schaltet man aber das Licht aus, wird das eigene Spiegelbild blass. Dafür wird das deutlich, was hinter der Scheibe liegt.«

Daniela nickt wissend. »Du willst damit sagen, die meisten Menschen haben nicht die Fähigkeit, durch die Glasscheibe hindurchzusehen?«

»Nein«, widerspreche ich. »Die meisten Menschen sind nur nicht in der Lage, das Licht zu löschen.«

Ich stiere noch eine Weile ziellos hinaus in die Dunkelheit. Dann gehe ich hinein in die kuschelige Wärme des Zimmerchens und sehe argwöhnisch auf das Bett. Es ist selten, aber heute fürchte ich mich vor dem Einschlafen, bettle mein Schicksal um ein paar Stunden Erholung an. Ein paar Stunden nur ...

Ich schlafe tatsächlich ein. Doch erholsam wird auch diese Nacht nicht. Wieder träume ich mich in die Vergangenheit zurück, ohne es zu wollen.

Ein herrenloses Stück Erinnerung ohne Wiederkehr … Endet die Geschichte nach dem Krieg?

Ich gehe einen Pfad entlang. Er ist frisch angelegt. Die lockeren Steine geben noch etwas nach. Dunkle Erde liegt in den Zwischenräumen. Vor mir breitet sich eine Almfläche aus, dahinter ragt ein Gipfel auf, der mir unbekannt ist. Das Gras tut der Seele gut. Ein kleiner, weicher Trost in der schroffen Gegend. Ich fühle, dass ich allein bin, steige beinahe unbeschwert den Hang hinauf. Doch irgendetwas stimmt nicht. Wo ist die Angst, das ständige Ducken vor den Granaten, die immerwährende Anspannung? Vor mir tauchen Grabkreuze auf. Ein Friedhof, mitten in den Bergen. Ich bleibe stehen, denke, als wäre ich wach. Ist der Krieg vorüber? Habe ich überlebt?, hallt es in mir nach. Ein Holzkreuz schlägt hart vor mir ein. Es raucht, dampft. Auf der beschmutzten Namentafel ein Name und ein Jahr – … Malfer, 1915. Dann hüllt mich Nebel ein. Eine Kontur will deutlich werden, bevor sie jäh ins Schwarz gerissen wird. Das Soldatengesicht bleibt diesmal aus.

Ein mächtiger Donnerschlag lässt mich hochschnellen. Daniela knipst das Licht an.

»Das war nicht weit entfernt.« Während sie aufsteht und die Balkontür schließt, suche ich fieberhaft nach der Realität zwischen den Fragmenten meiner Eindrücke. Ich spüre, wie mir das Herz bis zum Hals schlägt. Die Angst vor den Granaten, den pfeifenden Schüssen, ist wieder in mir. Es dauert eine Weile, bis mein Verstand die Gewissheit zulässt, dass nur ein Gewitter über das Tal zieht. Ich atme auf, bin irgendwie erleichtert, dass damit die für morgen geplante Klettertour buchstäblich ins Wasser fällt. Ich verwehre mir die Zeit zum Nachdenken, ob nun der nachgelagerte Traum ursächlich für diese Namenseingebung am Friedhof war oder eben umgekehrt. Der Ursprung wäre dabei immer der gleiche: die unergründliche Vergangenheit. Woher mir dieser Name bekannt ist, würde sich nie klären lassen.

Der Traum war unüblich kurz, stand fern der anderen, als gehöre er nicht dazu. Sofern er überhaupt irgendeine Logik besaß, veranlasst er mich lediglich zu einer einzigen Frage: Ging die Geschichte möglicherweise über den Krieg hinaus?

7. August 1995

Eine surreale Begegnung – sehen wir nun beide Gespenster?

Der Himmel ist nahezu geschlossen grau über uns. Es regnet seit fünf Minuten Bindfäden. Keiner der herrlichen Gipfel gegenüber ragt aus dem Wolkenmeer. Die berühmte Sextener Sonnenuhr (Berggipfel, die wie Zeiger einer Uhr aneinandergereiht sind) nimmt sich heute offenbar eine Auszeit. Die geteerte Straße, die hinauf in den Sextener Ortsteil Mitterberg führt, gesteht uns mit ihrem moderaten Gefälle genug Zeit für eine Diskussion über die vergangenen Ereignisse zu. Wir sprechen uns aus, sind uns einig, dass dieser Name vom Friedhof über dem See nicht direkt mit den um ein Vielfaches stärkeren Erlebnissen an der Rotwand und am Seikofel in Verbindung stehen kann. Auch passt er mitnichten in das bisherige Traumgefüge. Weder territorial noch vom Ablauf her. Selbst der Person nach, von der ich noch nicht einmal ein Bild vor Augen habe, gibt es keine Anknüpfungspunkte. Aber vielleicht folgt das alles noch. Wir legen uns eine vermeintliche Wahrheit zurecht und geben uns alle Mühe, daran zu glauben. Wohl wissend, dass wir nicht das Geringste davon verstehen. Bringt reden wirklich eine Lösung?, frage ich mich in einem luftleeren Moment. Oder lockt es uns vom vorbestimmten Weg ins Dickicht? Ich denke noch intensiv darüber nach, als vor uns ein paar Höfe auftauchen. Alte Gebäude, weit in den steilen Hang hineingebaut.

Mittlerweile legen sich die Rückblicke so passend ins Geschehen, dass ich in meinen Bewegungen nicht einmal mehr innehalte. So wie in diesem Moment. Ich gehe einfach weiter, während sich die schwarz-weiße Landschaft den Wald aus dem bestehenden Farbbild radiert. Die Straße besitzt keinen Asphaltbelag mehr, und aus den Kaminen der altehrwürdigen Höfe steigen keine Rauchfahnen mehr auf. Die Fassaden sind hell, das Holz schwarz. So schwarz wie die Schießscharten, die mich aus dem Panzerwerk Mitterberg (armiertes Sperrfort in Stahlbetonbauweise zur Verteidigung) anglotzen. Davor schneiden Stacheldrahtverhaue und Spanische Reiter eine abschreckende Linie quer durch das Bild, das schlagartig wieder verblasst.

Von der befestigten Straße zweigt ein Feldweg ab, der direkt an die Kehlfront* des Sperrforts führt. Die im vorigen Jahrhundert erbaute Festung liegt wie ein ausgeglühter Meteorit unpassend im Immergrün der Almhänge. Mich fröstelt. Schandfleck oder historische Bausubstanz?

Das Grundstück ist nicht eingezäunt, die zerschossene Flanke lädt zum unheimlichen Besuch ein. Selbst die Haupttür ist unverschlossen. Daniela sieht mich prüfend an. Mit einem Kopfnicken auf das Tor versichere ich, dass es mir gut geht. Ich lüge nicht einmal dabei. Wir schlüpfen durch den engen Spalt und spähen ins Finstere. Es dauert ein wenig, bis sich die Augen an das Dämmerlicht gewöhnen. Ein dunkler Gang führt geradewegs auf eine Wand zu. Treppen leiten in die oberen Etagen, zu den Panzerkuppeln. In einer Nische liegen vier kryptische Aussparungen frei. Ihre verrosteten Eisentore stehen auf wie Backofentüren. Es sind die leeren Leichenkammern für den Ernstfall. Die kriegerische

* Feindabgewandte (rückwärtige) Festungsaußenmauer

Vergangenheit lauert im Dunkel jeder Nische. Sie lauert auf mich, obwohl sie hier drin bis jetzt nichts Bekanntes für mich bereithält. Ein modriger Geruch setzt sich in meiner Nase fest. Das Gemäuer ist durchfeuchtet wie ein Schwamm. Aber es ist intakt und stabil. Dennoch drängt mich die düstere Stimmung zur geduckten Haltung, als würde sie mich vor dem nächsten Rückblick schützen. Der gesamte Bau wirkt erdrückend. Und trotzdem zwinge ich mich für ein paar Sekunden, in mich zu gehen. War ich schon einmal hier? Wohnen in diesen Mauern der Ewigkeit Erinnerungen? Ich warte, höre für Sekunden nur das sich entfernende Knirschen von Danielas Stiefelsohlen. Doch nichts geschieht. Ich bin mir sicher: Hier war ich noch nie in meinem Leben. Weder in diesem, noch im anderen … Ich schneide meine Gedanken ab. Es kostet mich noch immer Überwindung, das Unmögliche zu Ende zu denken.

Als wir wieder ins Freie treten, sind wir überrascht. Es hat aufgehört zu regnen. Gedankenverloren schlendre ich neben Daniela am hohen Kehlgraben* vorbei, als uns plötzlich jemand von der Seite her grüßt. Das Bewusstsein, den Bau unbefugt betreten zu haben, ist schneller bei mir als der Schreck. Ich brauche nicht lange nach dem Verbotsschild zu suchen. Es prangt unübersehbar an der Mauer neben dem Eingang.

Ein alter Mann sitzt auf einem kleinen Holzbänkchen, stützt sich mit beiden Händen auf seinen gekrümmten Stock. Sein Gesichtsausdruck gibt mir zu verstehen, dass er weiß, mit was wir jetzt rechnen. Ich versuche sinnloserweise, uns zu rechtfertigen, stammle irgendetwas von der interessanten Vergangenheit, dem unsäglichen Krieg. Der Alte mit seiner typischen blauen Schürze bleibt unbeeindruckt und lächelt mich nur verschmitzt an. Es liegt etwas Besonderes in seinen altersträben Augen. Etwas, das sympathisch auf mich wir-

* Graben vor der feindabgewandten (rückwärtigen) Seite des Sperrforts

ken will, mir mehr sagt als Worte. Und doch strahlt er etwas Unheimliches aus. Die Dialektworte, die er ausschließlich mir widmet, jagen mir einen Schauer über den Rücken, obwohl sie von der Aussage her gar nicht gewichtig sind.

Die Mauern, wenn die Geschichten erzählen könnten, sagt er. Er gehe oft hinein und höre ihnen zu. Man müsse sie eben verstehen können, die Zeit von damals. Er weist auf das Warnschild und winkt ab. Das sei Schmarrn, brauche uns nicht zu kümmern. Das Fort habe kaum Treffer abbekommen, stehe noch da wie damals. Doch für einen Keller sei es zu feucht.

Ich gehe ein paar Schritte auf den Alten zu, suche seine Augen. Er weicht mir nicht aus. Vielmehr scheint er auf etwas zu warten. Meine Frage ist schon fast beleidigend pauschal: »Wissen Sie noch etwas von damals?«

Er lässt sich Zeit mit einer Antwort, als würde er etwas gegeneinander abwägen. Schließlich ringt er sich zu einem ebenso nichtssagenden »dies und das« durch. Er hält sich bedeckt, verrät mit seiner Mimik, dass mehr in seinem betagten Kopf schlummert, er aber ungern darüber spricht. Ich nicke ihm Verständnis zu, will mich abwenden, als ein unverhoffter Nachsatz folgt: »Eben nit mear ols er selbscht« *(Eben nicht mehr als er selbst)*, setzt er nach. Ich fahre herum, sehe, wie auch Daniela den Alten fixiert.

»Sie meinen, nicht mehr als *ich*?«

Er zuckt nur mit den Schultern und fügt an: »S' isch long hear. Obr sain viel no amol zruck khemmen.« *(Es ist lange her. Aber es sind viele noch einmal wieder zurückgekommen.)*

»Wer?«

Ein altkluges rasselndes Lachen.

»Kuanr vun d' oltn Kämpfr kunn drvun lossn. Du konsch do nit aus dainr Haut aussr.« (Keiner der alten Kämpfer kann davon lassen. Du kannst da nicht aus deiner Haut.)

Ich sehe rückversichernd Daniela an. Sie schüttelt kaum merklich den Kopf, bedeutet, dass sie hier weg will. Ich weiß nicht, weshalb ich meine Handkante zum Gruß an die Schläfe lege. Doch der Alte tut es mir gleich und lächelt mich an. Eine Gänsehaut erobert meinen ganzen Körper. Daniela zieht sacht an meiner Hand, lässt mich wissen, dass es ihr ebenso geht. Ich nuschle noch so etwas wie »Pfiat de« *(Auf Wiedersehen)* und gehe auf die Straße zu, obwohl sich etwas in mir dagegen wehrt. Es mahnt mich hierzubleiben, weshalb auch immer. Mein Schritt wird langsamer. So einsilbig und unwirklich unsere Unterhaltung auch war, sie schien mir auf eine gewisse Art besonders – mystisch, als hätte sie für den Rest der Welt gar nicht stattgefunden. Der letzte Satz des Alten hallt selbst Sekunden, nachdem er ausgesprochen wurde, noch unterschwellig in mir nach. Er reiht sich irgendwo zwischen dem Jetzt und dem Einst passend in meine Erlebnisse ein. Wie alles andere Unerklärliche fordert er mich heraus. Ist das etwa der erste verständliche Satz inmitten meiner Träume? Ein paar Worte, die ihre Zeit verfehlt haben? – Soll ich umkehren? Ich muss umkehren!

Ich weiß nicht, weshalb ich flüstere, als ich mich Daniela zuwende: »Er hat mich damit eben direkt angesprochen, oder?«

Sie jagt mir einen nervösen Blick entgegen. »Eben deswegen wollte ich da weg. Diese Augen, diese gezielte Unterhaltung nur mit dir ... Das war wie dort oben auf der Rotwand im Nebel.«

Ich halte abrupt an und sehe ihr eindringlich in die Augen.

»Der Alte weiß etwas. Und ich laufe nicht mehr davon.« Daniela ist uneins. Wir drehen uns um, suchen – sind perplex. Der Alte ist weg. Ich messe die Entfernung zum Fort, sehe den Hügel mit der Ruhebank, erfasse unsere Distanz. Nein, er kann in der kurzen Zeit nicht ins Fort geschlüpft sein. Es sind kaum mehr als 20 Sekunden vergangen.

Daniela wird blass. Ich sehe, wie sie an sich zweifelt. »Er kann doch nicht einfach verschwunden sein!« Ich kann Danielas Worten nichts hinzufügen, laufe schnell hinauf zur Bank und sehe jenseits hinab in die Wiesen vor den Höfen.

Das Gelände ist übersichtlich, die Distanz zum ersten Hof zu weit. Und das hohe Gras dazwischen, es ist unberührt. Ich gehe den einzigen Weg, den er genommen haben kann, hinunter an die Pforte des Forts und bleibe vor der großen Pfütze stehen. Sie ist plan wie ein perfekter Spiegel. Ich rufe durch den Spalt am Tor hinein, horche – nichts. Schließlich lasse ich meine Arme in zorniger Ratlosigkeit an meine Hüften fallen. Ich könnte mich ohrfeigen. Das war eine Chance, du Idiot!, halte ich mir innerlich vor und gehe zurück. Daniela ist kreidebleich. Sie versucht, ihr Zittern zu verbergen. Als ich sie heimlich von der Seite anschaue, sehe ich das erste Mal seit Langem so etwas wie Angst in ihren Augen. Ich brauche nicht lange, um zu verstehen, dass sie zum ersten Mal wirklich nachvollziehen kann, wie es mir seit Jahren geht.

Malfer gibt es nicht, und der Alte an der Festung – nur Einbildung?

Es ist schon Abend, als wir, frisch geduscht, durch den Hausflur der Pension schlendern. Die freundliche Vermieterin, Frau Tschurtschenthaler, kommt aus der Küche. Wo wir denn heute bei dem Sauwetter unterwegs gewesen wären, fragt sie.

»Mitterberg oben«, gebe ich knapp zurück.

Sie sieht mir schelmisch in die Augen. »Na, viel gsehn habts heut wohl auch net von da oben.«

Ich verneine mit einem Kopfschütteln. »Nein. Wir haben mit einem alten Mann gesprochen. Er saß da auf dieser Bank vor der Festung …« Ich hoffe auf eine wie auch immer geartete Ergänzung der Vermieterin auf meinen unvollendeten Satz. Sie folgt meiner versteckten Aufforderung und zieht die Brauen nach oben.

»Jo. Da oben gibt's schon ein paar Alte. Aber die sind alle ganz schlecht zu Fuß. Von denen kann kaum noch einer aus der Stub'n geh'n.« Sie runzelt die Stirn und hakt nach: »Auf der Bank gesessen, sagen Sie?« Ein Kopfschütteln. »… muss ihn einer hingebracht haben.« Sie greift das Panzerwerk auf: »Und die Festung? A scheußlicher Kasten, gell! Wenn sie ihn nur endlich wegreißen würden.«

Ich höre kaum noch hin, wie sie erzählt, dass ein paar Leute ein Museum daraus machen wollen und dies eine Menge Geld kosten würde. Bohrende Fragen liegen unverdaut in meinem Gehirn, lassen die Begegnung von heute Vormittag noch merkwürdiger erscheinen: Wer war der Alte? Wo kam er her und wohin ist er so rasch verschwunden? War er überhaupt da? Ich zwinge mich zurückzudenken, sehe das Grün der Wiesen, den braunen Gehstock, die blaue Schürze. Nein. Es war keiner meiner Rückblicke, schon wegen der Farbe im Bild nicht. Zudem haben wir ihn beide wahrgenommen, gesehen und gehört. Definitiv.

Ich ringe mich zu einer weiteren Frage an Frau Tschurtschenthaler durch: »Sagen Sie, der Name Malfer, ist der hier in Sexten geläufig?«

»Malfer … ? Na. Hab ich nie gehört.« Sie greift nach dem Telefonbuch unter dem Telefontisch in der Küche, blättert hastig auf die entsprechende Seite und fährt mit dem Finger eine Spalte ab. »Na. Gibt's keinen hier.« Ich verabschiede mich mit einem freundlichen Nicken, als berührten mich ihre Antworten nicht, als wären es die unwichtigsten Dinge der Welt. Tatsächlich aber ging mir dieser alte Mann vor der Festung nicht aus dem Kopf. Nicht in diesem Augenblick und auch lange Zeit danach nicht. Genaugenommen bis heute. Ich hatte die Hoffnung, dieses Rätsel irgendwann aufklären zu können. Dieser Wunsch wurde mir jedoch nie erfüllt.

Auch was diesen Gefallenen Malfer anging, konnten wir im Nachgang nicht sehr viel mehr in Erfahrung bringen. Nur so viel, dass der Name eher im Raum Bozen und dem Trentino häufiger vorkam. Dennoch, der Traum von diesem Soldatengrab war, für sich betrachtet, etwas Besonderes. Ich träumte nie wieder davon. Dieser kurze Traum hat sich als einziges Element in der Reihe der unzähligen Träume nicht wiederholt. Dabei hatte ich inständig darauf gehofft. Nicht, weil er gegenüber den anderen ein relativ friedlicher Traum war, vielmehr weil er zu dieser Zeit schlicht das einzige Indiz auf eine erklärende Fortsetzung darstellte. Möglicherweise führte er mich sogar in die Zeit nach dem Krieg. Entgegen dem Rückblick an Ort und Stelle gab es in ihm keine Hinweise auf eben stattfindende Kriegshandlungen. Aber die Hoffnung schwand mit jedem Tag, jeder Woche und jedem Monat mehr, mit dem ich mich von diesem Traum entfernte und er nicht mehr wiederkehrte. Eine erträumte Sackgasse, ohne Sinn? Konnte es das geben?

09. August 1995

Wo ist die Burg?

Daniela und ich laufen kreuz und quer im Wald zwischen Innichen und Sexten herum. Wir spüren aufs Neue einem meiner Gefühle nach. Es ist ähnlich wie damals, als wir zum ersten Mal zum Seikofel hinaufgestiegen waren. Und hier, auf dem schmalen Bergrücken, fühle ich mich dem bisher kürzesten Traum in diesem Urlaub von vergangener Nacht seltsam nahe.

Eigentlich waren es nur ein paar einzelne Bilder, keine Szenen. Aber es waren derer genug, um wieder auf die Suche zu gehen. Etwa nach einem entfernten Kirchturm, der nicht zu Sexten passte, oder nach einem Wald mit frisch geschlagenen Bäumen, den es sicher nicht mehr in dieser Form gab. Zwischen den beiden Bildern drang ein verlorenes Wort zu mir vor: »Burg«. Wer es sagte und wem es galt, konnte ich nicht nachvollziehen. Frühmorgens suchte ich auf der Wanderkarte nach möglichen Bezugspunkten. Gab es tatsächlich eine Burg in der Nähe? Und wo war dieser Kirchturm, wenn nicht in Sexten? In Moos gab es keinen, damals 1915. Vielleicht in Innichen? Plötzlich waren meine Augen auf der Karte an einem augenfälligen Zeichen mit einem Fähnchen hängengeblieben. Darunter stand die ernüchternde Erklärung in schwarzer Schrift: »Burg«. Es hielt mich nicht im Zimmer. Ich musste dorthin – sofort.

Und da suchen wir nun – mitten im Wald. Von einer Burg aber ist nichts zu sehen.

Wir teilen uns auf, gehen in Sichtabstand von etwa 50 Metern parallel zueinander am Hang entlang. Es ist gewiss das vierte Mal, dass wir an einem bestimmten Punkt vorbeikommen und den Grat absuchen. Aber es gibt weder ein Schild noch eine Markierung. Noch nicht einmal einen Haufen alter Steine, der auf eine Ruine schließen lassen würde. Der Wald ist dicht, gibt nicht frei, was hinter ihm liegt. Und eines fehlt: das unbestimmbare Gefühl, nicht allein zu sein. Ich bin allein, mit Daniela. Und da ist nichts außer der Einsicht, dass die Eintragung auf der Karte falsch sein muss. Ein tragisch komischer Zufall? Obwohl ich nicht daran glauben kann, treten wir den Rückzug an und wenden uns der anderen Talseite zu.

Das Wildbad Innichen – die Rückblenden häufen sich …

Diesmal laufen wir nach Karte, nicht nach Intuition. Zumindest glauben wir das. Daniela hat auf dem bunten Kartenpapier einen Gebäudekomplex unweit der Straße entdeckt, der mit dem Symbol für Heilbäder und Quellen markiert ist. Gibt es dort einen Hinweis? Ich kann es mir nicht vorstellen.

Das Wildbad Innichen hält seinen vergangenen Zauber lange hinter den hohen Fichten versteckt. Bis mit einem

Mal ein Turm sichtbar wird. Sollte das etwa die Burg sein? So weit weg vom Symbol auf der Karte? Alte Ziegelmauern schimmern uns entgegen. Das einst pompöse Gebäude ist dem Verfall preisgegeben. Die Dächer seiner Trakte haben Löcher. Die Ruine wirkt dennoch erhaben, obwohl sie im Sterben liegt. Und irgendetwas an ihr zieht mich an. Kenne ich dieses Gebäude? Geht es jetzt wieder los?

Wir gehen ein Stück darauf zu, steuern einen breiten Durchlass im Untergeschoss an. Dann passiert es wieder: Es ist das erste Mal, dass mich eine Rückblende in die Vergangenheit derart verzaubert. Ich sehe den gesamten Komplex völlig intakt, sehe den verzierten Hauptturm, die Säulenreihe, den akkurat gepflegten Park mit seinem Teich. Das Areal hat etwas von Neuschwanstein. Beim nächsten Schritt legt sich aber schon wieder der Verfall der Zeit über den Komplex. Die Pferdekutschen vor dem Durchlass verschwinden, die vornehmen Herrschaften im Park fliehen wie Gespenster aus dem grauen Bild. Ich fühle mich einsam, obwohl Daniela meine Hand hält.

Wo die Brücke zu meinen Träumen fußt, ist mir rasch klar. Der Zusammenhang liegt in den Anfängen, vor dem Krieg. Ich erinnere mich an diesen Gebäudekomplex im Traum, der eigentlich nie eine Rolle im Fortgang der Geschichte gespielt hatte. Erlebt er nun eine kleine Renaissance? Nur in mir?

Wir betreten das marode Bauwerk – widerrechtlich, wie auch schon das Panzerwerk Mitterberg. Das Gebälk des großen Querbaus hat handbreite Risse. Alles ist feucht und schimmlig. Ich strecke die Hand aus, weise nach rechts und fasle etwas von Stallungen, einer Treppe zum Küchentrakt und der Verwaltung. Daniela sieht mich auffordernd an und geht voraus. Ich folge ihr, gehe über Reste von Deckenstuck und zerfallener Bausubstanz. Wir kommen zu einer zusammengebrochenen Holztreppe oder dem, was von ihr übrig ist. Das Geländer hängt schief im Treppenhaus, stützt sich auf die gedrechselten Streben. Es ist trocken, matt vom Staub, nur an seinem verschnörkelten Ende wie glattpoliert. Ich kann nicht sagen, weshalb mich dieser gesprungene Handlauf so fasziniert, warum ich nicht umhin kann, meine Hand daraufzulegen. Vielleicht weil ihm eine bekannte Energie innewohnt, die ich genau in dem Moment spüre, als meine Handinnenfläche das dunkle Holz berührt.

Diesmal führt mich mein Rückblick durch mehrere Graubilder. Ich stehe still, lasse die alten Eindrücke durch mich hindurchströmen. Widerstandslos, weil sie ohne Ausnahme gut und friedlich sind:

Das Geländer ist makellos, wirkt wie eben erst gebaut, die Wand strahlt hell. Ihr Karree ist von aufgemalten Ornamenten umspielt; Blätter, Blüten, fantasievolle Ranken. Dann ein Saal, stuckverziert und deckenbemalt, ein hoher, hell gekachelter Ofen – lange, glänzend polierte Tische. Und eine geschnitzte Wandvertäfelung mit Intarsien und Schuppenschnitzerei. Ich kann den süßlichen Duft von Lärchenholz riechen. Im Holz ist Friede, fliegt es durch meinen Geist. Das Letzte, was ich sehe, ist das Kreuz Christi. Es ist nicht hier in diesem Gebäude. Ich weiß es. Es ist in einer dunklen, hohen Kirche, deren kleine Fenster den Blick nach draußen nicht freigeben.

Dann stehe ich wieder fest im Moder der Vergänglichkeit. Der Glanz ist verflogen. Und ich weiß nicht, was ich mit den eben gesehenen Bildern anfangen soll. War ich schon einmal hier? An diesem vornehmen Ort? Es scheint mir eher unwahrscheinlich.

Wir gehen weiter durch einen anderen Trakt, in dem noch ein wunderschönes Fresko von der Decke herabgrüßt. Lachende Engel zeugen von besseren Zeiten. Der Boden im Obergeschoss ist instabil, gibt hier und da nach. Vor uns tut sich ein holzvertäfelter Raum auf. Er ist teilweise erhalten geblieben. Das von der Zeit gegerbte Holz fesselt meinen

Blick. Ist es Lärchenholz? Es muss Lärche sein. Ich wage mich ein Stück über die brüchigen Dielen und fahre mit meinen Fingern über die Oberfläche der schuppigen Schnitzerei. Dann gehe ich zurück in den Flur. An einer Stelle, an der der Putz von der Bastmatte hängt, bleibe ich stehen und zupfe ein Stück uraltes Papier aus dem Zwischenraum in der Wand. Es ist eine Tapete, blau-grün bemalt mit verschlungenen Rankenornamenten. Daran haftet ein Stückchen einer alten Zeitung. Ich lese die zusammenhanglosen Worte der fünf Zeilen halblaut vor mich hin: »Theater, schreiben, goldene Zeit, damals, Leid.« Eine Botschaft? Nein. Unsinn, schiebe ich das zufällige Wortensemble von mir. Und dennoch kann ich das Zettelchen nicht achtlos auf den Boden gleiten lassen. Ich stecke es zwischen die Faltung der Wanderkarte, sorgsam, als wäre es eine Reliquie.

Vergangener Glanz einer fernen Epoche: Das verfallene Wildbad Innichen im Mai 2013.

Zufallsfund unter der Tapete. Einige Worte scheinen beinahe wegweisend: Retten – schreiben – goldene Zeit – Leid. Wirklich nur ein Zufall?

Daniela wartet im Freien auf mich. Wir gehen auf den Weg zurück, drehen uns mehrfach um, bis wir auf ein kleines, gedrungenes Bauwerk auf einem Hügel über dem Anwesen aufmerksam werden. Es ist eine Kapelle; älter als das verfallene Wildbad und besser erhalten. Der Platz ist herrlich, selbst bei Nieselregen. Er hat etwas Magisches. Ich fühle mich seltsam geborgen an diesen jahrhundertealten Mauern. Und wieder wird es schlagartig für einen Moment lang grau um mich. Die Rückblenden häufen sich heute.

Ich sehe das Mädchen mit den Zöpfen. Ihr Gesicht, ihr verliebter Blick erschrecken mich. Mit aller Macht reiße ich mich in die Realität zurück – suche. Nach wem? Nach diesem Mädchen, dessen Namen ich nicht kenne? Was ich stattdessen finde, ist die blonde Mähne von Daniela. Sie hat sich abgewandt, blickt hinauf zu einer Bergspitze, die sich halb in den Wolken verliert. Ich bin froh darum.

»Wie heißt der Zacken?«

»Haunold. Davor das Köpfl«, gebe ich, ohne zu überlegen, zurück. Ich erschrecke abermals vor mir selbst, wie prompt mir das über die Lippen geht. Suche ich am Ende gar nicht? Ahme ich nur nach, was einst war?, geht es mir durch den Kopf. Führe ich mich bei allem, was ich hier tue, unterbewusst selbst?

Ich gehe weiter. Wohin, ist mir gleich, solange es nicht dort hinauf auf diesen Berg ist. Ich muss nur laufen, um die Gedanken zu ordnen, um klar zu sehen. Doch das Einzige, was ich nach ein paar Minuten an diesem kühlen Spätvormittag klar erkenne, ist der Kirchturm von Innichen. Und diesmal sehe ich ihn real.

Was es mit dieser erfolglosen Suche nach der »Burg« und dem Besuch des Wildbads auf sich hatte, war mir lange nicht klar. Erst im Jahre 2013 sollte ich das Rätsel endlich lösen. Nämlich als ich diese »Burg« fand und erkannte, was sie wirklich verkörperte.

12. August 1995

Abstand …

Als wir Sexten verließen, war ich ebenso müde und ausgelaugt wie auch auf eine gewisse Art erleichtert. Wann würde ich wohl wiederkommen? Fragte ich mich. Sicher schon im nächsten Jahr – oder …? Ich war mir plötzlich nicht mehr sicher, obwohl in mir viele neu erworbene Details schlummerten und aufgeklärt werden wollten. Ich sehnte mich nach einer Pause, wünschte mir nichts mehr als eine traumlose Nacht ohne jede Erinnerung, ohne den kraftraubenden Adrenalinschub beim Aufschrecken. Wenn dies irgendwo möglich sein würde, dann daheim, fern dem Ort des Geschehens, an dem es fast jede Nacht passiert war. Nein, ich wollte nicht wieder in dieses Tal. In diese unterbewusste Tretmühle, um danach Urlaub von den Ferien machen zu müssen. Zumindest nicht sofort.

Gemessen an der bisherigen Abfolge der Neuerungen im Traum, dauerte es unüblich lange, bis sich die Geschichte fortentwickelte. Beinahe so, als habe eine fremde Macht ein Einsehen, als gestehe sie mir tatsächlich etwas Ruhe zu. Es blieb eine Zeitlang bei den üblichen Wiederholungen der bekannten Szenen. Ich rechnete schon nicht mehr damit, von der Vergangenheit weitergeführt zu werden. Und was die Träume anbelangte, wäre ich auch alles andere als böse gewesen, wenn sie endlich aufgehört hätten. Dabei wusste ich nur zu gut, dass mir und diesem Soldaten im Traum etwas fehlen würde, solange das Entscheidende nicht eingetreten wäre. Und das konnte sich offenbar ausschließlich in Sexten ereignen. Zumindest, was das Tatsächliche, das reale Tun anging.

10.11.1995

Todessehnsucht – es geht weiter …

Ich lag krank im Bett. Das Fieber hatte mich müde gemacht. Doch der Schlaf verschaffte mir, wie so oft, keine Erholung. Es zog mich wieder hinüber, in die Vergangenheit. Diesmal ein Stückchen weiter – unverhofft.

Wieder klimpert die Münze in das Geröll und wieder lehne ich an der Brustwehr und stiere hinaus ins Finstere – zum weiß Gott wie vielten Mal. Ich weiß, dass gleich der Draht zuckt und ich den tödlichen Schuss auf Josele abgebe. Eile ich meinem Traum voraus? Denke ich, während ich träume?

Und wenn schon. Die Grenze des Erträumten kann ich nicht überschreiten. Auch das Hinablassen von Joseles Körper über die Klippe, zurück in Feindesland, ist mittlerweile plastisch und bewegt, nicht mehr nur ein Bild. Dennoch weiß ich noch immer nicht, weshalb ich es tue, weshalb ich das grobe Seil in meine Hände schneiden lasse, bis sich mein eigenes Blut mit dem von Josele vermischt. Ich spüre ein Brennen in den Handinnenflächen, lasse nicht los, bis sich das Seil entspannt. Dann werfe ich den Rest hinterher und bekreuzige mich – die letzte Szene, bevor wieder das Soldatengesicht aus dem Dunkel auftauchen wird, um alles zu beschließen. Und es wird finster. Nur das Gesicht bleibt aus. Ich bin irritiert, taste in alle Richtungen in endlose Leere. Nichts hält mich in diesem schwerelosen Moment. Ich glaube zu fallen, bis das Schwarz vor meinen Augen wieder ein paar Konturen bekommt. Als zeichnete es sich von selbst, entsteht langsam ein Relief aus niederen Hügeln, geborstenem Holz und Vertiefungen mit spiegelnden Wasserpfützen. Ich gehe durch aufgewühlte Erde, stolpere über Wurzeln, Felsen und Weicheres, das weder das eine noch das andere ist. Ich kann kaum etwas erkennen, aber irgendetwas in mir lässt mich wissen, dass ich nach vorne gehe. Nicht nach hinten, in die Etappe, die Sicherheit und den Schutz der Unterstände. Ich drehe mich nicht um, gehe einfach weiter – allein. Unweit von mir schießt Erde in die Nacht. Feuchter Morast spritzt mir ins Gesicht. Er stinkt entsetzlich. Ganz schwach dringen Detonationen zu mir vor. Ich höre sie kaum, gehe stur weiter – aufrecht und langsam, weshalb auch immer. Mich beschleicht ein seltsames Gemisch aus Reue, Gleichgültigkeit und Einsamkeit. Und ich weiß nicht, welches der Gefühle am stärksten ist. Ich weiß nur, dass ich das Schicksal herausfordere. Keine Deckung, keine Kameraden; nur der Tod und ich. Heiße Splitter schlagen dampfend in den Morast kurz vor mir ein. Bin ich verwundbar in die-*

* Hinterland der Front

sem Traum? Ist es mir egal, was geschieht? Suche ich am Ende hier den … Tod? Die Grautöne vor mir vermischen sich. Ein Szenenwechsel findet statt. Vor mir taucht ein Bild aus der Unschärfe auf. Das, was da nur für Bruchteile von Sekunden klar wird, ist die letzte neue Information für mich: Eine flackernde gedrungene Kerze. Sie ist rot. Mein Lebenslicht? Dann folgt wieder der gewohnte Abschluss. Das Gesicht des Soldaten ist unbewegt, als es im Nebel verschwindet.

Mir aber jagt beim Aufwachen ein stechender Schmerz durch den Oberschenkel. Unter meinem Rippenbogen entbrennt bei jedem Atemzug ein Feuer. Für einen Moment sucht sich eine Erinnerung in meine ungeordneten Gedanken. Sie stammt nicht aus den Träumen. Sie ist jung und frisch, lässt mich an die Wanderung auf den Seikofel im vergangenen Urlaub denken.

Das schwach von Licht durchbrochene Schwarz, das mir entgegenglotzt, ist undefinierbar, lässt sich nirgends einordnen. Aber es ist real. Ebenso wie die Schmerzen abklingen, nimmt meine Wahrnehmung zu. Ich schließe die Augen, schalte damit das Lichtspiel der Rollolamellen an der Schlafzimmerdecke aus. Ich bin wieder da, schweißgebadet im Fieber.

Der Traum wirkte wie eine Botschaft auf mich. Ein Wachrütteln, ein lautloses »Auf geht's!« in der Stille meiner Traumbilder. Ausgerechnet zu einem Zeitpunkt, als wir unseren Urlaub für das folgende Jahr fest gebucht hatten – nicht in Sexten, sondern im Grödner Tal. Vielleicht war die Entscheidung, ein Jahr zu pausieren, so etwas wie der Versuch eines Neuanfangs. Zumindest fühlte es sich in der Folgezeit so an. Der Schrecken der Träume schwächte sich in den Jahren 1996 und 1997 immer mehr ab. Und irgendwie schaffte ich es, das gesamte Thema in der Tiefgarage meines Kopfes zu parken, um mich den Abschlussklausuren meines Studiums widmen zu können. Ich hatte nicht erwartet, dass sich meine Geschichte mit ihrem Winterschlaf abfinden würde. Doch sie tat es.

Im Frühjahr 1997 war sowohl mir als auch Daniela klar, dass es im Sommer nur ein Ziel geben konnte – Sexten. Mir drängte sich unterschwellig ein finales Gefühl auf. Ich hatte Respekt, aber ich war stark und bereit. Würde es dieses Mal geschehen? Würde es danach vorbei sein?

5

Die dritte Reise

Als ich im saftigen Gras einer Almwiese neben Daniela lag und in den blauen Himmel über Sexten blickte, atmete ich mir all meine Bedenken von der Seele. Ich hatte Mut, sagte mir im Geist vor, jetzt kann ich es angehen … wenn es mich wieder annimmt. Würde es das? Ich hoffte darauf, war gleichsam auf vieles gefasst, nachdem ich beinahe vier Monate nicht mehr intensiv geträumt hatte. Und so seltsam es klingen mag, fühlte ich mich trotz meiner auferlegten Bürde auf eine gewisse Weise unvollständig. Hier, in der Ruhe und Beschaulichkeit Sextens, wünschte ich mir das zurück, was ich vor eineinhalb Jahren abgelegt hatte. Ich wünschte mir Vinz an meine geistige Seite.

Und er kam. Zunächst langsam, fast rücksichtsvoll. Dann eindrücklicher denn je, mitsamt seiner tragischen Geschichte.

12. August 1997

Erinnerungen im Feindesland – ein weiteres Rätsel …

Wir steuern einem Gipfel zu, der weniger mit seiner Höhe als mehr mit seinem lustigen Namen beeindruckt. Der Katzleiterkopf steht in jeder Hinsicht im Schatten der mächtigen Drei Zinnen. Sein Gipfel ist gegenüber seinen berühmten Nachbarn beinahe sanft. Die Hänge sind grün, dicht bewachsen. Der Weg zu dieser Aussichtskanzel schlängelt sich durch ein wunderschönes Tal. Ich bin fern von den Highlights der vergangenen Reisen. Der Seikofel und die Rotwand sind über 15 Straßenkilometer entfernt. Und doch fällt mir irgendwann auf, dass mein Blick immer wieder unterbewusst hinüber an die Flanken des Monte Piano gleitet. Die Abbrüche vor den beiden Gipfelkuppen haben dunkle, unheimliche Löcher. Zeugen des Krieges – auch hier, besonders hier. Überall im Gelände glaube ich, alte Steige zu erkennen, sehe Dinge, die es nicht gibt. Irgendwann schüttle ich den Kopf über mich selbst und halte mir innerlich vor: Das war die italienische Seite. Hier kannst du dich nicht auskennen. Halte dich an Fakten. Du willst es zu sehr. Ich steige die steile Wiese bis zu dem sperrenden Latschengürtel hinauf. Weglos und gedankenversunken.

»Eingebung?«, weckt mich Daniela auf. Ich überlege kurz, sehe ins Dickicht und winke sie zu mir. Der Weg, den ich einschlage, ist weder als Pfad erkennbar noch kann man ihn als Wildwechsel deuten. Ich gehe zielstrebig durch das Gewirr der harzigen Büsche, bis wir an einem Haufen aus morschen Balken, Blechresten und Teerpappe anlangen. Dahinter schließt sich eine Kerbe im Gelände an. Ein alter Frontweg?

»War ja wieder mal klar«, kommt es besserwisserisch von Daniela.

Ich bin uneins mit mir, antworte spät: »Nein. War es nicht. Das hier war den Büchern nach die italienische Front. Wie sollte ich mich hier auskennen?«

»Vielleicht aus der Zeit vor dem Krieg?«

Ich schüttle den Kopf und weise auf den Schutthaufen.

»Das stammt aber vom Krieg.«

Daniela schickt mir mit ihrer weiteren Frage prüfende Logik hinterher, als ich den Weg entlanggehe: »Okay, und wohin führt dieser Weg?«

Ich weiß, dass dies ein Test ist. »Keine Ahnung«, antworte ich unverbindlich. Und wie ich es sage, fällt der Vorhang in mir. Ein Rückblick – der erste. Und das an einer absolut unlogischen Stelle.

Ich sehe eine mit Holzbalken und Grasbüscheln gedeckte Stellung an einer Einsattelung vor mir. Das Bild ist dunkelgrau, fast schwarz, und es zittert. Es dauert keine Sekunde, bis sich wieder das grüne Latschenmeer vor mir ausbreitet. Die intensive Farbe des Sommers ist real. Meine Stimme hört sich unsicher an. Ich schwäche das eben gesehene Bild im Rückblick grundlos ab. »Möglicherweise ist da oben eine Stellung an einem Sattel. Ein größerer überdeckter Unterstand im Grabenverlauf.«

Danielas Blick wandert den Hang hinauf.

»Werden wir ja sehen.«

Nach einer halben Stunde treten wir auf ein freieres Gelände. Hier und da scheint das Terrain wie von Riesenfingern eingedrückt zu sein. Granattrichter, aus denen Edelrauten und Eselsdorn eine kümmerliche Botschaft des Friedens schicken. Ich gehe schneller. Unterbewusst ziehe ich den Kopf ein. Mir ist nicht wohl hier. Dann taucht entfernt ein begrünter Sattel auf. Wenige Minuten darauf stehe ich vor einem Graben. Er verläuft parallel zum Grat. Und etwa in seiner Mitte ragen Balken und Stacheldraht aus einer deutlich erkennbaren Einsenkung auf. Ein ehemaliger Unterstand. Ich keuche vom schnellen Gehen bergauf, knie mich nieder und hebe ein Stückchen alten Stacheldraht von kaum zehn Zentimetern Länge auf. Es ist rostig, aber gut erhalten.

Daniela nickt nur wissend vor sich hin, als sie mit hochgezogenen Brauen auf die ehemalige Stellung sieht. Ich grüble über die Unmöglichkeit der vergangenen Minuten und finde keine andere Erklärung, als die Schwarz-Weiß-Aufnahmen aus den historischen Büchern. Vielleicht kenne ich diese Gegend schlicht von einem Foto her. Aber warum kann ich mich dann konkret an diese Stelle erinnern, an das Foto oder das Buch, das sie beinhaltet, jedoch nicht? Gibt es überhaupt ein Foto von dort?

Unser Gipfelaufenthalt ist kurz und schweigsam. Ich lasse Daniela beim Abstieg bewusst vorausgehen. Auch wenn ihr das nicht so recht passt. Diesmal möchte ich nur hinterhertrotten und den Blick auf die unglaublichen Berggestalten um uns genießen. Und wäre da nicht mein Unterbewusstsein gewesen, wäre es mir vielleicht sogar gelungen.

»Links. Sell geaht schneller« *(Links, das geht schneller)*, flüchtet es im Dialekt aus meinem Hirn. Daniela weist auf das steile Kar, traut sich, ungläubig zu sein.

»Sicher? Da ist nun wirklich kein Weg.«

Ich lächle nur und gehe voraus; tatsächlich ein gutes Stück ohne Weg. Dann deuten sich alte Tritte an, die Jahre nicht mehr benutzt wurden. Der Pfad wird zu einem Steig. Und der Steig zu einem Weg, der immer wieder über Baumleichen hinweg- oder unter ihnen hindurchführt. Irgendwann endet er abrupt im hellbeigefarbenen Geröllstrom. Es ist gutes, feinkörniges Gestein, das uns das sogenannte Abfahren (Abwärtsgleiten im losen Geröll) leichtmacht. Binnen weniger Minuten sind wir im Talgrund. Ich bin um eine unverhoffte Bestätigung reicher. Aber auch um ein Rätsel, von dessen Lösung ich Jahre entfernt bin.

Ziellos in die Nacht ... Wohin geht es morgen?

Der Abend ist lau. Wir sitzen an einem vertrauten Ort – im Gasthof unter der gerahmten Bildercollage, welche uns die Oma des Hauses vor drei Jahren erklärt hat. Diesmal wandert mein Blick nur einmal hinauf zu den porträtierten Soldaten. Ich hoffe nicht auf eine Eingebung. Und es schließt sich auch keine an. Ich bin seltsam frei. Mich beschleicht die merkwürdige Gewissheit, dass sich der Kreis langsam schließt. Woher sie kommt, weiß ich nicht. Zumal an diesem ersten Tag nicht wirklich etwas Aufhellendes geschehen ist. Und doch ist es da, dieses Gefühl, bald dort zu sein. Wo immer dieses Dort auch sein mag.

Unweigerlich kommt die Frage zwischen uns auf, wohin es

am nächsten Tag gehen soll. Ich bin überrascht, als sich Daniela mit ihren Tourenvorschlägen zurückhält. Sie gibt nur Ratschläge, von denen ich weiß, warum sie sie nennt – meinetwegen.

Es fallen verlockende Gipfelnamen. Zum Schluss erwähnt sie den Seikofel und den Friedhof am Karnischen Kamm. Ich bleibe stumm, horche in mich hinein. Wo zieht es mich hin? Nichts. Es scheint keine Richtung in mir zu geben. Selbst als ich schon im Bett liege, will mir nichts in den Sinn kommen, was auch nur einen Hauch Priorität innehätte. Ich tue, was überhaupt nicht zu mir passt: Ich verabschiede mich planlos, ohne Ziel, vom Tag. So als würde mir im Traum etwas Vernünftiges einfallen. Tut es das? Ich bin mir nicht sicher, ob ich darauf hoffen soll. Meine Wurzeln im Jetzt sind stark geworden. Die Werte, die mich umgeben, sind ebenso einfach, wie sie mir teuer sind. Dennoch sind sie eine Burg ohne Fundament. War ich, was das Unterbewusste anging, zu nachlässig im letzten Jahr? Nein, sage ich mir stumm vor. Es war gut so. Aber nur für diese Zeit. Und diese Zeit war nun vorbei.

Ich dämmere weg. Ohne zu ahnen, was folgen sollte.

Leichter Anfang – erdrückender Schluss …

Der Sog des Traums fesselt mich wie der Griff nach der offen liegenden Stromleitung. Ich fühle sofort, dass nicht etwa ich selbst bestimmen werde, wann ich wieder loslassen kann. Ich werde warten müssen, dass jemand den Strom abstellt. Mit der Intensität, mit der es noch vor zwei Jahren hier in Sexten immer geschehen war, hat das lange nichts mehr gemein. Es gibt keine Tür mehr, durch die ich sanft hindurchschreite. Ich stürze durch einen Korridor aus unzähligen Bildern, die sich an meinen Geist heften. Anklagend, mit dem Anspruch, endlich zu Ende gedacht zu werden. Der Aufschlag auf dem Boden der Vergangenheit ist hart. Ist dies das Finale?

Es beginnt wie immer mit den friedlichen Sequenzen am Bergfuß. Für die Zeit vor dieser Kletterpartie scheint es keine Bilder in mir zu geben. Ich bin überrascht, wie nahtlos und logisch sich alles aneinanderfügt. Alles wirkt besonders klar. Doch die Einführung läuft schneller ab als sonst – viel schneller. Weil sie weniger relevant ist als das Grauen des Krieges, das sich hinter ihr anschließt? Und es gibt noch einen Unterschied: der Ton. Plötzlich höre ich vereinzelt Geräusche. Einen Steinschlag, den Namen »Vinz«, das Lachen von diesem Mädchen. Und ich höre Josefs wütendes Gebrüll im dichten Wald, als er das zweite Mal geht. Erst als ich am vermeintlichen Ende des Traums wieder aus dem Graben steige, werde ich erneut taub.

Opfergang …

Es ist dämmrig. Ich laufe wieder diesen menschenleeren Frontgraben entlang. Die Erde bebt hin und wieder. Dreck wirbelt durch die Luft – schwerer Beschuss aus vielen Rohren. Ich weiß noch immer nicht, weshalb ich aufrecht gehe, die schützenden Wände meide. Oder weiß ich es doch? Was ist das in mir für ein ausgebranntes Gefühl? Woher kommt diese Gleichgültigkeit, diese – Todessehnsucht? Ich kralle mich in den aufgewühlten Boden, steige aus dem Graben und richte mich auf; ganz ohne Furcht. Eine Gasse klafft in den zerfetzten Stacheldrahthindernissen. Ich gehe hindurch, darüber hinaus, immer weiter in die falsche Richtung. Ich folge keiner Order, greife nicht an. Es hat eher etwas von einem Ergeben. Aber wem gegenüber? Dem Feind, Gott?

Irgendetwas stößt mich in die Rippen, lässt mich zwei Schritte lang taumeln. Das Brennen sucht sich wieder seinen Weg in mein Gehirn. Es ist mir gleichgültig. Ich lasse mich in eine Gedankenwelt ziehen, die mir nach all den Jahren vertraut sein sollte. Doch diesmal ist mir diese gute Seele fremd, stößt mich ab, weil nur noch Schuld und Schmerz in ihr woh-

nen. Schwermütige Fragen lähmen meinen Geist: Bin ich endlich getroffen? Was hält mich? Wann darf ich gehen?

Ich sträube mich noch nicht einmal gegen den wachsenden Wunsch zu sterben. Hier soll es geschehen, heute, in dieser Nacht. Ich zähle meine Schritte vor dem Fall in die Ewigkeit, will sein, wo das tote Mädchen mit den Zöpfen ist. Ich will zu Josele, dorthin, wo Hoffnung auf Vergebung ist. Und es ist Josele, dem dieser Opfergang gilt. Ein letzter Dienst, der die Freundschaft mit dem Tod gerecht wieder beschließt.

Ich fühle, wie meine rechte Hand Kreuze auf Stirn und Brust zittert, flehe um Frieden, um das Ende. Dann bäumt sich vor mir die Erde auf. Ein Gemisch aus heißer Luft, Dreck und Eisen brandet an mir an und raubt mir den Boden unter den Füßen. Ich wirble durch die Luft, fühle mich leicht, beinahe schwerelos. Alles ist unscharf, wird langsam schwarz. Wo ist das Soldatengesicht? Ich suche – es bleibt aus. Ist das mein einsames Ende?

Der Tod kommt zu früh …

Irgendwann jagen wieder spärliche Gedankenfetzen durch meinen Kopf. Wache ich auf? Wenn ja, in welche Zeit? Es ist noch immer finster um mich, als ich meine Augenlider hebe. Ich spüre kalte Erde an meiner linken Wange, rieche dieses grässliche Gemisch aus Verwesung und giftigem Pulverdampf. Lebe ich noch? Bin ich blind? Es kostet unsäglich Kraft, den Kopf anzuheben, mich auf die Ellenbogen zu stützen. Ich erhasche ein paar nächtliche Konturen und weiß: Ich bin noch immer dort, wo der Schrecken wohnt.

Ist dies etwa meine gerechte Strafe für meine Sünde? Es ein Leben lang auszuhalten, den Freund ermordet zu haben? Ich blicke vor mich, sehe einen dürren Arm aus dem geschundenen Erdreich aufragen. Die Hand ist verkrampft – ein stummer Schrei eines Toten. Warum er und nicht ich?, hallt es in mir nach.

Die Luft, die ich einatme, schmeckt bitter. Mein Gaumen ist staubtrocken. Ich ziehe die Beine an, um aufzustehen. Sofort jagt ein grässlicher Schmerz durch meine Nerven. Ich sehe an mir hinab, ertaste mein rechtes Bein und weiß: Das ist der Tod auf Raten. Es wird lange dauern. Und plötzlich wird ein einziger Gedanke klar in mir: Niemand weiß von meiner Sünde! Ich kann betonte Worte in mir hören, verstehe zwei eindringliche Sätze: »Niemand wird es je erfahren. Dein Tod ist keine Buße, nur eine feige Flucht.«

In mir kommt Panik auf. Ich spüre, wie sich mein Atem beschleunigt, wie ich husten muss. Zäher Schleim liegt wie Eisen in meinen Lungen. Mir ist, als würden meine Gedanken von etwas gebremst. Es will mich wegziehen. Diesmal wehre ich mich dagegen, mit allen Sinnen, die ich noch habe. Mit einem Mal kommt der Tod zu früh. Ich lasse ihn nicht zu, beginne vorwärtszurobben, greife nach allem, was ich erreichen kann – auch nach diesem steifen, toten Arm. Nach einer gefühlten Ewigkeit stürze ich in ein Loch. Der Schmerz beim Aufschlag ist unerträglich, hebt mich ein Stück weit von mir weg. Das Einzige, was ich noch wahrnehme, ist dieser erbärmliche Geruch der Verwesung. Dann steht von einem Moment auf den anderen alles still in mir. So als hätte mich jemand ausgeschaltet. Kein Geruch, kein Schmerz – nichts. Es dauert eine Weile, bis ich den Zeitsprung erkenne. Hat er mich diesmal weitergetragen?

Wer ist die Person mit dem blauen Pullover – Zukunftsvision?

Die einzelnen Bilder, die auf mich zujagen, sind blass, überbelichtet. Und sie sind anders. Woher kommt auf einmal die Farbe? Irgendetwas stimmt nicht mit dem, was ich sehe. Es passt nicht – wirkt neu und doch schwächer als das Vorherige. Wo bin ich? Aus wessen Sicht sehe ich diese Szenen?

Ein Gifpel liegt vor mir. Alles ist von einer Art Korona umgeben, die fast alles andere im Bild überstrahlt. Ich nehme etwas Blaues wahr, dann den Umriss einer Person. Ihre Jacke ist blau, sie trägt eine dunkle Schildkappe. Wer ist das? Ich? Mein Fokus fliegt auf die Gestalt zu. Ich sehe über ihre Schulter hinab auf eine weiße Fläche. Dort steht etwas, eine undeutliche Zahl mit vier oder fünf Ziffern, ein paar abgerissene Worte, die ich nicht lesen kann. Danach folgt ein geradezu schmerzhafter Szenenwechsel zu einem anderen Ort, der niedriger liegen muss. Die Farben sind kräftig, die Bilder klarer: Tunnelartig wölbt sich ein lichter Wald über die Landschaft. Auf dem graubraunen Boden liegen Äste *und Steinhaufen. Rechts und links von mir sind hohe Böschungen. Der Weg, auf dem ich stehe, wirkt wie eine kleine Schlucht. Felsmauern kommen auf mich zu. Bewege ich mich? Ist das real? Plötzlich sehe ich einen ausgestreckten Arm vor mir. Der Ärmel ist königsblau, die Hand sauber. Ist es womöglich meine eigene aus dem Jetzt? Kann es sein, dass ich wach bin? Ich will die Augen öffnen, obwohl sie offen sind. Ich denke, zäh und zusammenhanglos. Ich muss wach sein! Aber weshalb kann ich mich nicht erinnern, wie ich hierhergekommen bin?*

Und mit diesem Gedanken werden die Bilder wieder blass und grau. Habe ich mir die falsche Frage gestellt? Warum geht es jetzt wieder zurück in die graue Vergangenheit? Meine Umgebung wird düster.

Geschwungene Worte – ein Abschiedsbrief?

Es ist dieser penetrante Schmerz im Oberschenkel, der mich einfängt und in eine Art Gruft zurückträgt. Ich liege auf einem harten Boden. Über mir ist Fels. Ein roher Holzbalken hängt schief im Raum. An ihm zittert eine Lampe in denselben Abständen, wie auch der Boden bebt. Nein, das ist nicht das Diesseits. Ich bin immer noch hier, mitten im Krieg. Und der

Beschuss hält an. Meine Kehle brennt wie Feuer. Das Wasser aus der Pfütze am Boden schmeckt schal und erdig. Ich richte meinen Oberkörper auf, sehe eine brennende Lampe. Daneben steht eine kleine Kerze auf einem Tisch – letzte Andacht?

Ich ziehe mich auf eine Pritsche, setze mich auf. Der Schmerz lässt das Bild vor mir flimmern: Ein flacher Teller. Daneben ein rundes Behältnis und ein Stück Papier. Es ist beschrieben. Hin und wieder taucht meine Hand in mein Sichtfeld, das mehr und mehr verschwimmt. Schreibe ich? Etwa einen Abschiedsbrief – an wen? Ich kneife meine Augen zusammen, versuche, Worte zu erhaschen, zu deuten. Doch die schlierige Schrift scheint vom Blatt zu laufen. Das Letzte, was in meinem geistigen Fall klar zu mir vordringt, ist Josef und meine Last, die mit ihm verbunden ist. Die Erinnerung, die sich meiner bemächtigt, ist schwach, aber sie ist da und verdeutlicht mein Tun: Ich muss etwas hinterlassen, bevor es mit und in mir versinkt. Aber für wen? Wer wird es finden? Wird es denn jemals jemand …

»Ja, er wird es finden«, höre ich jemanden sagen. In der Stimme liegt eine seltsam absolute Gewissheit.

Ein blasses Soldatengesicht taucht vor mir auf. Hat er das eben bestätigt? Er lächelt, zum ersten Mal, dann schließt er die Augen. So wie ich. Und damit wache ich auf, glaube ich jedenfalls.

Panisches Dilirium – wo ist die Kette?

Wieder liegt Dunkelheit im Raum. Mein Atem geht schnell. Ich huste, lege eine Hand an meinen Hals, taste, erschrecke bis ins Tiefste meiner Seele. Meine Stimme überschlägt sich: »Sie isch nimmer do. Sie isch weg!« (Sie ist nicht mehr da. Sie ist weg.)

Das grelle Licht, das schlagartig auf meine Netzhaut trifft, wirft mich zu Boden. Ein Granateinschlag, bin ich mir sicher. Ich ziehe den Kopf ein, warte auf die Welle aus Dreck und Steinen. Doch alles bleibt ruhig. Ein Blindgänger? Meine Hände tasten auf dem Boden umher – weicher, gemusterter Teppich. Ich sehe ihn, fühle ihn, ohne ihn wahrzunehmen; suche fieberhaft nach dem, was mir in meinen letzten Stunden das Teuerste der Welt ist: meine Kette. Sie ist das Letzte, was mir von der guten Zeit geblieben ist …

Ich bin irgendwo zwischen dem Traum und der Realität gefangen, zucke erneut zusammen. Ein bewegter Schatten legt sich auf den Boden. Füße nähern sich. Sie sind nackt – und sauber. Jemand legt mir seine warme Hand ins Genick. Ich erstarre. Eine zarte Stimme fragt: »Was suchst du denn?«

»D' Kettn. D'r Onhanger von Josele. Er isch fort« *(Die Kette. Der Anhänger vom Josele. Er ist fort.)*, gebe ich zurück, ohne aufzusehen. Ich erinnere mich an das Schlachtfeld, die tote Hand. »Na, Madonna. Nit do draußen … I muas zruck, suachn gean.« *(Madonna. Nicht da draußen. Ich muss zurück, suchen gehen.)* Ich richte mich auf, stöhne vor Schmerz. Dann gehe ich zu einer grün angestrichenen Tür und will die Hand auf die Klinke legen. Jemand hält mich zurück. Ich drehe mich zornig um, will rufen. Aber ich bleibe stumm. Eine Woge aus gütigen Erinnerungen bringt das Rasen in mir zum Stillstand. Mein Kopf gleicht zwei Gesichter ab, sucht panisch nach der Logik im Geschehen: Wo sind die Zöpfe dieses Mädchens? Nein – sie ist tot.

»Udo! Du träumst! Es ist alles gut. Es ist kein Krieg mehr«, kommt es von fern bei mir an. Ich hadere, fische in meiner trüben Wahrnehmung nach irgendeinem Fixpunkt, an dem ich mich festhalten kann. Die Frage, die in mir kreist, schmerzt in meinem Kopf: Wer ist Udo …?

»Wer bist du?«, dringt es zu mir vor. Die Stimme, die es sagt, klingt einfühlsam.

Vinz …, diktiert mir mein Geist. Ob ich es ausspreche, weiß ich nicht. Ich lasse mich nur mehr behutsam ins Jetzt tätscheln, blinzle mir den Schrecken der Vergangenheit so lange von den Lidern, bis sich die Realität zu einem greifbaren Bild vervollständigt. Ich bin wieder zurück. Daniela zieht mich auf die Bettkante, sieht mich mitfühlend an.

Ich blicke auf meinen rechten Oberschenkel, reibe ihn. Er schmerzt. Aber da ist kein Blut, keine zerfetzte Uniformhose. Nur der saubere Schlafanzug. Vorsichtig nehme ich einen tiefen Atemzug. Und noch immer gaukeln mir meine Nerven ein leichtes Stechen und Brennen in meiner Lunge vor. Wieder Phantomschmerzen von nicht vorhandenen Wunden.

Ich humple an das Waschbecken, trinke einen Schluck Wasser aus dem Zahnputzbecher. Dann sehe ich Daniela durchdringend an.

»Was habe ich gesagt?«

Sie zuckt mit den Achseln.

»Ich habe nicht alles verstanden. Etwas von einer Kette, und dass du wieder zurückmusst, um suchen zu gehen.«

Ich erschrecke aufs Neue, taste wie automatisch an meinen Hals, bis mir klar wird, dass ich den Freundschaftsbeweis in diesem Leben nie getragen haben kann.

»Es ist wie damals am Seikofel, nur schlimmer, nicht wahr?«, flüstert Daniela.

Ich denke eine Weile nach. *Der Seikofel … Das Gelände ist ähnlich flach …* Dann breche ich ab, will nicht Gefahr laufen, wieder zurückzufallen.

»Der Traum war schlimm. Und er war anders«, stelle ich nüchtern fest. Und während ich es sage, merke ich, wie gut nur allein die wenigen Worte tun. Leise erzähle ich alles, was ich gesehen habe, rede es mir von einer Seele, die mir eigentlich nicht gehört. Genaugenommen ist es nichts weiter als der bescheidene Versuch, die Bilder zurechtzurücken.

Meine Kehle fühlt sich trocken an. Ich krächze jämmerlich bei meinem Versuch, leise zu sprechen. Immerhin ist es mitten in der Nacht und die Pension ist voll belegt.

»Alles um mich war aufgewühlt wie ein Acker. Lichtblitze zuckten durch die Dunkelheit. Ich sah die Trichterlandschaft, Stacheldraht und einen toten Arm direkt vor mir. Ich hatte rasende Schmerzen im Bein und es brannte beim Atmen in meiner Lunge. Dann war da eine Kaverne oder ein Unterstand, in dem ich lag. Ich fühlte mich unendlich schwach. Es gab eine Lampe, einen Teller auf einer Pritsche, eine Kerze und … ein Stück Papier. Ich glaube, ich habe etwas aufgeschrieben. Aber ich konnte es nicht lesen.« Ich werde für einen Moment still, wie ich bemerke, dass ich etwas vergessen habe. Es ist das, was zwischen den beiden Szenen passiert ist. Und es wirkt selbst jetzt noch befremdend auf mich.

»Aber …«, beginne ich zögerlich, »bevor ich in dieser Kaverne aufwachte, war es um mich gänzlich finster geworden. Ich war eine Zeit lang wie ausgeschaltet. Und danach habe ich plötzlich alles dauerhaft farbig gesehen.«

Daniela runzelt die Stirn, unterbricht leise. »Wieder dieses Rot?«

Ich schüttle energisch den Kopf.

»Nein. Alles war farbig. Die Kleidung bunt, die Landschaft grün. So als wolle sich da ein Stück Traum vom Restlichen isolieren, als hätte er einen ganz anderen Ursprung. Das hat nicht zum Bisherigen gepasst; in keiner Weise.« Ich überlege eine Weile, bis ich nachdenklich weiterrede: »Da gab es ganz andere, neuere Dinge. Das war eine ganz andere Zeit. Und trotzdem hatte sich die Sicht darauf gegenüber dem vorherigen Traumfragment nicht verändert. Ich sehe es mit seinen Augen. Ich weiß, es klingt verrückt, aber es fühlte sich so an, als hätte ich gesehen, was in seiner Ohnmacht in ihm vorging.«

Ich merke es Daniela an, wie schwer sie sich tut, mir zu folgen. »Du träumst den Traum eines anderen …? Was waren das für *neuere* Dinge?«

»Nicht viele. Ein hoher Gipfel. Eine Person, die ein blaues Oberteil und eine dunkle Mütze trägt. Ich nähere mich ihr von hinten, sehe ihr über die Schulter. Das Gesicht kann ich nicht erkennen. Vor mir liegt so etwas wie ein aufgeschlagenes Buch, aus dem helles Licht strahlt. Ich sehe undeutliche Ziffern und ein paar Buchstaben, die ich nicht lesen kann. Dann wechselt die Szene auf einen Weg, der durch eine enge Schlucht oder Gasse im Gelände führt. Ich sehe einen Ärmel vor mir, einen blauen Ärmel.«

Daniela hält den Atem an. Sie wird blass. »Das ist jetzt nicht dein Ernst.«

»Doch!«, bricht es viel zu laut aus mir hervor. »Du denkst, ich spiele dir was vor? Und was ist damit?« Ich ziehe mir mein nassgeschwitztes Schlafanzugoberteil aus und halte es ihr hin. »Mein Puls …« Daniela unterbricht mich mit ihrem bloßen Gesichtsausdruck. Ihre Augen sehen mich nicht. Sie haften auf dem Wandhaken, wo unsere Wandersachen von der letzten Tour hängen. Als ich ihrem Blick folge, wird auch mir mulmig. Dort hängt mein blauer Pullover. Darüber die schwarze Schirmmütze.

»Der Gipfel«, spinnt Daniela den Faden weiter, »dieses Jahr waren wir noch auf keinem namhaften hier in Sexten. Und dieses Buch … Auf welchen Gipfeln, die wir hier je bestiegen haben, gibt es ein Buch?« Meine Augen gleiten einen Moment lang ab. Dann fällt mir die reale Erinnerung wie Schuppen von den Augen. Wir nennen den Gipfel wie aus einem Mund: »Rotwand …« Und plötzlich wird es klar. Mein Gehirn würgt das Jahr 1994 hervor. Es ist unverdaut, zumindest, was diese seltsame Begegnung anbelangt. Dann das Folgejahr. Auch dieser Gipfeltag liegt verkantet in meinem Gedächtnis. Das seltsame Gefühl am Kreuz, das Buch, die undeutliche Zahl darin und dieser eigenartige Rückblick, den ich zu jenem

Zeitpunkt nicht deuten konnte. Auch damals hatte ich mich selbst von hinten gesehen. »1995«, sage ich leise vor mich hin. Sollte dies etwa die Zahl in diesem Buch gewesen sein? »Ich hatte an dem Tag diesen blauen Pulli und die schwarze Schildmütze an.« Mir wird schwindlig. Kann das sein, was ich mir da soeben zusammenreime? Hatte diese Begegnung am Gipfelkreuz am Ende wirklich stattgefunden? Ein Seelentreffen in einer Zwischenwelt?

Ich kaue noch eine Weile gedanklich an den Abstrusitäten, bis ich ein überzeugtes »Nein!« von mir gebe. »Das ist doch Quatsch! Niemand kann in der Vergangenheit von der Zukunft träumen! Ich habe schlicht von diesem Erlebnis an der Rotwand geträumt – in diesem Leben, ganz normal.«

»Nur aus seiner Sicht. Nicht aus deiner eigenen«, ergänzt Daniela so übertrieben sachlich, dass der Unglauben daran keiner Erwähnung mehr bedarf. »Oder wie willst du dir erklären, dass du dich von hinten selbst siehst?« Sie lächelt mich argwöhnisch an. »*Ganz normal* …, komm schon.« Meine Augen fliehen im schummrigen Zimmer von einer Belanglosigkeit zur nächsten. Daniela gibt sich beharrlich: »Wo ist dieser Unterstand, in dem du liegst? Wo könnte der sein; denk nach! Vielleicht dort, wo jener schluchtartige Weg aus diesem farbigen Traumfragment verläuft? In einem Schützengraben?«

»Selbst wenn ich es wüsste. Was würde es bringen?«, antworte ich antriebslos, obwohl ich weiß, dass sie mit ihrer Vermutung wahrscheinlich recht hat.

»Was es bringen würde?« Daniela tippt sich an den Hals. »Die Kette! Schon vergessen?«

Ich lache ungläubig vor mich hin.

»Du willst eine Halskette suchen? Nach über 80 Jahren. Was, glaubst du, ist davon noch übrig?«

»Von der Kette sicher nichts. Aber vielleicht von diesem Unterstand.«

»Und dann …?«

Daniela hält entschuldigend die Arme hoch. »Schritt für Schritt. Wie immer. Es ist nur ein Vorschlag.« Es klingt nicht so, als würde sie unser nächtliches Gespräch beenden wollen. Ich warte, bis sie das sagt, was sich mir seit den letzten intensiven Träumen immer mehr selbst aufdrängt:

»Willst du nicht doch einmal jemanden zurate ziehen, der sich mit so etwas auskennt?«

Ich überlege eine ganze Weile. Worte wie Seelenklempner, Gummizelle, geschlossene Anstalt geistern in mir umher, obwohl ich weiß, dass Daniela das mitnichten damit gemeint hat. Dennoch gestehe ich mir ein: Sie hat recht. Wenn es jetzt nicht bald aufhört, muss ich mich mehr meinem Selbstschutz widmen, als blind diesen Träumen zu vertrauen. Meine selbstgebastelte Beruhigungspille, die in einem einzigen Satz besteht, *es wird schon gut gehen*, wirkt nicht mehr. Die Neugierde ist schwach geworden, die Träume zu bedrohlich. Was geschieht, wenn ich im Traum sterbe? Wenn ich nicht mehr aufwache? Sterbe ich dann wirklich? Diesmal rührt die Gänsehaut nicht von Träumen oder einem Rückblick her. Diesmal bescheren sie mir reale Gedanken, tatsächliche Ängste. Die ersten wirklichen Ängste vor dem Ende im Traum und im Jetzt. Aber was wäre damit für jenen gewonnen, der mich all die Jahre gelenkt hatte? Eine späte Rache? Soll jemand, der nicht das Geringste dafür kann, ein solches Opfer bringen? Unlogisch… denke ich mich ein Stück weit in meine geistige Sicherheit zurück, die mich bislang nie verlassen hatte. Nein, ich zweifle nicht an mir, zweifle noch nicht einmal an dem, was ich gesehen und bisher erlebt habe. Das sind keine Wahnvorstellungen. Es hat sich zu viel davon real bestätigt.

Dennoch: Schon allein diese Überlegungen rechtfertigen Danielas vorsichtige Anregung.

Jemand, der sich mit so etwas auskennt …, rufe ich mir ihre Worte in Erinnerung. Kann es so jemanden überhaupt geben? Er müsste es selbst erlebt und – überlebt haben, um den Schalter in meinem Hirn zu kennen, mit welchem man die Träume abschalten kann.

»Ja«, sage ich geschlagen. »Es ist an der Zeit. Es wird zu viel. Schon wegen des Schlafmangels. Wenn es nach diesem Urlaub kein Ende hat, muss ich etwas unternehmen.«

Daniela nickt mir sacht zu und lächelt. Ob sie zufrieden ist, weiß ich nicht. Es wird ruhig zwischen uns. Ich starre an der Decke immerzu auf denselben kleinen schwarzen Punkt. So lange, bis sich seine Konturen im Meer der Umgebung auflösen. So sehr ich auch nachdenke, diesen Unterstand kann ich in der aufkommenden Müdigkeit nicht einordnen. Es gibt zu wenig Parameter für eine Ortsbestimmung. Wo ist der Sinn?, frage ich mich. Warum ist nicht alles von Anfang an klarer? Was, um Gottes willen, muss ich tun, um endlich Ruhe zu finden?

Irgendwann lösche ich das Licht, gewöhne mich wieder an die Dunkelheit und ertappe mich, wie ich automatisch an den Bettkasten taste. Nein, es ist nicht da, beruhige ich mich gedanklich selbst. Es kann nicht da sein; mein Gewehr. Ich bin noch hier, in der Gegenwart, und da will ich für den Rest der Nacht auch bleiben.

13. August 1997

Eine letzte Flucht – die Ruhe vor dem Sturm ...

Ich bin unsäglich müde. Das Frühstück will mir nicht recht schmecken. Ich bringe keine fünf Bissen hinunter.

Daniela stellt ihre Teetasse ab und fixiert mich auffordernd.

»Irgendeine Richtung?« Ich höre es schon an ihrem Tonfall, dass sie es provozieren will. Und ich kann sie verstehen. Auch ich möchte, dass es aufhört. Aber nicht heute. Ich fühle mich mental schwach, bin nicht bereit dazu. Mein

Argument klingt eher wie eine fadenscheinige Ausrede: »Ich weiß nicht genau, wo es war.«

Daniela nickt unüberzeugt.

»Wir haben Zeit. Lass uns einfach am Seikofel …« Ich schrecke mitten in Danielas Satz hoch, bevor sie langsam vervollständigt, »… vorbei über den Kreuzbergpass auf die andere Seite hinunterfahren. Dort kann ja eigentlich nichts geschehen, weil du davon nie geträumt hast. Wenn dem so ist, dann wäre das zumindest eine kleine Bestätigung und eine geistige Erholung für dich.« Ich bin für einen Augenblick sprachlos, versuche, ehrlich zu mir selbst zu sein. Gegen den Vorschlag ist nichts einzuwenden. Es ist schlicht das Beste, was wir tun können.

Als wir eine halbe Stunde später die Passstraße hinauffahren, weckt mich Daniela mit einem auffälligen Räuspern aus meinen Gedanken.

»Was ist?«

Sie nickt dem Armaturenbrett zu.

»Könnte teuer werden – hier in Italien.«

Ich wische mir kalten Schweiß von der Stirn und sehe auf die Tachonadel. Sie steht nahe der 100 km/h-Marke. Das Straßenschild, das an uns vorüberfliegt, ist der Meinung, die Hälfte wäre schnell genug. Ich bremse und sehe verstohlen aus dem Seitenfenster. Wir passieren den Weißbach, schräg hinter uns liegt der Seikofel. Ein Zeichen? Zeit für eine Planänderung? Als müsste ich mich rückversichern, schaue ich Daniela von der Seite an. Sie wirft mir einen erwartungsvollen Blick zu, bleibt aber stumm. Ich lasse mich provozieren und glaube, ihre Gedanken in Worte fassen zu müssen. Ich verfehle den richtigen Tonfall. Was ich sage, klingt vorwurfsvoll:

»Du meinst also, wir sollten da hoch, statt drüben runter. Warum? Weißt du mehr als ich?«

Ihre Antwort ist kühl: »Fahr, wohin du willst. *Du* bist

der Träumer.« Und ich fahre weiter, hinunter ins sogenannte Comelico, in ein Tal, das keinem von uns etwas sagt.

Kurze Zeit später steigen wir einem Gipfel entgegen, den uns die Wanderkarte als logisches Ziel am Ende eines Seitentals vorgibt: die Pfannspitze. In der Einsamkeit meines Trittmusters gebe ich mir stumme Ratschläge, mahne mich umzukehren, wenn auch nur das Geringste geschehen sollte. Heute will ich frei sein, nur für ein paar Stunden. Ist das zu viel verlangt?

Bei einer kleinen Rast über der Waldgrenze weist Daniela auf verräterische Relikte in der Wiese. Auch hier gibt es kilometerweise verfallene Gräben, Stacheldraht und Betontrümmer von ehemaligen Stellungen. Sie dienten demselben Zweck wie jene auf der anderen Seite des Passes. Nur wurden sie von einer anderen Nation erbaut. Aber die ehemaligen italienischen Stellungen lösen kein Déjà-vu in mir aus. In ihnen lauert kein ungutes Gefühl, kein zufälliger Fund – einfach nichts. Und ich bin froh darüber. Ich bade förmlich in der Gewissheit, hier, jenseits der Grenze zu Südtirol, für ein paar Stunden frei von der erdrückenden Präsenz meiner Träume zu sein. Und ich bin es bis ziemlich genau 13.00 Uhr, als wir den Gipfel erreichen. Zunächst scheint meine Unbeschwertheit unumstößlich. Doch die erste schwache Windböe, die nur Sekunden dauert, reicht aus, um mir erneut eine unterschwellige Ahnung zuzuhauchen. Plötzlich bin ich wieder auf der Hut, ohne zu wissen, weshalb. Außer uns ist niemand auch nur in der Nähe. Wir sind allein. – Sind wir das?

»Was ist los?«, fragt Daniela ahnungsvoll, als ich mich mehrmals ins Nichts umdrehe und von meinem Eintrag ins Gipfelbuch ablasse. Sie scheint inzwischen jeden auch noch so unscheinbaren Parameter an mir zu kennen, der nichts Gutes verheißt. Ich dränge das Gefühl von mir, will mir den eitel Sonnenschein des Aufstieges bewahren, so lange es geht.

»Ich dachte nur … es käme jemand«, gebe ich zurück und trage das Datum ein. 13. August 1997. Und mit der Jahreszahl gebe ich auf. Meinen aufgestellten Nackenhaaren kann ich nichts entgegensetzen. Mich fröstelt. Ich denke an das Erlebnis an der Rotwand vor zwei Jahren. Dann warte ich nur noch starr auf den Rückfall in die Vergangenheit und halte den Atem an. Ich kann mich nicht umdrehen. Ich habe Angst vor einer wie auch immer gearteten Begegnung. Und es passiert nichts. Da ist nur dieses Gefühl, als würde die Luft knistern, als stünde jemand direkt hinter mir.

»Lass uns einfach ein Stück weiter unten rasten«, beendet Daniela mein Zögern und geht ein Stück. Es fällt schwer, mich zu lösen, meinen Beinen den Befehl zu geben aufzustehen. Aber ich kämpfe gegen die Blockade in mir an und denke mich frei. In meinen gefangenen Blick kommt endlich wieder Bewegung. Ich bin nicht erstaunt, als ich erkenne, worauf er sich festgefressen hatte. Es waren einmal mehr die unscheinbaren Kuppen um den Kreuzbergpass, genau gesagt, der Seikofel. Ein Zufall? Hätten wir nicht doch besser …? Ich schlage das Buch zu, um es im kleinen Kasten des Kreuzes zu verstauen. Ein letztes Aufwallen sucht sich durch mein Gemüt. Als ich rücklings den Weg hinuntersehe und die verfallenen österreichischen Stellungen am Hang und den Obstanzer See erkenne, wird mir klar: Hier war und ist die Grenze. Hier oben verlief von 1915 bis 1917 die direkte Front. Und damit war ich für alles, was da jenseits schlummerte, erreichbar. So wie damals, als wir an dem einsamen Friedhof vorbeigekommen waren. *Malfer*, geht es durch mein Hirn. Ich suche kurz den rückwärtigen Hang nach den Kreuzen ab, kann sie aber nicht ausmachen.

Galgenfrist – wovor?

Wir steigen zu einer Alm ab – zurück in die Harmonie des Tages. In meinem Dämmerschlaf auf der Kräuterwiese denke ich an die Nacht, die vor mir liegt. Seltsamerweise stelle ich sie mir orografisch und zeitlich vor. *Sie ist weit weg*, souffliere ich mir beruhigend in den Geist. Noch über zehn Kilometer und mehr als acht Stunden. Noch.

Als wir am späten Nachmittag auf der Rückfahrt den Seikofel passieren, überrollt mich wieder diese unerklärliche Woge der Beklemmung. Irgendetwas lässt mich erschaudern. Etwa so, als stünde ich direkt unter einer tief hängenden Hochspannungsleitung. Das Knistern in mir flaut erst ab, als wir in die Ebene des Sextentals hinausrollen. Ich bin froh, dass Daniela gefahren ist. Nicht einen Gedanken hätte ich für die Fahrerei frei gehabt. Mein Sein hat sich in den letzten Stunden mehr auf das reduziert, was ich *war*. Was ich *bin*, scheint plötzlich nicht mehr wichtig zu sein. Und dennoch bin ich ruhig geworden, bin ganz bei mir. Ich habe weder Hunger noch Durst; sehne mich nicht nach erholsamem Schlaf. Es scheint, als wäre in mir kein Platz mehr für Rudimentäres. Ich habe meine Antennen ganz und gar auf das ausgerichtet, was sich da in meinem Unterbewusstsein ankündigt. Es ist da. Ich kann es förmlich spüren, mit all seiner Präsenz und Dominanz. Und ich weiß, dass es anders ist als alles, was davor war. Es ist auf eine seltsame Art und Weise vollkommen und final.

Gegen halb elf in der Nacht sitze ich gedankenversunken auf meiner Betthälfte. Mein Oberkörper lehnt an der warmen Holzvertäfelung der Wand. Die acht Stunden sind vorüber, die Galgenfrist ist verstrichen. Was wird diesmal geschehen?, geistert es durch meinen Kopf. Ich war mir noch nie so sicher, dass etwas geschehen würde. Die Beklemmung kriecht schon durch das offene Fenster, schleicht sich lautlos durch das Schlüsselloch. Ich spüre sie. Ich will nicht liegen, will nicht einschlafen.

Irgendwann stehe ich auf, lege mir einen Zettel und einen Bleistift auf die Ablage über dem Bett. Wenn ich etwas sehe, das Rückschlüsse auf den Ort des Geschehens zulässt, muss ich es zumindest skizzieren können – sofern ich aufwache. Und während ich es sage, frage ich mich, ob diese Hoffnung eine endliche oder unendliche sein wird.

Als ich wieder im Bett sitze und auf den schwarzen Fleck an der Decke sehe, denke ich an den Anfang der Geschichte. Ich erinnere mich an die ersten Träume, lasse den Film vor mir ablaufen, ohne nach Antworten oder bisher nicht wahrgenommenen Details zu suchen. Ich sehe Josele klettern und fallen, den Adler mit seinen roten Schwingen. Ich greife nach der Kette, dem Ein-Heller-Stück, lehne mich an die rauen Stämme des Drillingsbaums. Das Gesicht des Mädchens taucht auf. Sie lächelt. Die Zöpfe glänzen in der Sonne. Dann zieht das Unheil über den Horizont. Ich sehe den Streit, sehe Josele gehen. Und es ist Krieg im Tal. Ich sehe die Träger, die Gefangenen, die steilen Aufstiege, das lange Geröllfeld. Es folgen der nächtliche Angriff, die Szenen aus der Kindheit, das vertraute Gesicht. Ich höre dieses leblose Rauschen des Windes. Dann die Szenen in der Steilrinne, der Stromdraht, die Hütte im Tal. Danach das tote Mädchen, der nächtliche Graben und der unselige Schuss. Ich sehe Josele sterben, ihn am Seil auf die andere Seite gleiten, bevor ich andernorts in der Ebene aus dem Graben steige und langsam in die falsche Richtung gehe. Ich erkenne die tote Hand, den Unterstand, das Papier und die Kerze. Dann ist es leer in mir. Für einen Moment denke und sehe ich nichts. Nichts außer den Fleck an der Decke, in dem mein Geist verschmilzt.

Daniela löscht das Licht auf ihrer Bettseite und dreht sich zu mir hin. In ihrem Blick liegt Sorge.

»Was soll ich tun, wenn es wieder losgeht?«

Ich lege mich auf die Seite und sehe sie lange an.

»Nichts. Solange es die Situation zulässt. Im schlimmsten Fall … Notarzt.«

Daniela nickt mir Betroffenheit zu.

»Schlaf jetzt. Vor allem aber wach wieder auf.«

Die Dunkelheit nimmt mich abermals kalt ein, als ich das

Licht auf meiner Seite lösche. Ich glaube spüren zu können, wie die Beklemmung nur darauf gewartet hatte und sich mir auf die Brust legt. Ich will flüchten, weglaufen, und sei es nur im Traum. Aber wohin? In mir scheint das Nirgendwo überall zu sein.

14. August 1997, gegen 02.30 Uhr

»Schreib!« Und ein letzter Kraftakt.

Meine Lunge brennt wie Feuer. Ich taste nach meinem rechten Bein. Die Flüssigkeit, die ich zwischen meinen Fingern zerreibe, ist klebrig und warm. Der Schmerz sucht sich seinen Weg in mein Gehirn. Ich liege auf einem harten Untergrund, halbhoch. Mein Blick fällt auf einen fahlen Lichtstrahl. Er schwebt gleichbleibend im Halbdunkel des Raums. Staub fällt durch ihn hindurch, sinkt ins Dunkel der kleinen Pfütze auf dem Boden. Ihre Oberfläche wirft winzige unregelmäßige Wellen, zittert. Ebenso wie alles um mich herum. Dann hebe ich meinen Kopf an, sehe einen Tisch; darauf ein paar Utensilien. Eine Kerze, einen Teller, einen kleinen Tiegel und ein Stück Papier. Alles andere vermischt sich in einem Schwindel, der mich zurück auf die harte Pritsche wirft. Ich habe keine Kraft mehr, weder körperlich noch seelisch. In mir wohnt nur noch Schmerz, bis von fern ein einziges Wort klar und deutlich zu mir vordringt: Schreib! Und plötzlich drängt sich wieder etwas Elementares in mein Denken, hält mein Hinüberdämmern auf. Es strengt unsäglich an, mich aufzusetzen. Du musst schreiben ..., geht es immerzu durch meinen Kopf. Dann sehe ich nur mehr vor mich auf einen hellen Fleck. Meine Hand bewegt sich – vom Tiegel her zu mir. Ich fühle es nicht mehr, nehme die Bewegung nur noch mit den Augen wahr. Geschwungene Zeichen tanzen vor mir vom Blatt, fallen in die Dunkelheit. Träume ich? Oder geht es jetzt wirklich zu Ende?

Die Situation wechselt abrupt. Das Grau des Raumes weicht, macht Platz für grelles Licht und blasse Farben. Der Sprung in eine Zeit des Bunten kommt mir bekannt vor. Das Bild wirkt seltsam befreiend auf mich. Die Schmerzen sind weg. Ich rieche frische, saubere Luft, habe Kraft. Mir ist, als habe ich mich Jahre nicht mehr so gut gefühlt. Geträumtes Wunschdenken? Zwei klare Linien teilen das Bild, das vor mir steht. Es ist ein Kreuz. Eine Person sitzt darunter. Sie ist unscharf, zerfließt in Blau. Das, was sie in der Hand hält, schließt sich langsam, als ich mich nähere. Es ist ein Buch, darin undeutliche Runen, die ich nicht entziffern kann. Mit einem Schlag reißt mich etwas vom Kreuz weg und wirft mich andernorts vor eine Mauer. Noch immer ist es farbig, doch die Umgebung ist düsterer. Die aufgeschichteten rötlichen Steine vor mir sind bemoost, mit Flechten bedeckt. Die Mauer ist alt. Ein blauer Ärmel schiebt sich ins Bild. Und es ist kein Uniformstoff, der den Unterarm bedeckt. Die Hand, die einen Stein aus dem Gefüge löst, ist sauber. Ist es wieder meine? Das entstandene Loch wird größer, finsterer. Mir wird scheußlich kalt. Was lauert dort auf mich? Aus der nun sichtbaren Lücke im Mauergefüge plätschert Dunkelheit wie schwarze Farbe in einen engekerbten Weg vor mir. Sie steigt an mir hoch, raubt mir den Atem. Schmerzen wallen in mir auf, es wird wieder eng in meiner Brust. Ich will mich an den Farben meiner Umgebung festhalten, dort bleiben. Doch alles ist mit einem Mal wieder grau. Und damit weiß ich, dass ich unaufhaltsam in der Zeit zurückfalle, bis hinunter in diesen modrigen Unterstand, an diesen Tisch mit der Kerze. Die Bewegungen meiner Hand sind bemüht, verkrampft. Meine Finger zittern. Ich ringe nach Luft, habe aufgehört zu schreiben. Vom Papier erhasche ich nur ein paar verschwommene Linien. Es sind Zeichen, die ich kenne, die aber keine Sprache in meinem Kopf entstehen lassen. Sie ergeben keinen Sinn; sind nur ein kryptisches Muster, das nichts bedeutet und doch so viel verheißt. Ist es ein letzter Brief? Aber an wen? Wer ist denn noch da? Eine Pause voller Leere. Dann hallt es betont und lange in mir nach: Du bist da!

Ich? Daraufhin hält irgendetwas in mir gebetsartige Mahnreden, die ich nur bruchstückhaft verstehen kann, wie etwa: ... wird es finden... nur er! Schreiben ... bitte! Dies ist dein Grab und Leben!

Vor mir werden unbewegte Bilder abgelegt wie Fotografien. Ich sehe Menschen, die mir nahe sind. Es sind zwei Männer, ein jüngerer und ein älterer mit Schnauzbart. Der junge trägt eine Uniform. Eine wohlige Wärme durchströmt mich. Ich kenne die beiden, weiß, dass ich sie liebe – ganz anders als das Mädchen mit den Zöpfen, deren Bild in mir entsteht. Namen habe ich für keinen der Vertrauten. Nur verwaschene Klänge, die zu ihnen passen. Ein Abschied? Die letzten trüben Blicke?

Trauer und Schande zerren an meiner Seele. Ich flehe um Erlösung, um Vergebung – tief in mir, wortlos, tonlos. Mein Körper zittert. Ich huste, ringe nach der stickigen Luft. In meinen Gaumen legt sich ein saurer, eisenartiger Geschmack. Wieder einmal will alles vor mir blass werden. Und wieder kämpfe ich dagegen an, wehre mich, solange mich das Schicksal lässt.

Es ist Zeit, Vinz ..., dringt es von irgendwoher zu mir vor. Ich weiß, wer gemeint ist.

Die Kerze vor mir flackert noch einmal, bevor ihr Docht kippt und erlischt. Mein Licht ist aus. Ich fühle die Kühle von Metall, öffne etwas. Dann spüre ich kalte Hände an meinem Hals. Etwas zerrreißt. Meine Kette!, rufe ich lautlos in mich hinein. Grober Stoff liegt zwischen meinen Fingern. Was passiert mit mir? Für einen ewigen Augenblick entfernt sich die Bedeutung meines Tuns so weit von mir, das ich sie nicht mehr erahnen kann. Meine Sinne werden taub, unaufhaltsam. Ich kann den Tod spüren. Es eilt.

Kreuzgang für Josele – sterbe ich mit Vinz?

Ich robbe dem Lichtstrahl zu, hinein in das Licht, von dem ich glaube, es wäre nur die Helle des Tages, die in die Kaverne fällt. Der Schmerz fordert seine Ohnmacht, die ich ihm beharrlich verweigere. Jetzt nicht. Nicht so kurz davor …, mahnt der Rest von Leben in mir zum Durchhalten. Dies ist mein Kreuzgang … für Josele. Ich muss ihn beenden, bin bald da …

Die Ränder meines Weges sind hoch, schneiden tief ins Erdreich ein. Es geht langsam vorwärts mit nur einer Hand. Die andere drückt etwas an meine Brust. Es ist wichtig. Und das ist alles, was ich in diesem Moment noch weiß. Felsen tauchen vor mir auf. Steine liegen übereinander, durcheinander. Darüber ragt der Fels hoch auf. Es ist dunkel in meiner Schlucht, über der ein zerrissener Baumstumpf hängt. Lose Steine bilden eine rötliche Mauer unter einer kleinen Höhlung. Ich kenne sie. Es ist dieselbe wie vorhin in den farbigen Szenen aus der anderen Zeit, nur sind die Steine frei von Moos, liegen sauber aufeinander. Und eben dort weiß ich, dass ich angekommen bin. Ich greife nach den Brocken, zerre jeden einzelnen in den Graben und schiebe das, was meine andere Hand festhält, so weit, wie es nur geht, in die Höhlung hinein. Hinein ins Finster. So, wie ich beginne, die Steine wieder aufzuschichten, fängt mein Bewusstsein an zu schwinden. Ich will atmen, doch ich kann es nicht mehr. Ein letzter Felsbrocken findet in das dunkle Loch vor mir, schließt die Mauer. Dann taumle ich nach hinten, stoße an das Letzte, was ich in diesem Leben spüre: harter Fels. Ich fühle weder Schmerz noch meinen Herzschlag. Das Bild, welches vor mir steht, ist seltsam final. Es wird das letzte sein, was ich sehe. Und ich bin froh darum. Der hohe Berg, den ich wahrnehme, ist friedlich, ruhig und erhaben. Frei von Krieg und Leid. Ich kenne ihn wie einen guten alten Freund, wärme mich eine Sekunde an ihm. Dann beginnt das Bild in Licht zu ertrinken. Zuerst die kahle braune Kuppe hinter dem zerschossenen Kampf-

graben, dann der entferntere Wandfuß auf der anderen Talseite und schließlich der ferne Gipfel der Rotwand. Im Weiß der Ewigkeit schwebt Erlösung. Ich strecke mich aus, greife in den Nebel. Doch ich kann nicht festhalten, was mich friedlich macht. Schwache Konturen tauchen auf, mischen sich zu einem bekannten Gesicht. Es lächelt, schickt mir Frieden entgegen. Im Nicken des Soldaten liegt Dankbarkeit – endlich. Er öffnet seine Hand und hält mir etwas entgegen. Es ist eine Kette, an deren Ende ein Drahtkörbchen eingeflochten ist. Darin ist eine Münze gefangen. Er hebt den Kopf an, als wolle er sich verabschieden. Er sieht mir fest in die Augen, denkt in mich hinein, dass ich es fühlen und hören kann. Er spricht merkwürdig betont, in einer Sprache, die nicht die meine ist. Dennoch verstehe ich ihn: »Du musst drei Mal zurückkehren, bevor du dich siehst. Pace, Vinz, pace.« Dann verblasst sein Gesicht. Ich bin allein im Nirgendwo zwischen dem Jetzt, der Ewigkeit und dem Tod. Mich durchströmt nahezu greifbarer Friede. Nichts als dimensionsloses Glück, das sich irgendwann in der Endlichkeit einer Berührung verfängt, die nicht ins Geschehen passt …

Zurück ins Leben … Zielvorgabe: Seikofel.

»Atme! Wach auf!« Etwas rüttelt an mir, tätschelt mir die Wangen. Der erste Atemzug brennt in der Lunge. Aber es ist ein entferntes Brennen, das nicht zu mir gehört. Und die Luft, die ich atme, ist rein, sauber. Ich öffne die Augen, sehe wieder nur Weiß. Irgendwann fixiere ich einen kleinen Fleck, stelle ihn scharf. Als sich einzelne Gegenstände in mein Sichtfeld schieben, brechen die Dämme der Erinnerung in mir. Fluten von Emotionen, Bildern und Szenen ergießen sich wie ein Wasserfall in mein Bewusstsein. Alles, was auf mich einströmt, ist überfrachtet von Information. Zu viel für eine einzige Sekunde. Daniela sitzt neben mir auf dem Bett. Ich sehe die Erleichterung in ihrem Gesicht, nehme einen zweiten tiefen Atemzug und ziehe mich mit ihm vollends zurück ins Jetzt. Für immer …?, löst sich wie automatisch eine elementare Frage aus meinem Denken. Irgendetwas ist nicht wie vorher. Es scheint etwas zu fehlen, gleichsam, wie auch etwas hinzugekommen ist. Ich kann nur noch nicht genau orten, worin es besteht. Ist es nur in mir oder um mich?

»Schmerzen?«, fragt Daniela tonlos. Ich schüttle den Kopf. Es dauert eine Weile, bis ich eine gesprochene Frage formulieren kann.

»Was ist passiert?«

»Du hast wirr gesprochen, unverständlich, nicht wie sonst; etwas von oder über Vinz. Ich habe nur ein ›Bitte‹ verstanden und so etwas wie ›pace‹ – zwei Mal. Du hast gestöhnt und schwer geatmet. Plötzlich hast du aufgehört. Ich … hatte Angst. Ich musste dich da rausholen.«

Ich sehe, wie sich in Daniela die Anspannung Bahn bricht, und nehme sie in den Arm. Sie zittert.

»Es ist vorbei«, sage ich besänftigend.

»Ja, für heute. Und morgen? Und übermorgen?«, erwiedert sie bitter. »Zu Hause gehe ich mit dir zum Neurologen, Psychologen, Hirnforscher, was auch immer! Und wenn ich dich eigenhändig hinschleifen muss!«

Ich höre ihr bei ihrer nur allzu verständlichen Mahnrede nur halbherzig zu. Nicht, weil ich sie als Unsinn abtue, sondern weil mir irgendetwas sagen will, dass ihr Inhalt plötzlich obsolet geworden ist. Mit einem Mal glaube ich zu wissen, was sich verändert hat. Ich löse mich von ihr und sehe ihr lange in die Augen.

»Es gibt kein Morgen. Es ist vorbei. Für immer.«

Danielas Züge werden hart. »Woher willst du das wissen? Hat das Vinz gesagt? Ich dachte, du könntest nichts hören in den Träumen.«

Ich bemühe mich um einen ruhigen Tonfall:

»Ich weiß es – weil ich gerade gestorben bin.«

Daniela sieht auf und hält den Atem an. Sie kombiniert, findet nur langsam zu mir zurück. Ihre Stimme ist schwach und leise:

»Du bist *was*?«

Ich nicke nur zur Bestätigung, weiß, dass sie mich verstanden hat. Sie greift nach meiner kalten Hand, sucht den Puls. »Im Traum?«, fragt sie, als traute sie dem Bild vor sich nicht. »Was ist passiert?«

Ich antworte im Telegrammstil: »Die schwere Verwundung – Schmerzen. Ich habe etwas aufgeschrieben und hinter einer Mauer versteckt. Auch diese farbigen Bilder waren wieder da. Ich habe immer wieder das Bewusstsein verloren.« Und während ich es sage, muss ich in bitterem Sarkasmus lachen. »Wie kann man im Traum bewusstlos werden …? Trotzdem. Es war ein Abschied. Er sagte, ich werde drei Mal zurückkehren, bevor ich mich sehe.«

Daniela ist mit einem Mal wieder voll da. Ihr Tonfall klingt analytisch. »An eine bestimmte Stelle oder nur geistig?« Ich muss selbst ein wenig darüber nachdenken, bevor ich antworte.

»Du hattest gestern wahrscheinlich recht …« Ich greife nach der Wanderkarte auf dem Nachttischchen und falte sie auf. Mein Zeigefinger gleitet zuerst zur Rotwandspitze. Sie habe ich ohne Zweifel im letzten Bild erkannt. Dann fahre ich ein paar Zentimeter Richtung Nordosten zu einer kleinen, unscheinbaren Erhebung, die mir ebenfalls geläufig ist. Ich kneife die Augen zusammen, rufe mir dieses letzte Bild im Traum in Erinnerung. Wo habe ich diese Perspektive von der Rotwand schon einmal gesehen? Dann fällt es mir ein. Das Buch, das ich kurz darauf in den Händen halte, ist mittlerweile abgegriffen. »Krieg um Sexten«, von Kübler und Reider, strotzt von meinen Anmerkungen. Heute zählt nur ein Bild, das auf Seite 69. Und es gibt Gewissheit. Meine Gedanken rasen.

»Wie oft waren wir am Seikofel?«, stoße ich so laut hervor, dass Daniela den Zeigefinger an die Lippen legt. Sie überlegt kurz. »Zwei Mal bisher.«

»Bisher«, wiederhole ich betont. »Morgen wird es das dritte Mal sein. Er hat da oben etwas versteckt. Vielleicht haben wir Glück und es ist noch da.«

Daniela lehnt sich gedankenversunken in ihr Kissen zurück. »Und er hat nicht gesagt, was du tun sollst? Ich meine, das wäre doch viel einfacher gewesen. Statt dessen eine Botschaft mitten im Krieg verstecken …, und dann nach all den Jahren …?«

Ich stehe auf, nehme den Stift und das Stückchen Papier von der Ablage. Dann drehe ich mich zu Daniela um.

»Was ist nachdrücklicher? Ein Traum oder ein Stück Papier?«

»Papier natürlich. Aber woher soll er denn vor 80 Jahren gewusst haben, dass es jemand findet?«

Ich wehre ab.

»Vielleicht hat es etwas mit diesen Farbbildern zu tun. Aber so weit bin ich noch nicht. Das Wichtigste, was jetzt zählt, ist das Versteck mit seinem Inhalt. Vielleicht ergibt sich daraus der Sinn meiner Rolle in diesem Drama.«

Der stumpfe Bleistift, den ich gefunden habe, ist genau richtig für das, was ich vorhabe. Ich sitze eine ganze Weile am kleinen Tischchen in unserem Zimmer und skizziere eine Landschaft, die es in dieser Form wahrscheinlich nicht mehr gibt. Doch mehr als das, was in meinen Erinnerungen liegt, kann ich nicht zu Papier bringen. Was ich male, dokumentiert die Vergangenheit. Eine Mauer entsteht. Darüber eine kleine Höhlung. Ein Graben schließt sich an, über dem engen Gang hängt ein Baumstumpf. Ich sehe die rötliche Färbung des Gesteins vor mir, als kniete ich direkt davor. Doch Farben zum Kolorieren habe ich leider nicht.

Als es dämmert, bin ich mir so sicher wie noch nie zuvor: Dieser Tag wird der wichtigste in meinem bisherigen Leben.

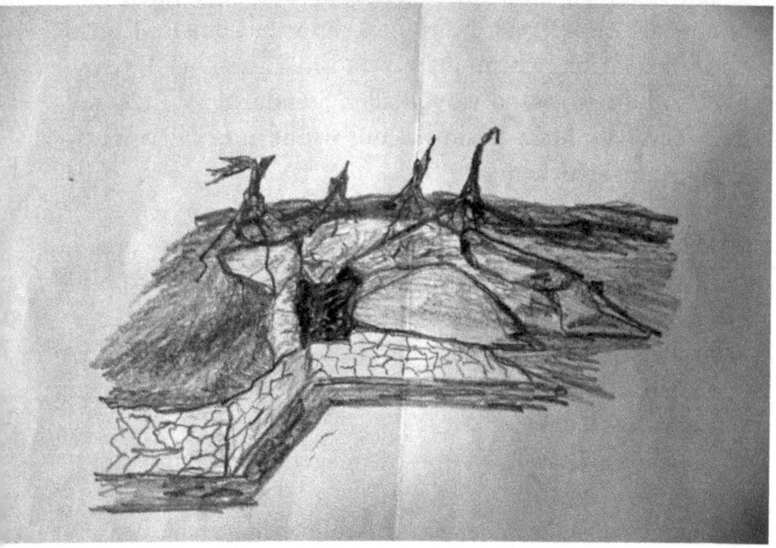

Nach dem letzten Traum angefertigte Skizze: Der gesuchte Schützengraben auf dem Seikofel.

14. August 1997, 13.00 Uhr

Ernüchterung: Ist die Suche aussichtslos ...?

Es ist gottserbärmlich heiß. Kein Lüftchen weht, als wir auf die schwach geneigte Hochfläche kurz unterhalb der unscheinbaren Gipfelplatte des Seikofels treten. Ich bleibe stehen, sehe mir das Gelände aus der Position der damaligen Verteidiger an. Es ist exakt dieselbe Perspektive, die auch Vinz vor über 80 Jahren gehabt haben muss. Ich sehe die fast vollständig wieder zugewachsenen Narben in der Landschaft. Allerorts krallen sich Latschenkiefern in den steinigen Untergrund, kaschieren die Kriegsschäden, so gut sie es vermögen. Und eben das macht unsere Aufgabe nahezu unmöglich. Alles sieht gleich aus. Nirgendwo gibt es Anhaltspunkte. Wir suchen nach der berühmten Nadel im Heuhaufen.

Ich steige auf eine kleine Anhöhe und sehe mich um. Nichts als Zirbelkiefern und verkrüppelte Fichten. Einen Graben kann ich nicht ansatzweise ausmachen. Und der Ausblick auf die Rotwand ist von allen Standorten auf diesem Berg derselbe. Mein Enthusiasmus droht in der Aussichtslosigkeit zu ersticken.

»Wo sollen wir da anfangen?«

Daniela steigt zu mir hoch und hält meine Skizze vor die Landschaft. Ihre Augen versuchen abzugleichen. Ich hingegen brauche die Zeichnung nicht. Sie ist in meinem Kopf samt dem Bild von vergangener Nacht.

»Irgendeine Eingebung? Vielleicht ein Rückblick? Oder nur ein schwaches Gefühl?«

»Nichts«, entflieht es mir geschlagen. »Es könnte überall sein.«

»Dann suchen wir eben überall«, gibt sich Daniela beharrlich. »Wir haben doch Zeit.«

Ich gehe schweigend weiter, den kaum erkennbaren Pfad entlang bis zum höchsten Punkt des Berges. Auch dort gibt es keine Felsnischen oder sichtbare Mauern und Gräben vom Krieg.

»Dieser Graben von der ersten Tour! Wo war der nur?«, stößt Daniela eine innere Unruhe in mir an. Und ich bin sofort gewarnt. Kommt etwa wieder dieses Gefühl in mir auf, nicht allein zu sein? Ich horche in mich hinein, fühle die Enge in meinen Gedanken. Es ist nicht abzustreiten: Wir sind am rechten Fleck. Nur ist dieser Fleck zu groß für mich. Daniela zupft an meinem Pulli herum. »Erinnerst du dich an dieses Erlebnis, damals? Dein Rückblick, als wir die Italiener getroffen hatten! Deine Flucht aus diesem Kampfgraben!« Ich höre sie nicht. Stattdessen fällt mir auf, dass ich heute morgen wieder den verschwitzten blauen Pullover angezogen habe, obwohl ich den frischen gelben herausgelegt hatte.

»He!« Daniela zupft stärker.

»Ja!«, entgegne ich gereizt. »Da war ein Graben. Aber wir sind schon damals nur zufällig darauf gestoßen. Ich habe keine Ahnung, wo genau das war.«

Ich atme mir angestrengt meine Bedenken von der Seele, die ich noch vor einer halben Stunde in den Wind geschlagen hätte. War ich zu optimistisch? Alles nur ein erträumter Wunsch? Alles sieht gleich aus hier oben. In meiner Stimme liegt Resignation.

»Wo in diesem Urwald sollen wir denn anfangen? Und nach dieser Zeit! Selbst wenn er etwas vergraben hat. Da ist doch sowieso nichts mehr davon übrig.«

Daniela gerät außer sich. Ich kenne sie so nicht.

»Nein! So läuft das nicht! *Ich* suche. Und wenn ich bis heute Abend hier oben zwischen den Latschen rumkrabble. Wenn ich dann nichts gefunden habe, kann ich wenigstens sagen, ich habe alles versucht. Diese schlaflosen Nächte haben heute ein Ende!«

Sie zwängt sich ins Dickicht und ist nach kaum fünf Schritten unsichtbar. Allein an den Bewegungen der grünen Zweige kann ich verfolgen, in welche Richtung sie sich quält. Doch irgendwann ist alles ruhig, als hätte sie das Gelände verschluckt. Mir wird mulmig. Ich schnappe mir den Rucksack und schiebe mich in das sperrige Gestrüpp.

Die Vertiefung, in der ich auf Daniela treffe, ist markant. Es ist tatsächlich ein ehemaliger Laufgraben, der von den Latschen tunnelartig überwuchert ist. In Danielas Gesichtszügen liegt zufriedene Bestätigung. In der schmalen Gasse vor uns ist es kalt wie in einem Kühlschrank. Ein alter, modriger Geruch liegt auf dem Grund. Ich ziehe ein Stück des weichen grünen Moosteppichs von der linken Grabenwand. Darunter kommen dunkle Steine zum Vorschein. Als ich einen kleinen davon herauslöse und ihn in meiner Hand halte, schimmert er rot. Ich schüttle mir die Gänsehaut vom Rücken und gehe voraus. Meine Schritte sind genau so bemessen, um meinem Geist zumindest die Chance zu geben, mir zu folgen.

Irgendetwas will mich warnen. Es mahnt mich zur uneingeschränkten Vorsicht. So wie damals an der Rotwand. Ich weiß sofort: Unsere Suche ist nicht länger aussichtslos, auch wenn wir nur die nächsten drei Meter vor uns erkennen können. Dieser Graben ist nicht nur ein Stück einstiger menschlicher Dramatik. Er ist ein Eingang, eine Pforte. Ich kann es spüren, obwohl sich bisher kein Meter davon mit Bildern aus dem Traum deckt. In meinem Magen wird es flau.

Liegt die richtige Fährte unter dem Bewuchs?

Der Gang knickt um 90 Grad ab. Ich streiche andächtig über die roten Felsbrocken seiner Wände, als es plötzlich geschieht. Ein harter Rückblick: Die Mulde, in die der Graben ein paar Meter vor uns ausläuft, rast auf mich zu und saugt die Farbe und die Helligkeit aus dem realen Bild. Für eine Hundertstelsekunde sehe ich das dämmrige, kahlgeschossene Terrain, den Graben aus meinen Träumen und die Stacheldrahthindernisse. In ihrer Mitte klafft eine Lücke. Dann vereinen sich zwei zeitlich getrennte Wahrheiten in mir. Ich bin da, taumle im Jetzt und im Vergangenen. Es ist nicht mehr weit.

Daniela packt mich am Arm und stützt mich.

»Was ist?«, fragt sie.

Meine Kehle fühlt sich staubtrocken an. »Ich kenne diese Stelle!«, krächze ich.

»Das ist aber nicht dieser Graben von 1994«, wägt Daniela ab. »Hier waren wir noch nie.«

Ich schüttle den Kopf. »Falsch. *Du* warst hier noch nie.«

Daniela sieht mir beschwörend in die Augen und fügt nur drei Worte an: »Lass dir Zeit.«

Ich gehe noch langsamer als zuvor, winde mich aus dem Graben in die Mulde vor. Sie ist kreisrund, etwa acht Meter im Durchmesser. Es bedarf keiner Überlegung in mir, um zu wissen, was für ein todbringendes Kaliber hier einst eingeschlagen hatte. War es etwa die Granate, die mich im Traum durch die Luft geschleudert hat? In unserem unnatürlichen Rund gibt es keinen höheren Bewuchs. Das Wasser, das in der Mitte in einem kleinen Tümpel steht, ist von finsterer Transparenz. Es scheint grundlos, tot; so wie alles, was hier oben auf mich wirkt. Und schon das reicht aus für ein weiteres Zurückblicken. Alles, was ich hier an dieser Stelle sehe, friert das Jetzt vor mir ein, um mir grässliche Erinnerungen in Schwarz-Weiß ins Gehirn zu telepathieren. Erträumte Sinneseindrücke, die so leblos sind wie etwa der Arm des Gefallenen, an dem ich mich im Traum vorwärtsziehe.

Es ist still um mich. Kein Vogel zwitschert, kein Hauch streicht durch das Geäst der Krüppelfichten. Der Himmel ist einheitlich schwarz, ohne Struktur. Auf mich wirkt er, als würde er über mir zusammenstürzen und mich begraben. Etwas in mir steht still. So lange, bis Daniela neben mich tritt und dem statischen Augenblick Leben einhaucht. Aus den kleinen roten Flecken auf ihren Wangen spricht ernste Sorge. Diesmal dauert es lange, bis ich mich wieder in die Realität zurückblinzle. Ich sitze am Boden, massiere mir den abflauenden Phantomschmerz aus dem Oberschenkel. Die vergangenen Sekunden sind erinnerungslos, wie gelöscht. Zumindest, was die Gegenwart angeht.

»Geht es?«, fragt sie leise. Ich nicke dämmrig vor mich hin und hangle mich in Gedanken in eine bestimmte Richtung. Mit einem Mal funktioniert mein Seelenkompass wieder. Und mir scheint, er tut es so eindeutig wie noch nie zuvor. Ich steige über den schrägen Trichterrand hinauf ins Latschengewimmel. Der rostige Stacheldraht, der aus dem Boden ragt, folgt noch immer seiner einstigen Bestimmung, angelt gierig nach meinen Waden. Es ist mir egal. Ich weiß, dass es jetzt nicht mehr weit ist, sofern sich die Realität mit dem Traum weiterhin deckt. Ein schwacher Schwindel überfällt mich. Mein Magen beginnt mit mir zu sprechen, knurrt mir seinen flauen Unwillen entgegen. Ich mache schon gar nicht mehr den Versuch, aus den sepiafarbenen Bildern zu fliehen. Es sind derer zu viele. Der Kampf um einen klaren Kopf ist aussichtslos geworden. Aber wollte ich es nicht genau so? Mühsam halte ich mich unter Kontrolle. Mit jedem Schritt, den ich tue, nimmt der Schwindel zu. Als ich in einen zweiten Graben hinabstolpere und stürze, kommt Übelkeit in mir auf. Ich zittere – innerlich und äußerlich –, atme flach. Meine Lunge brennt. Das rechte Bein schmerzt so sehr, dass es mir wie von selbst den Glauben raubt, es sei alles Einbildung. Ich erlebe es. Genau in dieser Sekunde, so wie damals. Daniela schiebt ihre Schulter unter meine Achsel, legt den Arm um meine Taille und hilft mir hoch. Sie sagt nichts, sieht mir nur voller Anspannung in die Augen. Nach der nächsten Sappe* bleibe ich stehen, halte mein rechtes Bein hoch und lehne mich keuchend an die Grabenwand. Meine Augen sind aufgerissen, ruhen auf einem schmalen, dunklen Spalt, der sich gut zwei Meter tiefer vor mir in einem Loch auftut. Gegerbtes Kantholz, verrostete Drähte, Nägel und zerdrücktes Wellblech ragen schräg aus dem Erdreich. Modrige Holzplanken hängen im Abstieg zum Loch, das vollständig mit Wasser gefüllt ist. Der Spalt, den die Zeit übrig gelassen hat, ist kaum noch ein paar Zentimeter hoch. Der Unterstand ist zusammengebrochen. Ich habe keine Zweifel mehr, dass es eben jener Unterstand war, in welchem ich die letzten Stunden in einem früheren Leben zugebracht hatte. Begegne ich mir hier selbst?

Ankunft – der gelebte Traum …

»Sollten wir nicht besser umkehren?«, dringt es von Daniela zu mir vor. Die Stimme passt nicht in die grauen Bilder. Und dennoch bin ich froh um sie. Ich verneine, gebe wie üblich

---

* wellenförmige Ausbuchtung im Verlauf der Schützengräben an der fordersten Front

den Starken. Aber es kommt mir so vor, als spiele ich das nur. Ich bin nicht stark – nicht mehr. Was, wenn ich es wirklich finde? Was passiert dann mit mir? Plötzlich scheint mir der vergangene Traum abwägbarer als das, was ich soeben erlebe. Furcht kriecht in mir hoch. Wo liegt der Unterschied zwischen Traum und diesem fortwährenden Rückblick? Bin ich überhaupt noch wach?

Ja, ich bin es. So wach wie noch nie in meinem Leben. Ich stoße mich von der Wand ab und hinke weiter. Der Graben wird von einer Seite her immer höher. Es wird enger, das Gelände steigt an. Und mit einem Mal mischen sich die unverständlichen farbigen Traumbilder in die graublasse Vergangenheit vor mir. Ich weise vor mich. Was unterbewusst in mir passiert, findet in meiner Sprache Ausdruck. Ich spreche in leichtem Dialekt: »Do hinter der Sapp'n liegt a longer Oscht aufm Weg. Und Stuanr.« (*Da hinter der Grabeneinbuchtung liegt ein langer Ast auf dem Weg. Und Steine.*) Daniela nimmt mich am Arm, so gut es der enge Graben zulässt, und blickt um die Ecke. Ich höre, wie sie tief einatmet, sehe ihr kurzes Nicken. Ein dicker Lärchenast und drei, vier größere Felsbrocken versperren den Weg. Wir winden uns hindurch bis vor eine hohe Mauer, vor der ich kraftlos niederknie. Ich sehe nur mehr die weißen Flechten, das Moos und die dunkelrote Farbe – ich bin angekommen.

Ein Zettel findet in meinen linken Augenwinkel. Es ist meine Skizze, die Daniela vor sich hält. Ich bete darum, dass sie etwas sagt. Nur um zu wissen, wo ich bin, wann ich bin. Um zu wissen, dass das wirklich passiert. Waren dies die farbigen Visionen in meinen letzten beiden Träumen?

Danielas Frage klingt eher wie eine Feststellung: »Das ist es, nicht wahr?« Ich puste meinen angestauten Atem stoßweise aus und nicke. Sprechen kann ich nicht. Dann schlage ich mir mit der flachen Hand auf die Wangen, jage die Taubheit aus meinem Geist. Ich will im Jetzt bleiben, um jeden Preis. Und ich schaffe es. Die Schmerzen klingen tatsächlich ab, verlassen mich. Stehe ich hier im windstillen Auge des

Sturms, der mich all die Jahre heimgesucht hat? Ein kleiner Lohn für mein Durchhalten?

Ich beginne, die Zeichnung mit der Realität zu vergleichen, ohne es überhaupt zu müssen. Ich weiß längst, dass sich die Bilder entsprechen. Es kann keine Zweifel mehr geben. »Wir sind da«, sage ich tonlos. Daniela schenkt mir ein teilnahmsvolles Lächeln und wartet auf den richtigen Zeitpunkt, den nur ich kenne. Ich strecke meinen linken Arm nach vorn aus und sehe auf meinen Ärmel. Er ist königsblau. Meine Hand ist sauber, so, wie ich es geträumt habe. Ich greife nach dem obersten Stein im alten Gefüge und lege ihn behutsam auf den Boden. In mir vollzieht sich eine Art Ritual, von dem ich weiß, dass ich es zum ersten und letzten Mal ausführe. Ich bin mir seiner Einmaligkeit bewusst. Es liegt Andacht in meiner Haltung – in der inneren und der äußeren. Und merkwürdigerweise habe ich in diesen Minuten keine Erwartung an das Schicksal mehr. Ich versinke in dem, was ich tue, realisiere mich nur noch über die Bewegung, bis ich meinen Arm hinter dem Steinwall tief nach unten führen kann. Hinein in das Fenster der Zeit, aus welchem mich im Traum die Vergangenheit wieder eingenommen hatte. Würde es tatsächlich so geschehen?

Ein Weltbild wankt ... muss ich gehen?

Der tranceartige Zustand verebbt, gibt meine gefangenen Gedanken wieder frei. Ich sehe auf meine Hände. Sie sind rot vom Staub aus der kleinen Gruft, die ich freigeräumt habe. Ich fühle, wie Daniela unruhig wird, und unterbreche mein Graben. In ihr Gesicht ist ein Hauch Entmutigung gekrochen. Zwischen uns türmt sich eine Pyramide aus Porphyrbrocken auf. Ich schüttle sacht den Kopf. »Da ist nichts.«

Daniela weicht meinem Blick aus und sieht beschwörend auf die Höhlung. »Sieh noch mal nach. Vielleicht liegt es nur ein Stück weiter rechts oder links.«

Ich greife wieder tief nach unten, jenseits der Mauer, diesmal etwas mehr nach rechts. Meine Finger heben eine flache Steinschuppe an, tasten, fühlen. Dann schrecke ich zurück, als hätte mich etwas in die Hand gebissen. Mein Atem geht schnell. Ich sehe für einen Wimpernschlag grauen, schweren Stoff vor mir.

»Was ist?« Daniela drängt sich an der roten Pyramide vorbei und nimmt sich meiner Hand an. Ich ziehe sie zurück, merke, wie ich zu zittern beginne.

»Ich habe etwas Weiches gespürt ... wie Stoff.«

Danielas Gesichtszüge werden kantig. Diesmal ist es keine Rückblende, die für mich die Farbe aus ihren Wangen vertreibt. Sie werden wirklich blass.

»Kannst du es herausziehen?« Ich höre es am Tonfall, dass sie damit nicht meine Muskelkraft meint. Und ich wehre mich für ein paar Sekunden gegen das, was ich dennoch tun muss.

»Was, wenn es eine Uniform ist. Ein ... Toter?«, stottere ich. »Ich meine, es kann doch alles Mögliche sein.« Daniela beweist Stärke, sieht mir fest in die Augen.

»Kann es das?«

Ich fühle wieder. Der Stoff ist fest. Ich schlage mir die Knöchel auf, als ich das kleine Paket über die Brüstung ans Tageslicht zerre. Es ist keine Uniform. Es ist ein zusammengepresstes Stück Leinen, das offensichtlich etwas in seinem Inneren birgt. Ich lege meinen Fund auf der Steinpyramide ab und starre argwöhnisch auf das Artefakt. Unsicher taste ich mich durch meine Gedanken, wäge Einbildung, Traum und Wirklichkeit gegeneinander ab. Hat das eben stattgefunden? Ist das wirklich passiert? Daniela hat ihre Hand vor den Mund gelegt und starrt gebannt auf den schimmlig grauen Klumpen.

»Ist es schwer?«

Ich weise nur mit dem Kopf auf das Bündel. Zum Zeichen, dass sie es ruhig nehmen kann. In mir kreisen Weltbilder um die Wette, drängen mich in den hintersten Winkel meiner Wahrnehmung. Dorthin, wo die letzten Fragen begraben liegen: Bin ich Vinz? Habe ich am Ende eines jeden Traums nur in einen Spiegel gesehen? War diese Erkenntnis das langersehnte Ziel meiner Suche? Ich kann es vor mir nicht bejahen, nicht einmal hoffen. Es scheint zu einfach, zu lapidar im Vergleich zum fulminanten Vorspiel über all die Jahre. Und doch will es sich gerade hier und jetzt manifestieren.

In Danielas Zögern liegt Respekt. Ihr Arm zuckt, aber sie streckt ihn nicht nach dem Fundstück aus. Schließlich schüttelt sie den Kopf.

»Nein. Dieses Erbe musst du selbst annehmen.«

Und ich nehme es an, kann gar nicht anders. Wenn es für mich eine Erlösung gibt, dann in diesem antiken Paket.

Der brüchige Stoff ist störrisch. Die Falten sind kaum aufzubiegen. Sie brechen, als ich fester Hand anlege. Nach und nach kommen Stellen zum Vorschein, die nicht verschmutzt sind. So etwas wie zwei gleiche Buchstaben oder Zahlen werden zwischen den Schimmelflecken sichtbar. »22« meine ich in alter Schrift erkennen zu können. Umrisse werden deutlicher. Was immer in diesem Stoff steckt, ist rund. Und es ist federleicht. Beinhaltet es überhaupt etwas? Das Stoffstück entpuppt sich als relativ großer Sack. Ich öffne den Bund und spähe hinein. Etwas Schwarzes liegt am Grund. Etwas, das mich abstößt. Ich rieche hinein, erahne einen vertrauten Gestank. Diesmal aber ist es wirklich nur ein Phantom, das in meine Nasenschleimhäute kriecht. Was aussieht wie ein kleiner, dunkler Ball, riecht nicht anders als alles hier. Modrig und alt. Ich hadere, schlucke meine Anspannung leer hinunter und sehe zu Daniela hin. Ihre Züge sind versteinert, geben mir nicht das geringste Signal. Und ich begreife: Für diesen Moment bin ich einsam. Es ist still – totenstill, als ich hineingreife und das Rund herausziehe. Eine gänzlich zerfledderte Ummantelung löst sich zwischen meinen Fingern und fällt auf den Boden. Ich spüre Sandkörner, rieche eine Nuance von Teer. Darunter kommt korrodiertes Metall zum Vorschein. Eine vollständig verrostete Blechdose – intakt, wie es scheint. Ich versuche, mir den Schwindel von den Augenlidern zu zwinkern, halte mich mit einer Hand am Fels. Es ist zwecklos. Meine Knie geben nach. Im Wegsinken reiche ich die Dose an Daniela weiter. Es klappert etwas im Inneren. So als würde Metall über Metall rutschen. Die Kette … geht es durch meinen tauben Kopf. Und mit diesem Gedanken geht vor mir die Mittagssonne unter. Ich rutsche mit dem Rücken an der Grabenwand hinab und sehe in den gleißenden Himmel. Vor mir erheben sich der niedere Wald, ein Wandfuß und schließlich ein Gipfel, den ich zugleich liebe und hasse. Eine unbeschreibliche Ruhe macht sich in mir breit, während ich mich dem Weiß ergebe. Etwas bewegt mich, ohne dass ich eine Berührung spüre. Jemand ruft nach mir. Ich aber lasse los, folge einer anderen, fremdvertrauten Stimme, die ich nicht verstehe, von der ich nicht einmal sagen kann, ob sie überhaupt etwas sagt. Dann beginnt ein Film in mir zu laufen. Zuerst langsam, dann schneller und zuletzt so rasend, dass ich nicht mehr folgen kann. Dennoch weiß ich, dass es die Essenz dessen ist, was ich zahllose Nächte über geträumt habe. Die rasende Fahrt stoppt abrupt vor einer Mauer aus rötlichem Gestein, bevor ich in ein anderes Leben geworfen werde, das mir nahe ist. Ich sehe Kindheitserlebnisse, gleite an Urlaubserinnerungen vorüber, laufe der ersten großen Liebe hinterher und eile durch die Höhen und Tiefen im kurzen Berufsleben. Das Ende meiner Reise ist jung und alt zugleich. Es besteht im selben Bild von der rötlichen Mauer. Der Mauer, die ich berühren könnte, würde ich meinen Arm ausstrecken. Aber mein Arm ist schwer wie Blei. Er gehorcht mir nicht, als gehöre er jemand anderem. So wie der Rest meines Körpers auch. Ich spüre, wie mein Puls schwach wird, folge einem langsamen Schlag hinterher in die Ewigkeit. Dann schwebe ich, sehe mich selbst am Fels lehnen, sehe Daniela, wie sie mich rüttelt, schüttelt. Sie greift verzweifelt nach meinem Leben. Doch ich entferne mich weiter von mir. In der Schwärze, die mich aufsaugt, schwirrt das aufgebrachte

Stimmengewirr eines unsichtbaren Tribunals, das uneins über meine Seele zu sein scheint. Dann schlägt plötzlich ein einsamer Gedanke in mir ein. Ich kenne ihn und weiß, dass er schon einmal gut für mich war. Damals bei der Notoperation in Seefeld. Ich denke ihn zu Ende, mit dem allerletzten Rest meiner mentalen Kraft: *Atmen ... Sollte ich nicht atmen?*

Bange Momente: Der Fund 1997. Kurz nach dieser Aufnahme fiel Udo Wieczorek (im Bild) in tiefe Ohnmacht.

Rückkehr – Das Leben ist süß ...

Etwas hämmert mir Energie in den Leib. Zwischen meinen Zähnen knirscht es. Ein scheußlich bitterer Geschmack zieht durch meinen Gaumen. Ich reiße die Augen auf, ziehe Luft in meine Lungen, huste. Vor mir flirrt die Realität, sucht sich in die matten Farben der Umgebung. Ich beginne zurückzulaufen, zurück ins Leben. Zucker. Es ist Zucker, denke ich und schlucke den bittersüßen Brei aus Kreislauftropfen und Würfelzuckersüße hinunter. Das Leben ist süß ... sage ich mir stumm vor. Zu süß, um es so jung zu beenden. Es dauert nicht lange, bis mich das chemische Katapult geistig wieder in das Sein schleudert. Und doch wirkt alles, was in mir umhergeistert, surreal auf mich. Der Traum ... die Wanderung ... die Suche ... – der Fund!, trudelt die Erinnerung in meinen Kopf zurück. Ich sehe die Erleichterung in dem lieben Gesicht gegenüber, sehe ihre Tränen der Angst, sehe das Zucken um die Mundwinkel.

»Danke«, ist das Einzige, was ich ihr entgegenhauchen kann. Danielas Antwort hört sich gequetscht an. Sie ist von schlichter Pragmatik beseelt: »Du brauchst einen Arzt. Wir müssen hier weg.«

Ich schüttle den Kopf, weiß, dass sie damit sowohl einen Neurologen als auch einen Allgemeinmediziner meint. »Mir geht es gut. Ich brauche nur ein wenig Zeit.«

Daniela bringt nichts als ein resigniertes Lachen unter einem Schluchzen zustande. Ich weiß, dass ich es jetzt nur noch über einen Beweis schaffen kann, ihr die Angst zu rauben, und stehe auf. Ich halte mich kaum auf den Beinen, gehe ein paar Schritte aus dem Graben in die Helle des Tages. Der Schwindel in mir flaut langsam ab. Ich atme tief durch – atme auf.

Wir sitzen eine ganze Weile auf einem freien Fleck im Latschenmeer und schweigen den Wald an. Es ist ein Kraftsammeln, eine kleine Pause, nichts weiter. Ich bin mir bewusst, dass ich es jetzt zu Ende bringen muss. Weiß, dass die Dose, welche unweit auf dem Aushubhügel liegt, nach Taten schreit. Es ist längst nicht mehr die Frage, ob etwas in ihr liegt. Es ist vielmehr die Frage, ob ihr Inhalt erhalten geblieben ist. Wir stehen beide fast gleichzeitig auf. Daniela sieht mich flehend an.

»Nehmen wir es einfach mit runter. In Sexten gibt es wenigstens rasche Hilfe, falls …«

Ich beiße mir auf die Unterlippe, horche ein weiteres Mal in mich hinein und wanke in den hohen, schmalen Graben zurück.

Als ich mich umsehe, hält Daniela den Fotoapparat in der Hand. Ihr fragender Blick streift mich. Ich nicke. »Mach nur. Wir sollten zumindest das Materielle festhalten.« Ich knie mich nieder und starre auf das Behältnis, unbewegt für Sekunden. Dann umgreifen meine Finger den Deckel, versuchen, ihn zu drehen. Die Kamera klickt. Ich erschrecke vor mir selbst, lasse von meinem unterbewussten Tun ab. Wie tragfähig ist meine Konstitution? Daniela legt den Fotoapparat weg und streckt mir die Hand entgegen.

»Lass mich es machen, wenn du schon nicht warten kannst.« Sie hat recht. Ich kann es nicht.

»Was, glaubst du, ist da drin?«, fragt sie rückversichernd, als sie die Dose in der Hand hält. »Die Kette?«

»Und mit etwas Glück ein Stück Papier, das vielleicht Aufschluss gibt. Sofern es überhaupt erhalten geblieben ist.«, ergänze ich verhalten.

Danielas Fingerkuppen werden blass. Ein grässlich langgezogenes Knirschen, dann ein Geräusch, als würde etwas Lebloses aufatmen. Ich sehe es sofort an Danielas Gesichtsausdruck, wie sie in die halb offen stehende Dose blickt: Es ist da. Beides. Ich weiß es. Sie nickt nur einmal, voller Nachdruck. Dann strecke ich meine Hände nach der Dose aus, möchte es mit eigenen Augen sehen.

»Sicher?«, vergewissert sich Daniela.

»Ganz sicher.«

Ein elektrisierendes Gefühl fährt durch meine Nervenbahnen, als ich die Öffnung zu mir hindrehe. Keine Spur mehr von Schwindel, Ohnmacht oder Tod. Mir ist, als ströme eine ungeahnte Kraft in mich. Noch nie war ich mit meinen Sinnen so eins, so gegenwärtig wie in diesem Moment. Ich greife vorsichtig in das Innere, fühle samtiges gewelltes Papier, einen hauchdünnen gefalteten Bogen, und ziehe ihn heraus. An ein paar Stellen ist das Papier von einem weichen Schimmel überzogen, der sich auflöst, als ich ihn berühre. Darunter liegt eine brüchige Wachsschicht. Einzelne Zeichen werden erkennbar, eine geschwungene Schrift, die ich nicht lesen kann. Ich entfalte den Brief unendlich vorsichtig und halte ihn zwischen uns.

»Das ist Sütterlin. Das ist … wirklich alt.« Daniela zeigt auf eine bestimmte Stelle am Anfang. »Zahlen! Das ist ein Datum: 13. August 15!«

Ich schüttle fassungslos den Kopf und drehe den Brief um. Das Papier ist beidseitig beschrieben. Ein weiteres Datum ist erkennbar: 14. August 1915. Es ist derselbe Tag wie heute. Dann aber fängt etwas anderes meinen Blick ein. Es ist nur ein einziges Wort. Das letzte auf dem Brief, das ich mir einbilde, zweifelsfrei entziffern zu können, weil es nicht vollständig in dieser altdeutschen Schrift gehalten ist. Das Seitenende gewährt nur vier letzten Buchstaben Platz: Vinz.

Ich kann nichts sagen, zeige nur auf den alles sagenden Namen.

Für lange Zeit gut verpackt: Die Dose in welcher eine der Münzen und der Brief lagen.

Der Kreis schließt sich – aber wie geht es weiter?

Ich habe Daniela den Brief übergeben und bin aufgestanden. Es ist zu viel für mich. Ich muss ein paar wackelige Schritte gehen, dem Unfassbaren Raum gewähren, sich in mir zu setzen. Daniela kommt mir nach und hält meine Hand. Sie öffnet sie und legt etwas hinein. Ich sehe ihr an, dass sie weiß, welche Symbolik in dieser Geste liegt. Sie schließt den Kreis in mir, mit einem Stück altem, legiertem Metall.

»Das war unter dem Brief in der Dose.«

Ich schließe die Augen, drücke die Feuchte in ihnen mit dem Handrücken auf die Wangen. Ein Heller – es ist meine Münze. Sie ist zu mir zurückgekehrt, liegt warm in meiner Hand. Ich bin fassungslos, sehe unzählige Bilder aus den Träumen vor mir.

Es dauert eine gute halbe Stunde, bis wir uns das erlebte Szenario gegenseitig noch einmal vorgebetet haben. Es ist so etwas wie eine Rückversicherung an das Schicksal, ein Hinterfragen des eigenen Verstands, das uns letztlich die Gewissheit gibt, heute Zeugen eines kleinen Wunders geworden zu sein. Keiner von uns ist auch nur annähernd in der Lage, es zu erklären. Und doch sucht meine Neugier bereits nach der Logik im Gefüge. Ich gehe gedanklich einen Schritt weiter über den Punkt hinaus, an dem ich gerade stehe: Wird mir der Brief etwas offenbaren? Birgt er eine Aufgabe für mich? Und – wer kann ihn lesen und übersetzen?

Etwas später stehe ich wieder im Graben und schichte Steine aufeinander. Nicht dass sie in dem unwegsamen Gelände auch nur irgendwie gestört hätten. Doch ist es mir ein Bedürfnis, die Mauer wieder aufzubauen. Ich sehe ein letztes Mal aus dieser ganz bestimmten Perspektive hinüber Richtung Rotwand. Dann bekreuzige ich mich und gehe zurück. Als ich den Fotoapparat verstaue, fällt mein Blick zufällig auf die Bildanzeige. Sie zeigt das Bild Nummer 14. Ich schüttle den Kopf ob dieses winzigen, unwichtigen Details, das wiederum so exakt zum heutigen Datum und jenem auf dem Brief passt.

Das Fundstück ist sicher im Rucksack verstaut, wartet geduldig auf seine Übersetzung in sauberer Umgebung. Mein Schritt ist kraftvoll und zielstrebig. Trotzdem lastet dem Rückweg eine gewisse Vorsicht an, stets im Wissen, was für eine kostbare Fracht ich trage. Sie ist federleicht und doch so schwer, dass ich glaube, Ziegelsteine im Rucksack zu haben. Dabei ist es nicht das alte Papier oder die verrostete Dose, die diese starke Brücke zwischen dem Jetzt und dem Einst in mir gebaut haben. Es ist vielmehr das Ideelle und Imaginäre, das in jeder Faser und jedem Rostpartikel ruht. Es ist seine schlichte, unumstößliche Existenz.

14. August 1997, 17 Uhr.

Die Botschaft – was steht in diesem Brief?

Im Aufenthaltsraum unserer Pension liegt gespannte Stille. Neben uns beiden sitzen Frau Tschurtschenthaler und Frau Holzer, die Haushaltshilfe des kleinen Garni-Betriebs. Daniela hat ein Karopapier vor sich, notiert beflissen jedes Wort, das Frau Holzer mühsam entziffert. Sie hat die alte Schrift zwar nicht gelernt, kennt jedoch die Buchstaben und das Schriftbild von damals ein wenig. Mittlerweile wissen wir, dass die matte Schicht auf unserem Brief aus Wachs besteht. Die Methode, ihn zu konservieren, erscheint uns auf den ersten Blick unorthodox. Bis uns klar wird, dass dies ganz offensichtlich das einzige Mittel war, um ihn haltbar zu machen. Ohne diese schützende Schicht wäre das Papier sicher längst zu Staub zerfallen. Unser Fokus aber liegt vielmehr auf seinem Inhalt. Ich bekomme eine Gänsehaut, wenn ich das Relikt auch nur betrachte. Es gleicht dem Stück Papier aus dem Traum. Aber was steht dort in geschwungenen Lettern?

Es geht langsam voran – Buchstabe für Buchstabe, Wort für Wort. Mühsam entsteht ein erster Satz. Mein Puls wird schneller, als sich bereits die ersten Zeilen mit den Gegebenheiten im Traum decken. Die Schilderung der Situation ist selbst in ihrer Nüchternheit erschütternd. Vinz berichtet von schwerem feindlichem Feuer, von gefallenen Kameraden und von seiner Todesahnung.

Ich merke, wie Frau Holzer Schwierigkeiten hat, einen Sinn aus den Zeilen abzuleiten. Auch wir rätseln hinsichtlich einiger

Lücken in der Übersetzung, ergänzen aus der puren Logik. So lange, bis mir das, was dort angeblich steht, den Atem raubt. Ich lasse mir nichts anmerken, lehne mich ein Stück zurück, distanziere mich innerlich von dem verbalen Überfall. Ich kann nicht glauben, was da soeben bruchstückhaft über die schmalen Lippen der Zugehfrau findet. Zumindest nicht sofort.

»Sind Sie sicher, dass das stimmt?«, frage ich fast tonlos.

Frau Holzer sieht auf, rückt die Brille zurecht und nickt. »Jo, so schteats do gschribm.« (*Ja, so steht es da geschrieben.*)

»Lesen Sie es noch mal«, gebe ich befehlsartig vor. Sie liest langsam und bedacht, während Daniela es nochmals mit ihrer lückenhaften Entzifferung abgleicht, an der wir uns zuvor schon in unserem Zimmer versucht haben. Ich kann förmlich spüren, wie die Farbe aus meinem Gesicht weicht.

Frau Holzer wiederholt beflissen: »›Ich befürchte, noch heute muss ich eine Schandtat büßen, welche sich an jenem Tage an der Rotwand‹ … oder so ähnlich.« Im Blick der beiden Frauen liegt eine Mischung aus Erstaunen und Nachdenklichkeit. Ich habe vorher keine Silbe von meinen Träumen erwähnt. Sie gehen von einem Zufallsfund aus, können keinen Zusammenhang zu mir herstellen. In mir hingegen ergießt sich ein Wasserfall aus Erinnerungen. Die einsame Wache, das Wort »Überläufer«, der Schuss. Es kann nur dieses Erlebnis sein, worauf diese Sätze gemünzt sind. Und mit einem Mal wird mir bewusst, was da vor mir liegt. Es ist das letzte Puzzleteil in der großen Suche nach der Wahrheit. Und es passt exakt. Mir läuft ein Schauer über den Rücken.

Frau Holzer entziffert weitere Worte und kurz darauf folgt der nächste Paukenschlag. Ich klebe förmlich mit den Augen an ihren Lippen. Kann das sein, was sie da vorliest? Vinz schreibt von einer Hoffnung, von einem Traum, der sich erfüllt. Meint er das nur sinnbildlich oder wörtlich? Danach erwähnt er mit subtilen Worten, dass noch nie jemand davon erfahren habe. Er sei aber der festen Überzeugung, dass fern, nach seinem Tod …, dazwischen scheinen ein paar Worte zu fehlen, »›… an dieser Stelle, weiß Gott, vielleicht wie geträumt …‹«, Frau Holzer bricht abrupt ab, zieht die Stirn skeptisch in Falten.

»Und sell hobms enk obm an Saikofl gfundn?« (*Und das habt ihr oben am Seikofel gefunden?)*

Ich nicke ihr entgegen. »Ja, vor etwa vier Stunden. Warum? Was steht da? Lesen Sie weiter!«

Frau Holzer schüttelt den Kopf und lächelt unsicher. »Doa steaht: ›… 1995‹. Donn hot man den Fünfer gstrichn und siebn drhintergesetzt. Sell isch jo unheimlich.« (*Dann hat man den Fünfer gestrichen und Sieben dahintergesetzt. Das ist ja unheimlich.*)

Ich sehe Daniela an, greife nach ihrer freien Hand. Sie ist eiskalt. In mir kommt leichte Übelkeit auf. Ich kann weder verstehen noch glauben, was ich höre. Wie konnte Vinz das wissen?

Es folgt ein eindringlicher Absatz, der nichts anderes zum Ausdruck bringen will, als dass die Aufgabe, die dem Finder gestellt ist, für beide Frieden birgt. Für »jenen Mann« und für Vinz. Dabei kann ich nicht mehr daran zweifeln, dass ich damit gemeint bin. Ich weiß nicht, weshalb mir dieser Absatz ein wenig die Angst nimmt, warum er in mir eine Sicherheit auslöst, dass es nun tatsächlich vorüber ist. Aber ich nehme ihn an; und mit ihm all das, was dieser Brief in sich konserviert hat. Der Aufruf im nachfolgenden Satz ist flehend formuliert: Er, also dieser Mann in den Träumen, solle hinaufgehen, gewiss wisse er schon, wohin, und dem einst so geliebten Freund Josef den letzten Frieden geben.

Dann das zweite Datum, das sich mit dem heutigen Tag deckt. Vinz hat die Nacht überlebt, zumindest hat ihn das irgendetwas glauben gemacht. Die Worte sind eilig geschrieben, die Zeilen liegen enger aneinander. Es ist offensichtlich, dass der Platz auf dem Papier zu Ende ging – so wie sein Leben. Er berichtet von einer stark blutenden Wunde, von rasenden Schmerzen. Wieder sehe ich die Bilder aus meinen Träumen vor mir, fühle förmlich das klebrige Blut zwischen meinen Fingern.

Wie automatisch lege ich meine rechte Hand auf meinen Oberschenkel und knete ihn, obwohl ich keine Schmerzen habe.

Die letzten Zeilen – Friede und ein flehender Aufruf ...

»›Werde sterben‹«, zitiert Frau Holzer und schluckt leer. Dann folgt der Satz, der auf irgendeine Weise schon halb in meinem Kopf ruht: »›Schreib alles auf. So wie du es siehst. Gib ihm Frieden, gehe hinauf. Du musst es tun, für mich. Bitte!‹« Frau Holzer zögert beim letzten Wort. »Vinz oder Vince. Der letschte Rescht isch nit mr z' lesn.« (*Der letzte Rest ist nicht mehr zu lesen.*)

Ich kämpfe gegen die Benommenheit, die mich mit den Schlussworten erfasst hat, und denke an die Fragmente im letzten Traum, die ich hören konnte – identisch. Und dieser Drang, etwas aufzuschreiben, war tatsächlich da. Schreib!, nur *er*, pace, pace, hallt es in mir nach. Jetzt liegt es vor mir. Schwarz auf altem, fleckigem Braun. Pace, denke ich, das italienische Wort für Frieden. Und wie ich es in meiner Sprache denke, kehrt er in mir ein. Vorbehaltlos und bleibend. Binnen Sekunden werde ich mir bewusst, was ich zu tun habe. Es ist ein letzter Gang und die Aufgabe, das festzuhalten, was ich gesehen habe. – Für die Nachwelt – für denjenigen, der es nicht mehr tun konnte, der sich niemandem mehr anvertrauen konnte. Für Vinz – für mich.

Die beiden Frauen sprechen die Frage nicht aus, die ihnen ins Gesicht geschrieben steht. Ich sehe mich in der Pflicht, ringe mich zu einer schonenden Version meiner Erlebnisse durch. An der einen oder anderen Stelle zögere ich ein wenig, frage mich, ob es nicht etwas zu viel für die Damen sei. Spinner, Verrückter, Scharlatan, schleicht es durch meine Gedanken. Was rede ich da eigentlich? Schließlich ist man in Sexten streng katholisch. Hier gibt es keinen Raum für Übersinnliches oder paranormale Phänomene. Oder doch? Nichtsdestotrotz erzähle ich meine Geschichte zu Ende. Und an diesem Ende sehe ich etwas in ihren Gesichtern, das ich nicht erwartet hatte: Faszination, Anerkennung und Anteilnahme. Es klingt schon beinahe wie ein lange erwarteter Befehl, als Frau Holzer auf hochdeutsch sagt: »Dann werden Sie der armen Seele gerecht.« Und nichts anderes will ich tun.

links: Vorderseite »Die Brücke in die Vergangenheit: Der im August 1915 verfasste Brief von »Vinc«, rechts: Rückseite des Dokuments.

Der Brief von Vinz, übersetzt von Rudolf Holzer in Sexten:

Vorderseite:

13. August 1915

Seit Tagen brasselt furchtbares feindliches Feuer auf unsere Reihen. Verluste belaufen sich auf viele treue Kammeraden. Wenn das so weitergeht, sind wir alle bald nicht mehr unter den Lebenden.

Ich befürchte, noch heute muss ich jene Schandtat büßen, welche sich an jenem Tage an der Rotwand zugetragen hat. So sehr dieser Dorn auch in meinem Herzen schmerzt (Anm.: da fehlt im Papier etwas), so kann ich es nicht mehr gutmachen. Alles in meiner Macht stehende würde ich tun, ja sogar mein Leben aufgeben, um meinen lieben Freund wieder zum Leben zu erwecken. Aber dennoch darf ich hoffen, daß meine Träume sich irgendwann erfüllen. Noch nie erfuhr jemals jemand hiervon. So bin ich der festen Überzeugung, daß wie in meinen Träumen (Anm.: schlecht lesbar) sich jemand nach meinem Tod an dieser Stelle jemand weiß Gott vielleicht wie geträumt 1995 (Anm.: 5 gestrichen und 7 oder 8 angefügt) im August oder September seine Geschichte erfahren dies. Ich kann nur hoffen, dass dieser Schock (Anm.: oder Schreck) nicht so groß sein wird. Doch sollte jener Mann einmal an dieser Stelle stehen und diese Zeilen noch entziffern können, so besinne er sich danach, dass dieser Gang, den ich nicht mehr tun kann, auch für ihn der Friede sein wird. So gehe er hernach, gewiß weiß er schon wohin, und gebe dem armen, einst so geliebten Josef den letzten Frieden.

Rückseite:

14. August

Lage sbitzt sich zu. Ich bin allein. Verwundung blutet sehr stark. Fast von Sinne vor Schmerz. Werde denken an den Mann im Traum: schreib alles auf so wie du es siehst. Gieb ihm Frieden, gehe hinauf!!!

Du musst es tun! Für mich bitte!!! Vince

Anmerkung:

Fehler im Text sind bewusst so abgebildet, wie sie geschrieben wurden.

Auffälligkeiten:

Die unterschiedliche Schreibweise des Doppel-s ist meist falsch.

»brasselt« schreibt er mit »b«; »sbitzt« ebenso;
das Wort »hernach« klingt fehl am Platz;
bei »Sinne« fehlt das »n«,
bei »gieb« verwendet er ein »ie«.

Reflexion – die nächste Nacht und das tragische Erbe …

Es ist schon spät. Wir liegen beide mit offenen Augen im Bett und starren an die Decke. Vielleicht auf denselben schwarzen Fleck nahe der Lampe. Irgendwann dreht sich Daniela zu mir hin und sieht mich an.

»Und, Udo Wieczorek? Was wird heute Nacht mit dir passieren?«

Ich lächle nur dem Fleck zu.

»Nichts.«

Danielas Schweigen sagt mir, dass etwas in ihr arbeitet. Ich wende meinen Kopf zu ihr und warte.

»Wie ist das mit der Zeit?«, beginnt sie. »Er kann doch nicht in die Zukunft sehen. Ich meine, ist dir klar, was da in dem Brief steht? 1997, August oder September!«

Ich lasse mir mit einer Antwort Zeit, überdenke, was noch vor wenigen Stunden unsortiert in meinem Kopf lag. Aber wie ich es auch drehe und wende, ich finde immer nur zu einer Lösung, die mein Verstand beharrlich negiert: Habe ich mir vor 82 Jahren einen Brief geschrieben, um ihn dann selbst zu finden?

Ich sage Daniela nicht, was ich in diesem Moment von mir selbst denke, zucke mit den Schultern. »Es ist seltsam«, beginne ich zögernd. »Aber ich denke, es muss mit diesen andersgearteten Träumen zum Schluss, in denen farbige Bilder vorkamen, zu tun haben. Zumindest habe ich das Gefühl. Der blaue Pulli, das Buch an diesem Kreuz. Auch das Gesicht am Ende eines jeden Traums. Vielleicht war Vinz immer dabei. Wann immer ich träumte, haben wir gegenseitig in einen Spiegel gesehen, ohne uns selbst wahrzunehmen, bis auf dieses immer gleiche Ende. Vinz war da. Nur auf der anderen Seite. Wir haben uns über all die Jahre immer mehr angenähert. Und in dem Moment, in welchem ich die Dose mit dem Brief gefunden habe, sind unsere Zeiten verschmolzen.« Mir kommt ein kühner Gedanke: Wenn Vinz wirklich immer dasselbe gesehen hat wie ich, dann könnte er auch bei den beiden Touren bei mir gewesen sein, als ich mich mir selbst von hinten genähert habe. Das eigenartige, reelle Erlebnis auf der Rotwand datiert aus dem Jahre 1995 und das an der Pfannspitze ist gerade einmal einen Tag alt – 13.08.1997. Auf der Rotwand habe ich bei der Rückblende so etwas wie ein aufgeschlagenes Buch vor mir gesehen, ohne wirklich etwas darin lesen zu können. Es kann nur das Gipfelbuch gewesen sein, da es an den Gipfeln nur diese Art Bücher gibt. Ich erinnere mich: Im ersten farbigen Traum vor drei Tagen gab es keine Ziffer darin, aber vor zwei Jahren oben am Gipfel, als dieser Rückblick über mich kam, tanzten diese zusammenhanglosen Zahlen im aufgeschlagenen Buch vor mir … 1,9,9,5. Es kann nur eine Jahreszahl gewesen sein, so, wie ich vermutet hatte! Und an der Pfannspitze? Dort war für mich im Traum nichts zu lesen. Einen Rückblick hat es nicht gegeben, nur dieses Gefühl, nicht allein zu sein. War Vinz auch auf der Pfannspitze bei mir gewesen? Konnte er im Gegensatz zu mir im Traum dort die Jahreszahl im Buch erkennen und daraus eine Wiederkehr in diesen Jahren ableiten?

Als ich Daniela meine Theorie unterbreite, entspannen sich die Falten auf ihrer Stirn etwas. Ich lösche das Licht und greife nach ihrer Hand. Nicht weil ich Angst vor einem weiteren Traum habe. Vielmehr weil ich ihr die Angst davor nehmen will. Aus meinen kreisenden Gedanken filtere ich eine Essenz aus Faszination und Unglauben. Es wird eine Weile dauern, bis die Hirnwindungen verdaut haben, was heute geschehen ist. Bis dahin beruhige ich mich mit einer einfachen Einsicht:

Es spielt keine Rolle, wer ich war oder wer ich bin. Wichtig ist nur die Aufgabe, mitsamt ihrer Tragweite und Tragik, die ich noch nicht kenne. Ich werde schreiben. Ob ich es vermag, ist eine andere Frage. Doch ich werde dieses Vermächtnis annehmen, weil ich nicht anders kann, weil es mein Schicksal ist – im Einst und im Jetzt.

15. August 1997

Schlussstrich unter die Vergangenheit – auf in die Zukunft ...

Die Nacht war die erholsamste seit Jahren, trotz der Befürchtung es würde weitergehen. Kein Traum, keine Erinnerung, einfach nur tiefer Schlaf. Wir sind früh auf und machen uns auf den Weg in die Bücherei. Kurz darauf stöbere ich in der Gemeindebibliothek durch die alten Bücher in der Rubrik »Kriegszeit«. Es sind viele Buchrücken, die ich streife und weitergehe. Doch bei einem halte ich inne, greife danach und schlage das abgegriffene Werk auf. Es ist eine Ausgabe von »Kampf um die Sextener Rotwand« von Oswald Ebner. Ich mache es wie so oft, lasse die speckigen Seiten über den Daumen sausen und sauge vor allem die schwarz-weißen Bilder auf. Sie sind typisch, zeigen Unterstände, Brustwehren, Soldaten. Keiner auf den Bildern gleicht Vinz. Ich überblättere wieder ein paar Seiten, bis ich plötzlich innehalte und eine Seite zurückgehe. Stand da eben der Name Vinzenz?

Es bestätigt sich. Mitten im Geschriebenen finde ich den

Namen wieder, der mich sofort in einen Lesesog zieht. Die Rede ist von Vinzenz Vinatzer, der auf der Rotwand eingesetzt war und dort den Gipfel verteidigt hat. War das ich?

Ich winke Daniela zu mir und deute auf den Namen, dann auf den Titel des Buches. Für mich drängt es sich förmlich auf: Dieser Vinatzer kann nur unser Vinz sein. Daniela sieht mich erwartungsvoll an.

»Leih es aus!«

Doch ich tue etwas, was sie nicht ansatzweise nachvollziehen kann. Ich schlage das Buch langsam zu, stelle es zurück in die Reihe und gehe zum Ausgang. In mir sträubt sich etwas. Soll ich all das wieder aufnehmen, was ich gestern losgelassen habe?, frage ich mich selbst in Gedanken. Nein. Es muss Schluss sein. Ich will nicht mehr suchen. Es ist, wie es ist, und fertig.

Ich finde es mehr gerecht als selbstgerecht, es mir nicht länger schuldig zu sein, einer erträumten Vergangenheit hinterherzurennen. Dazu noch mit dem Wissen, dass ich sie nie werde einholen können. Es ist vielmehr andersherum. *Sie* hat *mich* eingeholt, mit all dem, was mein Geist gerade noch ertragen kann. Und der Umstand, in der vergangenen Nacht nicht geträumt zu haben, bestätigt mich in meiner Überzeugung, dass ein Weiterbohren ohne Sinn wäre.

Wir gehen durch St. Veit, den Hauptort von Sexten, auf die Kirche zu. Ich erkläre Daniela, wo der Gasthof »zur Post« stand, wo das Café Mondschein war, rede von Hausnummern, die es nicht mehr gibt, und von alten Hofnamen. Will Daniela das überhaupt noch hören? Sie ist still, als wir die alten Stufen durch den berühmten Kreuzgang hinauf zum Friedhof gehen. Weshalb ich dort hinaufgehe, weiß ich nicht genau. Mir ist danach. Irgendwann greift Daniela nach meiner Hand.

»Warum flüchtest du?«

Ich bin auf die späte Frage gefasst.

»Vinzenz Vinatzer – ein Name, mehr muss ich nicht wissen. Seine Geschichte kenne ich ebenso wie meine Aufgabe.«

Wir schlendern an den Gräbern vorüber, gehen hinauf zur kleinen Kapelle der Gefallenen. Ich lese ihre Namen, jeden einzelnen. Vinzenz Vinatzer ist nicht dabei. Daniela hakt sich unter.

»Hast du schon einmal an …«, sie zögert ein wenig, »… Hypnose gedacht? Man kann sich da zurückversetzen lassen.« Ich drehe mich erstaunt um; kann ihr nicht recht folgen. Traut sie mir nicht?

»Was, glaubst du, war das all die Jahre über, wenn nicht so etwas wie Selbsthypnose?« Ich umklammere ihre Schultern und sehe ihr fest in die Augen. »Ich muss weder mir noch sonst jemandem etwas beweisen. Ich weiß, was geschehen ist, weiß, was ich geträumt habe. Und glaub mir, ich will es nie wieder durchleben müssen. Meine Zukunft fängt vielleicht etwas spät an, aber sie beginnt genau jetzt.« Ich lege etwas Betonung in meinen folgenden Satz: »Und dies ohne Psychologen und andere, die nicht im Ansatz verstehen könnten, was ich erlebt habe und was mich ausmacht. Ich habe nicht geträumt heute Nacht. Und das hat genauso seinen Grund wie alles andere davor. Es ist jetzt so, wie es sein muss. Ich bin befreit. Es ist vorbei. Und mehr wollte ich nicht.«

Wir haben in diesem Urlaub noch oft über Vinz gesprochen. Doch nie wieder von Vinzenz Vinatzer. Keiner von uns wusste, dass dieser Held von der Rotwand nicht das Geringste mit unserem Vinz zu tun hatte. Eine Namensgleichheit, nichts weiter. Wer Vinz hingegen wirklich war, sollte noch lange im Verborgenen schlummern. Und das war ebenso dem Schicksal geschuldet wie alles andere, was bis zu diesem Tag geschehen war.

21. August 1997, 11:30 Uhr

Vereint im Jetzt und im Einst …

Es ist der letzte Urlaubstag in Sexten. Ich habe mir alles zurechtgelegt, weiß, was ich will. Sie, Daniela, ahnt nichts von der Romantik, die in meinem Rucksack liegt. Als wir am Gipfel des Haunoldköpfels sitzen, sehen wir hinunter auf Innichen und Sexten. Inmitten des Waldes ruhen still das verfallene Wildbad und die kleine Kapelle. Ich denke an die Rückblicke, die mich dort unten eingenommen hatten, als wir auf der Suche nach der »Burg« waren. Wie weit ist das schon entfernt. Mir ist, als würde meine Lebensuhr seit dem 14. August ein Quäntchen schneller ticken als zuvor. Und, wer weiß, vielleicht tut sie es auch.

Das Mädchen mit den langen Zöpfen kommt mir in den Sinn, die Holzverzierungen im Wildbad und der Blick von der Kapelle zum Gipfel – diesem Gipfel, auf dem wir jetzt stehen, auf den ich damals nicht steigen wollte. Mir wird klar, dass ich im Begriff bin, etwas zu tun, das ich vor langer Zeit gern getan hätte. Etwas, zu dem es nie gekommen war, das das Schicksal rücksichtslos aufgefressen hatte. Ich handle in diesen Minuten nicht spontan, ahme nicht nach. Ich folge einer alten Intuition, totgeglaubten Gefühlen, die ich nicht anders empfinde als damals. Nur die Person, an die sie sich richten, ist eine andere – die richtige in diesem Leben. Mit dem Handrücken wische ich mir die Erinnerungen aus den Augen und rede mir ein, es wäre nur Schweiß. Dann denke ich nur noch an Daniela und krame vorsichtig im Rucksack. Das Glas der beiden mit vielen Papierservietten gepolsterten Sektkelche ist so zerbrechlich wie dieser einzigartige Moment.

Ich knie auf dem harten Graspolster mit seinen kleinen rosaroten Blüten. Daniela löst sich vom überwältigenden Panorama und sieht irritiert auf mich hinunter. Behutsam greife ich nach ihrer Hand, fasse mir ein Herz und frage sie, ob sie meine Frau werden will.

Am Tatort – Einklang der Seelen …

Es ist erst früher Nachmittag, als wir von unserer Wanderung zum Haunoldköpfl wieder am Parkplatz ankommen und zurück nach Sexten fahren. Ich blicke über das Dorf hinaus bis an die Hänge der Rotwand. Es ist Zeit, flüstere ich mir tonlos zu und sehe auf die Uhr: zwei vorbei. Es bedarf keiner Überredung, Daniela auf einen Abstecher nahe dem Kreuzbergpass einzustimmen. Ich muss hinauf. Zumindest zum Wandfuß, wenn es zeitlich reicht, zu dieser Stelle am Burgstall, wo ich vor zwei Jahren im Abstieg von der Rotwand dieses verrostete Dosenblech gefunden hatte. Es ist Wunsch und Versuch zugleich, Vinz' Vermächtnis so gerecht wie möglich zu werden. Gehe hinauf und gib ihm Frieden, stand im Brief. Und eben dies versuche ich zu tun.

Eineinhalb Stunden später stehen wir auf einer kleinen Hochebene. Wir kennen diesen Flecken. Es ist derselbe, an dem wir bei unserer Flucht nach dem Gewitter im Jahr 1995 kurz Rast gemacht hatten. Ich sehe verklärt hinauf zum Wandfuß der Rotwand, dem Burgstall. Dann wende ich mich Daniela zu. Wir verstehen uns wortlos. Ich muss alleine weitergehen. Obwohl ich weiß, dass ich den Gipfel heute nicht mehr erreichen kann. Es genügt mir der nahe Burgstall, eigentlich nur ein Stückchen Fels dieses Berges, um heute Mittag zu Josele zu gehen.

Dieser letzte Gang wird auch für ihn der Friede sein …, geht es mir durch den Kopf. Es wird ein schwerer Gang, dessen bin ich mir sicher. Obgleich dort oben keine Kugel auf mich wartet, mich kein Soldat ins Visier nimmt; obwohl ich dort oben sicher allein sein werde. Aber werde ich auch einsam sein?

Mein Schritt ist schnell, als ich über das Geröll dem oberen Weg zusteige. Mit jedem Meter wird mein Kopf leerer, mein Geist leichter. Mir ist, als gehe ich einer inneren Freiheit entgegen. Liegt ihre Endgültigkeit dort oben zwischen den Steinen begraben? Ich bin mittlerweile in den Laufschritt übergegangen und seltsamerweise kostet es mich nicht einmal viel Kraft. Ich passiere das Stacheldrahtknäuel und den überwucherten Blechhaufen aus alten Konserven, auf welchen mich damals Daniela aufmerksam gemacht hatte, sehe gar nicht hin. Auch an der Stelle, an welcher der Rest der Brustwehr erhalten geblieben ist, gönne ich mir keine Pause, weder körperlich noch gedanklich. Ich weiß, dass es nicht mehr weit ist. Dann, als ich dort stehe, wo ich vor zwei Jahren diesen Konservenboden aus dem Humus gezogen habe und geflüchtet bin, atme ich tief ein und aus. Ich komme zur Ruhe, wische mir den Schweiß von der Stirn und lehne mich an die kühlen Felsen. Es ist ein Warten auf den richtigen Zeitpunkt, ein Warten auf den Zustand, in dem mein Geist ausschwingt und schweigt. Die Gänsehaut, die ich verspüre, ist anders als damals, 1995. Sie ist gut und ungefährlich, weil sie von der jungen Vergangenheit ausgelöst wird.

Ich setze mich auf ein schmales Graspolster, sehe hinüber zum Pass. Vor mir fällt der Fels gestuft ab. Mein Blick gleitet stufenlos durch den Wald und liegt eine ganze Weile auf dem Seikofel. In meiner rechten Hand ruht eine Ein-Heller-Münze in einem korrodierten Drahtkörbchen. Sie ist warm und treu. Dann lege ich die Hände ineinander und schließe die Augen. Es bedarf nicht viel, um meine Sinne auszuschalten und ganz bei mir zu sein. Ich falle in mein Innerstes, bin nur Erinnerung, nur noch Gedanke – losgelöst von allem Gegenständlichen. Ich bete in mich hinein, denke an Josele, blättere im schwarz-weißen Album meiner Träume und Rückblicke. Es schmerzt nicht mehr, als ich um Vergebung bitte. Vielleicht, weil ich hier oben ganz und gar nicht einsam bin, weil ich spüre, dass ich erhört werde. Am Ende meiner Gedanken steht die gute Zeit, in der wir uns die Hände reichen und Freunde sind. Und so beschließe ich es. Ohne Krieg, ohne Tod, ohne Leid. So wie es ein besseres Schicksal für uns bestimmt hätte.

Spuk bei den drei Tannen – ein Geschenk zum guten Schluss …

Es ist schon kurz vor sechs, als wir gemeinsam von der Hochebene unterhalb des Burgstalls durch den dichten Wald absteigen. Der Weg ist ein anderer als jener, den wir vor zwei Jahren eingeschlagen hatten. Das Gelände ist steil und unwegsam. In ein paar Metern Entfernung sehe ich einen breiten Forstweg vor uns und steuere darauf zu. Meine Gedanken haften für einen winzigen Moment an einem alten Bild in mir. Es ist dieser Drillingsbaum, an dem die Freundschaft zwischen Vinz und Josele besiegelt wurde. Ich achte kaum darauf, gehe einfach weiter. Plötzlich aber kommt neben dem Weg ein Felsblock in Sicht, der meinen Blick seltsam anzieht. Ich gehe näher heran und sehe drei mächtige Stümpfe aus ihm ragen. Ihre Wurzeln halten den brüchigen Kalkbrocken fest zusammen. Die Schnitte an den Stümpfen sind noch zu erkennen. Hat mich das Schicksal in einem letzten Akt zu den drei Tannen geführt? Ich will es nicht recht glauben, gehe ehrfürchtig um den Felsen herum, bis ich an einem großen Wurzelansatz stehen bleibe. Die Rinde ist längst abgesprungen. Das fasrige Totholz liegt frei, schimmliggrün und weich. An einer Stelle sind eine Delle und ein kleines Loch zu sehen. Ich knie nieder und zerre ein Stück vom verrotteten Holz weg, bis ich auf das harte Wurzelholz stoße. Dann aber frage ich mich, was ich da gerade mache. Was sollte denn dort sein, mitten im gewachsenen Holz? Nein, diesmal ist es wirklich nur eine fixe Idee, dass dort noch etwas von damals übrig sein könnte.

»Was machst du da?«, weckt mich Daniela aus meinem gedankenversunkenen Tun. Ich richte mich auf und winke ab. »Ich dachte, es wären die drei Tannen und …«

»… und es wäre etwas dort in der Wurzel?«, ergänzt Daniela.

Ich nicke nur und sehe ihr zu, wie sie das Holz untersucht. Sie greift auf die andere Seite der Wurzel, bohrt mit der

Metallspitze ihres Wanderstocks hinein. Schließlich wende ich mich ab, gehe zurück auf den Weg und schlendere langsam bergab. Ich habe getan, was ich tun konnte. Und ich habe zu mir gefunden. Was will ich mehr? Dann reißt mich Danielas Ruf aus meiner Zufriedenheit.

»Ich hab was!«

Sie kniet vor der Wurzel, ihr Arm ist bis zum Ellenbogen in der rohrartigen Lebensader des Baums verschwunden. Sie fördert eine Handvoll strohtrockenes Totholz aus der Wurzel. Es fliegt im leichten Wind über das Gras. Ich gehe wieder zurück, ohne die Hoffnung auf einen Fund. Sicher nur eine harte Holzfaser oder ein Felsbrocken, sage ich mir stumm vor. Ich gebe nicht viel darauf.

»Da ist eine Schnur oder so etwas drin«, präzisiert Daniela. Daraufhin werde ich skeptisch. Es wäre ja nicht das erste Mal, dass sie den richtigen Riecher hat. Ich nehme einen größeren Stein vom Boden auf und schlage mit einer seiner scharfen Kanten auf den harten Mantel der Wurzel ein, bis sich ein großes Stück zu lösen beginnt. Daniela klemmt ihre Finger in den Spalt und zerrt den Holztorso krachend auseinander. Ein Teil davon kommt vor meinen Füßen zum Liegen. In ihm prangt ein geometrischer Abdruck. Das helle Holz hat eine andere Farbe. Es ist rötlich, beinahe violett. Meine innere Ruhe ist verflogen. Mir wird schlagartig kalt. Liegt da etwa noch ein Beweis für die Ereignisse aus dem Jahre 1915 vor mir? Als ob einer nicht schon genügen würde.

»Sag, dass das nicht wahr ist«, haucht Daniela vor sich hin und greift nach etwas. Sie zieht an einem Kästchen aus Holz, das mit einem dünnen Draht, der vermeintlichen Schnur, umwickelt ist. Das Ende des Drahtes will das Holz der Wurzel nicht freigeben. Er reißt, als Daniela fester daran zieht. Uns ist klar: Was immer das ist, es war Ewigkeiten im Holz gefangen. Wurde es bewusst dort hineingebettet?

Die längliche Schatulle ist beinahe blank, erinnert an einen winzigen flachen Sarg. Die Verriegelung, ein Metallstift, ist korrodiert. Die hölzernen Scharniere brechen aus, als Daniela die Drahtumwicklung löst. Vorsichtig hebt sie das Oberteil an. Ich wage nicht zu atmen, schließe kurz die Augen.

»Mein Gott …!«, ist alles, was ich höre. Dann reiße ich die Augen auf, sehe auf die grün angelaufene Münze und ein gefaltetes Bündelchen Papier. Es scheint ebenfalls gewachst zu sein, so wie der Brief von Vinz. Aber es gleicht ihm nicht. Eine zweite Botschaft?, durchfährt es mich. Hat uns wieder etwas Intuitives geleitet?

Das Papier ist brüchig. Wir lassen unendliche Vorsicht walten, als wir es teilweise entfalten. Eine schwarze Schrift wird sichtbar, ein paar wenige Zeilen nur. Sie sind völlig anders gehalten als jene vom ersten Dokument vom Seikofel, scheinen überaus eilig verfasst worden zu sein. Das Schriftmuster ist etwas größer und dennoch für uns kaum zu entziffern. Nur die Unterschrift ist lesbar. Sie lautet: Josef. Ein Schauer sucht sich meinen Rücken hinab. Sollte er dieses Versteck in der winzigen Wurzelhöhle von damals als »toten Briefkasten« verwendet haben? In der Hoffnung, dass Vinz noch einmal hierherkommt? Ich bin perplex ob dieses zweiten unglaublichen Fundes. Daniela sieht mich forschend an. »Alles okay?«

»Ja. Es ist nur …«, beginne ich.

»Unglaublich. Ja, das ist es«, vervollständigt sie. Sie nimmt die Hülle der Wanderkarte, um das Papier sorgsam darin zu verstauen, und reicht mir die Münze. Ich öffne den Reißverschluss meiner Hosentasche und hole das Gegenstück hervor. Ich kann nicht anders, als beide nebeneinander in meine hohle rechte Hand zu legen. Und indem ich es tue, breitet sich ein unbeschreibliches Gefühl in mir aus. Es ist nichts als die Gewissheit, alles richtig gemacht zu haben. Diese Sekunde ist der ebenso vollkommene wie unverhoffte Abschluss. In mir ist nur noch Friede.

Ich knie an der Wurzelhöhle und führe meine Hand in ihr Inneres. Etwas in mir hadert, es zu tun; die Münzen hier vereint zurückzulassen. Dort, wo sie einst ihren Sinn erhalten hatten, wo sie mit all der Symbolik bedacht wurden, die niemand kennt. Außer mir.

»Tu es nicht«, sagt Daniela leise.

»Warum nicht?«, frage ich und drehe mich zu ihr um.

»Weil du noch lebst.«

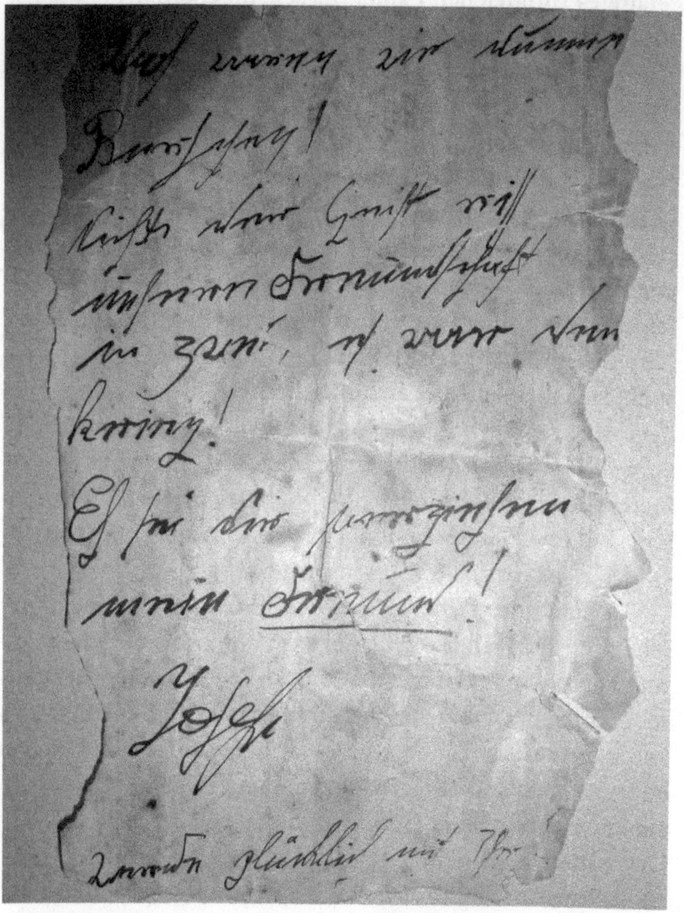

Späte Vergebung: Der Brief von Josef wurde offensichtlich in großer Eile verfasst.

20. Februar 1998 – ein Tag im Hochwinter …

Ich wandere mit meinen Tourenskiern das Fischleintal entlang. Alles ist dick verschneit. Ich wandere wieder auf alten Spuren und denke an den Brief von Josef. Anfangs war ich geneigt zu denken, er habe seinen Empfänger nie erreicht. Doch nach gewisser Zeit erkannte ich, dass er eben das getan hat, nur ein wenig später, als ihm wohl bestimmt war.

Josef hatte Vinz in seinen letzten Zeilen verziehen. »Was waren wir dumme Burschen«, schrieb er. »Nicht der Geist riss unsere Freundschaft entzwei, es war der Krieg. Es sei Dir verziehen, mein Freund.« Er unterzeichnet mit Josele und fügt klein an: »Werde glücklich mit ihr.«

Das Wissen, dieses Verzeihen in mir zu tragen, macht mich stark und frei, wenn es auch nicht die Tat selbst betreffen kann. Das Kreuz, das mir auferlegt worden war, trage ich von nun an weder in mir noch mit mir. Ich habe es dort gelassen, wo es hingehört. Am Seikofel und im Wald unter der Rotwand. Und das ist gut so. Nicht etwa nur, weil ich dessen froh bin, sondern vielmehr, weil jemand anderer damit einverstanden scheint.

Ich habe nie wieder von meiner Zeit im Krieg um Sexten geträumt. Der Traum vom Seikofel war der letzte seiner Art. Und dies ist mir Bestätigung genug für mein Tun. Auch frage ich mich nicht mehr, warum es gerade mich getroffen hat, weshalb es 85 Jahre dauern musste, um zu einem guten Ende zu finden. Ich akzeptiere es in all seiner Mysteriösität als bereichernden Bestandteil meines Lebens.

So naheliegend es in den letzten drei Jahren meiner Suche auch gewesen wäre, psychologische Hilfe in Anspruch zu nehmen, umso einleuchtender erscheint es mir nun, nach gewissem Abstand, dass dies eben gerade nicht der richtige Weg gewesen wäre. Sicher waren die Eindrücke dramatisch, die Erlebnisse bizarr und schockierend. Dennoch bin ich daran gewachsen, ohne wahrnehmbar Schaden zu nehmen.

Ich musste diese Art posttraumatisches Wachstum durchlaufen, um bereit für die Erkenntnis zu sein, die am 14. August 1997 ganz zum Schluss vor mir stand. Niemand wäre psychotherapeutisch in der Lage gewesen, dieses heute klar vor mir liegende Ergebnis zutage zu fördern. Was, wenn ich den Versuch einer Therapie gewagt hätte? Hätte ich dann spirituell wie gegenständlich gefunden, was ich heute wie eine Ikone in und bei mir bewahre? Möglicherweise wären die Träume nicht mehr so stark in mir. Aber sie wären gewiss noch da, weil ich mir nicht vorstellen kann, dass Vinz nach all der Zeit so einfach aufgegeben hätte. Es hätte wahrscheinlich nur länger gedauert. Und am Ende wäre eben nicht die Bestätigung gestanden, es aus eigener mentaler Kraft geschafft zu haben, die mich heute erfüllt und in dem bestätigt, was ich seither regelmäßig tue:

Das Buch, an dem ich seit dem Fund des Briefes schreibe, wächst stetig. Es trägt den Titel: »Flieg, mein roter Adler«. Ich schreibe es auf, bewältige mein vergangenes Schicksal. Und mit jedem Satz, den ich forme, werden meine innere Erleichterung und meine Zufriedenheit größer.

Meine Seele ist leicht – und sie ist nicht allein. An strahlenden Tagen wie diesem glaube ich, sie spüren zu können. Diese liebe ferne Seele, welche mich seither bestärkt. Ich will ihr eine gute Heimat sein, bis ans Ende meiner Tage – wann immer das für mich bestimmt ist.

Die Wenigen, die meine Geschichte bis dato kennen, fragten mich oft, ob mich dieses Erlebnis verändert hat. Ich bejahte es. Aber um das auszudrücken, was ich heute empfinde, ist ein schlichtes Ja viel zu einfach.

Verändert werden kann nur etwas, das bereits besteht. Unser Leben ist weder von Bestand noch steht es zu irgendeinem Zeitpunkt still. Leben ist Veränderung. Hätte ich nie geträumt, wäre meine Lebenseinstellung heute sicher eine andere. Nicht aber mein Leben. Ich wäre immer noch ich selbst. Wenn ich tief in mir nach einer Veränderung zu meinen vormaligen Lebenslinien suche, dann kann ich es nur darin erkennen, dass ich heute die Menschen, die mich umgeben, nicht mehr nur mit den Augen sehe. Ich suche nichts mehr, bin nicht mehr der Gejagte, bin innerlich ruhig und aufrichtig zufrieden. Ich lebe und erlebe mich selbst. In mir wohnt keine Furcht mehr, wann immer ich an mein Ende denke.

Und dabei habe ich nicht etwa außergewöhnliche Fähigkeiten, bin keineswegs etwas Besonderes. Ich habe nur etwas Besonderes erlebt. Manche mögen es schlicht Schicksal nennen und damit nichts anderes als den schieren Zufall meinen. Ich hingegen sehe Fügung darin. Ein Geschenk, das mich mehr lehrte als alles andere in meinem Leben. Und sollte dieser kleine erträumte Bonus der Lohn für meine schwere Zeit mit Vinz sein, so nehme ich ihn voller Dankbarkeit an.

Vielleicht gibt es mehr Menschen da draußen, denen Ähnliches widerfahren ist, als mich meine Vernunft glauben machen will. Wenn es sie gibt, dann sind diese Zeilen ihnen gewidmet. In diesem Buch soll der Trost liegen, nicht allein zu sein. In ihm sollen die Zuversicht und der Mut liegen, dem zu folgen, was tief in unserer Seele wohnt. Wenn es sie nicht gibt, bleibt nichts als die Frage, weshalb das einzig mir passiert ist. Doch diese steht mir ebenso wenig zu wie die Frage, aus welchem Grund ich lebe.

Ich lebe, hier und jetzt – gottgegeben. Nur mit etwas mehr Erinnerung. Dies ist mir Glaube genug.

6

Die Recherche. (Autor Manfred Bomm)

Nach dem ersten Kontakt mit Udo Wieczorek, damals im Juni 2010 in seinem Wintergarten, ließen mich seine Schilderungen nicht mehr los. Es schien mir geboten, das Thema seiner Einmaligkeit wegen ausführlicher aufzugreifen. Weil aber die Medien heutiger Zeit dem Unerklärlichen und Unfassbaren weder Platz einräumen noch Gehör schenken wollen, blieb nur der Weg über ein Buch – sofern sich ein mutiger Verlag finden sollte, der sich an die Grenzen des Wissenschaftlichen heranwagen würde.

Unsere anfängliche Sorge, mit unserem Anliegen auf Skepsis, Ablehnung und Unverständnis zu stoßen, erwies sich bei allen Personen, die wir kontaktierten, als unbegründet. Im Gegenteil. Wir wurden in unserem ungewöhnlichen Streben von allen Seiten bestärkt.

Um diese und die dahinter verborgene Geschichte transparent zu machen, erschien uns die Idee, ein Buch darüber zu verfassen, als einzig sinnvoller Weg. Und wären wir nach umfangreicher Recherche nicht von unserer Geschichte überzeugt, hätten wir den Schritt an die Öffentlichkeit sicher nie gewagt. Wir nahmen das Vermächtnis dieses jungen Menschen, der Mitte August 1915 am Seikofel verblutet ist, ein weiteres Mal an.

Udo Wieczorek behauptet auf der letzten Seite seines Romans: »Ähnlichkeiten mit lebenden oder verstorbenen Personen sowie Landschaften und Gemeinden sind rein zufällig und entstammen ausschließlich der Fantasie des Autors.« Ich zweifelte spätestens dann daran, als ich es zum dritten Mal gelesen hatte – berechtigt. Heute weiß ich, dass dieser salvatorische Satz lediglich der Angst entsprungen ist, gegebenenfalls Urheber- oder Persönlichkeitsrechte zu verletzen. In Wirklichkeit traf nicht nur das Nachwort, sondern vieles vom Geschriebenen zu. Oder besser gesagt: Es entsprach dem, was Wieczorek in zahllosen Träumen vor Augen hatte – so real, als wäre er ein Teil des Geschehens. Und diese Träume sollten ihn Jahre später an jenen Ort führen, der für ihn eine ganz bestimmte Erkenntnis bereithielt. Ein Zeugnis, das ihm nicht nur die Brutalität des Krieges bestätigte, sondern in seiner schlichten Existenz Trost und Zuversicht spendete: Die Hoffnung auf ein Danach, ein Dahinter – eine zweite Chance, manifestiert im Jetzt und in der Vergangenheit.

Der jahrelang wiederkehrende Traum und seine »Rückblenden« haben Udo ans Ziel geführt und real existierende Beweise zutage gefördert. Als ich die beiden Briefe – von Vinzenz und Josef – zum ersten Mal in Händen hielt, war mir, als sei mir soeben etwas völlig Irrationales überreicht worden. Etwas Handfestes und Greifbares aus einem Traum. Ich kann das Gefühl nur schwer in Worte fassen, weil man solche Momente normalerweise nicht erleben darf. Dennoch wirkte es nicht befremdlich auf mich. Ebensowenig wie Wieczorek selbst. Ganz im Gegenteil. Udo war so ganz anders als jene Typen, die gelegentlich bei mir in der Redaktion auftauchen und behaupten, das Schrecklichste und Sensationellste aller Zeiten berichten zu können. Dieser Udo Wieczorek stellt genau deren Gegenteil dar. Er hat zu keinem Zeitpunkt, solange ich ihn jetzt kenne, im Zusammenhang mit seinen Erlebnissen ein übersteigertes Geltungsbedürfnis gezeigt. Weder an diesem ersten Abend noch danach. Er ist bescheiden, ruhig, zurückhaltend. Einer, dem die Familie so wichtig ist wie nichts sonst auf der Welt. Einer, der möglichst nicht in der Öffentlichkeit stehen will. Auch meine Partnerin Doris, im Umgang mit fremden Menschen meist sehr sensibel und feinfühlig, hat dies sofort erkannt. Der Mann mit seiner außergewöhnlichen Geschichte war ihr zu keinem Zeitpunkt suspekt. Auch dann nicht, als er uns den eigenwilligen Südtiroler Dialekt demonstrierte, der ihm aus unerfindlichen Gründen geläufig ist. Und zwar auch schon, so versichert er, bevor er jemals dort gewesen sei.

Es war nicht einfach, die vielen Eindrücke des langen Gesprächs bei ihm zu Hause im Wintergarten in einer Rezension seines Romans zu verarbeiten. Und ich befürchtete, dass die Kollegen in der Redaktion allergrößte Vorbehalte gegen eine Buchbesprechung haben würden, die etwas anderes als den Inhalt des Romans in den Vordergrund stellte. Wohl wissend, dass ich mit meinem Faible für rätselhafte Phänomene auf einsamem Posten stehen würde, erlaubte ich mir, einen fünfspaltigen Artikel zu schreiben, der mehr als eine halbe Zeitungsseite einnahm. Überschrift: »Eine Botschaft von der Front«. Vorspann: »Erster Weltkrieg in den Dolomiten. Ein Roman über das Schicksal zweier Soldaten ist offenbar mehr als Fiktion: Der Autor hat seine Albträume niedergeschrieben. Und als er auf Spurensuche ging, wurde er fündig.«

Doch der groß aufgemachte Artikel im lokalen Kulturteil der »Geislinger Zeitung« vom 26. Juni 2010 blieb ohne Resonanz. Dabei hätte ich mir wenigstens vernichtende Leserbriefe gewünscht.

Offenbar besteht heutzutage und hierzulande kein Interesse am Unerklärlichen mehr. Dabei existiert selbst in den hochzivilisierten Großstädten wie etwa Thailands oder Indiens parallel zur nüchtern-materialistischen Arbeitswelt ein tiefer Glaube an das Jenseitige. Reinkarnation ist dort so gewöhnlich, wie wenn wir hier vom Paradies sprechen.

Nach allem, was ich in den Jahren der Recherche für dieses Buch erfahren habe, halte ich es für wahrscheinlich, dass es außerhalb der Wahrnehmung durch unsere menschlichen Sinne noch andere Dimensionen gibt. Und würden wir uns eingestehen, dass wir Menschen nur noch nicht in der Lage sind, alle Ebenen unseres Seins zu begreifen, dann bräuchten wir gegenüber Unerklärlichem keine Berührungsängste zu haben, weil es so selbstverständlich und real wäre wie der Stuhl, auf dem wir gerade sitzen.

Ich beschloss, mich der Sache anzunehmen. Zwar dauerte es noch einige Zeit, bis ich wirklich dazu kam. Als Journalist allerdings verliert man so eine Geschichte wie die von Udo nicht aus den Augen – auch wenn er schon beim ersten Treffen deutlich gemacht hatte, keinen Rummel um seine Person auslösen zu wollen. Es bedurfte viel Überzeugungsarbeit, Udo zu einer erneuten Aufarbeitung seines Schicksals zu überreden.

Aber wie anpacken? Wenn wir an die Öffentlichkeit gehen wollten, waren mehr als diese Artefakte nötig, die bei Udo schlummerten. Wir brauchten weitere Beweise, vor allem zur Frage, ob es diesen Menschen, um den sich alles drehte, tatsächlich gegeben hat.

Dass uns fast die gesamte Recherche derart leichtgemacht wurde, empfanden wir als geradezu unheimlich. Es schien, als ebnete uns etwas den Weg, der gewiss viel steiniger hätte sein können.

Doch bis es so weit war, sollte noch viel Zeit vergehen – so als lenke uns jemand, Udos Schilderungen nicht schon vor dem 100. Jahrestag jenes Geschehens zu veröffentlichen, das im Mittelpunkt unserer Bemühungen stand.

Erst im Jahre 2012 nahm unser Buchprojekt konkretere Formen an.

Glücklicherweise waren Udo und ich uns in der Vorgehensweise einig: Wir brauchten Ansprechpartner vor Ort, möglichst direkt aus Sexten im Hochpustertal. Nur durch Überlieferungen einstiger Zeugen oder Kriegsteilnehmer an ihre Nachfahren konnte es uns gelingen, den Soldaten Vinzenz ausfindig zu machen. Wohl wissend, dass uns von ihm nicht mehr bekannt war als sein abgekürzter Vorname, sein ungefährer Todestag und der Ort, an dem er verstorben war. Wenn er wirklich gelebt hatte, wenn seine familiären Wurzeln offengelegt werden könnten, dann wäre dies zumindest für uns der Beweis, dass wir nicht etwa einem Phantom nachjagten.

Zunächst beschäftigte uns die entscheidendste aller Fragen: Egal, unter welchen Umständen Wieczorek die beiden Dokumente gefunden hatte, es musste ihre Echtheit geklärt werden. Rein äußerlich bestanden da für uns keine Zweifel: Der Brief war auf dünnem Papier geschrieben worden. Das etwa DIN A5 große Relikt wies eine transparente Wachsschicht auf; es erschien unendlich zerbrechlich. Allein beim Schriftbild, welches zunächst Wieczoreks Großmutter als Zweite nach Frau Holzer mühsam entziffert hatte, weil er es selbst nicht lesen konnte, handelte es sich, wie wir heute wissen, um Kurrentschrift. Diese Schreibschrift wurde um die Jahrhundertwende in den Schulen Österreich-Ungarns gelehrt. Sie erinnert auf den ersten Blick an das uns bekannte Sütterlin, das bis zum Zweiten Weltkrieg in Deutschland geschrieben wurde; passt also exakt in die Epoche und das Gebiet (Tirol und damit auch das heutige Südtirol gehörte bis zum Ende des Ersten Weltkriegs zur Doppelmonarchie Österreich-Ungarn).

Weiter stellten wir uns die Frage, ob sich wohl das Alter des bräunlichen Papiers bestimmen ließe, das optisch gebräuchlichem Packpapier ähnelte.

Wir kontaktierten diverse Institute und Experten, von denen uns die meisten, sofern sie antworteten, keine allzu großen Hoffnungen machten. Als wahrer Glücksfall erwies sich jedoch Professor Dr. Ing. Lothar Göttsching vom Institut für Papierfabrikation an der Technischen Universität Darmstadt. Er erklärte sich im Spätherbst 2012 dazu bereit, unsere Dokumente nicht nur in Augenschein zu nehmen, sondern sie, soweit möglich, auch zu analysieren. Allerdings, so Göttsching, werde man dazu ein Stück vom Originalpapier abtrennen müssen – eine Vorstellung, die sowohl Udo als auch mich erschaudern ließ. Für Udo als Finder und Besitzer des Briefes stellen diese Zeilen die »einzig greifbare Brücke« in die Vergangenheit dar, wie er immer zu sagen pflegt. Ich wusste, dass er seinen Schatz nicht aus den Händen geben würde. Eine Beschädigung würde er niemals zulassen. Doch als Prof. Göttsching am Telefon erklärte, es reiche ein nur millimeterbreiter Streifen, war Udo zu diesem winzigen »Eingriff« bereit.

Die wertvolle Fracht mit der Post zu versenden, erschien uns zu riskant. Und da Professor Göttsching die Probe selbst abtrennen und das Artefakt ansehen wollte, machte ich mich kurz vor Weihnachten 2012 selbst auf den Weg nach Darmstadt. Unweigerlich fuhr ich langsamer als gewohnt. Nicht auszudenken, was bei einem Unfall …

Der pensionierte Professor, ein freundlicher, agiler Mann mit schneeweißen Haaren und Schnauzbart, bat mich sofort in sein Wohnzimmer. Ich beschloss, ihm ohne Umschweife die Geschichte zu erzählen und die Gründe zu nennen, weshalb mich das Alter der Dokumente interessierte. Aufmerksam beobachtete ich mein Gegenüber, wie er darauf reagieren würde. Und er blieb ruhig. Kein Belächeln, kein Zurückweichen – keine spürbare Ablehnung. Dem äußeren Anschein nach war er gegenüber meinem Anliegen offen und interessiert eingestellt.

Seine erste Frage entstammte rein analytischer Logik: Welche Gründe es denn geben könnte, solche Schriftstücke zu fälschen, fragte er und gab sich gleich selbst die Antwort: »Von materieller Seite sicher keine.« Ob man denn wisse, ob der besagte Schützengraben schon einmal »archäologisch geöffnet« worden sei, bohrte er weiter. Nein, es sei nichts bekannt, sagte ich. Der Finder sei sich sicher, dass die aufgeschichteten Steine der Grabenwand, hinter denen sein Fundstück, gut konserviert, über 82 Jahre ruhte, seither nicht bewegt worden waren. Am Tag des Auffindens war die Wand aus Porphyrgestein einheitlich geschlossen und sogar ganzflächig mit Moos und Flechten bewachsen.

Göttsching verfolgte meine Schilderungen aufmerksam und durchaus kritisch und fragte: »Der Finder ist also nicht der Fälscher?«

Ich antworte: »Das halte ich für völlig ausgeschlossen. Zum einen beherrscht er weder diese Schrift noch kann er sie lesen.« Zum anderen sei ich es gewesen, der ihn gedrängt habe, die Sache aufzuarbeiten. »Wenn er der Fälscher wäre, hätte er ja großes Interesse, sich in den Vordergrund zu spielen – siehe die Hitlertagebücher.«

Der von mir zufällig gewählte Vergleich brachte Göttsching geradezu ins Schwärmen. Sinngemäß sagte er: »Die Echtheit der Hitlertagebücher habe ich mit meinen engsten Mitarbeitern innerhalb von 15 Minuten dementiert, noch einen Tag vor dem Entdecken durch das Bundeskriminalamt. Es war eindeutig Fälschung.«

Ich hatte keinen Zweifel mehr, dass ich mit meinem Anliegen an den Richtigen geraten war.

Schließlich verfolgte er gespannt, wie ich vorsichtig Udos Artefakt aus dem kleinen verglasten Bilderrahmen löste, in dem es sicher verpackt war.

Göttsching nahm das Dokument, sich der Einmaligkeit bewusst, ebenso vorsichtig in die Hand. Er war sofort darüber erstaunt, dass es mit einer Wachsschicht überzogen war. Weil auf einer solchen Schicht natürlich keine Tinte halten würde, müsse die Schrift zuvor aufgebracht worden sein.

Zu der Frage jedoch, inwieweit eine zeitliche Zuordnung möglich sei, zeigte sich Göttsching zunächst zurückhaltend: Wenn es überhaupt möglich sei, dann nur mit der sogenannten Fasermikroskopie, weshalb er einen schmalen Streifen von einem Millimeter abschneiden müsse – das absolute Minimum dessen, was seine Laborantin benötige, um die Probe in leicht alkalischem Wasser aufzulösen und unter einem Lichtmikroskop bei 100-facher Vergrößerung erkennen zu können, welche Fasern von welcher Baumart für dieses Papier verwendet worden seien.

Göttsching erklärte mir, dass es damit möglich sei, die Herstellungszeiträume grob einzugrenzen. So könne man beispielsweise differenzieren, ob das Papier vor oder nach 1950 hergestellt worden sei. Eine genauere Terminierung innerhalb eines Jahrzehnts sei jedoch nicht möglich.

Immerhin, dachte ich. Gelänge der Nachweis, dass die Dokumente aus der ersten Hälfte des vergangenen Jahrhunderts stammten, hätte ein etwaiger Fälscher immerhin altes Papier benutzen müssen, das heutzutage nicht leicht zu bekommen war.

Göttsching versprach, die mikroskopische Faseranalyse nach der anstehenden Weihnachtspause vornehmen zu lassen. Er stellte uns auf eine harte Geduldsprobe. Erst Anfang Februar traf die lang ersehnte Antwort ein.

Das Papier wird analysiert. Prof. Dr. Ing. Göttsching trennt eine Probe vom Original ab.

Ein Auszug:
»Es ist eindeutig erkennbar, dass das mit einer hydrophoben Wachsschicht beidseitig versehene Schriftstück (als Feldpostbrief) nur aus Nadelholz-Zellstoff besteht, der seit 1875

anstelle von Lumpen (getragene Kleider aus Hanf und/oder Flachs mit oder ohne Baumwollanteile) zunehmend in der europäischen Papierindustrie eingesetzt wird.

Das Schriftstück enthält dagegen keine Anteile von Laubholz-Zellstoff. Der Einsatz von Laubholz-Zellstoff in der europäischen Papierindustrie begann anfänglich in kleinen Mengen und setzte sich erst in den 1970er-Jahren auf breiter Front durch. Somit ist mit an Sicherheit grenzender Wahrscheinlichkeit festzustellen, dass das Papier des vorliegenden Schriftstücks vor den 1970ern produziert worden ist.«

Doch Göttsching hat noch einen zusätzlichen Aspekt untersucht:

»Ein weiterer Indikator für eine Altersbestimmung sind sogenannte optische Aufheller, die es erst seit den 1950er-Jahren auf dem Markt gibt. In kleinsten Mengen dem Papier bei dessen Herstellung beigemischt, lassen sie das Papier unter ultraviolettem Licht einer UV-Lampe heller als unter Sonnen- oder künstlichem Licht erscheinen.

Vor diesem Hintergrund ist die Herstellung des Papiers des Schriftstücks für den Zeitraum vor den 1960er-Jahren zu datieren, da es keine optischen Aufheller enthält.

Fazit:

Das Papier des mit einer Wachsschicht versehenen Schriftstücks ist vor den 1960er-Jahren hergestellt worden. Daraus kann aber nicht gefolgert werden, dass die Beschriftung ebenfalls auf das gleiche Alter zurückblicken kann.«

Eine zeitlich weiter zurückreichende Datierung ist jedoch nach Angaben Göttschings auch aufgrund fehlender Wasserzeichen nicht möglich. Und weiter:

»Die zeitlichen Schwerpunkte der stofflichen Änderungen der Papierrezepturen lagen in der Mitte des 19. Jahrhunderts (von den Lumpen zu den Zellstoffen aus Nadelholz) und zu Beginn der zweiten Hälfte des 20. Jahrhunderts, wie oben ausgeführt.«

Zusammenfassend können wir also sagen: Das Papier wurde in der Zeit zwischen 1875 und 1960 hergestellt – zwar eine Zeitspanne von 85 Jahren, aber immerhin fällt in sie der Erste Weltkrieg. Einmal abgesehen davon, dass ein etwaiger Fälscher, für dessen Motivation es ohnehin keinen vernünftigen Grund gäbe, die damals übliche Schrift hätte beherrschen müssen, so müsste er auch im Besitz relativ alten Papiers gewesen sein.

Und selbst wenn man eine Fälschung zugrunde legen würde, wäre damit nicht geklärt, weshalb Udo den Fundort geträumt hat.

Ermuntert von Göttschings Ausführungen, beschlossen wir, weitere Recherchen anzustellen. Wenn es den Schreiber dieser Nachricht tatsächlich gegeben hat, müsste sein Schicksal auf irgendeine Weise dokumentiert sein.

Für uns stellte sich also die Frage: Können wir den Soldaten ausfindig machen, der diesen Brief verfasst hat? Jenen Soldaten namens Vinz?

Einschlägige Verzeichnisse und Dokumentationen, die uns zugänglich waren, erbrachten keine weiteren Erkenntnisse. Auch eine ausgiebige Recherche im Internet erwies sich als wenig erschöpfend.

Ich erinnerte mich an die Worte eines älteren Kollegen, der mir, dem Jungredakteur, einmal einen prägenden Satz mit auf den Weg gegeben hatte: Man kriegt alles raus, wenn man's nur will.

Zwar zeigt uns der Datenschutz heutzutage sehr enge Grenzen auf. Doch vieles lässt sich im Gespräch herausfinden – ohne dass dazu ein Blick in geschützte Daten notwendig wäre. So brachte uns schon ein simpler Anruf im Rathaus von Sexten ein Stück weiter.

Es gäbe einen Ortschronisten. Der wisse alles über die Kriegswirren im Tal, so sagte man uns. Der kleine Hinweis sollte sich schon bald als Glücksfall entpuppen. Der pensionierte Lehrer der Gemeinde Sexten, Rudolf Holzer, hatte schon einige Dokumentationen über seine Heimat veröffentlicht. Er schien uns ein profunder Kenner der örtlichen Geschichte zu sein, zumal er auch maßgeblich für ein kleines Museum verantwortlich zeichnet, in dem das Schicksal Sextens im Ersten Weltkrieg aufgearbeitet wird. Am Vormittag des 6. März 2013 rang ich mich zu einem Anruf durch. Da er zu diesem Zeitpunkt unser einziger Ansprechpartner war, ging ich behutsam vor. Ich wollte unter keinen Umständen Ablehnung oder Skepsis bei ihm hervorrufen. Es erschien mir nicht ratsam, ihn sofort mit der ganzen Geschichte zu konfrontieren.

Ich erklärte ihm ruhig und wahrheitsgetreu, dass ich Journalist sei und gemeinsam mit einem Kollegen den Krieg in den Dolomiten am Schicksal eines bestimmten Soldaten nachzeichnen wolle.

Zu meinem großen Erstaunen gab sich Holzer äußerst gesprächig und erkundigte sich sofort nach dem Namen des Gefallenen.

Ohne die Hintergründe zu beleuchten, erklärte ich, dass der Gesuchte Vinz oder Vinzenz geheißen hatte, etwa 17 oder 18 Jahre alt und ein »normaler« Standschütze ohne höheren Rang gewesen war. Natürlich könne es sich bei »Vinz« auch um einen Spitznamen handeln. Wir wüssten nur, dass er vermutlich Mitte August 1915 am Seikofel gefallen sei.

Holzer war von meinem Interesse derart angetan, dass er versprach, sich in den folgenden Stunden über Gefallene mit dem Namen Vinzenz kundig zu machen. Als ich ihn, wie vereinbart, um 15 Uhr wieder anrief, hatte er bereits vielversprechende Informationen zusammengetragen:

So habe es tatsächlich vier Soldaten mit Namen Vinzenz gegeben, deren Tod im Bereich von Sexten dokumentiert sei.

Drei der potenziellen Hoffnungsträger schieden allerdings sofort aus, da keiner von ihnen im August 1915 gefallen war.

Beim vierten jedoch fühlte ich mich geradezu elektrisiert. Es handelte sich um einen gewissen Vinzenz Rossi. Den Dokumenten zufolge, die Holzer aufgespürt hatte, war der junge Soldat am 17. August 1915 im Hospital des benachbarten Ortes Innichen an den Folgen einer schweren Verwundung verstorben und dort begraben worden. Wie viele Tage die Verwundung zurücklag, war leider nicht vermerkt. Doch könnte es durchaus der 13. oder 14. August gewesen sein, zumal in diesem Zeitraum schwere Kämpfe am Seikofel stattgefunden hatten und kein weiterer Gefallener vermerkt war, auf welchen die Daten passten.

Holzers Quelle wies diesen Rossi als 20-jährigen Kaiserjäger aus, was uns sofort verwunderte. Um dieser traditionellen Einheit der österreichisch-ungarischen Armee angehören zu können, hätte er mindestens 21 Jahre alt sein müssen. Außerdem, so der Vermerk auf der Totentafel, stammte Vinzenz Rossi aus dem Raum Trient, weit südlich von Sexten, nahe der damaligen Grenze zwischen dem Königreich Italien und der Habsburger Monarchie. Ein »Welschtiroler«* also, der auf Seiten der Österreicher gekämpft hat?

Zu Udos Traum würde dies passen: Da kämpft Vinzenz tatsächlich für Österreich-Ungarn, während sein Freund Josef für Italien an der Front steht. Wie aber kommt ein junger Mann, der so weit vom Pustertal entfernt aufgewachsen ist, in den Zeiten vor dem Krieg nach Sexten? Dorthin, wo Udo zweifelsfrei seine Träume lokalisiert hatte? Dort, wo Vinzenz und Josef zumindest einen Teil ihrer Jugend verbracht und ein Mädchen kennengelernt haben? Wie erklärt sich, dass der Krieg die jungen Leute auseinanderbringt und Josef für Italien kämpfen muss?

Ohne Holzer die ganze Geschichte erzählt zu haben, konnte ich mit ihm am Telefon nicht weiter darüber diskutieren. So gern ich es auch getan hätte, ich hielt mein Wissen zurück. Diese Fragen mussten wir vor Ort klären – gemeinsam.

---

* italienisch sprechender Tiroler

Das Telefonat war in einer so freundlichen Atmosphäre verlaufen, dass ich keine Scheu mehr hatte, Holzer zu fragen, ob er bereit für ein Treffen wäre. Ohne zu zögern, willigte er ein, und wir verabredeten uns sofort für den 30. Mai 2013.

Wenn ich an jenes Telefonat zurückdenke, bin ich heute noch begeistert, dass Holzer so bereitwillig zustimmte. Ich erachte es nicht als Selbstverständlichkeit, nur auf einen Anruf hin zwei völlig unbekannte Personen zu treffen. Als Journalist habe ich, was das anbelangt, eine Menge anderer Erfahrungen gemacht.

Doch schon damals schien es, als würde sich unser Weg wie von selbst ebnen.

Udos Reaktion auf meine Mail, in der ich das Telefonat geschildert hatte, war ebenso überraschend wie knapp:

»Bei Rossi kribbelt es.« Was er damit meinte, erfuhr ich einen Tag später.

Ein verhaltener Weckruf ... Wo ist Worgo?

(Autor Udo Wieczorek)

Ich lese die Mail von Manfred zum dritten Mal. Noch immer stocke ich bei diesem Namen »Rossi«, lese für Sekunden nicht weiter, ohne zu wissen, warum. Sicher. Er ist der Einzige der drei Gefallenen, die Holzer nennt, der ernsthaft infrage käme. Eine einfache Aufgabe. Aber das allein ist es nicht. Hinter meinem Innehalten verbirgt sich mehr. Ich kenne das Gefühl, das sich unaufhaltsam in mich schleicht. Es ist dasselbe wie vor 15 Jahren. Überfällt mich gerade ein verspäteter Rückblick? Läutet dieser Name etwa den Anfang vom wirklichen Ende der Geschichte ein? Durch die Poren meiner Gänsehaut sucht sich kalter Schweiß, den ich gar nicht mag. Und der beste Weg, ihn loszuwerden, besteht darin, der Sache nachzugehen. So wie damals auch. Ich lese weiter, obgleich ich Manfreds Zeilen schon beinahe auswendig kenne. Dieser Vinzenz Rossi, schreibt er, stammte aus Worgo im Trentino. Ich bemühe rasch das Internet und stelle fest, dass es dort keine Gemeinde mit dem Namen Worgo gibt. Das östlich von Trient in der Valsugana gelegene Borgo hingegen wäre mir zumindest von der Landkarte her geläufig. Und das weltweite Netz bestätigt meine Annahme. Aber was bringt mir diese Kenntnis? Vinzenz Rossi aus Borgo …

Wieder hacke ich einen Suchbegriff ins blaue Feld: »Soldatenfriedhof Innichen«. Sofort erschlagen mich über 76.500 Einträge. Ich fange an zu lesen und finde schon nach wenigen Minuten ein PDF-Dokument, auf dem alle Bestatteten der Ruhestätte aufgeführt sind. Den Beinamen des Friedhofs überlese ich. Und wahrscheinlich hätte er mir, der ich ja in Unkenntnis darüber war, wo genau sich diese Flur befand, auch nichts gesagt. Die wiedererrichtete Ruhestätte hieß »Burg«. Doch meine Augen verlangsamen sich in ihrer hastigen Suche unter dem Buchstaben »R« und rasten schließlich wieder bei diesem italienischen Allerwelts-Namen ein. Rossi, Vinzenz, ein Datum und – noch ein wenig mehr. Oder viel mehr? Es sind nur fünf unscheinbare Buchstaben, doch ich weiß sofort, dass sie wichtig sind. CENTA steht da zwischen dem Familiennamen und diesem Borgo. Ich weiß nicht, was mir dieser Ort sagen will; verstehe seine Botschaft nicht. Aber mein Puls hämmert mir unmissverständlich eine Richtung in den Verstand. Eine Richtung, die sich gut und verheißungsvoll anfühlt. Eine gewisse Verbissenheit legt sich auf meine Recherche. Gibt das Netz noch mehr her?

Die geografisch angelegte Suchmaschine fliegt auf ein tiefgrünes Waldgebiet mitten in den Bergen bei Trient zu. Der Ortsname hat sich mittlerweile um einen Zusatz ergänzt: Centa di San Nicolo. Das erste Bild von Centa zeigt einen hohen Kirchturm. Darunter drücken sich schmale, hohe Häuschen an den

Berghang. Das Bild wirkt angenehm und zugleich unheimlich auf mich, obwohl ich nicht wirklich sagen könnte, es schon einmal gesehen zu haben. Mein Geist sucht nach Bekanntem, nach Details, nach einer Winzigkeit, nach irgendetwas. Doch nichts.

Daniela ist aufmerksam geworden und linst über meine Schulter auf den Laptop. Sie fragt, ob das etwas mit Vinz zu tun habe. Ich bestätige und füge an, dass er wohl aus der Gegend von Lavarone bei Trient stammte.

Daniela steht nachdenklich auf und geht aus dem Wohnzimmer. Nach einer Weile kommt sie mit einem Fotoalbum zurück. Es sind Bilder aus einem Spontanurlaub in Levico am Caldonazzo-See. Levico liegt nur wenige Kilometer von Centa di San Nicolo entfernt.

Die liebevoll hinzugekritzelten Anmerkungen neben den Bildern im Album geben Aufschluss, füllen die großen Lücken in der Erinnerung auf. Wir sind erstaunt, was in unserem Langzeitgedächtnis alles schlummert. Ich drifte ein wenig von Centa und Vinzenz Rossi ab. Doch dann sagt Daniela einen entscheidenden Satz. Er klingt lapidar. Aber er ist es nicht. Nicht für mich und nicht für sie.

»Du hast dort auch keine Karte gebraucht, um zu wissen, wo wir sind und wo wir hinmüssen.«

Mir wird kalt, obwohl der Kachelofen eine wohlige Wärme im Zimmer verbreitet. Aber es stimmt. Wir hatten keinerlei Orientierungshilfen und hatten doch ganz bestimmte Tourenziele erreicht. Hatten auch sie ihren tieferen Sinn? Ich blättere im Album zwei Seiten zurück, sehe mir jedes Foto von Neuem an. Zuletzt den dominanten Berg, Becco di Filadonna. So einzigartig all die Fotos auch sind, sie haben alle etwas ganz Bestimmtes gemeinsam. Sie sind sämtlich in Richtung Centa ausgerichtet. Die Karte auf dem Laptop bestätigt es. Ich sehe auf das letzte Bild und schüttle fassungslos den Kopf. Wie konnte ich das all die Jahre nicht erkennen! Die Aufnahme zeigt ein schlankes, hohes Haus mit einem kleinen Garten. Im Hintergrund ein hoher Berg. Keiner von uns beiden muss ein Wort dazu sagen, wir sehen uns nur vielsagend an. Eben dieses Bild hängt seit 1999 im Großformat von 110 mal 75 cm in unserem Schlafzimmer. Es hätten Hunderte andere aus unserem weltweiten Fundus sein können. Aber nein. Es war dieses eine mit seiner vermeintlich schlichten Aussage. Ein Bild aus Picoli, gerade einmal fünf Kilometer Luftlinie von Centa entfernt. Das Bergmassiv im Hintergrund thront direkt über Centa di San Nicolo. Konnte das Zufall sein? Habe ich da eine weitere Verbindung in mein früheres Leben entdeckt? Ist das die Wurzel meiner Seele?

Wir datieren unseren Aufenthalt auf den November 1999, bringen uns zwanghaft weitere Einzelheiten in Erinnerung. So etwa eine zufällige Begegnung mit einem deutschsprechenden alten Mann und die merkwürdige Unterhaltung, in der er uns glauben machte, er würde uns kennen. Wir fühlen uns an die seltsame Begegnung an der Festung Mitterberg über Sexten erinnert, ziehen späte Vergleiche. Doch je länger wir in unserem Bilderschatz graben, der über 14 Jahre im Keller in einer Dia-Box ruhte, desto mehr beschleicht mich auch eine bohrende Frage, welche die neue Erkenntnis geboren hatte: Wie steht Centa mit Sexten in Verbindung? Sofern Vinzenz tatsächlich aus diesem Centa stammte, was hatte ihn für einen längeren Zeitraum ins Hochpustertal verschlagen? Verwandtschaftliche Kontakte? Die Arbeit?

Es ist kurz vor zwei Uhr nachts. Ich sitze allein auf der Couch und kämpfe einen aussichtslosen Kampf gegen meine bleischweren Augenlider. Die Suchbegriffe sind mir längst ausgegangen. Über Vinzenz Rossi lässt sich nichts herausfinden. Mit der schlichten Einsicht, dass er zu früh verstorben ist, um mit irgendwelchen herausragenden Dingen noch Einzug ins digitale Zeitalter gefunden zu haben, fahre ich mich und den Rechner herunter. Schlafen kann ich in dieser Nacht trotz allem nicht. Mein Weg, an dessen Ziel ich mich schon geglaubt hatte, scheint gerade erst zu beginnen. Ich habe keine Furcht, ihn zu beschreiten, nur Respekt.

7

Die erste Recherche-Reise nach Sexten.
(Autor Manfred Bomm)

30. Mai 2013, Himmelfahrt

Udo hatte für uns in Sexten zwei Zimmer gebucht – in einer kleinen Pension, die er von den vorausgegangenen Aufenthalten her kannte. Mittlerweile hatte ich mich schon einige Male mit Udo getroffen, vor allem aber mit ihm telefoniert oder mich per E-Mail mit ihm ausgetauscht. Jetzt würden wir vier Tage beieinander sein. Vier Tage, in denen ich erstmals Gelegenheit hatte, Udo besser kennenzulernen, ihn am Schauplatz des Geschehens zu erleben und zu beobachten. Wie würde er reagieren, wenn er wieder dort war, wo er möglicherweise schon einmal gelebt hatte? Als Journalist war mir natürlich daran gelegen, mir selbst ein Bild von den Örtlichkeiten zu machen. Die Erfahrung lehrt, dass die Realität meist ganz anders aussieht als die Vorstellung, die man sich allein durch Erzählungen zurechtlegt.

Zudem hegte ich immer noch die leise Befürchtung, jemand oder etwas könnte uns den Weg schwermachen, den Erfolg, dem Unerklärlichen wirklich auf die Spur zu kommen, vereiteln. Gleichgültig, ob man es als Aberglaube oder diffuse Ängste abtut – wer an den Grenzen des Realen kratzt, den überkommen zwangsläufig seltsame Gedanken. War ich selbst schon ein Teil dieser Geschichte, ohne es wahrgenommen zu haben? Ich spann meine Überlegungen nicht weiter, ermahnte mich zu Objektivität und Sachlichkeit. In meiner

Eigenschaft als Journalist durfte ich nicht interpretieren, sondern musste vielmehr nüchtern und chronologisch dokumentieren, ohne Wertung und Sensationsgier.

Ich rief mir immer wieder eine Stelle aus Vinzenz' Brief in Erinnerung: »Doch sollte jener Mann einmal an dieser Stelle stehen und diese Zeilen noch entziffern können, so besinne er sich darauf, dass dieser Gang, den ich nicht mehr tun kann, auch für ihn der Frieden sein wird.«

Nichts anderes wollte ich tun. »Ihm« den Frieden geben, wie auch immer. Ihm, Vinz, und ihm, Josef. Möglicherweise auch Udo. Und vielleicht auch all jenen, die damals in diesem menschenverachtenden Gebirgskrieg ihren stillen Tod fanden.

Ein Bild aus neuerer Zeit. Sexten vor dem Rotwandmassiv im Mai 2013.

In unserer Pension *Tschurtschenthaler* heißt uns Rita, die Besitzerin, herzlich willkommen, bittet uns in ihre Wohnküche und schenkt einen Klaren aus. Natürlich erinnert sie sich an Udo und seine Frau, die bei fast all ihren Exkursionen hier bei ihr übernachtet haben. In Zimmer 2 im zweiten

Stock hatte Udo 1997 seinen »finalen Traum«. Damals war ihm jene Stelle im Schützengraben erschienen, an der etwas seit vielen Jahren auf ihn wartete.

Rita, eine resolute Südtirolerin, herzlich in ihrer Art und eine umtriebige Pensionswirtin, kennt Udos mysteriöse Träume. Aller Details kann sie sich freilich nicht mehr entsinnen. Doch dann, als er den Grund unseres Kommens nennt – dass wir sozusagen auf Spurensuche gehen wollen –, zeigt sie sich interessiert, ohne in allzu große Verwunderung auszubrechen. Vielleicht, so denke ich, hat man in dieser sehr christlich geprägten Gegend noch eine ganz andere, offenere und unverkrampftere Beziehung zu solchen Themen. Erst jetzt fällt mir auf, dass sich Udo im Gespräch mit unserer Vermieterin an deren Dialekt angepasst hat. Sein Schwäbisch ist zunehmend gewichen, hat nahtlos in dieses »Südtirolerische« gewechselt. So als sei er gerade daheim angekommen.

Ja, wenn uns da einer weiterhelfen könne, bestätigt Frau Tschurtschenthaler mehrfach, dann »der Holzer Rudl«. Der Mann, so erkennen wir, muss einen außerordentlichen Ruf als Historiker und insbesondere als Heimatkundler genießen.

Für den Abend ist das Gespräch mit Holzer geplant, dem wir zugegebenermaßen entgegenfiebern, schließlich würden wir ohne seine Hilfe sehr schnell an unsere Grenzen stoßen. Ich rufe ihn, wie vereinbart, an, worauf er für 19.15 Uhr als Treffpunkt den Gasthof *Löwen* in Moos vorschlägt, dem rund zwei Kilometer talaufwärts gelegenen Ort. Weil noch Zeit bleibt und das Wetter gerade einmal nicht verrückt spielt, entscheiden wir, zu Fuß dorthin zu gehen. Und wieder scheint diese Entscheidung vorherbestimmt. Auf dem Fußmarsch nach Moos schließen wir zu einem älteren Herrn auf, der sein Fahrrad schiebt und in Begleitung seines kleinen Enkels ist. Wir überholen, grüßen uns flüchtig, und Udo flüstert mir, nachdem wir ein paar Meter Vorsprung haben, überzeugt zu: »Das war Holzer.« Er hat ihn von Bildern her erkannt, die im Internet zu sehen gewesen waren.

Ich will es genau wissen, verlangsame meine Schritte und lasse den Mann mit seinem Enkel wieder näher kommen. »Entschuldigen Sie«, sage ich, »sind Sie der Herr Holzer?«

Und tatsächlich.

Nachdem er seinen Enkel daheim abgeliefert hatte, kam er wenig später zu uns in den *Löwenwirt*. Vor uns stand ein aufrechter Mann mit gewinnendem Lächeln, der viel jünger erschien, als er vermutlich war.

Wir hatten uns unnötigerweise eine Strategie der »sanften Information« zurechtgelegt, mit der wir ganz vorsichtig unser wahres Interesse an »Vinz« darlegen wollten.

Das Eis war überraschend schnell gebrochen. Rudolf Holzer bewies von der ersten Sekunde an wachsendes Interesse. Vor allem aber erwies er sich als profunder Kenner der Kriegsgeschehnisse in und um Sexten – ein wandelndes Geschichtsbuch. Er ließ sich unser Anliegen in aller Ausführlichkeit schildern. Mehr als drei Stunden nahm er sich an jenem 30. Mai für uns Zeit, hinterfragte kritisch, analysierte und hauchte mit seinem Wissen der einen oder anderen Unklarheit eine gewisse Logik ein.

Etwa als Holzer auf eine junge Frau zu sprechen kommt, die gleich beim ersten italienischen Angriff auf Sexten ihr Leben verloren hat, wird Udo ungewöhnlich still. Er fragt vorsichtig nach, ob das Mädchen möglicherweise »Magdalena« oder »Maria« geheißen habe – und Holzer bestätigt: Ja, sie habe Marie geheißen. Für einen Moment scheint es, als sei Udo erneut von seiner eigenen Vergangenheit auf grausame Weise eingeholt worden. Er kennt das Mädchen. Sie habe lange, schöne Zöpfe gehabt. Man habe sie nach dem Angriff aus dem getroffenen Haus hinausgetragen.

Holzer aber weiß noch mehr über die Familie. So etwa, dass es sich bei dieser Marie Watschinger um eine Ziehtochter des Bürgermeisters gehandelt habe und ihr leiblicher Onkel damals eine Gastwirtschaft am Dorfende von Moos betrieben habe. Udo ist indessen blass geworden. Es bedarf keiner

Worte. Ich weiß sofort, warum. In seinem Buch beschreibt er, vermeintlich fiktiv, dass Marie (im Roman »Lena« genannt) im Gasthof als Bedienung tätig ist und sich dort mit Vinz und Josef trifft. Er schreibt zudem von einer Rose, die Vinz als Zeichen seiner Liebe in die Latte eines Heustadels schnitzt. In einen Stadel, der exakt gegenüber der von Holzer erwähnten Wirtschaft stand. Die Rose existierte ebenso, wie es auch Marie tatsächlich gegeben hatte. Und plötzlich war sie da, diese erste greifbare Übereinstimmung, die nichts mehr mit bloßem Zufall gemein haben konnte.

Auch Rudolf Holzer wird mehr und mehr neugierig. Er habe eine Fotografie dieser Marie zu Hause, die er morgen mitbringen könne. Nur ein kleines Sterbebildchen, wie man es damals den Angehörigen ausgehändigt hatte. Ich frage Udo, ob er sie anhand eines Fotos identifizieren könne. Die Antwort kommt leise, aber überzeugt: »Ja. Auf jeden Fall.«

Holzer eröffnet uns die Quelle seiner Nachforschungen zu »Vinz«, erwähnt einen gewissen Bruder Siegfried vom Franziskanerkloster in Bozen. Nichtsahnend notiere ich den Namen; ich konnte ja nicht wissen, wie wichtig dieser Mann im Rahmen unserer Recherche neben Rudolf Holzer werden sollte.

Dass es also noch einen zweiten Kundigen gab, der sich geradezu akribisch mit den Namen und Sterbedaten der Gefallenen im Raum Sexten auseinandersetzt, ist für uns ein wahrer Glücksfall. Bruder Siegfried (Volgger) war einst Guardian (Hausoberer) des Klosters Innichen, einem Ort unweit von Sexten, wo es in den Kriegsjahren ein Militärhospital gab und ein Soldatenfriedhof angelegt worden war. Die weitläufige Gedenkstätte geriet später, als die Gebeine der italienischen Gefallenen in den 30er- Jahren in eine große Gedenkstätte nach Pocol bei Cortina d' Ampezzo umgebettet wurden, völlig in Vergessenheit. Bruder Siegfried ist es zu verdanken, dass der verbliebene Teil des schließlich gänzlich verwilderten Friedhofs wieder ehrwürdig hergerichtet werden konnte.

Heute ist es eine angemessene Gedenkstätte mit den Namen der österreichisch-ungarischen Gefallenen. Und eben auf einer dieser gediegenen Bronzetafeln jenes Friedhofs ist auch Vincenzo Rossi verewigt. Dass er mit den italienischen Gefallenen nach Pocol umgebettet wurde, liegt nach Auffassung Holzers und Bruder Siegfrieds an dessen Herkunft. Welschtiroler, also Soldaten aus dem Trentino, wurden ohne Ausnahme exhumiert und umgebettet.

Und eben ins Trentino führt die Spur, die sich in Bruder Siegfrieds dickem grünem Buch findet, in dem er die Namen und – soweit bekannt – persönlichen Daten der Gefallenen aufgelistet hat. Stets basierend auf Originaldokumenten, die ihm für diese Aufarbeitung zur Verfügung standen. Demnach lebte Vincenzo Rossi in Centa/Borgo, damals, in der Monarchie »Zehnten« genannt, einem kleinen Bergdorf bei Lavarone (östlich von Trient). Der heutige Name des Ortes lautet, wie wir rasch klären konnten, Centa di San Nicolo.

Um weiterzukommen, war eine Fahrt in dieses abgelegene Bergdorf unabdingbar. Eine Kontaktperson in Centa wäre allzu ideal gewesen. Und auch hier hat Chronist Holzer einen vielversprechenden Vorschlag: Ein ihm bekanntes älteres Ehepaar in Trient habe Beziehungen dorthin – und außerdem sei deren Tochter als Deutschlehrerin gewiss eine gute Ansprechpartnerin für uns. Allerdings wohne diese in Meran.

Selbstlos stellt Holzer sofort einen telefonischen Kontakt zu dem Ehepaar her – und schlägt uns vor, auch gleich den Franziskaner-Bruder in Bozen aufzusuchen. Wir sind uns rasch darüber im Klaren, dass die folgenden Tage schon allein wegen der räumlichen Distanz sehr anstrengend werden.

Wir beschließen den ungemein spannenden ersten Abend hoch motiviert. Obwohl wir wissen, dass es morgen früh zur Fundstelle am Seikofel hinaufgehen wird, löschen wir erst gegen halb eins in der Nacht das Licht im Aufenthaltsraum.

Auf alten Spuren … (Autor Udo Wieczorek)

Es ist alles andere als einladend, wie der eisige Wind die Nebelfetzen über den Kreuzbergpass treibt. Das Thermometer hat sich hier, in 1.600 Metern Seehöhe, auf gerade einmal vier Grad eingependelt. Der Seikofel steht auf dem Programm – oder besser, die Stelle, an der ich den Brief gefunden habe. Werde ich sie überhaupt wiederfinden? Manfred hat darauf bestanden, diesen Graben mit eigenen Augen zu sehen. Er will es dokumentieren, in Film und Bild. Was mich anbelangt, bin ich neugierig, wie der einsame Ort heute auf mich wirkt.

Gut eine Stunde später sind wir nicht mehr weit davon entfernt. Auf dem schmalen Weg vom Hochmoos zum Gipfel werde ich immer stiller. Ich spüre, wie sich langsam etwas auf mein Denken legt; mich beschwert, als wolle es mich von diesem erneuten Besuch abhalten, mich warnen. Erinnerungen rasen durch meinen Kopf, vergären zu bösen Ahnungen. Wird es so wie damals sein? Vor über 16 Jahren? Was, wenn mich alles noch einmal überkommt, wenn ich wieder plötzlich umfalle? Auf was habe ich mich da nur eingelassen?

Rückkehr zum Seikofel. 16 Jahre nach dem Fund, 82 Jahre nach dem Tod.

Ich wende mich zu Manfred um. Doch anstatt zu sagen, was ich auf dem Herzen habe, erkläre ich ihm nur, wo wir gerade stehen; dass ich exakt hier damals das italienische Ehepaar vor dem Genuss des Sumpfwassers gewarnt habe. Er nickt nur.

Der Weg überwindet eine erste Anhöhe. Tief eingeschnittene Gräben schlängeln sich unübersehbar durch den Krüppelwald, der sich noch immer nicht von den Granaten erholt hat. Nahe des Weges liegen große Altschneefelder. Sie kaschieren, was uns der graue, unbelaubte Wald veranschaulicht: unzählige Granattrichter, Mauerreste und Laufgräben. Es wirkt fast anklagend auf mich. So als wolle die unscheinbare Kuppe vor uns sagen: Wo warst du so lange? Ich halte an, öffne den Rucksack und halte Manfred die Videokamera hin. Nachdem ich ihm das Nötigste erklärt habe, sehe ich ihm nachdrücklich in die Augen.

»Wenn es für mich zu hart wird, dann brechen wir ab. Okay?« Er sichert es zu. Kaum sind wir ein paar Meter bergan gestiegen, höre ich das leise Piepsen des Aufnahmetons. Er passt nicht in diese historische Umgebung, die uns heute so erdrückend anschweigt.

Wie es mir jetzt gehe, fragt er. Ich bilde mir ein, dass seine Stimmlage nicht der eines Journalisten entspricht, sondern der eines besorgten Freundes, und drehe mich halb zu ihm um.

»Nicht gut. Ich fühle mich unwohl hier. Es ist erdrückend, hier zu sein – nach so langer Zeit. Aber vielleicht ist es auch nur das Bewusstsein, dass hier schon zwei Mal etwas mit mir geschehen ist.« Ich beschreibe mit meiner Hand, wo wir sind und wohin wir gehen. Mir graut vor dem bekannten Bild. Ich habe mittlerweile keinerlei Zweifel mehr, die Stelle wiederzufinden. Alles sieht so aus wie vor 15 Jahren. Es sei denn, der Graben wäre zusammengestürzt – eine unterschwellige Hoffnung? Ich erinnere mich, dass ich sagte, ich möchte dort noch einmal Zeit verbringen. Mich auf den Ort mit seinem geschundenen Karma einlassen, um gegebenenfalls etwas zu finden, was uns weiterbringt. Jetzt, da ich kurz vor dem Gipfel stehe, weiß ich nicht, wie ich über dieses mutige Ansinnen denken soll. Der Druck, der auf mir lastet, wird größer, schnürt mir die Kehle zu. Ich kann spüren, dass hier einst schreckliche Dinge geschehen sind. Alles ist grau, macht es mir schwer, eine etwaige Rückblende von der Realität zu unterscheiden. Der einzige Unterschied liegt in der Jahreszeit. Damals war es Sommer. Es war drückend heiß. Und dennoch fühle ich in diesem Moment die Kälte von damals, den Schmerz, die Verzweiflung. Ich spüre – den Tod, wie er durch die Gräben schleicht und nach reifen Seelen sucht. Dann sehe ich einen Granatsplitter* am Boden liegen, reiße mich mit ihm aus meinem Wachtraum. Ich drehe und wende ihn, beschreibe kurz für die Kamera, wie intensiv der Beschuss bei der ersten Offensive hier war, und erschrecke aufs Neue über die grauenvollen Fakten meines alten Wissens. Den Grabeneingang habe ich längst aus dem Augenwinkel ausgemacht. Jetzt, wie ich zielstrebig auf ihn zugehe, überkommt mich eine unangenehme Gänsehaut. Mein Magen krampft sich zusammen, gibt mir unmissverständlich zu verstehen: Lass das. Es tut dir nicht gut! Ich sage mir vor: Mit Vernunft kommen wir hier nicht weiter. Vernünftig wäre es vielleicht gewesen, gar nicht erst hierherzukommen. Jetzt, direkt vor dem Graben, kann ich nicht mehr umkehren.

Ich beruhige mich mit einem fadenscheinigen Rückzugsplan, der keinerlei Rücksicht auf Manfred nimmt: Sobald Schwindel oder Übelkeit aufkommen, nichts wie raus aus dem modrigen Loch. Doch als sich mein treuer Begleiter beim Betreten der tief ins Gestein eingegrabenen Kopfstellung des Seikofels nach meinem Befinden erkundigt, schwächt sich das Unbehagen aus unerfindlichen Gründen ab. Als nähere ich mich einem Pool mit schützenden Eigenschaften, stößt mich der markante Knick im Graben mit seiner mir noch immer

* Durch die Detonation einer Granate entstandenes Metallbruchstück ihrer selbst.

gegenwärtigen Aushöhlung nicht mehr ab. Ich spüre, wie sich mein Puls beruhigt; sehe die unspektakuläre Gegenwart, die mir den nötigen Abstand zu den einstigen Geschehnissen suggeriert. Und eben diese gedankliche Distanz lässt mich ruhig auf einer Stelle stehen, meinen Blick auf dem Fundort ruhen wie auf einem alten Grab.

Seit 1915 nahezu unverändert: Der Ort des Geschehens am Seikofel. Tief in der Nische war der Sack mit seinem unglaublichen Inhalt versteckt.

Das rötliche Porphyrgestein, das Vinz' Hinterlassenschaft über viele Jahrzehnte sicher vor dem Zerfall bewahrt hat, ist mittlerweile von Rissen durchzogen. Die eingestürzte Mauer hat dem kleinen Felsdach seine Stabilität geraubt. Wasser sucht sich einen Weg in den Geröllhügel. Weiter hinten, wo sich die Dose befand, ist es noch immer staubtrocken. Ich kann mich überwinden, ein paar Brocken zu bewegen. Mein Interesse gilt dem Sack, den ich damals hiergelassen hatte. Doch unter dem Geröll ist nichts mehr; nichts außer dem roten Grus und lehmiger Erde.

Wir machen unzählige Bilder und schreiten danach noch den endlos erscheinenden Graben ab, der sich irgendwann gänzlich im Dickicht verliert und unpassierbar wird. Hier und da hebe ich kleine Relikte vom Boden auf, erkläre die Wirkung von Schrapnells*, die Tempierung** von Zündmechanismen und die Ballistik der eingesetzten Artillerie. Ich bilde mir ein, noch heute allein am Geräusch der Granaten sagen zu können, um welches Kaliber es sich handelt. Ich bin froh, dass ich dieses Wissen nie wieder unter Beweis stellen muss.

Wir steigen weglos einen Abhang hinunter und stoßen auf eine Fülle von Granatsplittern und verrostetem Metall. Aus der Bergflanke glotzen uns schwarze Schießscharten entgegen. Ich bin ein wenig in mich versunken, als wir wieder auf einen Laufgraben stoßen und in ihm Richtung Hauptweg gehen. An einer Stelle führt der Graben in einem großzügigen Bogen vor und hinter einem Felsblock vorbei. Es ist ein markanter Verlauf – und er lässt mich anhalten. Ein Begriff kommt mir in den Sinn, bedeutungslos, ohne Zusammenhang. Und doch von einer gewissen Intensität, die ihn wichtig erscheinen lässt: Insel, Insel, Insel … geistert es unaufhörlich durch mein Denken.

Ich schließe die Augen, stehe ruhig und versuche, ein wenig mehr aus meinem Unterbewusstsein herauszukitzeln. Ich weiß, dass man damals gewissen Punkten des Verteidigungssystems Codenamen gegeben hatte. Dann denke ich mir die Bäume weg, sehe ungehindert auf das Vorfeld des ersten Kampfgrabens.

»Diese Stellung hieß ›Insel‹«, sage ich bestimmt zu Manfred. »Das weiß ich sicher.«

---

* Mit Bleikugeln gefüllte Artilleriegranate
** Zeiteinstellung für den Detonationszeitpunkt eines Artilleriegeschosses

Die langen Abende mit Rudolf Holzer.
(Autor Manfred Bomm)

Rudolf Holzer ist ein Gesprächspartner, dem man stundenlang zuhören kann. Er entwickelt an jenem zweiten Abend in Sexten mit uns spannende Theorien, erläutert uns die örtliche Situation während des Krieges. Noch weit über tausend Seiten Militärdokumente habe er daheim herumliegen, berichtet er stolz. Möglich, dass jener schicksalhafte Schuss, mit dem Vinzenz seinen Freund Josef getötet hat, auch irgendwo dokumentiert ist. Wenngleich dies eher unwahrscheinlich scheint, weil es bei Nacht geschah – und auch nicht bei einem Angriff, sondern als Josef offenbar als Überläufer die Fronten wechseln wollte. So jedenfalls hat es Udo geträumt und dabei »gesehen«, wie er den erschossenen Freund über eine Felsstufe auf italienisches Gebiet abgeseilt hat. »Noch nie erfuhr jemals jemand hiervon«, hat es Vinz in seinem letzten Brief indirekt bestätigt. Holzer macht sich eigens die Mühe, die Schriftstücke von Vinzenz und Josef nochmals wortgenau zu übersetzen. Dabei entdeckt er den ein oder anderen kleinen Fehler, korrigiert einzelne Worte und weist auf die damals verschiedenen Schreibweisen einzelner Buchstaben hin. Der an manchen Stellen fehlerhafte Satzbau sowie falsch gewählte Worte sind laut Herrn Holzer auf die Herkunft des Vinz zurückzuführen. Im Trentino wurde zur Zeit der Monarchie zwar Deutsch in den Schulen gelehrt, aber im Häuslichen italienisch gesprochen. Die Schrift erklärt er für authentisch. Ebenso wie den Umstand, dass der Brief in deutscher Sprache verfasst wurde, da im italienischsprachigen Raum der Monarchie damals Deutsch als erste Sprache in der Schule gelehrt wurde. Selbst für das Behältnis des Schriftstückes, den groß bemessenen Sack, hat er eine schlüssige Erklärung: Insbesondere wegen der Ziffern muss es sich um einen K.u.K.-Feldpostsack gehandelt haben. Diese waren in den Kavernen keine Seltenheit. Zudem könnte die bekannte Feldpostnummer, »22« für den Kampfabschnitt Seikofel, dem undeutlichen Zahlenpaar auf dem Sack entsprechen.

Der Wegbereiter vor Ort: Rudolf Holzer, Ortschronist aus Sexten. Hier im Gespräch mit Udo Wieczorek.

An den insgesamt drei Abenden versuchen wir, die Situation um Vinz und Josef zu rekonstruieren, so gut es uns mit den bisher erlangten Kenntnissen möglich ist:

Udos Träumen zufolge bestand zwischen den beiden eine enge Freundschaft. In Sexten wurde zumindest eine gemeinsame Bergtour unternommen – und irgendwann spielte auch ein Mädchen eine Rolle – Marie, wie wir heute wissen, das Mädchen mit den auffallenden Zöpfen. Weiter soll es zwischen den beiden Burschen zu einem heftigen Streit gekommen sein – war jene Marie etwa der Auslöser?

Eine weitere Schlüsselrolle spielte offenbar ein gemeinsamer geheimer Treffpunkt, ein markanter Baum unweit des Kreuzbergpasses: eine junge dreistämmige Tanne, die aus einer einzigen Wurzel herauswuchs.

Udo hat das Baumtrio lebhaft vor Augen – also jenen Punkt, der sich nach Ausbruch des Krieges auf italienischer Seite befand und an dem er 1997 den zweiten Brief gefunden hat – jenen von Josef.

Für dieses weitaus weniger informative Dokument, das augenscheinlich in Eile verfasst und auf ähnlichem Papier geschrieben wurde wie Vinzenz' Botschaft, gibt es nur eine Erklärung: Josef hat es für seinen Freund an diesem markanten Baum deponiert, weil es ihr einziger gemeinsamer Bezugspunkt war und er hier am ehesten davon ausgehen konnte, dass es von Vinz dort gefunden würde. Nicht mehr als eine Hoffnung.

Die Botschaft ist kurz und einfach gehalten: »Ach, waren wir dumme Burschen. Nicht der Geist riss unsere Freundschaft entzwei, es war der Krieg. Es sei dir verziehen, mein Freund.« Es folgt die Unterschrift »Josef«. Und dann noch: »Werde glücklich mit ihr.«

Was verzeiht er seinem Freund? Etwa, dass dieser sich für die österreichisch-ungarische Seite entschieden hatte? Ist es Marie, die er meint, wenn er schreibt, »werde glücklich mit ihr«?

Warum schreibt Josef diese subtil erscheinenden, mit Fehlern übersäten Sätze und versteckt das Dokument auf italienischer Seite, wenn er vorhat, die Fronten zu wechseln? Einzig mögliche Erklärung: Er tut es für den Fall, dass sein Vorhaben scheitert und er bei seiner Flucht auf die andere Seite getötet wird.

Das Zeitfenster, in dem sich das tragische Zusammentreffen der beiden Freunde ereignet haben kann, ist relativ eng. Es beschreibt einen Zeitraum zwischen Ende Mai, dem Kriegsausbruch zwischen Italien und Österreich-Ungarn, und wenigen Tagen vor dem 13. August, dem ersten Eintrag auf dem Brief von Vinz. Um auch Josef ausfindig machen zu können, muss sich die Suche auf einen Soldaten namens »Josef« oder »Giuseppe« konzentrieren, der in diesem Zeitraum im Bereich Sexten gefallen ist. Eine Aufgabe, die uns noch viel schwieriger erscheint als die Suche nach Vinzenz. Doch zunächst befassen wir uns weiter mit den vielversprechenderen Personen, mit Vinz und jener Marie:

Der Zufall will es, dass Rudolf Holzer in seinem ungeheuren Fundus tatsächlich ein sogenanntes Sterbebildchen von dem Mädchen auftreiben kann. Es kommt überraschend, als er es entgegen seiner telefonischen Aussage, er könne es leider nicht finden, am zweiten Abend plötzlich doch über den Tisch schiebt. Als Udo es sieht, wird er blass und kann den Blick nicht mehr davon lassen. Er versucht zu sprechen, bringt jedoch kaum einen vollständigen Satz über die Lippen; schüttelt immer wieder fassungslos und gerührt den Kopf. Er hat Marie wiedererkannt, zweifellos – obwohl auf dem Bild ihre Haare nach hinten geflochten sind. Es ist jene Marie, die Vinzenz' Geliebte war, die beim ersten direkten italienischen Artillerieangriff auf Sexten von einer Granate getötet wurde. Am 30. Juli 1915. 17 Tage, bevor Vinz selbst gefallen ist.

Christliche Erinnerung
im Gebete
für die Seele des Fräulein
Marie Watschinger
welche am 31. Juli 1915 zu Sexten im Alter von 23 Jahren von einer italienischen Granate getötet wurde.

Sie ruhe in Frieden!

Zu rein warst du für dieses Erdenleben,
Zu gut dein Herz, zu kindlich dein Gemüt,
Drum hieß dich Gott schon früh zu Engeln schweben,
Wo dir der Lohn für deine Unschuld blüht.

Mein Jesus, Barmherzigkeit!
(100 Tage Ablaß.)
Süßes Herz Mariä, sei meine Rettung!
(300 Tage Ablaß.)

Unvergessen: Marie Watschinger fiel dem ersten Artillerieangriff auf Sexten zum Opfer.

Und Holzer stellt noch mehr in Aussicht: Er erwähnt jemanden, der ihn vor Kurzem auf ein Bild angesprochen habe, das ein schönes junges Mädchen zeigen würde, und er nicht wisse, wer diese abgebildete Frau sei. Der Bekannte stamme aus der Linie Watschinger. Holzer hält es für möglich, dass es sich hierbei um jene Marie aus Udos Träumen handelt. Vor allem, weil ihre schönen Zöpfe erwähnt worden waren, die sich mit Udos Beschreibung decken.

Ich sehe, wie sich Udo an diesen Hoffnungsschimmer klammert. Es liegt schon fast ein Flehen in seiner Stimme, als er Herrn Holzer bittet, dieses Bild zu beschaffen. Und Holzer sichert zu, sich darum zu kümmern, während er zwei dicke Fotoalben auf den Tisch legt. Es seien Dokumente aus Nachlässen; Fotografien aus der Kriegszeit und der Zeit davor. Er fordert Udo auf, darin zu stöbern, vielleicht ergäbe sich hieraus auch etwas. Bekannte Gesichter, Namen, Vorkommnisse, die er bestätigen könne. Er hat recht: Jede Kleinigkeit kann uns weiterhelfen.

Zuletzt fördert Holzer noch einen Stapel kleiner Fotos aus seiner Wundertüte. Die Intention ist dieselbe: der berühmte Zufallsfund.

Der Stapel ist fast zur Gänze umgeschichtet. Ich bin erstaunt, wie Udo beim einen oder anderen vergilbten Porträt einen Namen parat hat, der von Holzer bestätigt wird. Fünf Bilder hat er aussortiert und hält eines davon auffallend lange in der Hand. Es ist ausgeblichen. Die drei Frauen, die darauf abgebildet sind, lächeln. Udos Zeigefinger fährt langsam über die Silhouette der jungen Dame in der Mitte.

Es ist wieder Marie, die er erkannt hat. Vorsichtig fragt er, ob er davon ein Bild abfotografieren könne. Holzer sieht es als selbstverständlich an.

Der Abend klingt mit einer akribischen Niederschrift dessen aus, was wir bislang herausgefunden haben. Aus unseren Fakten scheint sich langsam ein Bild zu formen. Wir sind gespannt, ob uns der morgige Tag weiterbringen wird.

Am frühen Morgen telefonieren wir wieder mit Rudolf Holzer. Er hat uns bei dem befreundeten Ehepaar in Trient auf 14 Uhr angemeldet und kurz angerissen, um was es gehe. Es klingt herrschaftlich, als er sagt, der »Professor« erwarte uns. Er sei ein profunder Kenner der Gegend um Trient, speziell, was die kleinen Dörfer in den Bergen, wie etwa Centa, angehe.

Um möglichen Staus oder Verzögerungen entgegenzuwirken, setzen wir uns sofort nach dem Frühstück ins Auto und fahren talauswärts. Auf Höhe Bruneck erreichen wir telefonisch Bruder Siegfried Volgger und ersuchen um einen Termin am Abend im Bozener Kloster. Er ist sofort aufgeschlossen, als er hört, wer uns schickt. Der Holzer Rudl sei ein feiner Mensch, kommt es zurück. Wir sichern zu, um 18 Uhr vor Ort zu sein.

Dann läuft es wie am Schnürchen. Kein Stau behindert uns, sodass wir bereits um halb eins die Ausfahrt Trient-Süd nehmen und spontan entscheiden, einen kurzen Abstecher nach Centa di San Nicolo zu machen. Und wenn uns auch effektiv nur eine halbe Stunde Zeit dort oben in den Bergen über Trient verbleibt, der Drang, alles Menschenmögliche tun zu wollen, entspricht dem inneren Gefühl, dort hinzufahren und die Zeit zu nutzen. Vielleicht finden wir ja so etwas wie ein Gefallenendenkmal oder einen alten verwitterten Grabstein? Wir hoffen einmal mehr auf den Zufallsfund.

Das Wetter ist heiter. Wir werden von über 20 Grad verwöhnt, als wir am Friedhof aussteigen. Beim kurzen Gang durch die Gräberreihen sticht uns mehrfach der Name »Rossi« ins Auge. Zumindest scheint er hier gängig zu sein – ein erster Fingerzeig? Oder verhält es sich mit Rossi eher wie mit Maier, Müller, Schmid auf unseren Friedhöfen?

Wir halten vergeblich nach einem Ehrenmal für die Weltkriegsgefallenen Ausschau, gehen deshalb hinauf zur Kirche und finden, was wir suchen: ein Kriegerdenkmal vom Ersten Weltkrieg. Doch auf der übersichtlichen Marmorpyramide tauchen nur ein Luigi und ein Carlo Rossi auf. Einen Vinzenz oder Vincenzo hingegen können wir nicht finden. Sind wir hier am Ende ganz falsch?

Wir treffen eine junge Dame auf der Straße und fragen sie in gebrochenem Italienisch, wer etwas über die Gefallenen des Ersten Weltkrieges wissen könnte, ob sie hier eine Familie Rossi kenne? Mit einem Schmunzeln zeigt sie auf einen älteren Mann, der gleich neben der Kirche in einem Hausgarten gerade seine blühenden Erdbeeren pflegt. Er heiße Rossi. Unser Hoffnungsbarometer steigt wieder an. Doch selbst nach mehrfacher Nachfrage gibt der schwerhörige Einheimische zu verstehen, er wisse nichts von einem Vincenzo. Die hilfsbereite junge Frau zuckt mit den Schultern. Damiano sei einer der Ältesten hier, sagt sie. Wenn, dann hätte sicher er am ehesten etwas gewusst. Die anderen Rossis sind deutlich jünger. Wir bedanken uns bei ihr. Herr Rossi winkt nur aus seinem Garten zurück. Gehört hat er unser bemühtes »Arrivederci« sicher nicht.

Die Uhr mahnt uns zur Eile. Unverrichteter Dinge steigen wir ins Auto und fahren wieder hinunter Richtung Trient.

Wir konnten nicht ahnen, wie dicht wir bereits am Ziel gewesen waren.

Zunächst irreführend: Auf der Ehrentafel der Gefallenen taucht Vincenzo nicht auf.

Eine halbe Stunde später klingeln wir am Eingang eines schwarz verglasten Wohnblocks. Wir behaupten lediglich, von Herrn Holzer geschickt worden zu sein, und schon summt der Türöffner. Im dritten Obergeschoss werden wir von einem älteren Ehepaar herzlich begrüßt und ins Wohnzimmer geführt. Die erste Frage gilt dem leiblichen Wohl, als wäre es obligatorisch. Wir sind von der Gastfreundschaft, wie wir sie überdies während unserer gesamten Recherche allerorts erfahren durften, geradezu überwältigt. Sind wir doch für die beiden völlig fremde Menschen und dazu noch Ausländer mit einem merkwürdigen Anliegen. Professor Dr. Luciano Covi und seine Frau Antonietta Zanei hören sich Udos Geschichte an und beginnen sofort lebhaft, nach einem Ansprechpartner in Centa zu suchen, der uns gegebenenfalls etwas über den Namen Rossi und eventuell im Krieg gefallene Vorfahren berichten könnte. Glücklicherweise spricht Frau Zanei gut deutsch. Aber leider scheitern an diesem Samstagnachmittag alle Versuche, jemanden telefonisch zu erreichen. Weder der ebenfalls deutsch sprechende Bürgermeister aus Lavarone, welcher dem Ehepaar gut bekannt ist, noch ein anderer Bekannter, wie etwa einer der Verantwortlichen im Militärmuseum von Rovereto, melden sich. Frau Zanei gibt sich alle erdenkliche Mühe, fischt mit der Lupe immer weitere Nummern aus dem dicken Telefonbuch – vergeblich. Der Professor versucht indessen, in der ganzen Wohnung verzweifelt ein Buch aufzuspüren, das möglicherweise Aufschluss über die Gefallenen von Centa geben könnte. Das gesuchte Werk bleibt verschollen. Er vermutet es schließlich in der Ferienwohnung der Familie in Levico und gibt zerknirscht auf.

Wir schielen derweil schon wieder auf die Uhr und berichten von unserem nächsten Treffpunkt in Bozen, im Franziskanerkloster. Es ist bereits nach vier, als wir erneut in der großen Straßenflucht Trients zwischen Bahnhof und Etsch stehen. Sehr viel schlauer sind wir zwar nicht geworden, aber wir haben etliche Telefonnummern und Adressen im Gepäck, die uns auch aus der Distanz weiterhelfen könnten.

Wir erreichen das Kloster in der Franziskanergasse mit etwas Verspätung.

Bruder Siegfried Volgger führt uns in ein Besprechungszimmer nahe der Pforte. Auf uns wirkt der Raum kühl und spartanisch. Wir müssen uns die Leitsätze der Glaubensgemeinschaft in Erinnerung rufen, um zu erkennen, dass die Schlichtheit in diesen Mauern gewollt und durchaus angemessen ist. Das Wichtigste ist da. Das Christuskreuz an der Wand. Immerhin haben wir Gottes Segen für unsere spannende Reise.

Siegfried ist ein Mönch wie aus dem Bilderbuch: stattlich, ruhig und besonnen. Er trägt einen mittelbraunen Habit, hat die obligatorische weiße Kordel um die Hüften geknotet. Der Geistliche ist ein geduldiger Zuhörer; zeigt sich bisweilen erstaunt, aber gänzlich unvoreingenommen. Er scheint jedoch kein Freund großer Worte zu sein. Er lauscht, verzieht kaum eine Miene. Für einen Moment rätsle ich, ob er Udo und mich wirklich ernst nimmt.

Udo hat inzwischen mit dem Erzählen seiner Erlebnisse Routine. Hier im Kloster schildert er seine Geschichte besonders detailreich und spannend. Wieder nimmt er mich mit auf seine außergewöhnliche Reise. Und nachdem ich nun die Orte des Geschehens kenne, sehe ich die Szenen beinahe bildhaft vor mir. Die kurze Stille nach seinen Ausführungen mutet fast wie eine Andacht an. Und genau genommen ist es auch eine – eine Andacht für Vinz.

Ich lege Bruder Siegfried die Kopie des Briefes vor, den Udo vorhin in seiner Erzählung erwähnt hatte. Er schüttelt fassungslos den Kopf, beginnt sofort, sich darin zu vertiefen. Der Franziskaner ist infolge seiner Nachforschungen für sein eigenes Buch der alten Kurrentschrift mächtig und entziffert mühelos ganze Absätze.

Nach einer Weile nickt er anerkennend und steht auf. Er wolle uns etwas aus seiner Kammer holen. Nach ein paar Minuten legt er zwei original verpackte Bücher mit grünem Einband auf den Tisch und schiebt sie uns herüber. Das zweibändige Werk ist das Ergebnis seiner Arbeit am Kriegerfriedhof in Innichen – das sogenannte Namenbuch und die Historie dazu. Ein Geschenk, das uns tief berührt, das Vertrauen signalisiert. Udo tut es ihm gleich, signiert einen seiner eigens mitgebrachten Romane. Man versteht sich beinahe ohne Worte.

Bruder Siegfried gibt uns zu verstehen, dass er uns weiterhelfen werde, und schlägt seine eigene, mit Goldschnitt versehene Namensliste des Friedhofs auf. Wir finden unseren Vinzenz Rossi, lesen die Eintragungen, die uns von Herrn Holzer schon bekannt sind. Und wir stutzen beide über eine Ungereimtheit: Vinzenz wird zwar als österreichisch-ungarischer Soldat aufgeführt, der am 17. August im Hospital Innichen verstorben ist. Er taucht dann aber ein zweites Mal als »Vincenzo Rossi« mit dem Dienstgrad »Soldato« unter jenen italienischen Kriegsgefangenen auf, die in den 30er- Jahren nach Pocol bei Cortina d'Ampezzo umgebettet wurden. Die Erklärung dazu liefert Siegfried prompt: Die aus dem Trentino stammenden Soldaten, die für Österreich gekämpft hätten, seien bei der Umbettungsaktion den Italienern zugerechnet und dort registriert worden.

Wir sind uns einig: Dies mag bei einem italienisch klingenden Namen, wie etwa »Rossi«, zunächst verständlich erscheinen, ist jedoch im Grunde verwirrend und geschichtsverzerrend. Um dies zu verstehen, muss man wissen, dass die Bevölkerung im südlichen Österreich-Ungarn, das damals bis weit hinter Trient hinabgereicht hatte, besonders unter den Wirren zu Beginn des Ersten Weltkrieges gelitten hat. Infolge der Irredenta, einer Bewegung, mit der sich Teile der Bevölkerung von der Habsburger Monarchie distanzierten und auf die italienische Seite wechselten, konnte es im grenznahen Bereich vorkommen, dass Männer aus derselben Gemeinde plötzlich auf unterschiedlichen Seiten kämpften. Dies wiederum würde auch erklären, weshalb sich Vinzenz und Josef unverhofft an der Front gegenüberstanden.

Bruder Siegfried deutet auf die Unterschrift auf unserem Dokument und bestätigt, dass dieser Vinzenz Rossi der Einzige mit diesem Vornamen ist, der im besagten Zeitraum um Sexten gefallen ist. Mit den spärlichen Informationen über den Herkunftsort Centa–Borgo könne man schon etwas anfangen. Er sei damals bei den Arbeiten am Friedhof einem ähnlichen Schicksal nachgegangen und habe durch einen Zufall einen vermissten Grabstein eines Gefallenen wieder an seinen ursprünglichen Platz bringen können.

Wie sich die Bilder gleichen. Im Grunde tun wir nichts anderes, nur sinnbildlich.

Schließlich bietet Siegfried an, die Kirchenmatrikel von Centa (Kirchenbücher mit allen familiären Eintragungen wie Geburt, Tod, Vater, Mutter und Konfession) ausfindig zu machen, um möglicherweise mehr über Vinzenz zu erfahren. Wir tauschen Mailadressen sowie Telefonnummern und verabschieden uns fast zwei Stunden später. Überraschenderweise bedankt sich der liebenswerte Bruder Siegfried überschwänglich für unseren Besuch. Eigentlich sind es doch eher wir, die ihm zu Dank verpflichtet wären – nicht ahnend, wie sehr.

Dass uns mit unserem doch etwas skurrilen Ansinnen gerade in Kirchenkreisen so vorbehaltlose und großherzige Unterstützung entgegengebracht wird, überrascht uns einmal mehr an diesem Tag.

Ohne die Hilfe von Bruder Siegfried wäre dieses Buch nie zustande gekommen.

Ein unverzichtbarer Helfer: Bruder Siegfried beim ersten Treffen im Kloster Bozen.

Ehrerweisung. (Autor Udo Wieczorek)

Ich sehe versonnen vom Balkon hinüber zum verschneiten Zwölferkofel. Es ist kalt an diesem letzten Morgen. Und dennoch erinnert mich der unbeschreibliche Ausblick an die vielen schönen Tage, die ich hier in Sexten während meiner Urlaube schon verbracht habe. Kaiserwetter – perfekt für eine zünftige Kletterei mit Daniela …

Die wohltuende Hoffnung, irgendwann einmal wieder dort oben zu stehen, ist das Einzige, was unser eng gestecktes Programm zulässt. Diese Reise hat andere Inhalte und sie neigt sich dem Ende zu.

Manfred und ich haben uns vorgenommen, das Haus des damaligen Bürgermeisters Josef Kiniger zu suchen. Jenes Haus, in welchem Marie von der ersten italienischen Granate getötet wurde, die auf Sexten niederging. Nach Holzers Erklärungen müsste es unweit von unserer Unterkunft liegen. Ich traue mir zu, es wiederzufinden, da ich bereits während der Urlaubsaufenthalte immer ein ganz bestimmtes Gebäude im Fokus hatte, ohne zu wissen, weshalb. Es bestätigt sich. Der aus heutiger Sicht großzügige Bau liegt kaum einen Steinwurf von der Pension Tschurtschenthaler entfernt. Die Beschreibung Holzers stimmt mit der Lage überein. Das Haus passt in mein Traumbild. Nur ein Anbau aus jüngeren Tagen zeigt, dass die Zeit nicht spurlos an dem altehrwürdigen Gebäude vorübergegangen ist. Es ist bewohnt und wir umkreisen das Haus wie zwei gierige Immobilienmakler. Ich habe nicht den Mut, an der Tür zu klingeln, gebe mich mit den Bildern aus der Vergangenheit zufrieden. Mir ist heute nicht danach, mich schon wieder erklären zu müssen und auf Verständnis zu hoffen. Es würde zu sehr schmerzen, den verdeckten Leichnam zu sehen. Und sei es auch nur imaginär, für eine Sekunde.

Stattdessen machen wir uns auf die Suche nach dem Soldatenfriedhof in Innichen, der vorletzten Ruhestätte von Vinz. Schon in der Nacht, als ich vor dem Einschlafen die Bilder des Friedhofs in Siegfrieds Buch betrachtet hatte, war mir endgültig ein Licht aufgegangen, was den Namen »Burg« anbelangte. Sollte ich, zumindest was diesen einen Begriff anging, meine Suche nach 17 Jahren beenden können? War dies nicht schon wieder ein kleiner Hinweis, dass sich der Kreis eben dort schließen könnte, wo Vinzenz zum ersten Mal beerdigt worden war?

Mich beschleicht ein seltsames Gefühl, als mir klar wird,

wo ich gleich stehen werde: An seinem Grab – oder an meinem Grab?

Zwar habe ich im Buch von Bruder Siegfried auf einer Fotografie der neuen Bronzetafeln seinen Namen ausmachen können, doch wollen wir selbst noch eine größere Aufnahme für das Buchprojekt machen. Es werden über 40 Fotos. Von dem ehrwürdigen Gelände, den großen Monumenten und einem unscheinbaren Namenszug unter unzähligen anderen. Rossi, Vinzenz, Centa Borgo, 1895, 17.08.15 – mehr ist von ihm an dieser Stelle nicht geblieben. Und dennoch zwingt uns die einstige Grabstätte Schweigen auf. Nach einer Weile trete ich durch das obere Türchen in den dichten Fichtenwald. Es ist nicht weit bis zum Bergrücken und ich muss nicht erst noch die wenigen Meter hinaufsteigen, um zu wissen, dass ich unweit von hier schon einmal war. Damals, vor 17 Jahren, als der Friedhof noch verwildert und nicht zu erkennen war und wir nach einer Burgruine suchten, ohne zu ahnen, dass damit ein Kriegerfriedhof gemeint sein könnte.

Ein Platz mit Geschichte: Der wiedererrichtete Kriegerfriedhof »Burg« in Innichen.

Seltsames am Wegesrand.

(Autor Manfred Bomm)

Eine Stunde später sind wir auf der Suche nach einem geeigneten Lokal. Udo schlägt die *Lanzinger Säge, beim Klaus* vor – eine große Gaststätte, die in freier Landschaft, aber direkt an der Straße gelegen, auf das rasche Bewirten von Bustouristen ausgelegt ist. Wer jedoch eine unpersönliche Abfütterungsstätte befürchtet, wird sehr positiv überrascht. Das Lokal hat den Charme einer alten Säge erhalten. Das Essen ist überaus schmackhaft und traditionell.

Nicht dass wir darauf gewartet hätten, dass auch hier irgendetwas Unheimliches geschehen würde. Doch beim Betreten des großen Nebenraumes sind Udo und ich einmal mehr überrascht: Zwei für diese Gegend ungewöhnliche Instrumente zieren die Ablage am offenen Kamin. Ein Susaphon* und ein Kontrabass. Das Susaphon, landläufig als Tuba bezeichnet, spielte in Udos Träumen eine ebenso winzige Rolle wie der Kontrabass. Einen solchen haben wir zudem tags zuvor auf einem der vielen Fotos aus Holzers Sammlung entdeckt. Das Instrument war damals aus einem brennenden Haus getragen worden, worüber Holzer sogleich eine interessante Geschichte anbringen konnte, wie das Instrument zu seinem Besitzer zurückgekehrt sei. Nämlich über genau dieses Foto, auf welchem derjenige identifiziert werden konnte, der es in den Kriegswirren mitgenommen hatte.

Und nun stehen beide seltenen Instrumente einträchtig beieinander in dieser Gaststätte. Der Wirt, von Udo darauf angesprochen, erklärt, dass hier oft Hausmusik gemacht werde. Als wir die Herkunft des Streichbasses wissen wol-

---

* Blasinstrument, ähnlich einer Tuba. Häufig von Militärkapellen verwendet

len, gleitet das Gespräch in Belangloses ab, wie etwa unsere Bestellung.

Die Lage im Frühjahr/Sommer 1915.

(Autor Manfred Bomm)

Als wir am letzten Abend abermals mit Rudolf Holzer zusammensitzen, entwickelt er eine interessante Theorie zu den Ereignissen vor dem Krieg, die sich auf tatsächliche Begebenheiten stützt. Etwa, wie sich Marie, Josef und Vinzenz trotz der räumlichen Distanz kennengelernt haben könnten.

Holzer hat im Laufe des Tages herausgefunden, wo jener leibliche Onkel der Marie Watschinger – ein gewisser Johann Watschinger – seine Gaststätte betrieben hat. Sie lag einst am Ortsende von Moos, der letzten Gemeinde vor dem Kreuzbergpass, auf der linken Seite unweit des heutigen Hotels *Drei Zinnen*. Schräg gegenüber befand sich, wie schon erwähnt, noch bis vor wenigen Jahren ein Stadel, den Udo von seinen ersten Besuchen her kannte. Seine plastischen Erinnerungen liegen in jener Rose begründet, welche in eine Latte geritzt war. Genau so, wie er sie auch in seinen Träumen gesehen hatte.

Wenn also, spinnt Holzer den zarten Faden weiter, zwischen besagter Marie und jenem Verwandten, der diese Herberge führte, schon ein Zusammenhang bestand und sich Vinzenz und Josef sowie Marie möglicherweise schon von früher her kannten, dann hätten die beiden allen Grund gehabt, sie noch vor dem Krieg in Sexten zu besuchen und in diesem

Wirtshaus eine Unterkunft zu finden. Weshalb Vincenzo Rossi aus dem fernen Trient überhaupt gewisse Beziehungen nach Sexten haben konnte, weiß Rudolf Holzer nun auch genauer: Verwandte aus dem Kreis der Großfamilie Kiniger hätten ihre Kinder über einen längeren Zeitraum hinweg auf die deutsche Schule in die Valsugana im Bereich von Borgo geschickt. Eine Art früher Schüleraustausch. So tat dies auch Josef Kiniger mit seinen eigenen Töchtern. Demnach ist es sogar sehr wahrscheinlich, dass auch Marie Watschinger als Ziehkind gewisse Zeit in Borgo verbracht hat. Noch heute, so berichtet Holzer, bestünden intensive Beziehungen und Kontakte zwischen Sexten und den Gemeinden in der Valsugana. Und immerhin ist Borgo im Falle Vinzenz in der Gefallenenliste von Bruder Siegfried als Herkunftsort genannt. Es liegt unweit von Centa.

Den Schilderungen Rudolf Holzers und den geschichtlichen Quellen nach herrschte bis zur Kriegserklärung Italiens am 23. Mai 1915 ganz normaler Grenzverkehr zwischen Italien und Österreich-Ungarn.

Die Bevölkerung in Welschtirol* sprach mehrheitlich Italienisch. Wie bereits erwähnt, sympathisierte ein Teil der Bevölkerung im Zuge der sogenannten Irredenta mit Italien und befürwortete einen politischen Anschluss.

Es waren vor allem Angehörige der Oberschicht, die im Frühjahr 1915 die Fronten schon vor Kriegsausbruch wechselten. Die Landbevölkerung hingegen verblieb ideologisch vielfach auf Seiten von Österreich-Ungarn. Die Grenze im Süden verlief damals vom oberen Gardasee östlich auf die Hochfläche von Lavarone, nur wenige Kilometer südlich von Trient und weiter Richtung Cortina d´Ampezzo. So war auch in der kleinen Gemeinde Centa, die kommunal der Stadt Borgo in der Valsugana zugeordnet war, die Problematik der Irredenta präsent. Daraus würde sich erklären, dass

* italienischsprachiger Teil Tirols um Trient und südlich davon, zur Zeit der Habsburger-Monarchie

Josef im weiteren Verlauf der Geschichte auf Seiten von Italien gekämpft haben kann, Vinzenz hingegen auf Seiten von Österreich-Ungarn. Auch ein Streit, etwa über die Frage der politischen Überzeugung, käme durchaus infrage. Es scheint möglich und einleuchtend, dass Vinzenz seine Entscheidung auch von der Beziehung zu Marie abhängig gemacht hat, die zu Kriegsbeginn in Sexten wohnhaft gewesen war – und zwar im Haus ihres Ziehvaters, des damaligen Bürgermeisters von Sexten Josef Kiniger. Marie Watschinger war die Nichte der Frau des Bürgermeisters.

Im weiteren Verlauf unseres abendfüllenden Gesprächs wird uns eines klar: Marie und Vinzenz, aber auch Josef, falls er ebenfalls aus dem Raum Trient stammte, konnten sich in der Vorkriegszeit durchaus kennengelernt haben. Selbst Gegenbesuche in Sexten wären möglich gewesen. Die Nähe zur Eisenbahnstrecke, die über das Etsch- und Pustertal bereits damals beide Regionen verband, hätte dies begünstigt. Borgo liegt an der Linie nach Venedig und Toblach an der Pustertalstrecke. Zudem war Sexten bereits zu Beginn des 20. Jahrhunderts auf den beginnenden Alpintourismus eingerichtet und sehr gut erschlossen. Zusammen mit den Erkenntnissen über die Gaststätte von Maries Onkel Johann Watschinger und der eingeritzten Rose am gegenüberliegenden Heustadel ergab sich langsam ein unscharfes Bild der damaligen Verhältnisse, möglichen Beziehungen und Ereignisse, die am Beginn der unsäglichen Tragödie der drei jungen Menschen standen – ein gedankliches Konstrukt, das für uns nach den bisherigen Erkenntnissen als wahrscheinlichste Theorie gilt.

Unsere erste Recherche-Reise hatte zwar viele neue Erkenntnisse gebracht, die bestätigten, dass tatsächlich am 17. August ein Soldat namens Vinzenz seiner schweren Verwundung erlegen war, die er sich möglicherweise wenige Tage zuvor am Seikofel zugezogen hatte – aber es war uns nicht gelungen, seine Nachfahren ausfindig zu machen.

Hingegen konnte geklärt werden, weshalb die alten Freunde durch die Kriegsereignisse getrennt wurden und sich an der Front gegenüberstanden.

Dennoch waren wir zuversichtlich, dass uns Franziskanerbruder Siegfried und Rudolf Holzer weiterhelfen würden. Beide hatten, wie es uns schien, nun persönliches Interesse an dieser Geschichte – Rudolf Holzer gleichermaßen wie Bruder Siegfried, weil sich beide für die Aufarbeitung des Kriegsgeschehens in und um Sexten bereits große Verdienste erworben haben. Der eine auf museale, chronologische Art und Weise, der andere in Form der Restaurierung des Soldatenfriedhofs Innichen »Burg«.

Nachtwache. (Autor Udo Wieczorek)

Die Nacht zum 4. Juni ist im Gegensatz zu den vorherigen noch nicht einmal unruhig, sondern gänzlich schlaflos. Es fliegen tausend Eindrücke durch meinen Schädel. Ich kann an nichts anderes mehr denken als an das, was hinter mir liegt. Fragen drängen sich auf:

Was, wenn Rossi nicht der Verfasser des 1997 gefundenen Briefes ist? Wie geht es weiter? Weshalb wählte ich, ohne zu überlegen, das Wappen der Kaiserjäger für das Cover meines Romans? Wie passen dann dieser Urlaub in der Nähe von Vinzenz' Geburtsort Centa und die Ortskenntnis ins Bild?

Dann eine schlichte Einsicht:

Wir haben erstaunliche Menschen kennengelernt, deren

Schicksal allein schon erzählenswert ist. Wir haben etliche Stränge der Geschichte untermauern können. Und – diese Reise hat mich verändert. Ein klein wenig nur, und dennoch spürbar. So wie jede Reise nach Sexten es bisher getan hat.

Ich bin dieser Zeit wieder näher. Ist das gut oder schlecht? Ich weiß es nicht.

Dann denke ich an Bruder Siegfried. Was für eine Tat, diesen Friedhof zu einem so schönen Ort zu erheben! Daniela bestätigte schon während unseres Aufenthaltes am Telefon aus ihren Erinnerungen, wir hätten an einem Regentag die »Burg« in Innichen gesucht und seien doch erfolglos mitten im steilen Bergwald über Innichen umhergeirrt. Das war im Jahre 1995. Ich wusste nicht, was ich damals suchte, hatte keine Ahnung von einem Friedhof. Oder wusste es doch ein kleiner Teil in mir?

Ich grüble noch lange über den Ort der Stille nach, stehe auf und sehe mir die Bilder im kleinen Fotodisplay an. Dann frage ich mich mit einem Mal: Verbirgt sich hier etwa der Sinn meiner langen Reise? Musste ich auf Bruder Siegfried treffen, um zu sehen, was am Ende steht? Ich nehme sein Buch zur Hand und lese den Absatz über seinen Traum vom Wiederaufbau der Ruhestätte.

Dann kommt es mir plötzlich in den Sinn: Eine Gedenkstätte, ein Kreuz oder eine Gedenktafel, ganz schlicht, mit ein paar Zeilen. Dort, wo es geschehen ist – am Seikofel. Ich male mir aus, wie Bruder Siegfried im Gebet davor den Segen spricht; sehe Manfred, Daniela und den allwissenden Rudolf Holzer. All das am 14. August im Jahre 2015. Ein würdevoller Abschluss – für Vinz und für mich. Ein Traum im übertragenen Sinne.

Die große Überraschung.

(Autor Manfred Bomm)

Dass bereits drei Tage nach unserem Besuch im Bozener Franziskanerkloster eine E-Mail von Bruder Siegfried Volgger kommen würde, hätten wir uns im Traum nicht vorstellen können. Noch mehr überrascht hat uns, wie sehr ihn Udos Erlebnisse beschäftigten: »Ich bin sehr beeindruckt und berührt von dieser unheimlichen Geschichte«, schrieb er. Dies hatte dazu geführt, dass er offenbar gleich zu recherchieren begonnen hatte und uns einen ersten kleinen Erfolg mitteilen konnte. Er schrieb: »Die angesprochenen Matrikelbücher der Pfarre Centa sind in der parrocchia di Calceranica. Für morgen habe ich mich mit dem Verantwortlichen verabredet und der zuständige Pfarrer erlaubt mir auch die Einsichtnahme. Das ist schon einmal ein großes Entgegenkommen.«

Am 9. Juni 2013 kam die nächste Nachricht aus Südtirol. Ich war gerade im Tannheimer Tal beim Wandern unterwegs, als mich völlig überraschend Udo anrief. Er ist kein Vieltelefonierer; ruft nicht einfach nur so zu einem Plausch an. Da musste etwas Entscheidendes passiert sein.

Von Angesicht zu Angesicht …
(Autor Udo Wieczorek)

Es war eine jener Mails, die den Puls schon beim Lesen der ersten Worte nach oben schnellen lassen. Bruder Siegfried hatte tatsächlich Fakten zutage gefördert. Fakten, die unumstößlich bekräftigten, dass wir nicht im Nebel stocherten. Unser eifriger Franziskaner präsentierte uns unverhofft nicht nur den vollständigen Namen und den Geburtsort von Vinz, sondern auch seine einzige noch lebende Nichte, die er bereits kontaktiert und aufgesucht hatte. Siegfried hatte wirklich jene Person ausfindig gemacht, bei der alles, was wir bislang über ihn wussten, mit meinen bisherigen Kenntnissen übereinstimmte – er hatte Vinz gefunden.

Ich lese einen mir mittlerweile bekannten Ortsnamen, Centa di San Nicolo, und muss schmunzeln. Also doch. Auch unser kurzer Abstecher von Trient aus hatte einen tieferen Sinn gehabt.

Mir wird kalt und warm zugleich, als meine Augen über den Namen Vincenzo Luigi Rossi und das dazugehörige Geburtsdatum fliegen. Es sind wohl nur Buchstaben und Zahlen. Doch mit ihnen steht etwas in mir auf. Das Gefühl, das mich einnimmt, fühlt sich richtig an – endlich.

Ich lese weiter in Siegfrieds Text, erfasse die Ausführungen über Vincenzos Nichte: Giuseppina Armida Rossi, geboren am 4. August 1933, die der junge Soldat niemals kennenlernen durfte. Kann ich das jetzt nachholen? Armidas Vater war einer von Vincenzos Brüdern namens Mario. Dieser, so schreibt Siegfried, habe zusammen mit einem weiteren Bruder, Adriano (1997 im 93. Lebensjahr verstorben), viel von Vincenzo erzählt. Die Nichte wisse noch, dass Vater Mario und Onkel Adriano immer von Sexten und dem Kreuzbergpass gesprochen hätten, dem Ort, wo Vincenzo gefallen sei. Ich halte inne, lasse die Zeilen auf mich wirken, denke nach. Bisher hatte sich bei derartigen Entdeckungen, was Vinz anbelangte, irgendetwas in mir unterschwellig gegen die neue Erkenntnis gewehrt. Es hatte immer ein paar Tage gedauert, bis meine Vernunft ihren Segen dazugegeben hatte. Jetzt aber bin ich nicht einmal mehr überrascht, dass sich selbst der Ort, an dem Vinz umkam, nahtlos ins Geschehen fügt. Ich frage nicht in mich hinein, ob es sein kann. Ich weiß, dass es so war, wie es ist.

So klärt Siegfried selbst die Ungenauigkeit über die Eintragung am örtlichen Gefallenendenkmal auf; führt das aus, was mir Sekunden zuvor klar geworden ist: Der auf dem Denkmal eingetragene Carlo Rossi war der Bruder von Vincenzo. Und bei Luigi Rossi handelt es sich in Wirklichkeit um Vincenzo, um unseren Vinz. Der Grund, weshalb ich damals glauben musste, in Centa am Ende einer Sackgasse zu stehen, ist schlicht: Die Familie und alle im Dorf hatten Vincenzo nach seinem zweiten Taufnamen Luigi gerufen. Und unter diesem Namen hat man ihn auf der Marmorpyramide an der Kirche verewigt. Jetzt, da ich den Namen noch einmal lese, ist es mir gänzlich klar.

Doch dem nicht genug. Ich bin überwältigt, wie hartnäckig Bruder Siegfried bei seinem Besuch bei der 80-jährigen Nichte von Vincenzo, Armida Giuseppina Rossi, gewesen sein muss. (Sie heißt weiterhin Rossi, da in Italien die Ehefrauen ihren Mädchennamen behalten.) Dabei bin ich mir sicher, dass er seine unschätzbaren Informationen nur durch seine ruhige, liebenswerte Art erlangt hat. Es sei der 1958 geborene Sohn Armidas, Fulvio Weiss, gewesen, der auf Nachfragen hin eine fotografische Ehrentafel der Gefallenen von Centa aus dem Hut gezaubert habe. Diese sei, zusammen mit wenigen historischen Dokumenten, in einem Holzkoffer aufbewahrt gewesen, den sein Onkel Adriano wie einen Schatz gehütet habe. Und Siegfried hatte die ihm vorgelegten Dokumente abfotografiert. So auch die erwähnte Sterbetafel. Im Anhang seiner denkwürdigen Mail lagen acht digitale Dateien, die unsere Nachforschungen endgültig über jeden

Zweifel und alle Befürchtungen, es könnte alles nur ein fantastischer Zufall sein, erhaben machten.

Ich will den üblichen Doppelklick ausführen, um die erste Datei zu öffnen, doch irgendetwas lässt mich zögern. Für eine Weile sitze ich nur da und stiere auf die Buchstaben der Mail, ohne sie wahrzunehmen. Ich muss mich sammeln. Schließlich stehe ich auf, fahre mir nachdenklich mit den Händen durch die Haare und gehe in den Flur, um nach Daniela zu rufen. Sie kommt die Treppe herab. Als stünde es in Großbuchstaben auf meiner Stirn, genügt ihr ein einziger Blick in mein blasses Gesicht, um abgeklärt festzustellen, dass es wohl um Vinz geht. Ich nicke wortlos und gehe voraus an den PC.

Ich bin überrascht, wie lapidar meine unfassbare Feststellung klingt, dass Bruder Siegfried den gesuchten Vinz gefunden hat.

Daniela hingegen bleibt beim Lesen der Mund offen stehen. Sofort bringt sie Lavarone, Levico und Centa ins Spiel. Ich nicke abwesend und deute auf den ungeöffneten E-Mail-Anhang. Der Zusatz JPEG an den angehängten Dateien verrät, dass es sich um Bilder handelt. Ich atme tief durch, spüre, wie sich mein Puls beschleunigt. Mir ist klar: Das ist der Moment der Wahrheit. Diese Sekunden entscheiden darüber, ob wir es wirklich geschafft haben.

Daniela fragt mich, ob ich glaube, ihn erkennen zu können, falls ein Bild von ihm dabei wäre. Ich sichere zu. Das Soldatengesicht ist immer noch präsent in mir. Gerade in diesem Moment. Wer anders sollte das gewesen sein außer Vinz? Das Bild ploppt auf, zieht meinen Blick sofort an wie ein Magnet. Es sind 34 dieser winzigen ovalen Sterbetäfelchen auf dem Bildschirm. Darunter stehen gebogen die zugehörigen Namen – gänzlich unleserlich auf diese Distanz. Ich wende mich ab, sehe wieder zu Daniela hin, die aufgeregt zur Tastatur greift und das Bild vergrößern will.

Ich halte sie mit meiner eiskalten Hand zurück und schüttle sacht den Kopf. »Ich will versuchen, ihn zu finden, ohne den Namen entziffern zu können.«

Daniela versteht sofort.

Meine Augen sehen die ersten drei Gesichter, erfassen weitere zehn und gleiten weiter. Es ist schließlich das 13. Bild auf der rechten Seite, das mich innehalten lässt. Ich kenne den Blick des jungen Zivilisten. Er ist ehrfürchtig, beinahe ängstlich. Es ist der Blick von Vincenzo Luigi Rossi. Ihm gehört das Soldatengesicht aus meinen Träumen. Zweifelsfrei.

In mir bricht ein Damm. Friedliche Fluten schwemmen den Nebel aus den Ahnungen, Vermutungen und Deutungen. Ich bin voller Erleichterung. Endlich kann ich sie lesen, diese verschlungenen Runen, die man mir vor langer Zeit in mein Unterbewusstsein tätowiert hatte. Es ist wahr – endlich darf es wahr sein.

Mein Zeigefinger ruht andächtig auf dem Bildchen am Schirm. »Das – ist Vinz. Das ist das Soldatengesicht«, entflieht es mir tonlos – kraftlos. Ich bin erschöpft, mitgenommen und doch zutiefst aufgeregt. »Und daneben, das ist eines der Gesichter, die ich im letzten Traum in diesem Unterstand vor mir hatte. Das war Carlo. Der andere dort oben hieß Onibene.« Meine Augen werden feucht. Aber ich lasse die Tränen nicht zu, konzentriere mich.

Daniela greift wieder zur Tastatur und zieht das Bild auf 200 Prozent auf. Der Name wird deutlich. Und er stimmt überein. Wir sprechen kein Wort, klicken uns durch die anderen Dateien und staunen minutenlang über die Erkenntnis, auf die wir so lange gewartet hatten. Ich brauche eine Weile, bis ich wieder am realen Leben anknüpfen kann. Der Gefallene neben Vincenzos Bildchen ist tatsächlich Carlo Rossi – mein einstiger Bruder, Onibene vielleicht ein guter Freund? Ihre Namen waren wie von selbst in mein Denken geschlichen. So wie immer, wenn ich Fotografien von Personen aus dieser Zeit betrachte, gleich ob in Sexten oder zu Hause. Sofort suche ich nach Josele. Doch nichts. Sein Gesicht ist leider nicht auf der Sterbetafel. Dann atme ich tief durch und schließe die Augen. Es geschieht unendlich langsam, aber es geschieht. In mir beginnen sich alle Details, jede auch noch so kleine Erinnerung, zu fügen. Das Gesamtbild in mir wird endlich klar.

Gefallene Söhne der Gemeinde Centa aus dem ersten Weltkrieg Vinz ist auf der rechten Bildseite der erste von rechts in der dritten Bildreihe.

Ohne Zweifel: Das finale Gesicht aus den Träumen, Vincenzo Luigi Rossi.

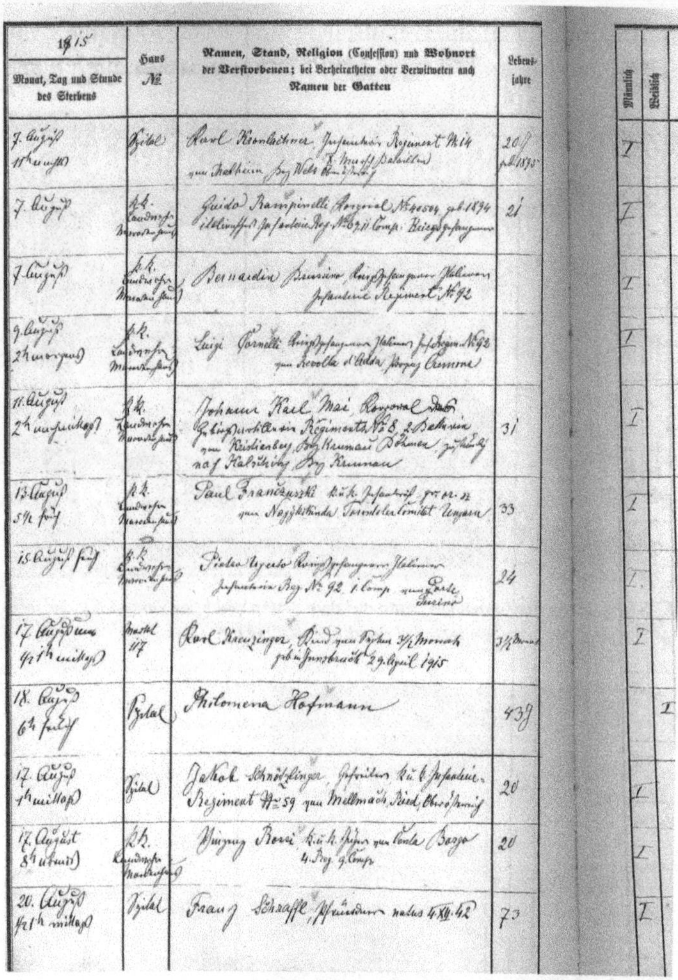

1915 Monat, Tag und Stunde des Sterbens	Haus №	Namen, Stand, Religion (Confession) und Wohnort der Verstorbenen; bei Verheiratheten oder Verwitweten auch Namen der Gatten	Lebensjahre	Männlich	Weiblich
7. August 11h [illegible]	Spital	Karl Kronlachner, Infanterist Regiment № 14 [illegible] Bataillon von [illegible] Bez. Wels [illegible]	20 geb. 1895	I	
7. August	k.k. Landwehr-Marodenhaus	Guido Rampinelli Korporal № 40504 geb. 1894 italienisch. Infanterie Reg. № 6 11. Comp. Kriegsgefangener	21	I	
7. August	k.k. Landwehr-Marodenhaus	Bernardin [illegible] Kriegsgefangener Italiener Infanterie Regiment № 92		I	
9. August 2h morgens	k.k. Landwehr-Marodenhaus	Luigi Cornelli Kriegsgefangener Italiener Inf. Regim. № 92 von Rivolta d'Adda, Provinz Cremona		I	
11. August 2h nachmittags	k.k. Landwehr-Marodenhaus	Johann Karl Mai Korporal des Gebirgsartillerie Regiments № 8, 2. Batterie von Reichenberg Bez. Krumau Böhmen, zuständig nach Kalsching Bez. Krumau	31	I	
13. August 5½ früh	k.k. Landwehr-Marodenhaus	Paul Franczurski k.u.k. Infanterist [illegible] von Nagy[illegible] [illegible] Comitat Ungarn	33	I	
15. August früh	k.k. Landwehr-Marodenhaus	Pietro [illegible] Kriegsgefangener Italiener Infanterie Reg. № 92 1. Comp. [illegible]	24	I	
17. August um 4½h mittags	Mastal 117	Karl Kreuzinger, Kind [illegible] 3½ Monate geb. in Innsbruck 29. April 1915	3½ Monate	I	
18. August 6h früh	Spital	Philomena Hofmann	43		I
17. August 1h mittags	Spital	Jakob Schnötzlinger, Gefreiter k.u.k. Infanterie Regiment № 59 von Mettmach, Ried, Oberösterreich	20	I	
17. August 8h abends	k.k. Landwehr-Marodenhaus	Vinzenz Rossi k.u.k. [illegible] von [illegible] Borgo 4. Reg. 9. Comp.	20	I	
20. August 4½h mittags	Spital	Franz Schraffl, Pfründner natus 4.XII.42	73	I	

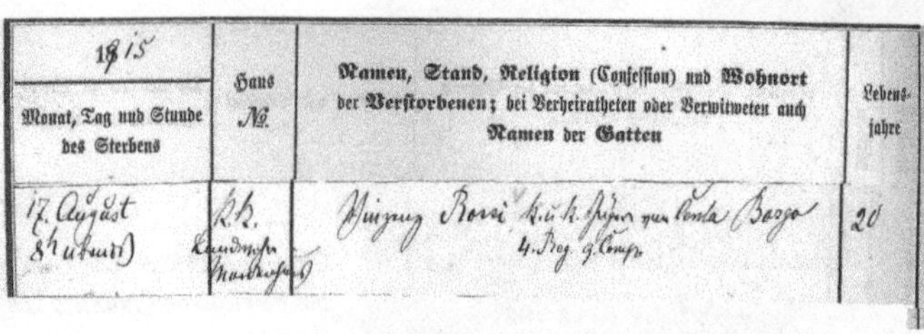

1915 Monat, Tag und Stunde des Sterbens	Haus №	Namen, Stand, Religion (Confession) und Wohnort der Verstorbenen; bei Verheiratheten oder Verwitweten auch Namen der Gatten	Lebensjahre
17. August 8h abends	k.k. Landwehr-Marodenhaus	Vinzenz Rossi k.u.k. [illegible] von [illegible] Borgo 4. Reg. 9. Comp.	20

Trauriges Zeugnis: Die Eintragung im Sterbebuch (auch folgende Seite).

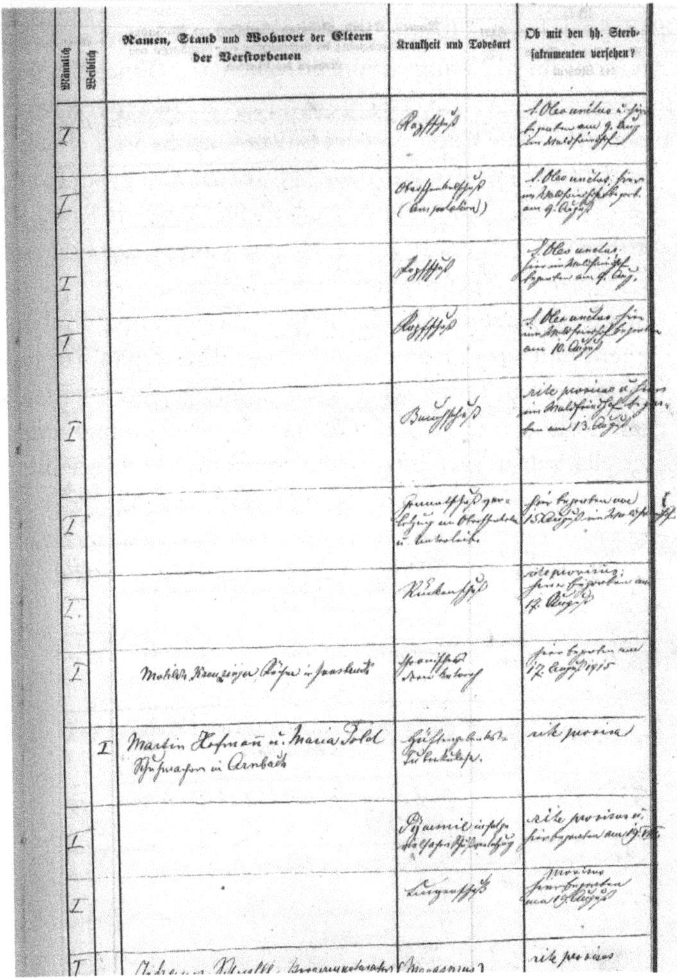

Männlich	Weiblich	Namen, Stand und Wohnort der Eltern der Verstorbenen	Krankheit und Todesart	Ob mit den hh. Sterbsakramenten versehen?
I			Kopfschuß	S. Oleo unctus u. hier begraben am 9. Aug. im Waldfriedhof
I			Oberschenkelschuß (Amputation)	S. Oleo unctus, hier im Waldfriedhof begr. am 9. August
I			Kopfschuß	S. Oleo unctus hier im Waldfriedhof begraben am 9. Aug.
I			Kopfschuß	S. Oleo unctus hier im Waldfriedhof begraben am 10. August
I			Bauchschuß	rite provisus u. hier im Waldfriedhof begraben am 13. August
I			[illegible]	hier begraben am 15. August im Waldfriedhof
I.			Rückenschuß	rite provisus; hier begraben am 17. August
I		Mathilde Kreuzinger [illegible]	[illegible]	hier begraben am 17. August 1915
	I	Martin Hofman u. Maria Polel [illegible] in Arnbach	[illegible]	rite provisus
I			[illegible]	rite provisus u. hier begraben am 19. Aug.
I			Lungenschuß	provisus hier begraben am 19. August
I		[illegible]	[illegible]	rite provisus

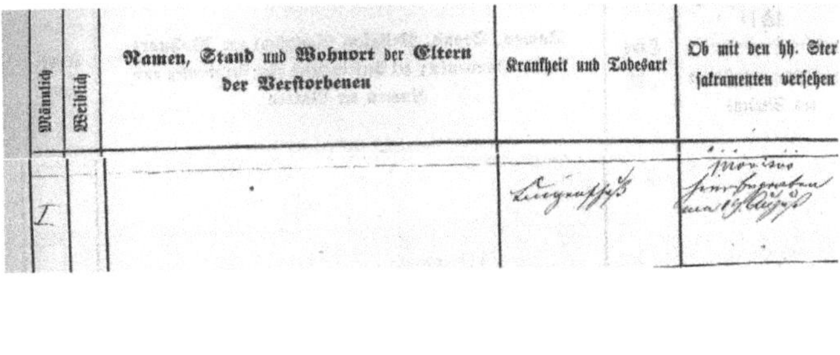

Männlich	Weiblich	Namen, Stand und Wohnort der Eltern der Verstorbenen	Krankheit und Todesart	Ob mit den hh. Ster[b]sakramenten versehen[?]
I.			Lungenschuß	provisus hier begraben am 19. August

Schließlich konnte Bruder Siegfried auch die vermeintliche Irritation um die Truppenzugehörigkeit von Vincenzo aus der Welt schaffen: »Ich ersuchte den Pfarrsekretär der Pfarrei Innichen um eine Kopie von der Eintragung ins Sterbebuch«, schreibt er. »Hier der Wortlaut: ›Nr. 63, 17. August (1915), 8 h abends, k.k. Landwehr-Marodenhaus, Vinzenz Rossi, k. u. k. Jäger von Centa Borgo, 4. Reg. 9. Comp., 20, Lungenschuss, provisus hier begraben am 19. August.‹«

Siegfried glaubte, dass die Truppenbezeichnung in dem Namenbuch, das er aus unzähligen Unterlagen zusammengestellt hat, falsch sei. Die zugrunde gelegten italienischen Dokumente bei den Dienstgradbezeichnungen der österreichisch-ungarischen Armee seien in manchen Fällen ungenau gewesen. »Mea culpa«, schreibt er uns, ohne zu wissen, dass die unpräzise Notiz im Sterbebuch doch zumindest den Tatsachen auf dem Papier entsprach. Doch dazu später mehr.

8

Die zweite Recherche-Reise.

(Autor Manfred Bomm)

Ich brauchte am Telefon wenig Worte, um mit Udo einig zu sein: Wir mussten nach Centa – so rasch wie nur möglich. Wir legten uns auf das letzte Augustwochenende fest. Ab Sonntag, dem 25., sollte es noch einmal auf »Vinzenz-Tour« gehen. Udo organisierte mit Siegfried das weitere Vorgehen. Wir waren erleichtert, als er spontan zu einem Treffen bei den Rossis vor Ort zusagte. Zumal mit der 80-jährigen Dame, deren Sohn und dessen Ehefrau naturgemäß Verständigungsschwierigkeiten zu erwarten waren. Wir wählten einen einfachen Treffpunkt: Montag, 25. August 2013, um zehn Uhr an der Kirche von Centa. Jener Kirche, die uns mit ihrem Ehrenmal im Mai Rätsel aufgegeben hatte.

Für Dienstagabend stand, nach der passreichen Überfahrt, wieder ein abendliches Gespräch mit unserem sympathischen Gesprächspartner Rudolf Holzer in Sexten an. Dazwischen wollten wir noch einen Abstecher nach Cortina d'Ampezzo unternehmen, um das große Gefallenenehrenmal »Pocol« zu besuchen, wo über 9000 Gefallene aus dem Ersten Weltkrieg ihre letzte Ruhe gefunden haben – darunter auch »unser« Vincenzo Luigi Rossi.

Centa ist eigentlich ein verschlafenes, pittoreskes Dörfchen. Von der gegenüberliegenden steil und felsig aufragenden Bergseite stürzt ein Wasserfall wie ein Brautschleier herab. Ein Idyll der besonderen Art, das im dicht bewaldeten

Gelände niemand vermuten würde. Hoch über Centa erheben sich felsige Gipfel. Graues Kalkgestein lädt zum Klettern und Bergsteigen ein.

Eines wird uns rasch klar: Wer in dieser Gegend aufwächst, muss mit Natur und alpinen Verhältnissen vertraut sein. Wir stellen uns vor, wie Vincenzo und möglicherweise auch sein Freund Josef hier ihre Kindheit und einen Teil ihrer Jugend verbracht haben. Und wie es sie eines Tages von hier fortgetrieben hat, nordwärts, nach Sexten, wo das Leben nicht ganz so beschwerlich war wie hier oben in diesem einsamen Dorf, das zu Kaisers Zeiten noch Zehnten hieß. In Sexten hingegen blühte um die Jahrhundertwende bereits der Alpintourismus; es gab dauerhaft Arbeit in und um die Gastronomie. Holzers mögliches Szenario scheint sich hier wie von selbst aufzudrängen.

Wir haben uns im wohl einzigen Hotel des Ortes eingemietet. Außer uns, einer italienischen Familie und einem einsamen Motorradfahrer aus Donaustetten sind wir die Einzigen im großen Speisesaal.

Udo und ich unterhalten uns gedämpft. Wir beratschlagen das Vorgehen für den morgigen Tag, das Treffen mit der Familie Weiss, den Rossi-Nachfahren. Plötzlich jedoch, während des Essens, greift sich Udo meinen Kugelschreiber und notiert auf einem Stück Papier etwas, das ich zunächst nicht lesen kann. Er ist seltsam still geworden. Als ich ihn frage, was er denn so schnell habe zu Papier bringen müssen, erklärt er, soeben sei ihm ganz spontan und völlig zusammenhanglos das Wort »Hinderloch« eingefallen. Es hat den Anschein, als beschäftige ihn seine unerwartete Eingebung sehr. So einen undeutbaren Geistesblitz habe er seit dem letzten Aufenthalt in Sexten nicht mehr gehabt. Er meint, wir müssten uns morgen unbedingt danach erkundigen.

Doch dazu braucht es gar nicht erst zu kommen. Kaum eine Stunde später schlendern wir nach dem Essen noch durch den dunklen Ort, um ein bisschen frische Luft zu schnappen.

Unweit des Hotels treffen wir auf eine Wandertafel mit einer aufgedruckten Landkarte der hiesigen Gegend. Udo bleibt dicht vor ihr stehen und kneift die Augen zusammen. Das Licht der letzten Straßenlaterne, bevor die Straße im finsteren Wald verschwindet, ist zu fahl, um Genaueres erkennen zu können. Ich schalte die Taschenlampen-Funktion meines Smartphones ein. Kaum ist der erste Lichtstrahl auf die Tafel gefallen, lesen wir es beide – das vermutlich einzige deutsche Wort auf der großen Karte, winzig und kursiv geschrieben: »Hinderloch«.

Dem nebenstehenden Symbol nach zu urteilen, handelt es sich um eine Höhle auf der gegenüberliegenden Talseite, kaum zwei Kilometer von unserem Standort entfernt.

Udo ist einmal mehr von einer seiner Eingebungen gefangen, wie schon so oft in den letzten Jahren, wenn sich Gesehenes oder Gefühltes mit Vergangenem verbunden hatte. Könnte sich diese Höhle in der Heimat Vincenzos auch in Udos Seele manifestiert haben? Kommt seine von Kindesbeinen an bestehende Begeisterung für Höhlen etwa auch aus seinem früheren Dasein? Die Karte verrät uns, dass es in der Umgebung mehrere Höhlen gibt – auch in den Bergen über Centa.

Es sollte nicht das Einzige sein, worauf Udo während der beiden Tagen in Centa stoßen würde.

Ich frage ihn, ob er sich durch andere Dinge oder Begebenheiten hier erinnert fühlt. Er zögert und nickt sacht.

Es sei allerdings noch nicht viel. Wahrscheinlich, weil hier für Vinz die Welt buchstäblich noch in Ordnung gewesen sei; weil das, was auf seiner Seele lastete, nichts mit seiner Kindheit oder seinem Geburtsort zu tun habe. Das Einzige, was er ganz vage sehe, sei ein Bild an einer Wand. So etwas wie ein Fresco, ein Madonnenbildnis. Und ein Ausspruch. Zwei energisch hingeworfene Worte in undeutlichem Italienisch: Son Trentin. Das könne Dialekt sein und heiße etwa so viel wie: Ich bin Trentiner. Wer diesen Ausspruch getätigt hatte und wo sich dieses Bild befand, konnte er nicht sagen. Doch auch dieses Rätsel würde sich bald wie von selbst auflösen.

Das Treffen. (Autor Manfred Bomm)

Montagvormittag, Viertel vor zehn. Wir stellen das Auto auf dem kleinen öffentlichen Parkplatz im Zentrum von Centa ab. Es regnet unangenehmen feinen Niesel vom aschgrauen Himmel. Wir sehen kaum die jähe Felswand auf der anderen Talseite. Aber darauf liegt auch nicht unser Fokus. Wir suchen etwas anderes, etwas Bestimmtes: Ein Bild – sofern es noch da ist. Der Hotelbesitzer hatte uns am vergangenen Abend noch gesagt, es gebe wohl an der Pizzeria so ein Fresko. Sonst sei ihm keines bekannt. Doch wir brauchen nicht erst zu dem Haus hinüberzugehen. Wir wissen beide sofort, dass es dort nicht sein kann. Das Gebäude ist neueren Datums, kommt für Udos Erinnerung schon gar nicht erst infrage. Ich spüre seine Enttäuschung. Es klingt wie eine Mischung aus Selbstmotivation und leiser Hoffnung, als er halblaut vor sich hin sagt, jetzt zur Kirche gehen zu wollen.

Wir bummeln die Hauptstraße entlang, unterhalten uns über unser erstes kurzes Stelldichein vor drei Monaten, als uns Centa mit frühsommerlichen 22 Grad und Sonne empfangen hatte. Vor der Abzweigung, die zur Kirche hinaufführt, verengt sich die Straße zwischen den hohen Häusern. Unweigerlich sehen wir nach oben, folgen den Fassaden bis zum Dach. Die eine grau und unansehnlich, die andere frisch renoviert und rot gestrichen. Dann entdecken wir es plötzlich beide: dieses Madonnenfresko an der Wand des talseitigen Hauses. Es ist blass, scheint uralt zu sein; gewiss war es viel zu ehrwürdig und ikonenhaft, um es einfach zu überpinseln. Nicht hier, mitten im strenggläubigen

Italien. Bunte Plastikblumen zieren die kleine Nische. Udo gibt mir wortlos zu verstehen, ich solle es fotografieren. Ich brauche ihn nicht zu fragen, ob er es wiedererkennt. Seine Stimme klingt belegt, als wäre er soeben erschrocken. »Das könnte es sein«, murmelt er vor sich hin. Ich nehme ihm seine Zweifel nicht ab. Mittlerweile weiß ich, wie er sich gibt, wenn sich wieder etwas ins Bild fügt. Und das tut es hier im wahrsten Sinne des Wortes. Er sieht, was er schon einmal gesehen hat – wahrscheinlich unzählige Male. Es ist faszinierend, dies mitzuerleben.

Ebenso blass wie die Erinnerung: Das uralte Fresco an einer Hausmauer in Centa.

Wir schlendern um den hohen freistehenden Campanile der Kirche und blicken auf den nebelverhangenen Ort. Von Weitem bereits erkennen wir Bruder Siegfried, der mit einem Begleiter die steile Auffahrt zur Kirche heraufkommt. Er trägt wie immer seinen dunkelbraunen Habit, ist als Franziskaner nicht zu übersehen. Sein Begleiter, den er uns per E-Mail als seinen Mitbruder Enrico angekündigt hat, mag vom Erscheinungsbild her so gar nicht zu ihm passen. Zumindest macht er in kurzer Hose und T-Shirt für einen Franziskaner auf uns einen eher ungewöhnlichen Eindruck.

Sie gehen voran, führen uns zu einem Haus, das etwa 300 Meter von der Kirche entfernt zwischen Straße und Abgrund am Steilhang klebt – als das erste einer geschlossenen Gebäudereihe des Hauptortes. Der vordere Teil, der dicht an die Fahrbahn heranreicht, erinnert an das Italien vergangener Jahrzehnte: Rostroter Verputz blättert ab, alles ist verstaubt, die Fenster schmutzig, und nichts deutet darauf hin, dass es noch bewohnt sein könnte. Hingegen ist der hintere Teil, der sich zum Talgrund wendet, liebevoll saniert und mit einem schmucken neuen Anbau versehen. Noch können wir nicht ahnen, dass es das Elternhaus von sieben Rossi-Geschwistern war, darunter auch das »unseres« Vincenzo Luigi. Ich am allerwenigsten. Wie es Udo ergeht, kann ich kaum deuten. Er ist still geworden, als wir unter dem kleinen überbauten Pkw-Stellplatz die Klingel drücken.

Immer noch da und bewohnt: Vincenzo Luigi Rossis Geburtshaus in Centa.

Heimkehr … (Autor Udo Wieczorek)

Ich bin ruhig, gefasst, sehe mir während des kurzen Spaziergangs die Gegend an. Ohne in vages Wissen abzugleiten, vertraue ich auf die pure Intuition, den Zufall. Der Smalltalk mit unseren Begleitern dringt zu mir vor, aber nicht in mich hinein. Wir gehen durch den feinen Nieselregen vorbei an einer abknickenden Gasse. Ich sehe alte Formen unter den renovierten Fassaden der Häuser, erkenne hier und da historische Gegenstände – Schleifsteine, Sensenflügel, altes Holz. Irgendwo hier steht mein Elternhaus – eine unglaubliche Vorstellung. Ein Rückfall in die Vergangenheit ist bisher ausgeblieben – Gott sei Dank. Ich möchte konzentriert sein, wenn wir den Leuten entgegentreten, die sich so selbstlos für uns Zeit genommen haben. Sie müssen sicher neugierig auf diese Tedesci* und ihre Geschichte sein. Was werden sie von mir halten? Ich mache mir bewusst, dass ich im Grunde die traurige Nachricht eines tragischen Schicksals überbringe. Ich werde von einem Brudermord berichten. – Wie sich das anhört, sage ich im Geist zu mir selbst, irgendwie biblisch. Nur, wie wird man das im Kreise der Nachfahren aufnehmen? Ich frage mich, ob wir mit diesem Besuch nicht zu weit gehen, nur um letzte Gewissheit über einen Umstand zu haben, der für mich ohnehin schon geklärt ist. Typisch deutsche Gründlichkeit? Nein. Es ist vielmehr eine Bitte um Vergebung. Wenn schon nicht bei Josefs Hinterbliebenen, deren Auffinden nahezu unmöglich ist, dann doch zumindest bei jenen, die als Letzte noch einen Bezug zu Vincenzo haben.

Wir queren ein Stück unverbaute Landschaft. Der Blick reicht ungehindert zum verschleierten Bergmassiv, in welchem das Hinderloch liegt. Einen abwesenden Moment lang sehe ich den Höhlenschacht förmlich vor mir – ein erster blasser Rückblick. Dann schiebt sich ein altes Bauernhaus auf der anderen Straßenseite über das Trugbild. Ich spüre, wie sich die feinen Härchen meiner Arme aufstellen. Es sind die niedrigen Etagen, das beinahe schwarz verwitterte Holz, die winzigen Sparrenfenster, die es für mich bekannt erscheinen lassen. Aber es ist nicht mein Elternhaus. Die Gefühle sind zu schwach.

Als wir zehn Meter danach eine schmale geschotterte Einfahrt hinabgehen, sind die unterschwelligen Eindrücke wie weggeblasen. Mein Puls beschleunigt sich. Nicht etwa, weil das schlanke Häuschen, vor dem wir stehen, möglicherweise das Elternhaus von Vinz sein könnte, sondern vielmehr, weil

* Deutsche

es jetzt sozusagen ernst wird. Ich ermahne mich, behutsam vorzugehen, spiele mit dem Gedanken, je nach Verfassung der älteren Dame, den tragischen Teil meiner Geschichte wegzulassen. Wäre es etwa »frevelhaft«, nur mit dem zufälligen Fund eines Briefes aufzuwarten? Doch was, wenn sie die Zeilen, die ich in Kopie mitgebracht habe, lesen könnte? Was hat Bruder Siegfried bereits erzählt? Mein innerer Disput bleibt offen und schließt wie immer mit einem Credo, das mir noch nie zum Nachteil gereicht hat: Spiele mit offenen Karten, dann kannst du dasselbe von der Gegenseite erwarten.

Mein Blick gleitet die regenfeuchte Fassade hinauf. Ich könnte nicht sagen, dass dies zweifelsfrei das Elternhaus von Vincenzo ist. Das Einzige, was ich sehe, ist die Ähnlichkeit zu jenem Häuschen auf dem großen Foto in unserem Schlafzimmer. Trotzdem, an dem renovierten Haus gibt es nichts, das etwas in mir auslösen würde. Wie auch? Das Gebäude scheint von Grund auf modernisiert und umgestaltet worden zu sein. Nur seine Lage, die Anordnung der Fenster und die Bauart an sich machen es für mich auf eine besondere Art gefällig. Mein Unterbewusstsein ist beim Anblick der Mauern unentschlossen. Neuvertraut – geistert es passend durch mein Hirn.

Ein freundlicher Herr mit vollem grau meliertem Haar öffnet die Tür und bittet uns mit einem herzlichen Händedruck herein. Und wie ich unter dem Türstock hindurchgehe, stehe ich plötzlich unter Starkstrom. Meine Sinne sind gespannt, voll auf Empfang geschaltet. Ich sehe mich aus dem Augenwinkel um, sauge wie ein Schwamm alles in mich auf, um nach Spuren der Vergangenheit zu suchen. Mit einem Mal überkommt mich das zwanghafte Bedürfnis, etwas wiedererkennen zu müssen. Ich brauche einen Anhaltspunkt, eine winzige Spur nur – um sicher zu sein, das Richtige zu tun. Und das sonst so untrügliche Bauchgefühl? Soll ich es zulassen? Wir gehen durch ein enges Treppenhaus nach oben. Alles ist frisch gestrichen und neu gefliest. Nein, in diesem Haus gibt es nichts für mich, das auf Altes oder Bekanntes schließen ließe. Ich bin aufgeregt, kann das Gebäude nicht auf mich wirken lassen und möchte es auch nicht. Was würde das auch für einen Eindruck hinterlassen, wenn ich mit geschlossenen Augen im Erdgeschoss stehen bleiben und in mich gehen würde. Jetzt, nach dem ersten flüchtigen Händedruck, dem ersten scheuen Blickkontakt.

Auf dem oberen Treppenabsatz kommt uns eine hübsche Frau entgegen und begrüßt uns mit einem einnehmenden Lachen, als wären wir gute alte Freunde. Eine typische, temperamentvolle Italienerin, gegen deren Charme kein schwäbisches Kraut gewachsen ist – liebevoll und einladend. Und zu unserer Überraschung spricht sie lupenreines Deutsch. Ich fühle mich sofort wohl, denke für ein paar Sekunden nicht an das, was mich hierhergebracht hat. Ich bin erleichtert, dass meine Erlebnisse durch ein Familienmitglied übersetzt werden. Fulvio, der zurückhaltend freundliche Sohn von Vincenzos Nichte, ist des Deutschen nicht so mächtig wie seine Ehefrau Mariangela. Ich sehe ein wenig Stolz in seinen wachen Augen, wie er unseren vierköpfigen Tross in die kleine Wohnküche führt. Gewiss, es ist alles andere als alltäglich, wenn gleich zwei Franziskaner und zwei deutsche Buchautoren überfallartig zu Besuch kommen.

Ich schweife ein wenig ab, lasse meine suchenden Augen zaghaft von der Leine. Eine Regalwand, ein Einbauschrank, Bücher, Fernseher und eine schwarze Katze, die angesichts der vielen Fremden das Feld räumt. Eine fröhliche ältere Dame reicht mir ihre pergamentartige Hand. Es ist Frau Armida Rossi – Vincenzos Nichte. Für einen Augenblick sucht ihr Blick etwas in meinem Gesicht; so, wie ich etwas in ihrem suche. Im Gegensatz zu ihr könnte ich zumindest auf ein wenig äußerliches Erbgut treffen, tue es aber nicht.

Mariangela stellt mich in so deutlichem Italienisch als den Finder des letzten Briefes von Vincenzo vor, dass auch ich es verstehen kann. Sofort werden Fotografien aus dem Schrank geholt und stolz herumgezeigt. Zunächst sind es Fotos aus der Zwischenkriegszeit bis hin zu den 70ern. Dann aber reicht mir die bemühte Dame ein vergilbtes Schwarz-Weiß-Foto. Es zeigt unter anderem eine alte Frau und einen Mann mittleren Alters. Noch bevor Frau Rossi mit ihrer sanft zerbrechlichen Stimme die Personen erklären kann, kommt es wie selbstverständlich über meine Lippen: »Padre e nonna … di Vincenzo«, was so viel heißt wie Vater und Großmutter von Vinzenz. Ich frage mich noch, weshalb ich vor dem Bezug zu Vincenzo eine deutliche Pause gemacht habe, als mir Frau Rossi anerkennend ihre Hand auf den Unterarm legt und mein vorlautes Wissen bestätigt. Sie verbalisiert den Namen des Vaters, der mir auf der Zunge liegt und nicht so recht heraus will: Gaudenzio Rossi. Ich kenne diesen Namen, habe ihn unzählige Male gehört und gesprochen, damals in einem früheren Leben. Und ich kenne sein Gesicht. Es ist dasselbe wie aus dem letzten Traum im Unterstand am Seikofel, das ich zusammen mit dem von Carlo, Marie und Josele gesehen habe.

Am Tisch ist es ruhig geworden. Ich kann die bohrende Frage förmlich spüren, die jetzt im Raum schwebt: Wie kann er das wissen?

»Und die beiden hast du eben erkannt.« Mit seiner Feststellung skizziert Manfred einen verschleierten Ausblick in dieses eben erst begonnene Treffen, gesteht der familiären Runde ein, dass eben solche merkwürdigen Begebenheiten heute passieren werden. Ich nicke nur.

Als wäre dies das Kommando gewesen, geht Fulvio zum kleinen Couchtischchen und zieht weitere Porträts aus einer Kiste hervor. Diesmal von Vincenzo. Wieder herrscht für einen Moment Stille im Zimmer. Eine Stille, die uns sagt, dass wir alle dasselbe denken. Es ist ein Innehalten, ein Gedenken – ein paar Schweigesekunden voller Nachdrücklichkeit. So lange, bis ein leises Kratzen die Stille zerschneidet. Es ist die Katze Nero hinter der verschlossenen Tür, die uns unbewusst ins Heil der belanglosen Plauderei hinüberrettet.

Wieder ist es Manfred, der das Gespräch sachte voranbringt. Er erkundigt sich danach, was Vincenzo von Beruf war, stellt eine der Fragen, die mich schon oft in zahllosen Nächten beschäftigt hatten. Holz, irgendetwas mit Holz, flieht es durch meinen Kopf, während Mariangela gestenreich nach dem deutschen Begriff sucht. Sie greift verdeutlichend an die Tischkante und sagt, worüber ich nicht mehr erstaunt sein kann: »Tischler … Er war ein Tischler.« Spontan kommen mir die vielen Dinge in den Sinn, die ich in meiner Freizeit schon aus Holz gefertigt habe – in diesem Leben. Und es sucht sich eine ganz bestimmte Erinnerung in mein Denken: der erste Besuch im verfallenen Wildbad Innichen 1995. Das alte Holzgeländer, die Intarsien, die Wandvertäfelung aus Lärchenholz. Und das unterschwellige Gefühl, wann immer ich an der Lanzinger Säge kurz vor Sexten vorbeikam. Ich bemerke nicht, dass Fulvio aus dem Zimmer geschlichen ist. Stattdessen erfasst mein Blick zum ersten Mal bewusst die Balkontür und das, was sich in diesem Moment hinter ihr aus dem Nebelmeer schält: ein Ausblick, nicht nur wunderschön und beruhigend, sondern vielmehr bekannt. Wo immer Vinz gewohnt hat – das, was ich gerade sehe, muss er auch gesehen haben. Ich ringe mich zu einer elementaren Frage durch: »Ist das hier Vincenzos Elternhaus?«

Mariangela bestätigt es mit einem andächtigen Lächeln und fügt an, dass sich die gesamte Flur hier »Rossi« nennt. Das Haus sei sogar einmal Pfarrhaus gewesen. Hier habe die ganze Familie Rossi gewohnt. Auch Luigi – also Vincenzo.

Ich werde mit einem Male innerlich ruhig. Mir ist, als falle in dieser Sekunde alles ab, was mir über Jahre auf der Seele gelastet hatte. Plötzlich stimmt alles, passt zueinander. Hier, in diesem Haus, in dieser Sekunde, begreife ich den letzten und einzigen deutlichen Satz all meiner Träume: »Du musst drei Mal zurückkehren, um dich zu sehen.« Es war nicht etwa die Bestimmung des Ortes, an dem ich Vincenzos Brief gefunden hatte. Es waren vielmehr Lebensabschnitte gemeint, die alle dasselbe beinhalteten, nur in anderer Form, aus einem anderen Blickwinkel. Zum Ersten die geträumte Erkenntnis, was passiert ist. Zum Zweiten das Niederschreiben im ersten Buch und zum Dritten die Suche, die hier und heute für mich endet. Ich habe mein Schicksal drei Mal verarbeitet und das war ebenso notwendig wie auch zielführend geschehen. Von wem auch immer es mir so vorgegeben war.

Fulvio weckt mich aus meinem Kreis der stillen Logik, hält mir etwas entgegen. Das uralte, handliche Gerät, welches Fulvio vor mir dreht und wendet, zieht mich voll und ganz in den Bann. Ich weiß genau, was es ist, und falle ihm in seiner Frage, die ich eigentlich nur vage deuten kann, vorschnell ins Wort: »Mia Pialla … Das ist mein Hobel.« Es fällt offenbar niemandem in der Runde auf, dass ich mich auf mich selbst, nicht etwa eine triviale Person beziehe. In der wieder eingekehrten gespannten Stille scheint das ganze Haus den Atem anzuhalten. Ich spüre diese gewisse Erwartung aufsteigen, was nun wohl passieren würde. Fulvio hält mir das alte Gerät hin und nickt auffordernd. »Si, si. Nehmen …«

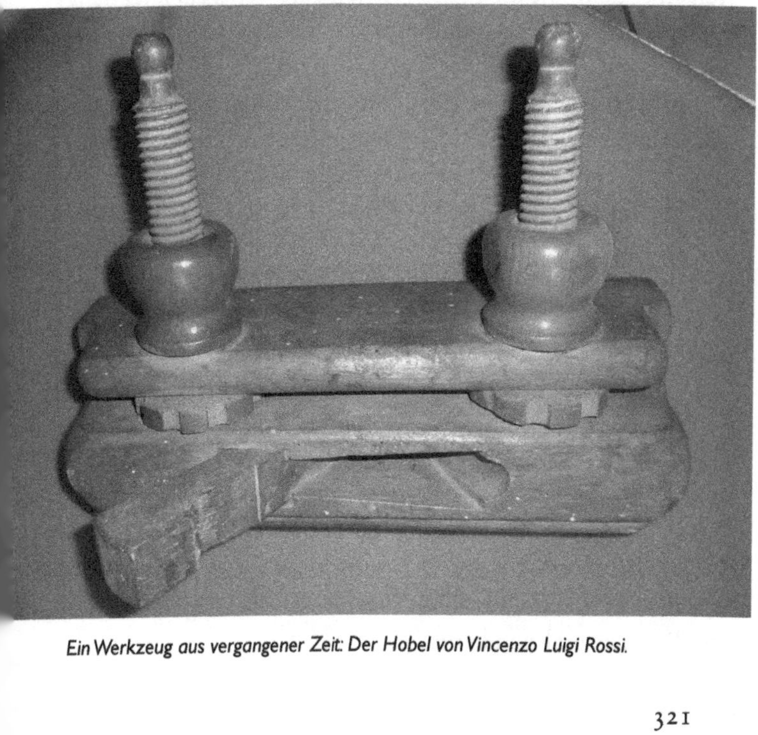

Ein Werkzeug aus vergangener Zeit: Der Hobel von Vincenzo Luigi Rossi.

Und ich greife danach; langsam, als wollte etwas in mir diesen Augenblick wie eine heilige Handlung zelebrieren. Längst vergessene Bewegungsabläufe werden aus den Tiefen meines Gedächtnisses gehoben. Mit einem Mal weiß ich, weshalb ich vor über 20 Jahren so einen uralten Hobel auf dem Flohmarkt gekauft habe, der seither auf dem Fenstersims im Hobbykeller steht. Warum ich einen weiteren, wurmstichigen aus einem Nachlass bis heute nicht wegwerfen konnte. Eine wirkliche Verwendung für diese Geräte hatte ich nicht. Jetzt, da der Hobel warm in meinen Händen liegt, kenne ich die ideelle Bestimmung des Tischlerwerkzeugs und auch seine späte erklärende Aufgabe. Ich lege meine Finger um den Knauf, umgreife formschlüssiges ockerfarbenes Hartholz und schließe die Augen. Jetzt kann ich es, für einen Augenblick. Dieser Hobel ist nicht nur ein Werkzeug. Er ist ein Stück Geschichte, durch welche ich Vincenzo für den Bruchteil einer Sekunde die Hand reichen darf – entgegen jeglicher Vorstellung von Zeit und Raum. Ein friedvoller Handschlag, in dem wir eins sind. Der Kreis ist geschlossen – für immer. Ich öffne meine Augen, rieche an dem aromatisch duftenden Holz und fahre mit dem Daumen über die stumpfe Hobelklinge. Schließlich lege ich ihn wieder Fulvio in den Schoß, der mich auffordert, die Hände zu waschen. Das Gerät sei schmutzig. Ich lächle ihm entgegen und schüttle den Kopf. Ich kann meine Hände jetzt nicht waschen. Und von Schmutz kann nicht die Rede sein.

Vincenzos Nichte, Frau Rossi, schaltet sich ein, fragt, was es denn mit dem Werkzeug auf sich habe.

Ich bin froh um meine verstaubten Italienischkenntnisse aus den Tagen meiner ersten Ausbildung. Ich verstehe gut, wie ihr Mariangela schlicht erklärt, dass ich es wiedererkannt habe.

Ein leises »Madonna ...!« geht durch den Raum; lässt mich wissen, dass nun auch Frau Rossi die Tragweite unseres Besuchs erahnen kann.

Ich fühle, dass es jetzt an der Zeit ist, mich und unseren Besuch zu erklären. Und ich fühle mich bereit dazu, alles noch einmal in aller Nüchternheit zu schildern. Nicht dass es das letzte Mal sein würde, doch leide ich bei jedem erneuten Erzählen mit Vinz und mir selbst; wate schwerfällig durch die Gefühle eines tragisch kurzen Lebens. Im Diesseits und im Jenseits.

Nach vier, fünf Sätzen warte ich immer auf die Übersetzung von Mariangela. Ich wandere, von meinen Träumen angefangen, in der Historie nach Sexten, schildere eine Freundschaft und die Liebe zu einer gewissen Marie. Ich berichte von dem immer wiederkehrenden Soldatengesicht und den Ereignissen im Krieg. Dann führe ich aus, was Vincenzo in seinen letzten Tagen durchleiden musste. Ich bemühe mich, flüssig und engagiert zu sprechen. Nur beim Schuss auf Josef zögere ich. Meine rechte Hand hält die Kopie des Briefes hoch und verweist wortlos auf das Geschriebene. Betroffenheit bemächtigt sich der Runde. Ich muss Frau Rossi kurz in die Augen sehen; kann nicht anders. Sie schüttelt kaum merklich den Kopf, legt wieder ihre knöcherne Hand auf meinen Arm und gibt mir zu verstehen, dass sie mitleidet. Ihr beherztes Aufatmen scheint die Runde zu erlösen, fordert mich auf, weiterzuerzählen. Es folgen das Finden des Briefes und die schwierige Übersetzung. Am Schluss fügt sich der Weg an, der uns in dieses Zimmer geführt hat, in dem die Luft mittlerweile zum Schneiden zwischen den dicken Mauern hängt.

Fulvio, der frühpensionierte Polizist, der seit Langem die Ereignisse des Ersten Weltkrieges studiert, führt bestätigend aus, dass Vincenzo am Kreuzberg gefallen sei. Zuvor seien beide Brüder, Luigi und Carlo, noch einmal auf Fronturlaub zu Hause gewesen. Dabei hätten sie unseligerweise etliche Familienmitglieder mit Tuberkulose infiziert. Viele seien daraufhin gestorben. Der Hausherr entschuldigt sich, nicht mehr beitragen zu können. Doch man habe infolge der schlimmen

Ereignisse nie über die Kriegszeit gesprochen, aus Scham und Gram. Die einzige Ausnahme sei sein Onkel gewesen, der ihm nur ein paar wenige Überlieferungen und noch weniger Materielles über diese Zeit hinterlassen hat. Unter anderem die kleine Schatulle, aus der er in diesem Moment wieder eine Fotografie zaubert.

Es ist ein Gruppenbild, das mir gereicht wird. Sechs junge Männer stehen in Pose, zeigen sich ganz offensichtlich in ihren Sonntagskleidern. Einer davon ist unschwer zu erkennen – Vincenzo. Ein weiterer Name flirrt kurz vor meinem geistigen Auge auf. Ich tippe auf den Ersten von rechts.

»Obele Oni«, huscht es mir über die Lippen. Doch niemand kennt den jungen Burschen. Ich suche nach einer Verbindung, einem heißen Draht, und finde ihn – auf der Sterbetafel der Gefallenen von Centa. Es ist einer der jüngsten, dessen kindliches Gesicht wie die Faust aufs Auge zu dem Gruppenbild passt, und er heißt: Obele Ognibene. Dem nicht genug. Als ich wieder auf das Bild sehe, geschieht etwas, das ich nicht mehr erwartet habe. In meiner Euphorie, in allen Dingen, die aus diesem Haus stammen, Bekanntes zu erkennen, fällt mit einem Mal eine Blende über meine Wahrnehmung. Ein Rückblick, vielleicht der letzte?

Ich stehe inmitten der Szene des Fotos. Eine merkwürdige Kälte umströmt mich. Hände werden gereicht. Die Züge sind ernst und stolz. Und doch steht allen eine gewisse Furcht in den jungen Gesichtern geschrieben. Dann wache ich wieder auf, hoffe, dass niemand meine kurze Teilnahmslosigkeit wahrgenommen hat. Ich frage unsere Gastgeber, ob sie wissen, zu welchem Anlass diese Aufnahme gemacht wurde. Es folgt ein geeintes Kopfschütteln. Selbst Fulvio zuckt ratlos mit den Schultern. Aber ich sehe ihm an, dass er darauf brennt, es zu erfahren.

Die Gesichter der jungen Männer sprechen eine eindeutige Sprache. Es geht an die Front. Einer der Sechs ist Vincenzo Luigi Rossi. (3.v.l.).

Ich nehme das Bild auf und lege es in die Tischmitte, sodass es alle sehen können, und erkläre, was ich wie selbstverständlich weiß: »Als das Bild aufgenommen wurde, war es kalt. Es ist die letzte Aufnahme von Vincenzo. Und es ist dieselbe wie auf der Ehrentafel. Nur sieht man ihn dort ausgeschnitten im Porträt.« Ich mache eine kleine Pause. Bisher hat meine Erklärung nichts Seherisches. Dann aber tippe ich auf einen der Hüte, welche die Porträtierten allesamt in ihren Händen halten. Hinter den Hutbändern stecken gefaltete weiße Zettel. »Das sind die Einberufungsbescheide zum Kriegsdienst«, erkläre ich. »Man hat sie sich an den Hut gesteckt zum Zeichen der Einigkeit. Man hatte damit nicht nur sprichwörtlich *etwas am Hut.*«

Fulvio nickt anerkennend, hält die Bilder nebeneinander und sagt, durch seine Frau ungeduldig übersetzt: »Das kann durchaus sein. Das ist sicher so.«

Mariangela fügt an: »Du bist einer von uns!« Und sie sagt es überzeugt.

Während unseres weiteren Gesprächs kommen noch viele andere Erkenntnisse aus Vincenzos und meinem Leben ans Licht. Jetzt, wo sie zusammenfinden, ergeben sie plötzlich einen unheimlichen Sinn. Sie bringen mir Fulvio, Mariangela und Frau Rossi näher, als ich es mir noch vor Stunden vorstellen konnte. Wenn es auch kaum ein direktes Resultat aus den sieben Stunden unseres Besuchs sein kann; auf eine besondere Art fühle ich mich wohl in ihrer Mitte. Mehr noch: Ich fühle mich zugehörig; wie ein guter alter Bekannter, vielleicht sogar als Mitglied der einst so großen Familie Rossi. Und es ist zumindest meinerseits nicht mehr zu leugnen, dass uns nun etwas verbindet. Es gibt zu viele Bestätigungen; kleine wie große.

So wie jenes Fresko, das ich vor Augen hatte. Es prangt an einem Haus, das sogar der Familie Weiss – also Fulvio – gehört. Und dieser pflegt es seit Jahren. Oder das Pseudonym, das ich für mein erstes Buch gewählt und aus dem Mädchennamen meiner Mutter, Merz, abgeleitet habe. Der Name ist im Trentino gängig, ohne dass etwa verwandtschaftliche Bande dorthin bestehen würden. Merkwürdigerweise haben Fulvio und Mariangela schon einmal Urlaub in meiner Heimatstadt Ulm gemacht. Sind wir uns am Ende schon einmal unbewusst über den Weg gelaufen?

Selbst zu meiner langen, wundersamen Reise hierher, die mir so manches Paranormale beschert hat, gibt es ein ebenso erstaunliches Pendant: In der Familie Rossi gab es einen Geistlichen, Don Carlo, den Dorfpfarrer von Centa und Onkel von Vincenzo. Ihm werden bis heute seherische Fähigkeiten, ja sogar Wundertaten nachgesagt. Ist er etwa der Beistand, der Vincenzo in seinem Todeskampf zu seiner Überzeugung kommen ließ, sein Brief würde sein fernes Ziel erreichen? Geht von ihm am Ende auch die präzise Nennung des Jahres und des Monats aus, in nahestehender Telepathie zu seinem sterbenden Neffen? Waren auch *meine* Träume von ihm berührt? Don Carlo – unser beider Medium wider aller Vorstellung von Vergänglichkeit?

Als Fulvio noch ein paar alte Ansichtskarten von seinem Onkel auf den Tisch legt, die keinen bestimmten Zusammenhang zu Vincenzo haben, stellen sich mir abermals die Nackenhaare auf. Der Vater, Gaudenzio Rossi, hatte in der Nachkriegszeit Postkarten an die Familie verschickt. Sie zeigen mehrfach Landschaften und Orte in Slowenien. Kobarit, Bovec und Predil liegen in dem Tal, in welchem Daniela und ich seit Jahren unseren Urlaub verbringen. Was der Urahn dort getan hat, lässt sich leider nicht mehr nachzeichnen. Doch das Regiment, dem Vincenzo und Carlo zugehörig waren, diente im Krieg exakt dort für längere Zeit. Dem nicht genug. Als bereite es ihm Freude, immer noch mit einer Überraschung aufzuwarten, legt Fulvio ein altes Notizbuch vor. Es habe Luigi (also Vinz) gehört, so sagt er. Und auf dem Einband prangt sein Name in damaliger Schönschrift. Ich streiche zitternd über die vergilbten Lettern. Leider beschreiben die Einträge über durchgeführte Tischlerarbeiten einen Zeitraum nach 1924. Vor mir liegt demnach ein Buch, das erst nach Vincenzos Ableben benutzt wurde. Es sind nur die fünf Buchstaben auf dem Einband, die die Brücke in die Vergangenheit schlagen. Ein Einband, der zumindest bis zum letzten Eintrag anno 1945 das Andenken an Luigi Vincenzo Rossi bewahrt hat.

Wie wir beim Gehen schon in der Auffahrt zur Straße stehen, hebt Fulvio den Zeigefinger hoch, bedeutet mir, noch einmal mit ihm ins Haus zu kommen. Vielleicht lag es an meinem versonnenen Blick, der die Hausfassade hinaufgewandert war. Dem Blick, in dem ich das Haus vor mir sah, wie es damals am Hang stand – ohne den neuen Anbau. Ich folge ihm in die geräumige Garage, in der seine gepflegte BMW steht, mit der er gelegentlich die nahen Dolomitenpässe erobert. Ein echter Blickfang. Doch das kann es nicht sein, was er mir zeigen will. Als Fulvio anfängt, einen hohen Schrank an der Wand abzuräumen, schlägt es wie ein Blitz in mir ein. Die Fassade! Wir stehen vor der ehemaligen Außenwand! Unsere Worte fallen exakt zusammen; seine in Italienisch, meine in Deutsch. Heraus kommt ein Kauderwelsch, das nur wir beide verstehen:

»Orol … Sonn … ogio … en … sol … uhr … are.«

»Die Sonnenuhr!«, wiederhole ich fassungslos und helfe beim Abräumen des Möbels, das sie verdeckt. Dann kommen erste Linien zum Vorschein – ein Zenit und mit Bleistift angebrachte Zahlen. Zehn, elf. Meine Finger berühren sacht den alten Putz. Fulvio erklärt, was ich längst weiß: Diese Skizze stamme aus der Zeit, als Vincenzo in den Krieg musste. Man hat das Vorhaben nie verwirklicht. Und niemand hat die skizzierte Uhr je übermalt. Auch er habe es beim Umbau nicht fertiggebracht, das Relikt zu überstreichen. Jetzt wisse er, weshalb.

Auch Mariangela, die inzwischen dazugekommen ist, ist still geworden. Das erste Mal seit sieben Stunden. Dann sieht sie mich vielsagend an und nickt mir wissend zu.

»Das war ein Test. Du warst schon einmal hier. Das weiß ich nun.«

Unvollendet: Die Sonnenuhr an der ehemaligen Außenwand in Vincenzos Geburtshaus.

Ich bin mir bewusst, dass ich seit einer Minute nahezu still vor der unvollendeten Uhr stehe. Es ist längst Zeit zu gehen. Doch alle schweigen mit mir, gestehen mir zu, was ich brauche. Ich fühle den breiten Tischlerbleistift, sehe eine Hand, die eine gerade Holzlatte anlegt. Ich fühle mich und mein damaliges Tun, während die Gegenwart für einen Wimpernschlag die Vergangenheit berührt. In mir entbrennt der irreale Wunsch, die Uhr zu vollenden. Natürlich könnte sie hier, in der Garage, niemals eine echte Funktion innehaben. Aber es ginge dabei auch nicht um die Zeit, die sie anzeigen sollte. Es ginge nur um die Zeit, die sie seither gesehen hat, die seit damals vergangen ist.

Ich denke an das Fresko, das ich vor ein paar Jahren in unserem Wohnzimmer an die Wand gemalt habe. Ein spontaner Einfall, die weiße Fläche zu schmücken. Das Bild, das damals ohne Vorlage entstand, zeigt unter anderem ein hohes mediterranes Haus in einer lieblichen Landschaft. An der rostroten Fassade prangt eine Sonnenuhr. Winzig, aber sie ist da. Ebenso wie die frei auf einem Hügel stehende Kirche mit ihrem hohen Turm. Ähnlichkeiten, wohin meine Gedanken auch fliegen.

Im Kreise der letzten Nachfahren: v.l.n.r. Armida Weiss (Nichte), Udo. Wieczorek, Mariangela und Fulvio Weiss (Großneffe).

Wir gehen wieder durch den Nieselregen. Zwischen Morgen und Abend gibt es heute keinen meteorologischen Unterschied. Ich bin entsetzlich müde, fühle mich ausgelaugt, als wäre ich drei Tage wach gewesen. Eine physische und psychische Durststrecke, die Vincenzo, also ich, im Krieg tatsächlich durchstehen musste. Ich nehme mir mich selbst zum Vorbild, bleibe wach und aufmerksam. Nach jedem Schritt drehe ich mich um, sehe zurück in die Vergangenheit, sehe das Tal, die Felswand – meine Heimat. Wie sich das anhört …! Manfred zieht nicht an mir, lässt mich gewähren – ein echter Freund. Aber ich merke, dass auch er müde ist. Ich mache noch ein letztes Foto und dann noch eines und ein weiteres, als könnte irgendeine der identischen Aufnahmen verloren gehen. Dabei will ich nicht das Bild festhalten, viel mehr den Moment der Erkenntnis konservieren, ihn für alle Zeit in mir tragen. Zumindest diesen einen meiner langen Reise – weil er der beste von allen ist. Ich löse mich von dem kleinen Häuschen am Hang, schwelge noch ein paar Sekunden zwischen den alten Fotografien, dem Hobel und der Sonnenuhr. Wie sich dann die nächste Häuserreihe vor das Haus der Rossis schiebt, gehe ich zielstrebig auf Manfreds Auto zu. Vor meinem geistigen Auge formt sich eine wohltuende Überzeugung:

Ich bin zu Hause angekommen – endlich.

Das, was sich hinter diesen sechs Worten verbirgt, kann ich noch nicht zulassen, obwohl es mächtig in mein Denken drängen will. Noch hält der Damm aus frischen Emotionen die kollaterale geistige Fracht zurück. Ich weiß, dass er nicht mehr lange halten wird.

Wir entscheiden uns trotz der Müdigkeit, noch einen kleinen Spaziergang zu unternehmen. Jeder von uns will wissen, was wohl noch geschehen würde. Wir provozieren es; wollen das vergangene Schicksal aus seinen Verstecken locken. Und dennoch sprechen wir über ganz andere, nebensächliche Dinge, als müssten wir unsere Köpfe erst von Belanglosigkeiten leeren, um sie für Neues frei zu machen. An einem verfallenen Häuschen halten wir kurz an. Etwas war an mir vorbeigeflogen – zu kurz, um präsent zu bleiben. Und dennoch weiß ich mehr als zuvor, wie ich nach ein paar Minuten wieder ins Auto steige.

»Dort unten am Bach müsste es etliche Mühlen geben. Oder das, was von ihnen übrig ist. Und einen Wasserfall.« Manfred greift den unterschwelligen Vorschlag auf.

»Dann fahren wir doch runter und laufen dort eine Runde. Weißt du, wie der Bach heißt?«

Ich muss nicht überlegen, spreche die Worte dialektisch aus, so wie sie in meinem Kopf liegen. Es klingt beinahe altklug:

»Das ist die Zenta. Und der Wasserfall heißt Fallimboch. Das Wasser kommt aus einer Quelle direkt aus der Felswand hoch über dem Tal.«

Manfred lächelt nur, als sich meine Beschreibung nach ein paar Hundert Metern in Schild und Bild bestätigt: Cascata di Vallimpach.

In mir fällt spontan der Entschluss, einen Urlaub hier zu verbringen – irgendwann einmal. Ich will wissen, ob ich noch mehr aus meiner Seele graben kann, noch mehr Fäden zwischen dem Einst und dem Jetzt zu knüpfen imstande bin. Der Drang nach Vervollkommnung, nach weiterem Wissen ist stark. Ich werde wiederkommen, schwöre ich mir lautlos, als ging es dabei um mein Leben. Und um nichts anderes geht es.

Am Ziel einer langen Reise.
(Autor Manfred Bomm)

Wir haben tatsächlich erreicht, was wir wollten: Der Beweis, dass es diesen Vinz, der Udo so oft im Traum erschienen war, tatsächlich gegeben hat, ist erbracht. Alles, was in den nächsten zwei Tagen kommt, folgt im Nachgang. Als besinnlich abschließender Akt der Ehrerbietung.

Unser Abstecher führt uns tags darauf nach Cortina d'Ampezzo – zum großen Mahnmal bei der Bergsiedlung Pocol, direkt an der Straße, die vom Falzarego-Pass herunterführt.

Hierher wurden in den 30er-Jahren die Gebeine vieler Gefallener gebracht, die bis dahin auf kleineren Soldatenfriedhöfen beigesetzt worden waren. Dass auch Vincenzo Luigi Rossi hier einen würdigen Platz gefunden hat, wissen wir aus Bruder Siegfrieds Namenbuch. Wir betreten den Monumentalbau, der sich, umgeben von einer Grünanlage, trutzig über den Waldbestand erhebt, mit Ehrfurcht und beklemmendem Gefühl. In der Mitte des viereckigen Gebäudes liegt ein in Stein gehauener überdimensionaler gefallener Soldat, um den herum die Wände mit den Namen wie eine Mauer der Mahnung aufragen, über drei Etagen hinweg. Innenliegende Parallelwände verstärken die Atmosphäre der Stille und des Gedenkens. Unvergessen sollen sie bleiben, die Gefallenen, deren Namen hier zu lesen sind – auch wenn es inzwischen niemanden mehr gibt, der sie noch persönlich kennen könnte.

Wir brauchen lange, bis wir in der unteren Etage, auf der Rückseite der Wand, die dem liegenden Soldaten nahe ist, die Namen mit dem Buchstaben »R« am Anfang finden. Es gibt viele Rossis, »unser« Vinzenco ist auch dabei.

Ich spüre, dass Udo so etwas wie den Endpunkt einer langen Reise gefunden hat. Er streicht mit der Hand über die in den Stein geschliffenen Buchstaben. »Ein seltsames Gefühl, am eigenen Grab zu stehen«, sagt er leise, flüsternd. Dann holt er etwas aus seiner Jackentasche. Es ist ein kleiner Stein, den er gestern Abend bei unserem Spaziergang am Vallimpachfall unterhalb Centas mitgenommen hat – aus Vinz' Heimat – aus seiner Heimat. Er legt den Stein auf den schmalen Vorsprung der Fußbodenumrandung, einen halben Meter unter dem Namen »seines« Vinz. Wortlos und gewiss im stillen Gedenken. Dann richtet er sich gerade und geht. In seinem Schritt liegt eine Spur von Eile, als dränge ihn etwas hinaus aus diesem Beinhaus. Und so ist es auch. Das Bewusstsein über die Gewalt, die diesen vielen Menschen angetan wurde, über den Schmerz, der den in Stein gehauenen Gesichtern in der Halle noch immer aus dem Gesicht schreit, über die Sinnlosigkeit dieses Krieges, lässt auch mich etwas schneller gehen. Bis zum Ausgang, der uns frische, regenfeuchte Luft entgegenschickt.

Als wir ins Freie treten, erscheint mir der Tag ein Quäntchen heller als vor einer Stunde. Wir atmen beide auf. Nicht weil wir außer Atem sind, vielmehr weil wir am Ziel sind. Ein jeder von uns auf seine ganz persönliche Weise.

Mahnmal und Grab für Tausende der Südfront: Das Oratorium Pocol bei Cortina.

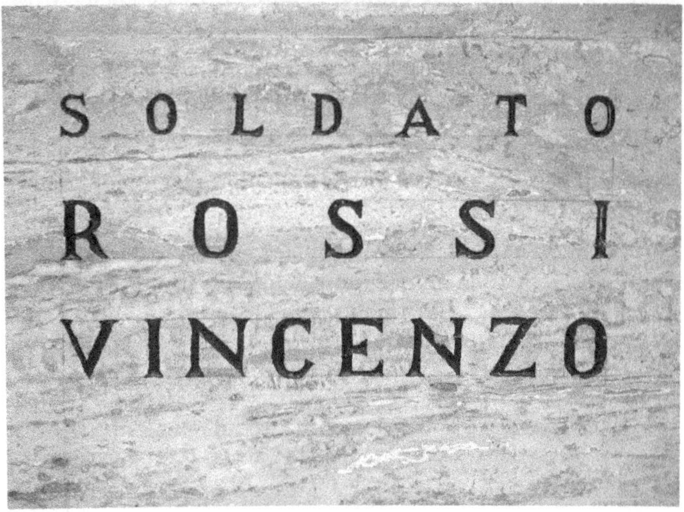

Vincenzos letzte Ruhestätte: Eine der tausenden Grabblatten in Oratorium Pocol bei Cortina d'Ampezzo.

Ein weiterer Abend mit Rudolf Holzer.

(Autor Manfred Bomm)

Ein Treffen mit dem Holzer Rudl ist immer ein Erlebnis. Wir sind noch früh dran und nehmen die Gelegenheit wahr, das Museum von Sexten zu besichtigen, in dem er bisweilen die Besucher führt und informiert. Im ehemaligen Schulhaus präsentiert der Verein »Bellum Aquilarum«, der dem Vergessen der Kriegsgräuel mit ergreifenden Bild- und Tondokumenten entgegenwirkt, eine sehenswerte Ausstellung. Anschauliche Erklärungen und Fundstücke erinnern an die Zeit, als das Tal zur Hölle wurde.

Als wir abends mit Holzer wieder im *Löwen* in Moos zusammensitzen, lauscht er unseren Ergebnissen – und zeigt sich nun wild entschlossen, auch noch das letzte Rätsel zu lösen – jenes um Josef. Sein vielsagendes Schmunzeln ist von Stolz geprägt. Es verrät, dass er bereits einer ersten Spur nachgeht. Ein gewisser Giuseppe Masi sei im fraglichen Zeitraum am Burgstall an der Rotwand als gefallen gemeldet worden. Aus der Sicht Holzers ein passender Kandidat. Er habe etwas nachgeforscht und herausgefunden, dass die Korrekturen an den Eintragungen über den Todeszeitpunkt möglicherweise nicht den Tatsachen entsprechen. Am fraglichen Tag hätten im besagten Gebiet keinerlei Aktivitäten stattgefunden. Ist dieser Giuseppe Masi, der zudem kein einfacher Soldat war, sondern ein Korporal, bei einer missglückten Flucht erschossen worden? War es am Ende unser gesuchter Josef? Holzer gibt sich davon überzeugt, es herausfinden zu können. Er will weiterbohren; tiefer nach der Wahrheit schürfen, wenn es auch eine Weile dauern kann. Wir danken ihm dafür, uns das abzunehmen, was wir in Ermangelung ausreichender Sprachkenntnisse niemals bewerkstelligen könnten. Und mit etwas Glück lässt sich das i-Tüpfelchen auf unserer Geschichte noch anbringen.

Ein weiterer Gedankengang Holzers hinsichtlich der Herkunft von Josef führt hingegen in eine deutsche Sprachenklave namens Bladen, jenseits des Kreuzbergpasses im sogenannten Comelico. Dorthin hätte es auch schon vor dem Krieg intensive Beziehungen gegeben. Damit scheint es möglich, dass Vinz und Josef auch eine räumlich enge Freundschaft pflegen konnten. So wäre auch denkbar, dass der Grund für Josefs Überlaufen darin bestand, auf die vertraute Seite zu wechseln. Alle wehrfähigen Männer aus Bladen, dem heutigen Sappada, mussten nämlich auf Seiten Italiens kämpfen, da sie italienische Staatsbürger waren.

Ein letztes Fragezeichen.
(Autor Udo Wieczorek)

Ich bin wieder zu Hause. Der Alltag hat mich längst wieder in seine immerwährende Tretmühle verbannt. Und doch vergeht kein Tag, an dem ich nicht an Centa denke. Es sind gute Erinnerungen. Und trotzdem: Ein Umstand hat mich noch immer nicht losgelassen. Es ist die Truppenzugehörigkeit Vincenzos, die mir trotz Bruder Siegfrieds Eingeständnis, er habe sich geirrt, keine Ruhe lässt.

Wieder sitze ich bis spät in die Nacht vor dem flimmernden Allwissen der Suchmaschine. Ich gebe beinahe auf, als ich auf der achten Seite plötzlich auf etwas Passendes stoße. Ein Link zu einer PDF-Datei, die offenbar ein uraltes Buch beinhaltet.

Die Chronik der Kaiserjäger – mit Gefallenenlisten. Es dauert eine Weile, bis die weit über 500 Seiten geladen sind. Doch dann, nachdem ich innerhalb der Gefallenenliste auf den Buchstaben »R« geblättert habe, sticht mir ein bekannter Name ins Auge. »Vincenzo Rossi, Jäger, Centa Borgo, 17.08.1915. 4. Reg. 9. Komp.«, heißt es dort.

Rasch ist klar: Vincenzo muss nach der mir vorliegenden Liste ein Kaiserjäger gewesen sein. Bruder Siegfried lag mit seiner Notiz, die er hinter dem Namen Vinzenz Rossi in seinem Buch über den Kriegerfriedhof in Innichen angebracht hatte, richtig. Dies, obwohl er bei unserem ersten Treffen die Truppenzugehörigkeit Vincenzos aufgrund der Wirren dieser Zeit ernsthaft infrage gestellt hatte.

Das alte Buch im Internet gibt sogar Aufschluss über den Einsatzort dieser neunten Kompanie, der Vincenzo laut der Gefallenenliste angehört haben soll. Bis zum 15. August 1915 lag die neunte Kompanie des vierten Regiments am Monte

Piano. Einem Berg, der etwa acht Kilometer Luftlinie vom Fundort des Briefes am Seikofel entfernt ist. Ein kühler Schauer überfällt mich. Wie passt das zusammen? Der Brief vom Seikofel – der Einsatzort ein paar Kilometer davon entfernt? Weitere Fragen drängen sich auf. Wie etwa: Hatte Vincenzo Fronturlaub, den er bei Marie in Sexten verbringen wollte? Wurde vielleicht ein Teil der Kompanie in der Not an Mann und Material rasch an den Kreuzberg verlegt, ohne dass die kleine Truppenverschiebung irgendwo Eintrag gefunden hat? Oder hat er sich unerlaubt von der Truppe entfernt, weil er die hohen Rauchsäulen vom brennenden Sexten am Himmel gesehen hat? Ich denke unweigerlich an die Wanderung auf den Katzleiterkopf gegenüber dem Monte Piano, ziehe eine gedankliche Linie von dort nach Sexten. Kannte ich das Gelände womöglich von einer Flucht?

Schon aufgrund der fortgeschrittenen Stunde war ich verwirrt, obgleich diese Tatsache nichts an der Identität Rossis änderte. Es hatte sich nur wieder einmal ein Rätsel aufgetan, das in Ermangelung dezidierter Quellen kaum aufklärbar schien. So dachte ich zumindest.

Doch es ist wieder Bruder Siegfried, der meine aufkommenden Zweifel in einer zügigen Antwort-Mail zerstreut: Es sei zweifelsfrei dokumentiert, dass der von Sexten etwa acht Kilometer entfernte Frontabschnitt Piano-Landro über eigene Hilfsplätze und Infrastruktur verfügt habe. Im nahen Toblach hätte es zudem ein großes Marodenhaus (Militärhospital) gegeben. Und die Gefallenen von diesem Kampfabschnitt seien sämtlich auf dem Friedhof Nasswand im Höhlensteintal bei Toblach beerdigt worden, was nichts anderes heißen konnte, als dass Vincenzo sicher nicht dort eingesetzt gewesen sein konnte, da er in Innichen im Hospital verstorben und auch dort beerdigt worden war. Er musste im Kreuzbergabschnitt zwischen Rotwand und Karnischem Kamm nahe Sexten verwundet worden sein – jenem Frontbereich, von dem die dort Verwundeten und Gefallenen nach Innichen ins Spital oder zum Kriegerfriedhof Burg verbracht wurden.

Ich atme auf, angle mir meine Gewissheit zurück, wenngleich sich Vincenzos letzter Weg und dessen Hintergründe auch weiterhin im Dunkel der Geschichte verbergen. Doch dies stellte sich schon vor Beginn unserer Nachforschungen nicht anders dar.

Eine nette Begebenheit mit Tiefsinn ...

(Autor Udo Wieczorek)

Ein paar Tage später schreibt mir Fulvio aus Centa via Internet, dass er beim Einkaufen ein merkwürdiges Erlebnis hatte. Er versichert, dass er für gewöhnlich nie Getränke in PET-Flaschen kaufen würde, doch heute habe er im Supermarkt das erste Mal danach gegriffen und zwei davon in den Einkaufswagen gelegt, ohne ihnen weitere Beachtung zu schenken. Mariangela habe daraufhin die Flaschen verwundert wieder aus dem Wagen genommen und sie angesehen. Es war die Zeit, in der auf die Flaschen zu Marketingzwecken unterschiedliche Namen gedruckt wurden. Und man mag es kaum glauben: Die beiden Flaschen, nach denen Fulvio zufällig gegriffen hatte, trugen die Namen: Giuseppe und Vincenzo.

Als ich die Mail zu Ende gelesen und die angehängte Fotodatei geöffnet hatte, schmunzelte ich nur. Jedoch nicht, weil sich die kleine Anekdote für jeden anderen nur allzu kitschig ausgenommen hätte, vielmehr weil ich das »zufällige« Zeichen verstanden hatte.

9

Noch einmal zu Hause – letzte Gewissheit ...

(Autor Udo Wieczorek)

Es ist beinahe ein Jahr her, seit ich mit Manfred das erste Mal in Centa war. Ich denke oft daran und daneben an den bevorstehenden Urlaub dort – diesmal mit meiner Familie. Es sind nur noch wenige Tage bis zur Abreise. Die Nächte werden mehr und mehr schlaflos. Ich bin unruhig, träume wieder von damals, sehe Bilder von ganz bestimmten Dingen. Die nächtlichen Ausflüge kosten Kraft. Doch anders als jene von vor 17 Jahren rauben sie mir die Energie nicht; sie wandeln sie nur in wohltuende Erinnerungen um. Die Träume sind ausnahmslos positiv, spielen nicht im Krieg.

Es ist Dienstag, der 10. Juni 2014, als ich mich in einer ruhigen Minute an den Tisch setze und zu zeichnen beginne. Aus den wenigen Grafitstrichen entsteht nach und nach ein Bild, das ich in meinem Kopf habe. Ein Bild eines mittelalterlichen Turms vor einer undefinierten Gebirgslandschaft. Das Bauwerk hat ein kleines Fenster und einen charakteristischen Riss in der Fassade. Ich schiebe die Skizze zur Seite und fange eine neue an. Es entsteht eine Art Schrein, eine von zwei turmartigen Reliefs eingefasste Vertiefung mit einer Heiligenfigur in der Mitte. Ich notiere den Begriff »Osteria« daneben, zeichne eine Hausfassade. Beides wohnt seit ein paar Tagen in meinem Gedächtnis. Ich bin wie im Rausch, male auf einem anderen Blatt eine Kirche, noch eine charakteristische Hausfassade, ein Heiligenbild. Es folgen ein bahnhofsartiges Gebäude, eine von Bäumen gesäumte Allee, bestimmte

Haushaltsgegenstände, ein Schrank und zuletzt ein Tunnelportal in einem Felsen. Alles Bilder, die mein Unterbewusstsein hervorwürgt. Sie gehören zu mir und sind doch nicht mein Eigen – oder, nicht mehr.

Als wir am 13. Juni abfahren, bin ich gedanklich schon lange nicht mehr zu Hause. Ich bin längst dort, in Centa. Mitsamt den unzähligen Bildern, Namen und Geschichten, die in mir zu leben begonnen haben. Mir ist klar: Auch dies wird wieder eine Suche werden. Eine letzte. Werde ich dort überhaupt Schlaf und Erholung finden?

Die gemütliche Unterkunft, in der wir die kommenden zehn Tage verbringen werden, liegt auf 1.000 Meter Seehöhe, gewährt einen unglaublichen Ausblick ins Centatal und die Hochfläche darüber. Es ist ein neues Haus, ohne Tragik oder Geschichte. Und dennoch dauert es kaum eine halbe Stunde seit der Ankuft, bis sich die erste Bestätigung wie von selbst aufdrängt.

Auf dem Tisch liegt ein Prospekt einer Burganlage unweit von Centa. Das Titelbild verspricht nicht mehr als ein paar niedere Mauerreste. Doch als ich den Folder aufschlage, muss ich mich unweigerlich setzen. Im Innenteil ist ein historisches Foto abgedruckt. Es zeigt einen Turm. Er besitzt ein einziges Fenster und einen Riss in der Mitte. Sofort krame ich nach meiner Zeichnung und schlucke leer. Identisch. Der kurze Text bestätigt schließlich, dass der Turm im Jahre 1915 vom Militär gesprengt worden war.

Tags darauf machen wir uns auf den Weg, um die Anlage zu suchen. Unser Weg führt uns durch das nahe Caldonazzo. Eine kleine Gemeinde am gleichnamigen See, in der weder ich noch Daniela jemals gewesen waren. Auch während unseres damaligen Spontanurlaubs in Levico nicht. Schon als wir auf die Kirche des Ortes zufahren, sehe ich ein Bild vor mir. Es ist schwarz-weiß. Die erste Rückblende, die wie die Faust aufs Auge zur Realität passt. Gleich daneben erhebt sich das Castell Trapp. Die Fassade ist ohne Zweifel eine derjenigen, die ich gezeichnet hatte. Die Bilder entsprechen sich nicht nur ungefähr, sondern gleichen sich in beinahe jedem Detail. Das Bewusstsein, etwas gemalt zu haben, das ich definitiv nicht aus diesem Leben kennen kann, beschert mir eine Gänsehaut, obgleich es mich nicht mehr verwundert. Ich fühle mich wie einst in Sexten, bekomme ein wenig Angst vor dem, was folgen könnte. Aber ich gehe weiter durch den Ort und lese Namen am Ehrenmal bei der Kirche, die mir vertraut sind: Curzel, Campregher, Conci. Und wieder stoße ich auf ein Fragment meiner Träume: Die zweite Hausfassade schält sich aus meiner Erinnerung in die Realität hinein. Die Gebäude darum sind beinahe alle erhalten geblieben. Ich spüre, dass ich mir nicht nur nahe bin. Ich bin in meiner Mitte, im Zenit meiner Seele. Und es tut wohl, dort zu sein.

Montag, 16. Juni. Ich bin allein unterwegs. Der Weg, dem ich folge, wird zu einem unwegsamen Pfad. Er verläuft direkt durch eine senkrechte Bergflanke. Fulvio, mit dem wir uns tags zuvor getroffen hatten, konnte das Bild meines gemalten Schreins an der Hauswand nicht einordnen. Es ist neben demjenigen mit dem Tunnelportal eine der beiden letzten Zeichnungen, die ich noch nicht einordnen konnte. Aber auf die Frage hin, ob es am gegenüberliegenden Berg einen Weg gäbe, hatte er genickt. Es sei eine alte Straße, die einst auf die Hochfläche führte. Es gäbe sogar zwei Tunnel. Und eben diese Tunnel hatten mein Interesse geweckt. Sollte das von mir zu Papier gebrachte Portal tatsächlich noch existieren?

Die brüchige Rampe zwingt mich zum Klettern. Die Straße von einst ist ein gutes Stück weit nicht mehr vorhanden. Warnschilder drängen zur Umkehr. – Nicht mich und nicht jetzt. Ich muss weiter, meiner inneren Stimme folgen, trotz der Schwierigkeiten am Weg und in mir. Ich bin froh, dass die Rückblenden auf den Strecken kommen, in denen die alte Straße weitgehend ungefährlich ist. Und trotzdem halte ich mehrmals inne, um sicherzugehen, dass das, was ich sehe, die Realität ist.

Ein paar Meter weiter tut sich das Portal des ersten Tunnels auf, von dem Fulvio gesprochen hatte. Ich ziehe Vergleiche in meinem Kopf von der Süd- und Nordseite, bin mir nicht sicher. Was hat die Zeit von diesem Bauwerk übrig gelassen? Ist ein Vergleich überhaupt möglich? Die Südansicht ist ähnlich, aber nicht identisch. Diesmal passt es nicht. Vielleicht am zweiten Tunnel? Ich klettere über einen Schuttkegel, rutsche ein steiles Geröllfeld hinab, arbeite mich weiter bergauf, bis ich wieder auf einem unzerstörten Straßenstück stehe. Ein kleiner Brunnen plätschert in die Stille. Dahinter weitet sich das Terrain etwas. Die Straße führt zwischen zwei Ruinen hindurch. Ich mache Fotos, schlendere um das Hauseck und traue meinen Augen nicht, als mein Blick auf das Bild neben der Eingangstür fällt. Es ist das ins Mauerwerk eingelassene Relief einer Kirchenfront. Der Schrein ist leer. Doch er deckt sich fast vollständig mit meiner Zeichnung. Bilder der Vergangenheit huschen an meinem geistigen Auge vorbei. Ich sehe das intakte Gebäude und weiß: Dies war die ehemalige Zollstation dieser einst einzigartigen Bergstraße. Die *Osteria Stanga*, was nichts anderes heißt als *Herberge zur Schranke*.

Meine Zeichnung des Tunnelportals jedoch will auch nicht zum zweiten der beiden Tunnel auf dem Weg passen. Es stammt von woanders. Nur von wo?

Ich suche ganze vier Tage die mir zur Verfügung stehenden Karten nach alten Wegen ab, die einen Tunnel aufweisen könnten. Doch in keiner werde ich fündig. Ich habe eigentlich schon aufgegeben. Doch als wir eines Tages die neue Passstraße entlangfahren, fällt mir kurz vor dem Umfahrungstunnel ein Stück der alten Trasse auf. Ich steige aus und verabrede mich, in der Hoffnung, bis dorthin gehen zu können, mit Daniela am anderen Tunnelende. Nach kaum fünzig Metern ist es still um mich. Ich bin allein. Die Bankette der alten Passstraße ist längst wieder von der Natur eingenommen worden. Auch hier liegen Schuttkegel im Weg, sind eiserne Begrenzungen zum tiefen Abgrund hin von Steinschlag verbogen. Schon hinter der ersten Kurve erkenne ich etliche Tunnel im Fels. Mein Schritt wird unweigerlich schneller. Ich lasse die Rückblicke in die Vergangenheit zu, gehe, ohne anzuhalten, weiter. Hier kann nichts passieren. Die Straße ist intakt. Ich sehe Kopfsteinpflaster, zwei Hände, einen Hammer – so wie im Traum zu Hause. Und dann stehe ich plötzlich vor dem Portal. Diesmal ist es das richtige. Und mit ihm deckt sich auch die letzte meiner Skizzen mit der Realität.

Einzig meine Suche nach dem Hinderloch, jener Höhle, deren Namen ich während unseres zweiten Aufenthaltes in Centa so deutlich vor Augen hatte, blieb erfolglos. Wahrscheinlich ist sie im Laufe der Zeit zugewildert oder zusammengebrochen und nur noch als Flurbezeichnung in den Karten vermerkt.

Wie ich anlässlich einer Einladung dann Mariangela und Fulvio meine Zeichnungen und die Fotos dazu zeige, herrscht betroffenes Schweigen. Wieder sehen wir uns alte Fotos an, nennen Namen von längst verstorbenen Personen. Die vergilbten Gesichter rufen Erinnerungen in mir wach. Plötzlich weiß ich, wer wo gewohnt hat, dass Vincenzo steirische Harmonika gespielt hat, dass es einst einen Fußweg zwischen den einzelnen Höfen gegeben hat, der heute nicht mehr existiert. Und wieder wird mir alles von der Nichte Vinzcenzos, der inzwischen 81-jährigen Armida, und von Fulvio bestätigt. Nicht, dass es mir noch nicht bewusst gewesen wäre; doch kann es jetzt wirklich keine Zweifel mehr daran geben, hier schon einmal gelebt zu haben. Damals vor 100 Jahren.

Der Torre de Siccioni über Caldonazzo (links): Seit 1915 nicht mehr existent, aber von Udo Wieczorek nach einem Traum skizziert, obwohl er nie zuvor dort war..

Traumbild und Realität: Der Opferstock an der Osteria Stanga.

Zeichnung und Original: Ein alter Bildstock in Caldonazzo.

Epilog.

(Autor Udo Wieczorek)

Immer wenn ich mir den weißen Schleier des Vallimpachfalls und die glasklare Centa vorstelle, jagen mir unwillkürlich Gedanken durch den Kopf. Nicht von damals, auch nicht von meinen Träumen, ja nicht einmal von dem ersten, denkwürdigen Besuch im Haus der Rossis. Es sind vielmehr Ausflüge in die Zeit, die vor mir liegt. Eine unscharfe Projektion von vagen Vorstellungen, von denen ich nicht weiß, ob ich sie fürchten oder lieben soll. In mir ist alles noch diffus; weichgezeichnet. Die vergangene Zeit hat viel Staub in meinem Inneren aufgewirbelt, der sich erst noch setzen muss. Und schon allein deshalb bin ich mir sicher, dass nichts sein wird wie zuvor. Hinter dem Nebel meiner Gedanken entsteht gerade ein neues Weltbild – meine ureigene Sicht der Dinge, unverbraucht, frisch geordnet und stark. Neu geborene Fragen flimmern durch meinen geistigen Dunst: Wie wird sich das Erlebte auf mein Leben auswirken? Kann ich einfach so weitermachen wie bisher? Oder habe ich bereits die Weichen gestellt, indem ich in jeder freien Minute an diesem Buch arbeite?

Ich hatte nicht vor, während meiner in mich gekehrten Bergtour an der leise rauschenden Centa hinauf zur Vallimpachquelle zu einem Fazit oder einem Plan zu finden, an dem ich mich hätte festhalten können. Und dennoch atme ich befreit auf; atme mir alle Zweifel von der Seele – obwohl ich spüre, wie sich in mir eine gewaltige Erkenntnis aufbaut, für die ich in diesem auf das Minimum reduzierten Augenblick noch gar nicht bereit bin. Mein Geist kann die Konsequenz dessen, was geschehen ist, nicht fassen. Ich verdränge es in dem Bewusstsein, mich schon sehr bald damit auseinandersetzen zu müssen. In meiner geistigen Flucht stolpere ich wieder über die unbedeutende Frage: Bin ich etwas Besonderes? Ich antworte stumm und überzeugt in mich hinein: Nein – das bist du nicht. Es ist nur etwas Besonderes mit dir geschehen. Der Grund dafür bleibt dir verborgen. Und das ist gut so.

Für einen Moment halte ich mir vor, dass ich all das schon viel früher hätte angehen sollen. Gleich damals, nach dem Fund des Briefes, 1997. Doch meine innere Stimme gibt beharrliches Kontra; überzeugt mich, dass es eben genau so hatte geschehen müssen. Es ist schwer, sich an den Gedanken zu gewöhnen. Doch am Ende sind es tatsächlich nur zwei Dinge, die wie ein Fundament für das stehen, was sich mir als innerer Neuanfang aufdrängt. Zwei Sätze nur, auf die sich all die Jahre reduzieren. Doch es ist ein starkes duales Lebenscredo, das zumindest zu einem gewissen Teil von einer nahen Seele ererbt wurde:

Alles, was mit uns geschieht, folgt einer unfassbaren göttlichen Fügung. Und alles, was uns als endlich erscheint, beschreibt in sich einen unerschöpflichen Gral des dimensionslosen Fortgangs.

Manfred, mein treuer Begleiter im letzten Jahr, hat mich während unserer gemeinsamen Recherche nie direkt gefragt, ob ich schon einmal gelebt habe. Die sich aufdrängende Kardinalfrage blieb unausgesprochen. Und um ehrlich zu sein, hätte ich ihm bis vor Kurzem auch keine direkte Antwort darauf geben können.

Heute könnte ich es. Aber es bedarf keiner Frage mehr.

Wir können uns bis in die Ewigkeit hinein fragen, ob wir wiederkehren; ob das Leben, wie wir es definieren, endlich oder unendlich ist. Gewiss ist es eine Frage des Zustandes, der Sichtweise. Dies aber liefert uns keine klaren Antworten. Am Ende steht ein Wort, das sowohl Hoffnung als auch Zuversicht spendet. Ein Wort, das uns seit Anbeginn unserer Zeit motiviert weiterzumachen. Das Wörtchen »vielleicht«. Nichts sonst, außer der vagen Möglichkeit, etwas aufzuspüren, es richtig zu machen, hat mich angetrieben, zu tun, was ganz offensichtlich zu tun war.

Kommen wir also wieder?

Ja, es scheint nach all dem, was ich erlebt habe, möglich zu sein. Und ja, es ist schön, sich an dieser Vorstellung wärmen zu dürfen. So bin ich der festen Überzeugung, dass mein Schicksal kein Einzelfall ist. All jenen, die eine ähnliche Last mit sich tragen, soll an dieser Stelle Mut zugesprochen werden, auch darüber zu reden.

Möglicherweise bedarf es aber einer ganz bestimmten Konstellation in uns, die niemand in der Lage ist zu bestimmen, um zurückzublicken. Ein siebter Sinn. Ein Sinn, der seine Reize nur dann liefert, wenn wir dazu bereit sind. Es sind eben die Momente, in denen wir innehalten, ohne zu wissen, weshalb. Momente, in denen die Zeit stillzustehen scheint, in welchen wir Dinge sehen, die uns seltsam vertraut und zugleich fremd sind.

Ich bin nie ein religiöser Mensch gewesen. Und doch war ich auf meine Weise stets gläubig. Es scheint, dass es manchmal eben 43 Jahre braucht, bis man bereit ist, Zufall gegen göttliche Fügung zu tauschen. Manchmal dauert es lange 43 Jahre, um zu Gott und letztlich zu sich selbst zu finden. Wie ich mir diese erstaunlich stabile Einsicht baue, werde ich mit einem Mal ganz ruhig. Ich habe weder Furcht noch Bedenken noch Zweifel. Alles ist richtig – alles ist gut.

Ich sehe in das satte Grün des Centa-Tals und philosophiere innerlich vor mich hin: Es wäre zu einfach zu sagen, dass dies der Ort ist, wohin ich im Herzen gehöre. Ich würde damit all den Bildern, die mich begleiten, nicht gerecht werden. Weder den Bildern von Marie und Josele, von Sexten noch der geschnitzten Rose, ja sogar jenen schrecklichen vom Krieg nicht. All das, was ich von damals mitgebracht habe, was meine Seele tragen konnte, ist mein Lebensschatz, meine geistige Heimat. Centa nimmt darin einen besonderen Platz ein. Es ist der ganz persönliche Nabel meiner kleinen Welt, soweit ich sie überblicken kann. Es ist die vor 100 Jahren ausgebrachte Saat, aus der längst ein starker Baum gewachsen ist – ein Baum, an dessen sonnengewärmten Stamm ich mich just in diesem erfüllten Augenblick lehne.

Der Erste Weltkrieg führte uns wie kein vergleichbares Ereignis vor Augen, zu welcher Grausamkeit wir fähig sind. Weniger aus Überzeugung, vielmehr aus sinnloser Pflichterfüllung. Damals, 1915, gegenüber einem menschenverachtenden, scheiternden Staatssystem. All das Schreckliche, das vergossene Blut, die vielen Opfer stehen wie ein ewiges Mahnmal im Meer der Menschheitsgeschichte. Hin und wieder wird es von vergänglichen Themen überwuchert, verliert von Zeit zu Zeit an Präsenz. Aber es ist da – für kommende Generationen, die das Wort »Krieg« anders definieren werden.

Dieses Buch leistet einen kleinen Beitrag wider das Vergessen. Vincenzos Leid steht dabei sinnbildlich für all die Namenlosen, an die sich niemand mehr erinnert.

Der Krieg forderte im Frontabschnitt rund um Sexten zwischen dem 25. Mai 1915
und dem 5. November 1917 insgesamt 574 Todesopfer.

Am 17. August 1915 um 8 Uhr abends erliegt Vincenzo Luigi Rossi aus Centa nach dreitägigem Todeskampf im Landwehrmarodenhaus in Innichen seinen schweren Verletzungen.

Vincenzo Luigi starb für Gott, Kaiser und Vaterland.

Er fiel für einen Gott, der ihn scheinbar verlassen hatte,
er fiel für einen Kaiser, den er nicht kannte,
und er fiel für ein Vaterland, das selbst im Sterben lag.

Aber er lebte für den Frieden.

Der Tod trennt, doch manchmal verbindet er auch.

Verzeih, mein Josele,
hab Dank, Vinz!

***

Zusammenfassung aus journalistischer Sicht.

(Autor: Manfred Bomm)

Wir haben bereits eingangs davor gewarnt: Dieses Buch wirft Fragen auf, natürlich. Trotz aller sorgfältiger Recherche blieben viele unbeantwortet – oder es taten sich sogar neue auf. Wäre ich bei der Spurensuche nicht dabei gewesen, ginge es mir gewiss genauso wie einigen Lesern, die jetzt, nach der Lektüre, möglicherweise ihrer Skepsis freien Lauf lassen. Alles Zufall, mögen sie sagen, alles irgendwie weit hergeholt und passend gemacht. Und ganz sicher wird es »Experten« geben, die versuchen werden, mit ihrem Drang nach einer rationalen Erklärung allerlei Theorien aufzustellen, die mit den Erkenntnissen der vorherrschenden Wissenschaft wenigstens einigermaßen in Einklang zu bringen sind. Uns ist klar: Die etablierte Wissenschaft duldet keine Phänomene, die den allgemein anerkannten Lehrmeinungen widersprechen.

Und doch scheinen wir mit unserer Dokumentation nicht allein zu stehen. Überall auf der Welt gibt es Berichte über Menschen, die von einem früheren Leben berichten, die sich an Orten zurechtfinden, an denen sie nie zuvor waren, oder die Angaben über einstige Familienmitglieder machen können. So wie Udo Wieczorek, der in Träumen oder plötzlichen »Rückblenden« in die eigene Vergangenheit versetzt wurde. Seinen Schilderungen zufolge hat sich etwas tief in seine Seele eingebrannt, das möglicherweise Zeit und Raum überdauert hat. Es scheint, als seien Erinnerungen an ihn übertragen worden.

Das Dokument aus dem Schützengraben.

Eines lässt sich nicht wegdiskutieren: Wieczorek kann sogar Dokumente vorweisen, zu denen ihn seine Träume geführt haben. Es gibt keinen vernünftigen Grund, an der Echtheit dieser beiden Schriftstücke zu zweifeln: Die Handschrift ist »Kurrent«, wie sie Anfang des 20. Jahrhunderts in Südtirol und ganz Österreich-Ungarn gelehrt wurde. Das Herstellungsdatum des Papiers lässt sich zwar nicht exakt bestimmen, doch liegt das Zeitfenster zwischen 1875 und 1960. Die mit Wachs überzogene Schicht, mit der es haltbar gemacht wurde, entspricht einer Methode, wie sie nach Angaben von Chronisten in den Unterständen an der Front zur schriftlichen Übermittlung militärischer Nachrichten oder zur Dokumentation des Kriegsgeschehens angewandt wurde, um sie vor Witterungseinflüssen zu schützen.

Wie aber ist es möglich, dass Udo Wieczorek den Ort des Verstecks träumt? Diese Frage bleibt ebenso rätselhaft wie auch ein sehr mysteriöses Detail der hinterlassenen Botschaft. Darin erwähnt dieser »Vinz«, er selbst habe geträumt, seine Botschaft werde nach seinem Tod »an dieser Stelle« von jemandem gefunden. Und er fügt sogar an, in welchem Jahr dies geschehen werde. Er schreibt zunächst die Zahl »1995«, streicht dann die »5« und ersetzt sie durch eine »7« und den Zusatz »o. 8«. Dies entspricht in etwa dem Zeitraum, in denen die Wieczoreks ihre ersten Urlaube in Sexten verbracht haben und 1997 schießlich fündig geworden sind. Und zwar im August, just am 14. – eben jenem Tag, mit dem das Dokument mit der Jahreszahl 1915 datiert ist. Sogar den ungefähren Monat des Auffindens hatte »Vinz« offenbar in seinem »Zukunftstraum« erfahren und niedergeschrieben: »Im August oder September.«

Die weiteren Sätze seien hier der Bedeutung wegen noch einmal wiederholt: »Doch sollte jener Mann einmal an dieser Stelle stehen und diese Zeilen noch entziffern können, so besinne er sich danach, dass dieser Gang, den ich nicht mehr tun kann, auch für ihn der Friede sein wird.« Einen Tag später – »Vinz« ist offenbar dem Verbluten nahe (»fast von Sinne vor Schmerz«) – fleht er dann mit zitternder Schrift: »Werde denken an den Mann im Traum, schreib alles auf, so wie du es siehst. Gieb ihm Frieden, gehe hinauf!!! Du musst es tun! Für mich bitte!!!«

Alles nur ein großer Schwindel? Ein Zufall?

Natürlich lassen sich die Träume eines Menschen nicht beweisen. Und natürlich war ich nicht dabei, als Udo Wieczorek zusammen mit seiner Ehefrau Daniela am 14. August 1997 den unglaublichen Fund auf dem Seikofel gemacht hat. Also auf den materialisierten Beweis seiner Träume aus der Vergangenheit gestoßen ist. Angesichts des Fundorts, der Beschaffenheit des Materials und der dramatischen Schilderungen jener Tage habe ich aber keinen Zweifel daran, dass es so war, wie von ihm und seiner Frau berichtet. Gleich nach dem Auffinden zeigten sie das Dokument ihrer Pensionswirtin in Sexten, um die Schrift, die an Sütterlin erinnert, entziffern zu lassen. Doch erst deren ältere Mitarbeiterin war in der Lage, den Text vorzulesen.

Natürlich wird man jetzt einwenden müssen, weshalb die Wieczoreks einen solchen unglaublichen Fund nicht offiziellen Stellen, wie etwa einem Militärmuseum, vorgelegt und es stattdessen bei dieser ziemlich laienhaften Übersetzung belassen haben. Ein auf den ersten Blick durchaus schwer nachvollziehbares Verhalten. Allerdings war es geprägt von der Sorge, das einmalige Dokument dann abgeben zu müssen. Weil sie zudem nicht wussten, welche rechtlichen Bestimmungen es in Italien zu Funden im freien Feld gibt, schlummerte das wertvolle Artefakt anschließend jahrelang bei den

Wieczoreks daheim im Tresor, sorgfältig in einen gläsernen Bilderrahmen gesteckt.

Wer sollte so etwas fälschen – und warum?

Es drängt sich die Frage auf, wer ein solches Dokument auf zweifellos altem Papier mit einer längst vergessenen Schrift hätte fälschen und verstecken sollen. Dazu in einem vermoderten Feldpostsack und in einer völlig verrosteten Dose – und dies hinter einer vermoosten, von den Baumwurzeln durchzogenen, ja geradezu von der Natur versiegelten Steinmauer eines kaum noch erkennbaren, weil verwachsenen Schützengrabens? Wer hätte Interesse daran? Doch nur jemand, der sich wichtig machen und Kapital daraus schlagen wollte, wie dies einst mit den gefälschten Hitler-Tagebüchern der Fall war. Bei Udo Wieczorek ist ein solches Motiv nicht erkennbar. Er hat zwar seine traumatischen Lebensabschnitte mit all den bisweilen grausamen Rückblicken durch das Schreiben eines Romans psychisch verarbeitet und dies alles in fiktive Handlungen verwoben, doch hatte er nicht damit rechnen können, auf diese Weise Erfolg zu haben. Im Gegenteil: Für die Druckkosten musste er sogar selbst aufkommen. Für ihn wäre das Thema damit abgeschlossen gewesen. Kein Imponiergehabe, keinerlei Bedürfnis, ins Scheinwerferlicht treten zu wollen. Wichtig war für ihn nicht die eigene Person, sondern einzig und allein Vinz.

Erst ich war es, der ihn – sogar nur mühsam – aus journalistischer Sicht überreden konnte, diese einmaligen Ereignisse einer größeren Öffentlichkeit zugänglich zu machen. Wohl wissend, dass es bereits viele Berichte ähnlicher Art gab. Aber mir war kein einziger bekannt, bei dem sich Vergangenheitserinnerungen durch Fundstücke beweisen ließen. Eine Sensation also? Udo Wieczorek mag dieses Wort in diesem Zusammenhang nicht in den Mund nehmen. Und bittet mich sogar, es in diesem Buch zu vermeiden. Er will nichts »hochspielen«, will kein Aufsehen – und sorgt sich sogar um den Trubel, den die Veröffentlichung seiner Erlebnisse nach sich ziehen könnte. Er hat deshalb großen Wert darauf gelegt, die Träume und »Rückblenden« aus seiner eigenen Gefühlswelt heraus darzustellen – ganz so, wie sie tief in ihm gespeichert sind. Mit seinen Worten, mit seinen Formulierungen. Ihm war sehr viel daran gelegen, die Leser detailliert an seinen Traumsequenzen und Vergangenheitsbildern teilhaben zu lassen.

Im Kindesalter, als die ersten schrecklichen Szenen – wie die Eltern später berichteten – zu nächtlichen Wein- und Schreikrämpfen geführt hatten, waren seine Schilderungen als durchaus übliche Albträume abgetan worden. Übliche? Wohl kaum.

Wer sich die Mühe macht, im Internet zu recherchieren, stößt auf jede Menge Berichte über kindliche Albträume, die ebenfalls weit über das Übliche hinausgehen. Allerdings sollte man derlei Schilderungen im Internet stets mit Vorsicht genießen, weil oftmals keine seriöse Quellenangabe ersichtlich ist.

Daniela ließ nicht locker.

Weltweit soll es übrigens nur einen einzigen Akademiker geben, der sich dieses Phänomens wissenschaftlich annimmt. Medienberichten zufolge handelt es sich um den US-amerikanischen Forscher Jim B. Tucker aus Charlottesville, der Schilderungen von Kindern über früheres Leben auswertet. Viele von ihnen sollen sich an einen gewaltvollen und unerwarteten Tod erinnern können. Erwartungsgemäß stößt Tucker mit seiner von einer Stiftung finanzierten Arbeit bei den etablierten Wissenschaften nicht gerade auf Euphorie.

Diese allgemeine Skepsis gegenüber solchen Themen wie »Wiedergeburt« (Fachbegriff: Reinkarnation) war es dann auch, die Wieczorek veranlasst hat, seine Erlebnisse für sich zu behalten. Denn selbst als er sie im jugendlichen Alter seinen Eltern gegenüber andeutete, waren deren Zweifel groß. Zum eigentlichen Auslöser, sich ernsthaft damit zu befassen, wurde erst seine Freundin und heutige Frau Daniela. Als er sich ihr notgedrungen anvertraute, weil seine nächtlichen Traumattacken nicht zu verheimlichen waren, bestärkte sie ihn, der Sache auf den Grund zu gehen. Sie war über Jahre hinweg Antrieb und Initiator der ersten Spurensuche. Sie gab während der drei Südtirol-Urlaube niemals auf, wenn Udo längst resignierte. Und sie war es dann auch, die ihn an jenem 14. August 1997 ermuntert hatte, in besagtem Schützengraben intensiv zu suchen. Auch als einen Tag später das zweite Dokument gefunden wurde – in einem vermoderten Wurzelwerk dreier aneinandergewachsen gewesener Tannen –, da war wiederum sie es, die nicht lockergelassen hatte, nach etwas zu suchen, das dort versteckt sein könnte. Sie zerrte, riss und schlug schließlich ein winziges, nahezu vermodertes Holzkästchen aus dem verwucherten Wurzelgeflecht des längst gefällten Drillingsbaums.

Welche Rolle spielt Daniela?

Die Frage drängt sich natürlich auf: Welche Rolle spielt Daniela? Ist auch sie in das Traumgeflecht von Udo eingebunden? Ist sie eine Art Medium? Sie selbst vermag dazu nichts zu sagen. Es gibt bei ihr, wie sie versichert, keine vergleichbaren Erlebnisse, keine Rückblenden, keine Träume. Und auch Udo kann sie in keiner der Personen erkennen, die in den Rückblenden aufgetaucht sind. Auch bei Marie mit den Zöpfen, des Bürgermeisters Ziehtochter, die beim ersten italienischen Angriff auf Sexten ums Leben gekommen ist und die möglicherweise die Freundin von Vinz war, vermag er keinen direkten Bezug zu Daniela herzustellen. Und doch erscheint es ihm, als ähnelten sich zumindest die Charakterzüge der beiden Frauen.

Der kritisch-aufmerksame Leser stellt nun zu Recht die Frage, ob es ein besonderes Ereignis gab, das Udo und Daniela einst zusammengeführt hat. Eine schicksalhafte Fügung sozusagen, die zu ihrer Begegnung hatte führen müssen. Aber nichts dergleichen lässt sich finden. »Nur« eben, dass es »Liebe auf den ersten Blick« gewesen sei, damals, bei einem Schulball, erklärt Wieczorek.

Bemerkenswert ist aber, wie sie gemeinsam die Begeisterung für Extremsportarten entdeckt haben: Klettern und Höhlenforschung. Insbesondere die Besteigung senkrechter Felswände im Hochgebirge hätten sie mühelos gelernt, erklären sie. Eine Fähigkeit, die zumindest bei Udo aus einem früheren Leben herrühren könnte – ebenso sein Südtiroler Dialekt, den er bereits als Jugendlicher beherrschte, obwohl er nie zuvor in diesem Landstrich gewesen war. Auch seine Begeisterung fürs Höhlenforschen (immerhin ist er bei der Erforschung des bekannten Blautopf-Höhlensystems aktiv) kommt möglicherweise nicht von ungefähr: Im Großraum Centa, jenem Bergdorf, in dem »Vinz« aufgewachsen ist, gibt es jede Menge Höhlen.

Viel zu viele Zufälle?

All dies mag auf wundersame Weise zusammenpassen, beantwortet aber nicht die entscheidende Frage: Hat Udo Wieczorek schon einmal gelebt? Haben wir es mit einem nachweisbaren Fall von Reinkarnation, also mit Wiedergeburt, zu tun? Diese Frage mit »Ja« zu beantworten, wäre allzu kühn. Fakt ist aber, dass es etwas zu geben scheint, das sich nicht einfach wegdiskutieren lässt. Wenngleich, zugegebenermaßen, der Zufall sehr strapaziert wird. Bei aller Begeisterung über den Fund des ersten Dokuments tritt das zweite

Schriftstück aus den Wurzelresten des Drillingsbaumes völlig in den Hintergrund. War der erste Fund schon eine Sensation (Udo möge mir diese Formulierung erneut verzeihen), so soll gleich anderntags noch ein zweiter erfolgt sein? Ist das nicht ein bisschen allzu dick aufgetragen?

Selbst Wieczorek tut sich bisweilen schwer damit, seinen Zuhörern diesen zweiten Fund und dessen Logik zu vermitteln. Und ich muss gestehen, auch ich hatte anfangs meine Schwierigkeiten damit. Aber würde es jemand riskieren, so etwas zu erfinden und damit seine Glaubwürdigkeit aufs Spiel zu setzen?

»Ach waren wir dumme Burschen! Nicht der Geist riß unsere Freundschaft in zwei, es war der Krieg. Es sei dir verziehen, mein Freund« steht da wörtlich zu lesen, unterschrieben mit »Josef« oder »Josele«.

Das Papier ist im Vergleich zum ersten Dokument wesentlich heller, hat weniger Verunreinigungen und ist nicht symmetrisch, sondern ausgerissen aus einem wohl einst größeren Bogen. Auch das Wachs scheint dünner aufgetragen und transparenter. Die Schrift ist dicker und viel deutlicher.

Deponiert war diese Botschaft im Wurzelwerk des besagten Drillingsbaums. Genau diesen hat Wieczorek in seinen Träumen mehrfach gesehen. Es war der Ort, an dem Vinz und sein Freund Josele in den Monaten vor dem Krieg ihre Freundschaft besiegelt und als äußeres Zeichen ihres Zusammengehörigkeitsgefühls zwei Münzen (»Heller« von der damaligen Währung in Österreich-Ungarn) getauscht haben. Um sie an einer Halskette tragen zu können, waren diese Hellermünzen in ein Drahtgeflecht eingebunden – genauso wie jene, die bei den beiden Dokumenten lagen. Hat sie jeder für den anderen hinterlassen?

Der Standort des markanten Drillingsbaum dürfte jedenfalls ihr Lieblingsplatz gewesen sein, unweit des Kreuzbergpasses und am Fuße der mehrfach in unserer Dokumentation genannten Rotwand, schräg gegenüber dem wesentlich niedrigeren Seikofel.

Um die Bedeutung dieses zweiten Dokuments einschätzen zu können, müssen wir uns nochmals die Situation in Erinnerung rufen: In den Wirren der Vorkriegszeit trennen sich die Wege der einstigen Freunde (siehe Wieczoreks Träume vom »Josele«). Das Schicksal will es so, dass sie bei Kriegsausbruch auf unterschiedlichen Seiten kämpfen müssen und sich plötzlich als militärisch erzwungene Feinde gegenüberstehen: Josef für Italien, Vinz für Österreich-Ungarn. Eine Konstellation übrigens, die Rudolf Holzer, der profunde Kenner der Kriegsereignisse in und um Sexten, keinesfalls für außergewöhnlich hält.

Spekulationen.

Alles, was nun folgt, ist reine Vermutung, weil es (bis heute) keinerlei Anhaltspunkte zur Identität dieses Josef gibt. Wir wissen zwar, dass im Bereich Kreuzbergpass/Rotwand einige Gefallene und Vermisste den weit verbreiteten Namen Josef (italienisch: Giuseppe) getragen haben. Doch fehlen konkrete Daten und Hinweise auf entsprechende Kampfhandlungen, mit denen sich weitere Spuren verfolgen ließen.

Aber wie kommt nun Josefs Botschaft in die Wurzel des Drillingsbaums? Unsere Theorie sei hier noch einmal kurz dargestellt: Nachdem der Lieblingsplatz der beiden einstigen Freunde von den Italienern eingenommen war, beschließt Josef, dort oben an der nahen Rotwand die Fronten zu wechseln und zu den Österreich-Ungarn überzulaufen. Bevor er diesen lebensgefährlichen Versuch unternimmt, will er aber dort, wo er immer mit seinem Freund Vinz gewesen war, eine Nachricht hinterlegen und deponiert sie im Wurzelgeflecht der drei Tannen. Möglicherweise hatten die beiden auch schon zu früheren Zeiten einen Hohlraum zwischen den eng aneinandergewachsenen Bäumen als Versteck genutzt, sozusagen als »toten Briefkasten«, wie es in Agentenkreisen heißen würde.

Demnach hätte Josef davon ausgehen können, dass Vinz eines Tages dorthin zurückkehren und das Schriftstück finden würde, falls der Versuch, zu desertieren schiefgehen sollte. Er hinterlässt zudem den Wunsch: »Werde glücklich mit ihr.« Möglicherweise ein Hinweis auf das Mädchen Marie mit den Zöpfen.

Bekanntermaßen endete das Vorhaben tödlich. Die Traumszene, in der sich Josef mit dem gedämpften Ruf »Überläufer« bemerkbar macht, um auf der österreichisch-ungarischen Seite als harmlos erkannt zu werden, ist jene, die sich am tiefsten in Wieczoreks Seele eingebrannt hat und die gleichermaßen auch emotionalster Auslöser aller Träume und Rückblenden gewesen sein dürfte. Denn der Soldat, der zu spät erkennt, dass nur ein Überläufer auf ihn zustürmt, ist Vinz, der dabei seinen einst besten Freund erschießt.

Diese Schlussszene, die Wieczorek träumt, erklärt auch die im Todeskampf verfasste Botschaft, die Vinz vermutlich nur wenige Tage später in einem Unterstand der Front am Seikofel geschrieben hat und in der er eine »Schandtat« erwähnt, für die er büßen müsse, »welche sich an jenem Tage an der Rotwand zugetragen hat«. Weiter: »Alles in meiner Macht Stehende würde ich tun, ja, sogar mein Leben aufgeben, um meinen lieben Freund wieder zum Leben zu erwecken.« Und dann heißt es noch: »Noch nie erfuhr jemals jemand hiervon.«

Während diese Worte eindeutig einem vorausgegangenen tödlichen Geschehen zuzuordnen sind, bleibt hingegen Josefs Botschaft – wie gesagt – rätselhaft und die Deutung reine Spekulation. Dies sei ausdrücklich betont, weil unsere Theorie durchaus anfechtbar ist und nach theatralischer Dramaturgie klingt. Es ist nichts weiter als der Versuch, dieses zweite Dokument in irgendeiner Weise einzuordnen.

Wieczorek wollte es selbst verarbeiten.

Vielleicht hätten wir neue Erkenntnisse gewonnen, wäre Wieczorek bereit gewesen, sich im Zustand der Hypnose »zurückversetzen« zu lassen – einer Methode, die sich offenbar wachsender Beliebtheit erfreut, weil immer mehr Menschen wissen wollen, ob etwas aus einem früheren Leben in ihnen steckt. Mag es durchaus reizvoll sein, sich einer solchen Hypnose zu unterziehen, so haben aber kritische und warnende Stimmen Wieczorek davon abgehalten. Er hatte schlichtweg die nachvollziehbare Angst, all seine Träume noch einmal und womöglich wesentlich intensiver zu erleben.

Etwas in ihm versperrte ihm auch den Zugang zu psychologischem Beistand. Vielleicht war's die Sorge, mit seiner Geschichte nicht ernst genommen zu werden – ganz sicher aber war es so, dass er als Mensch, der es beruflich gewohnt ist, analytisch und nüchtern zu denken, einfach davon ausging, diese Situation selbst und ohne fremde Hilfe bewältigen zu können. Man könnte jetzt sagen, er hat dies geschafft. Immerhin hörten die Träume und Rückblenden sofort auf, als die Dokumente gefunden waren.

Nüchtern-sachlich und tief emotional.

Wieczorek war an sein Ziel gelangt, von dem er nie gewusst hatte, wie es aussehen und was es ihm persönlich bescheren würde. Natürlich schlummerte das Erlebte weiterhin tief in ihm. Davon zeugt sein umfangreicher Roman »Flieg, mein roter Adler«. Die jahrelange Arbeit an diesem Werk würde ich sogar als »therapeutisches Schreiben« bezeichnen. In dieser Geschichte wird deutlich, wie sensibel und feinfühlig er ist – auch wenn er dies nur ungern nach außen zeigen will und bisweilen auch einmal eher den Eindruck erwecken kann, der nüchtern-sachlichen Seite des Lebens weitaus näherzustehen als dem Mystisch-Unerklärlichen.

So gesehen, hat er ein Leben lang einen schmalen Pfad beschritten: hier der akribisch genaue und recherchierende Finanzbeamte, der Bezwinger steiler Felswände und furchtlose Höhlenforscher – dort aber ein Mensch der tiefen Gefühle, der Emotionen und der Sensibilität, die aufgrund christlicher Prägung auch Platz fürs Spirituelle lässt. Manchmal überlege ich, wie viel »Vinz« in ihm stecken mag.

Natürlich stellt sich auch die Frage, inwieweit das Erlebte überhaupt mit dem christlichen Glauben vereinbar ist. Bekanntermaßen stößt das Thema Wiedergeburt bei den großen christlichen Kirchen auf Ablehnung, zumindest aber auf Skepsis. Um so dankbarer sind wir Bruder Siegfried aus dem Franziskanerkloster Bozen, dass er uns so geduldig zugehört und unser Anliegen sogar tatkräftig unterstützt hat.

Womit sich der christliche Glauben schwertut, das freilich gehört in anderen Religionen zum festen Bestandteil: im Hinduismus und im Buddhismus spielt die Wiedergeburt eine zentrale Rolle.

Aufschlussreicher Tag bei den Nachkommen.

Mit der Vorstellung einer Wiedergeburt tun sich übrigens die Nachkommen aus der Familie des Vincenzo Rossi keinesfalls schwer. Als wir – vermittelt durch den Franziskanerbruder Siegfried – in ihrem Haus in Centa, östlich von Trient, zu Gast sein dürfen, vergeht ein kompletter Tag mit spannenden Erzählungen und Gänsehautgefühl. Wir sind dort angekommen, wo Vinz seine Wurzeln hat. In diesem Haus ist er zusammen mit sechs Geschwistern aufgewachsen. Wir treffen die betagte Tochter eines seiner Brüder sowie deren Sohn Fulvio Weiss – einen frühpensionierten Polizisten – und dessen Ehefrau Mariangela. Als Glücksfall erwies sich, dass Fulvio die vergilbten Fotoschätze aus dem Besitz seines verstorbenen Onkels in Ehren gehalten hat. Im Laufe des Tages fördert er sie aus allerlei Schachteln zutage. Wieczorek erkennt auf Anhieb Personen und nennt Namen, deren Richtigkeit von den handschriftlichen Vermerken auf der Rückseite bestätigt wird.

Alles, was sich in diesen Stunden zugetragen hat, lässt sich nicht durch Täuschung oder Taschenspielertricks erklären. Bis hin zu jener Sonnenuhr, die uns beide am Ende des Tages verblüfft. Beim Abschied führt uns Fulvio mit dem Hinweis, er müsse uns etwas zeigen, in die angebaute Garage. Kaum haben wir den dunklen Raum betreten, sagt Wieczorek spontan: Die Sonnenuhr. Fulvio räumt daraufhin von einem Schrank, der an einer Wand steht, allerlei Gegenstände beiseite – und dahinter kommt eine längst verblasste, auf den Verputz gemalte Sonnenuhr zum Vorschein. Aus der einstigen Außenfassade war nach dem Anbau der Garage eine Innenwand geworden.

Mariangela, die aufgrund eines Schüleraustausches, den sie gelegentlich mit Deutschland organisiert, der deutschen Sprache mächtig ist, meint am Spätnachmittag, als sie Wieczorek nach Stunden rätselhafter Geschehnisse verabschiedet: »Du bist einer von uns.«

Wiedergeburt – eine Sache des Glaubens.

Ob es eine Wiedergeburt gibt und wenn ja, nach welchen Gesetzmäßigkeiten sie abläuft, ist allein eine Sache des Glaubens. Uns bleibt die Frage, warum offenbar nur einige wenige Menschen eine solche »Erinnerung« wie Wieczorek in sich herumtragen. Sind es besondere Fähigkeiten, die in ihnen stecken? Wieczorek wehrt ab: Er fühle sich nicht als »etwas Besonderes«, sondern frage sich selbst immer wieder, warum gerade er mit einer solchen Last aus der Vergangenheit konfrontiert sei, zumal er und seine Familie keinerlei Bezug zum Ersten Weltkrieg oder nach Südtirol hätten.

Spekulativ betrachtet, kann es vieles sein, was es aus wissenschaftlicher Sicht nicht geben darf: Von »Seelenwanderung« bis zu Gedankenübertragungen durch Raum und Zeit, möglicherweise mit Hilfe eines lebenden oder bereits verstorbenen Mediums. Vielleicht spielen auch heute noch unbekannte physikalische Phänomene eine Rolle, bei denen Vergangenheit und Zukunft miteinander verwoben sind. Oder es ist – auch das darf spekuliert werden – in Fällen, bei denen ein Blick in die Vergangenheit gewährt wird, irgendwo ein seltener »Fehler im System« des Lebens und des Universums aufgetreten.

Wir haben bereits erwähnt, dass am Schluss des Buches viele Fragen offenbleiben. Denn Träume oder die von Udo Wieczorek geschilderten »Rückblenden« lassen sich eben nicht wissenschaftlich dokumentieren oder nachweisen.

Aber unabhängig davon hat die jahrelange Recherche Fakten zutage gefördert, für die es keine Erklärungen gibt und die doch geschehen sind.

Und so bleibt abschließend auch die Frage offen, wie viel von Vinz in Udos Seele wohnt.

Mit unserem Versuch, ein Rätsel zu lösen, das nicht zu lösen ist, wollten wir auch nicht überzeugen, sondern lediglich zum Nachdenken darüber anregen, dass unsere Welt eben aus mehr besteht, als wir mit unseren Sinnen wahrnehmen können. Und wo die Wissenschaft an ihre Grenzen stößt, ist Platz für den Glauben.

Ich jedenfalls bin nach allem, worauf wir bei den Recherchen gestoßen sind, davon überzeugt, dass sich alles so zugetragen hat, wie von Udo Wieczorek geschildert.

Und mehr denn je wurde mir bewusst: Das Universum ist voller Geheimnisse.

Dank:

Unser Dank gilt all jenen Menschen, die uns bei der Verwirklichung dieses Buches unterstützt haben.

Allen voran Daniela und Doris, die das Werk beflissen Probe gelesen haben. Jasmin und Joel, die das eine oder andere Mal auf den Papa verzichten mussten, und all die anderen um uns herum, die uns während der Schreiberei selten zu Gesicht bekommen haben.

Ein besonderer Dank gilt unserer liebenswerten Lektorin für die Unterstützung und die Geduld, die sie mit uns haben musste. Und auch dem Verlegerehepaar Gmeiner für die Ermöglichung und angemessene Umsetzung dieser eigenwilligen Buchidee.

Unseren Helfern und Mitstreitern in Südtirol, Rudolf Holzer und Rupert Gietl aus Sexten sowie Bruder Siegfried vom Franziskanerkloster in Bozen, sei an dieser Stelle ein inniges »Vergelt's Gott!« zugerufen. Ohne die selbstlose Hilfe dieser beiden wäre dieses Buch nicht zustande gekommen.

Auch sei die Gastfreundschaft der Familien Tschurtschenthaler aus Sexten und Moos erwähnt. Herzlichen Dank für die liebe Aufnahme in ihren Häusern, *Garni Tschurtschenthaler* und dem *Löwenwirt* in Moos.

Auch Prof. Dr. Luciano Covi und seiner Frau Antonietta Zanei aus Trient möchten wir auf diesem Wege danken, dass sie sich so um unsere Sache bemüht haben.

Prof. Dr. Ing. Lothar Göttsching aus Darmstadt danken wir für die unbürokratische Hilfe bei der Altersdatierung der Originalbriefdokumente.

Ein Dank geht auch an die Autoren Peter Kübler und Hugo Reider mit ihrer profunden Grundlagenliteratur über das ehemalige Kriegsgebiet um Sexten.

Ein ganz besonderer Dank gilt jedoch der Familie Weiss aus Centa mit Armida, Mariangela und Fulvio für die herzliche Aufnahme in ihrer Heimat und die Bereitschaft, sich unseres ungewöhnlichen Anliegens anzunehmen.

Quellennachweis:

HEINZ VON LICHEM: Gebirgskrieg 1915 – 1918 Band 2, Die Dolomitenfront, Athesia

PETER KÜBLER / Hugo REIDER: Kampf um die Drei Zinnen, Athesia

PETER KÜBLER / HUGO REIDER: Krieg um Sexten, Athesia

OSWALD EBNER: Kampf um die Sextener Rotwand, Athesia

RUDOLF HOLZER: Sexten, Geschichte der Höfe, Häuser und Familien, Gemeinde Sexten

HAAGER, HOFFMANN, HUTER, LANG, SPIELMANN: Die Tiroler Kaiserjäger, Persico Edizioni

VIKTOR SCHEMFIL: Die Kämpfe im Drei- Zinnen-Gebiet und am Kreuzberg in Sexten 1915 – 1917, Univ.Verl. Wagner

ANTON GRAF BOSSI-FEDRIGOTTI: Kaiserjäger, Ruhm und Ende, Stocker Verlag

SIEGFRIED VOLGGER, MARTIN BICHLER: Der Soldatenfriedhof »Burg« in Innichen, (Namenbuch und Geschichte), Eigenverlag

ERNST WISSHAUPT: Die Tiroler Kaiserjäger im Weltkriege, 1914 – 1918 [Band 2] Vom Frühjahr 1915 bis zum Kriegsende 1918, A.F. Göth, Wien

Walther Schaumann: Schauplätze des Gebirgskrieges Ia 1915 – 17, Östliche Dolomiten, Sexten bis Cortina, Ghedina & Tassotti Editori

Rudolf Schwindl GmbH: Die Dolomitenfront 1915 – 1917, H. Fleischmann

Text und Karte Kompass Nr. 972 und 58, & Co. Geogr. Verlag

Tobacco: Wanderkarte Nr. 10 Sextener Dolomiten, Tobacco

Josef Schmitz von Vorst: Kleine Geschichte Italiens, SM Signum Verlag

Karl Springenschmid: Die Front über den Gipfeln, L. Voggenreiter Verlag

Daxer, Gelmi, Gottsmann, Guiotto, v. Hye, Jochberger, Malatesta, Pahl, Parschalk, Rainer, Schober, Stocker: Tirol vor und im I. Weltkrieg, Südtiroler Schützenbund, Alpenverein Südtirol, Heimatpflegeverband, Südtirol

Erscheint exklusiv als E-Book

UDO WIECZOREK

Flieg, mein roter Adler I

978-3-7349-9336-7 (epub)

»Eine beeindruckende Saga, die den Leser in die Wirren des Ersten Weltkriegs zurückversetzt.«

Erster Weltkrieg: Vinzenz und Josef, einst beste Freunde, stehen sich auf gegnerischen Seiten gegenüber. Aufgewachsen in einem Tiroler Bergdorf wurden sie getrennt, als Josefs Mutter einen italienischen Grafen heiratete. Doch Josefs schönes neues Leben birgt auch Schattenseiten. Im Dunkeln verborgen entspinnt sich gegen ihn und seine Familie die tödliche Intrige eines mächtigen Gegners. Umgeben von den majestätischen Alpen, getrieben vom Grauen des Krieges müssen sich die ehemaligen Freunde entscheiden, welchen Weg sie wählen. Eine falsche Entscheidung könnte ihr Ende bedeuten.

Teil eins des dreiteiligen Historienromans.

MANFRED BOMM
Machtkampf

978-3-8392-1515-9 (Paperback)
978-3-8392-4325-1 (pdf)
978-3-8392-4324-4 (epub)

»Kriminalkommissar Häberle ermittelt im ländlichen Idyll.«

Das ländliche Idyll wird jäh zerstört: Der rätselhafte Selbstmord eines Viehhändlers erschüttert ein Dorf auf der Alb. Dass es sich um den besten Freund eines Großgrundbesitzers handelt, der nach den Hofgütern der kleinen Bauern trachtet, erweckt sofort den Argwohn von Kommissar August Häberle. Und als gegen den neuen örtlichen Pfarrer eine schwerwiegende Anschuldigung erhoben wird, tun sich menschliche Abgründe auf …

MANFRED BOMM
Grauzone

978-3-8392-1385-8 (Paperback)
978-3-8392-4091-5 (pdf)
978-3-8392-4090-8 (epub)

»Kommissar Häberle in seinem 13. Fall«

Gibt es einen Zusammenhang zwischen einem lange zurückliegenden Flugzeugabsturz und dem angekündigten Weltuntergang? Von Zweifeln geplagt, schließt sich eine Frau einer Gruppe Gleichgesinnter an, die diesen Fragen nachgeht. Der schwäbische Kommissar August Häberle und sein Assistent Mike Linkohr treffen bei der Suche nach einem Mörder Menschen, die an den baldigen Weltuntergang glauben – oder davon profitieren wollen. Und alle scheint ein Geheimnis zu verbinden …

GMEINER SPANNUNG

WWW.GMEINER-VERLAG.DE
Wir machen's spannend

Das Neueste aus der Gmeiner-Bibliothek

Unsere Lesermagazine

Bestellen Sie das kostenlose KrimiJournal in Ihrer Buchhandlung oder unter www.gmeiner-verlag.de

Informieren Sie sich ...

www ... auf unserer Homepage:
www.gmeiner-verlag.de

@ ... über unseren Newsletter:
Melden Sie sich für unseren Newsletter an unter www.gmeiner-verlag.de/newsletter

f ... werden Sie Fan auf Facebook:
www.facebook.com/gmeiner.verlag

Mitmachen und gewinnen!

Schicken Sie uns Ihre Meinung zu unseren Büchern per Mail an gewinnspiel@gmeiner-verlag.de und nehmen Sie automatisch an unserem Jahresgewinnspiel mit »mörderisch guten« Preisen teil!

GMEINER SPANNUNG

WWW.GMEINER-VERLAG
Wir machen's spanne